Sobrevivendo entre lobos

Universo dos Livros Editora Ltda.
Rua do Bosque, 1589 – Bloco 2 – Conj. 603/606
CEP 01136-001 – Barra Funda – São Paulo/SP
Telefone/Fax: (11) 3392-3336
www.universodoslivros.com.br
e-mail: editor@universodoslivros.com.br
Siga-nos no Twitter: @univdoslivros

BRUNO APITZ

Sobrevivendo entre lobos

A história de uma criança escondida em uma mala
para sobreviver no campo de concentração

São Paulo
2017

UNIVERSO DOS LIVROS

© Aufbau ist eine Marke der Aufbau Verlag GmbH Co. KG, Berlin, 2012.
All rights reserved.

© 2017 by Universo dos Livros
Todos os direitos reservados e protegidos pela Lei 9.610 de 19/02/1998.
Nenhuma parte deste livro, sem autorização prévia por escrito da editora, poderá ser
reproduzida ou transmitida sejam quais forem os meios empregados: eletrônicos, mecâni-
cos, fotográficos, gravação ou quaisquer outros.

Diretor editorial: **Luis Matos**
Editora-chefe: **Marcia Batista**
Assistentes editoriais: **Aline Graça e Letícia Nakamura**
Tradução: **Marly N. Peres**
Preparação: **Marina Grilli e Guilherme Summa**
Revisão: **Juliana Gregolin e Giacomo Leone Neto**
Capa: **Zuleika Iamashita**
Arte: **Aline Maria e Valdinei Gomes**

Dados Internacionais de Catalogação na Publicação (CIP)
Angélica Ilacqua CRB-8/7057

A652s

Apitz, Bruno
    Sobrevivendo entre lobos: a história de uma criança escondida em uma
mala para sobreviver no campo de concentração/Bruno Apitz; tradução
Marly N Peres. - São Paulo: Universo dos Livros, 2017.

    448 p. il.

ISBN 978-85-503-0138-9

Título original: *Nackt unter Wölfen*
1. Ficção alemã 2. Segunda Guerra, 1939-1945 – Ficção 3. Campos de
concentração - Ficção I. Título II. Peres, Marly N.

17-0905   CDD 833

Índices para catálogo sistemático: 1. Ficção alemã

NOTA DO EDITOR

Esta nova edição do romance de Bruno Apitz foi enriquecida com passagens tomadas de duas variantes desconhecidas até então, conservadas nos manuscritos da "Bruno-Apitz-Archivs" (BAA) dos arquivos da Academia de Artes de Berlim.

OS PERSONAGENS
Os principais prisioneiros e suas funções:

WALTER KRÄMER, alemão, primeiro decano do campo, ex-caldereiro hamburguês.

FRITZ PRÖLL, alemão, segundo decano do campo.

OTTO RUNKI, alemão, decano do bloco 38.

JOSEPH ZIDKOWSKI, polonês, decano do bloco 61, bloco de quarentena situado na enfermaria dos prisioneiros, no campinho.

ZACHARIAS JANKOWSKI, judeu polonês, deportado vindo de Auschwitz, o "pai" do garoto.

MARIAN KROPINSKI, polonês, afetado no armazém de vestuário.

RUDI PIPPIG, alemão, afetado no armazém de vestuário, tinha sido tipógrafo em Dresden.

ERICH KÖHN, alemão, enfermeiro-chefe, exercia a função de cirurgião, responsável pelo pelotão sanitário, comunista e ex-ator.

HEINRICH SCHÜPP, alemão, eletricista do campo.

AUGUST ROSE, alemão, afetado no armazém de vestuário.

ALBERT FÖRSTE, austríaco, homem de serviço do *bunker*, antigo funcionário público.

MAXIMILIAN WURACH, alemão, afetado no armazém de vestuário, ex-soldado do Exército alemão.

O Comitê Internacional do Campo (CIC):

HERBERT BOCHOW, alemão, responsável pelos grupos de Resistência do CIC, segundo secretário do bloco 38, ex-deputado comunista de Bremerhaven.

ANDRÉ HÖFEL, alemão, *Kapo* do armazém de vestuário, instrutor militar dos grupos de Resistência, ex-Feldwebel.

LEONID BOGORSKI, russo, *Kapo* do *Kommando* das duchas, ex-oficial de aviação.

KODICZEK e JOSEPH PRIBULA, poloneses, operários do ateliê de ótica.

PETER VAN DALEN, holandês, cuidador na enfermaria.

RIOMAND, francês, cozinheiro delegado para o refeitório dos oficiais.

Os principais SS, seus postos e suas funções:
Oficiais

ALOIS SCHWAHL, coronel, comandante do campo, ex-inspetor de administração penitenciária.

WEISANGK, comandante, segundo subchefe de campo.

KAMLOTH, segundo subchefe, comandante, líder das tropas SS.

ROBERT KLUTTIG, capitão, primeiro subchefe de campo e antigo proprietário de um ateliê de confecção.

HERMANN REINEBOTH, subtenente, inspetor-chefe.

Suboficiais

WILHELM BERTHOLD (Papa Berthold), ajudante-chefe, chefe do *Kommando* de enfermaria.

GOTTHOLD ZWEILING, primeiro oficial, chefe do armazém de vestuário.

MANDRAK, vulgo Mandrill, suboficial, carrasco do *bunker*.

MAPA DO CAMPO DE CONCENTRAÇÃO DE BUCHENWALD

I Campo dos prisioneiros, ou zona do arame farpado

II Zona dos oficiais SS e das tropas SS

III Fábricas de armamento

1 Casernas SS

2 Estação de Buchenwald

3 Fábrica de armamento Gustloff

4 Carachoweg, o caminho que levava da estação de Buchenwald à entrada do campo de prisioneiros

5 Zona da Kommandantur e refeitório dos oficiais

6 Jardim zoológico

7 Grande portão de entrada do campo de prisioneiros e torre principal (a imponente torre de vigia que dominava o grande portão)

8 O *bunker* e suas celas

9 Praça de chamada

10 Oficinas, incluindo a oficina de serralheria e de eletricidade

11 Fábricas de armamento, Deutsche Ausrüstungswerke (DAW), propriedade da SS

12 Forno crematório

13 Bosque de Goethe

14 Prédio de desinfecção

15 Armazém de vestuário

16 Instituto de higiene SS, serviço de tifo e de pesquisa viral, bloco 50

17 Campinho

18 Enfermaria dos prisioneiros

19 Estações de experimentos, bloco 46, chamado de "bloco das cobaias"; experimentos de vacinas contra a febre tifoide, experimentos terapêuticos para tratamento de queimaduras com fósforo

20 Campo especial para prisioneiros de guerra soviéticos

21 Oficinas de ótica

22 Refeitório dos prisioneiros

23 Picadeiro de equitação

24 Cocheiras, lugar de execução dos prisioneiros de guerra soviéticos

25 Prédio da fanfarra SS

26 Pedreira

27 Casernas SS

28 Falcoaria

29 Túmulo onde eram enterradas as cinzas do crematório entre 1944-1945

30 Mansões SS

31 Garagens SS

32 Campo especial Fichtenhain

33 Barracão de isolamento

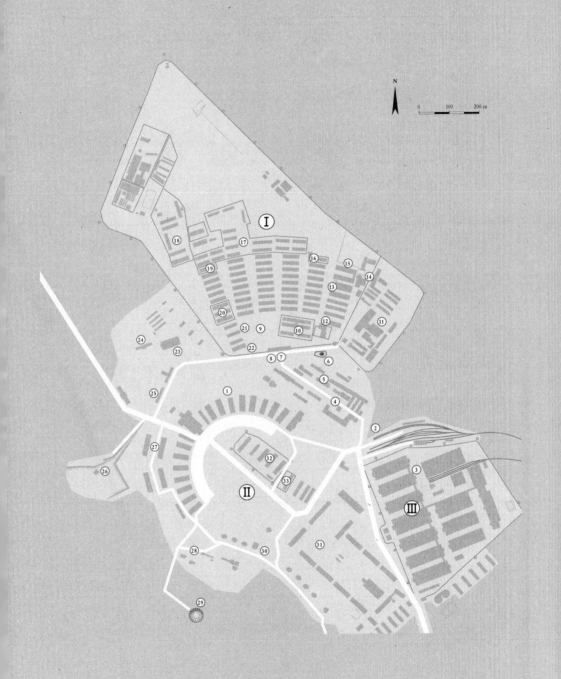

Eu dedico este livro aos nossos falecidos irmãos de armas de todas as nações que, em nossa estrada de sacrifícios, tivemos de abandonar no campo de Buchenwald.
Para homenageá-los, emprestei a muitos personagens deste livro os seus nomes.

No alto do Ettersberg, as árvores estavam banhadas em umidade e alçavam-se, imóveis, no silêncio que envolvia a montanha e a separava da campina ao redor. Brilhantes, as folhas mortas, maltratadas e consumidas pelo inverno espalhavam-se pelo solo.

A primavera chegava, hesitante.

Cartazes pendurados entre as árvores pareciam tentar dissuadi-la.

"Território sob o comando do campo de concentração de Buchenwald. Cuidado, perigo de morte! Em caso de invasão, tiros sem aviso." Abaixo, um sinal de uma caveira e dois ossos cruzados.

A garoa eterna aderia igualmente às capas dos cinquenta SS que, naquele final de tarde de março de 1945, estavam na plataforma cimentada, abrigados da chuva por um telhado. Essa plataforma, chamada de estação de Buchenwald, marcava o fim da linha férrea que conduzia, desde Weimar, até o cume da montanha. O campo se encontrava nas proximidades.

Na longa praça que descia em direção ao norte, os prisioneiros apareciam para a chamada noturna. Bloco após bloco, alemães, russos, poloneses, franceses, judeus, holandeses, austríacos, tchecos, testemunhas de Jeová, prisioneiros de direito comum... uma multidão estendendo-se a perder de vista, à qual eram dadas ordens para que fosse contida em um imenso quadrado de dimensões perfeitas.

Hoje, surdos rumores corriam entre os prisioneiros. Os americanos haviam cruzado o Reno, na altura de Remagen.

— Você já está sabendo? — perguntou Runki, o decano do bloco, a Herbert Bochow, seu vizinho da primeira fila do bloco 38. — Eles devem ter estabelecido uma cabeça de ponte.

Schüpp, na segunda fila, atrás dos dois outros, se meteu na conversa.

— Remagen? Ainda é longe.

Não obteve resposta. Pensativo, ele olhou para a nuca de Bochow. O semblante de perpétua ingenuidade e espanto de Schüpp, o eletricista do campo, com sua boca circular e olhos arregalados, por trás dos óculos com armação preta e arredondada, manifestava a excitação produzida por aquela novidade. Outros prisioneiros do bloco também cochichavam entre si, e Runki os fez calarem-se com um "atenção!" murmurado. Os chefes de bloco, SS de patentes subalternas, chegaram do alto e separaram-se em direção a seus subordinados de cada bloco. O burburinho morreu, e o ânimo desapareceu dos rostos novamente inexpressivos.

Remagen!

De fato, era longe da Turíngia.

Mesmo assim. A frente ocidental havia se deslocado graças à ofensiva de inverno do Exército Vermelho, que marchava para a Alemanha, passando pela Polônia.

Os rostos dos prisioneiros não deixavam transparecer nada da excitação que os animava.

Mudos, alinhados de modo impecável, eles acompanhavam discretamente com o olhar os chefes de bloco que percorriam as fileiras, contando os prisioneiros. Impassíveis, como todos os dias.

No alto da torre, Krämer, decano do campo, entregou ao inspetor-chefe a lista com a população total do campo e, em seguida, apresentou-se frente ao imenso quadrado, conforme as ordens. Seu próprio rosto permanecia impassível, embora seus pensamentos fossem idênticos aos dos milhares de homens atrás dele.

Já fazia tempo que os diferentes chefes de bloco tinham entregue seu relatório a Reineboth, o inspetor-chefe, e também aguardavam na torre, em fileiras desordenadas. Mesmo assim, foi necessária uma hora antes que os números batessem. Por fim, Reineboth dirigiu-se ao microfone.

– Seeentido!

Os ocupantes do imenso quadrado se imobilizaram.

– Em saudação!

Todos juntos, os detentos retiraram seus bonés sujos. Contra a grade de ferro forjado encontrava-se Kluttig, o subchefe de campo, que convidou Reineboth a lhe prestar contas. Despreocupadamente, ele levantou o braço direito. Era assim havia anos. Na mente de Schüpp, a notícia não parava de atormentá-lo. Ele não conseguiu se impedir de falar e murmurou, com o canto da boca, às costas de Bochow:

– Aqueles lá em cima, logo logo, vão levar fogo no rabo...

Bochow disfarçou o sorriso na pele enrugada de seu rosto sem expressão.

Reineboth voltou ao microfone:

– Cooobrir!

Um gesto! Os bonés sujos voltaram às cabeças e, no embalo, eles caíam para a frente, para trás ou para o lado – conferindo aos prisioneiros um ar cômico. Como a exatidão militar precisava ser respeitada, o inspetor-chefe tinha o hábito de berrar no microfone:

– Corrigir!

Dezenas de milhares de dedos giravam os bonés.

– Firmes!

Um único estalar das mãos contra a costura da calça. Eles estavam então corretamente ajustados. O quadrado se petrificou.

O campo era deliberadamente mantido pelos SS em ignorância sobre a guerra. Os dias passavam como se o tempo estivesse congelado. No entanto, sob o desenrolar mecânico dos dias, um vagalhão se formava.

Somente alguns dias atrás, Kolberg e Graundenz "... haviam caído após um glorioso combate contra um inimigo superior em número...".

O Exército Vermelho!

"Passagem do Reno em Remagen..."

Os Aliados! O cerco se fechava! Reineboth ainda tinha uma ordem a transmitir.

– Os detentos do armazém de vestuário, a seus postos! Os cabeleireiros, aos chuveiros!

Aquelas ordens não tinham nada de surpreendente. Uma nova leva estava chegando, como sempre nos últimos longos meses. Os campos de concentração localizados mais a leste foram evacuados. Auschwitz, Lublin...

Era necessário que Buchenwald, embora já lotado, acolhesse a maior quantidade possível de prisioneiros. Como o mercúrio de um termômetro, o número de recém-chegados subia a cada dia. Onde colocá-los todos? Para alocar o fluxo de deportados, tinha sido necessário construir barracões improvisados em terrenos abandonados ao redor do campo. Em antigas cocheiras, eles se amontoavam aos milhares. Com uma cerca dupla de arame farpado em volta, esse lugar foi chamado de "campinho".

Um campo dentro do campo, separado e regido por suas próprias regras. Homens de todas as nações europeias moravam lá, dos quais ninguém sabia onde ficavam seus antigos lares, cujos pensamentos ninguém adivinhava, e que falavam uma língua que ninguém entendia. Homens sem nome nem rosto.

Dentre os que chegavam de outros campos, metade morrera durante o percurso ou fora morta pelos SS da escolta. Os cadáveres haviam ficado pelo caminho. As listas de comboios não batiam mais, os números de prisioneiros estavam misturados. Qual deles pertencia a alguém vivo, qual deles a um morto? Quem ainda sabia o nome e a origem daqueles homens?

– Debandar!

Reineboth desligou o microfone. O imenso quadrado voltou à vida.

Os decanos dos blocos davam ordens. Os blocos se punham em movimento. A gigantesca silhueta humana se deslocou, a corrente desceu a praça de chamada em direção aos barracões. Lá em cima, os chefes de bloco sumiram pela grade.

Enquanto isso, o trem de mercadorias e sua carga de prisioneiros entrava na estação. Antes mesmo de estar totalmente imóvel, vários SS, com o fuzil ao ombro, correram ao longo dos vagões. Eles quebraram os lacres e abriram as portas corrediças.

— Fora, porcos judeus! Fora! Vamos, fora!

Espremidos uns contra os outros, os deportados estavam apertados dentro dos vagões pestilentos — o oxigênio que penetrou de repente os fez vacilar. Sob os berros dos SS, eles despencaram das aberturas, caindo e rolando uns sobre os outros. Outros SS os reuniam em rebanho aterrorizado. Os vagões se esvaziavam como úlceras purulentas.

Zacharias Jankowski, judeu polonês, foi um dos últimos a pular do vagão. Um SS acertou uma coronhada em sua mão, quando ele tentou puxar sua mala.

— Judeu sujo, desça!

Jankowski conseguiu pegar a mala, arremessada com fúria pelo SS.

— Você escondeu diamantes roubados, seu porco?!

O polonês puxou sua mala consigo, no meio do rebanho protetor.

Os SS subiram nos vagões e foi a coronhadas que fizeram os retardatários descerem. Eles jogavam os doentes e os moribundos como se fossem sacos velhos. Só ficavam os mortos, armazenados em um canto que, laboriosamente, haviam mantido livre durante o longo percurso. Um dos cadáveres, semiereto, sorria para os SS.

Em cada um dos blocos, mapas estavam colados nas paredes ou na mesa do decano, que, geralmente, era o prisioneiro mais experimentado, o mais antigo. Esses mapas haviam sido recortados em jornais, quando os exércitos fascistas marchavam sobre Minsk, Smolensk, Wjasma e, mais tarde, sobre Odessa, Rostov, Stalingrado.

Os chefes de bloco, SS brutais e briguentos, tinham tolerado os mapas e, quando estavam de bom humor e cantavam a plenos pulmões canções de vitória, costumavam apontar orgulhosamente para as cidades russas.

— E então, onde está seu Exército Vermelho agora?

Fazia tempo.

Agora, seus olhares passavam pelos mapas sem vê-los. Eles também não viam os traços feitos neles pelos prisioneiros. Finos ou grossos, azuis, vermelhos e pretos.

Tocados milhares de vezes por milhares de dedos, os nomes dos antigos campos de batalha anotados no fino papel-jornal não eram mais do que manchas escuras. Gomel, Kiev, Cracóvia…

A quem isso ainda interessava?

Agora, tratava-se de Küstrin, Stettin, Graudenz, de Düsseldorf e de Colônia.

Mas mesmo estes nomes não eram mais do que manchas muitas vezes arranhadas. Quantas vezes tinham escrito sobre aqueles mapas, rasurado, eliminado, escrito de novo, até que o papel-jornal tivesse desaparecido?

Milhares de vezes, milhares de dedos tinham acompanhado aquelas linhas do *front* que as haviam borrado e… apagado. O fim se aproximava, inexoravelmente!

Agora, mais uma vez, depois que o tumulto das ondas de prisioneiros encheu os barracões que tinham ficado silenciosos durante todo o dia, pencas de prisioneiros se amontoaram diante dos mapas.

No bloco 38, Schüpp abriu caminho em meio ao grupo que estudava o mapa na mesa de Runki.

– Remagen. Fica aqui entre Coblenz e Bona.

– Fica a quantos quilômetros de Weimar? – indagou um deles.

Schüpp fez uma careta de surpresa, piscou os olhos, e refletiu.

– Se eles chegarem por...

Seus dedos seguiam o futuro caminho: Eisenach, Langensalza, Gotha, Erfurt...

Schüpp voltou à realidade.

– Quando eles estiverem em Erfurt, também estarão em Buchenwald. Quando? Vários dias? Semanas? Meses?

– Primeiro, vamos aguardar. Mas para nós só vejo trevas. Você acha que eles, lá em cima, vão nos deixar para os americanos!? Mais fácil nos matar a todos antes disso.

– Você, não comece a bancar o derrotista – disse Schüpp ao cético. O decano do bloco andava nervosamente entre os grupos:

– Então, vocês não vão para o grude?

Os tamancos bateram, as latas estalaram.

Os SS haviam organizado a tropa dos recém-chegados em uma coluna de marcha que, escoltada pela matilha selvagem, movimentou-se em direção ao campo, trôpega e titubeante.

Jankowski tinha conseguido se enfiar no meio de uma fileira, escapando assim à saraivada de golpes desferidos indiscriminadamente pelos SS. Ninguém, na coluna, se preocupava com seu vizinho. Cada um só estava preocupado com sua própria sorte, com o destino incerto que o aguardava. Os doentes e os moribundos, graças ao instinto animal de conservação, eram levados pelos demais. Foi assim que a coluna cambaleou no caminho, e através da grade que conduzia ao campo.

A mão de Jankowski, dormente por causa do golpe recebido, pendia como corpo estranho e prejudicial, doendo terrivelmente. No entanto,

SOBREVIVENDO ENTRE LOBOS

por causa da atenção que dava à mala, ele mal sentia aquele suplício. Precisava conseguir, a qualquer custo, que ela entrasse naquele campo ainda desconhecido.

Jankowski espiou rapidamente os locais que o cercavam. Na confusão, deixou-se empurrar pelo estreito portão. Sua experiência o ajudou a esconder-se tão habilmente que pôde passar sem problemas com a tropa, sem mesmo atrair a atenção dos SS.

Era um milagre ele ter conseguido trazer a mala até ali. Jankowski esvaziou a mente para não comprometer nada. Só pensava em uma coisa, em uma oração fervorosa: Deus misericordioso não permitiria que a mala fosse parar nas mãos da SS.

Na praça de chamada, a tropa se reestruturou em fileiras.

Jankowski recorreu às suas últimas forças e marchou em passos medidos com a coluna que entrava no campo. Não tropeçar nem vacilar – não ser notado. Um rugido e um assobio ecoavam em sua cabeça, mas ele aguentou e, aliviado, percebeu que a coluna era escoltada por prisioneiros.

Na praça vazia, ladeada por altos prédios de pedra, os barbeiros dos blocos estavam sentados em longa fila nas banquetas que haviam trazido. Todos eram muito barulhentos. Os recém-chegados deviam se despir para ir ao chuveiro. Não era nada fácil; um suboficial gritava e vociferava com os novos prisioneiros, espantando-os como galinhas.

Quando finalmente o silêncio se fez, e o suboficial desapareceu nas duchas, Jankowski deixou-se cair no piso de pedras, esgotado. A dor lancinante em sua mão latejava surdamente. De cabeça baixa, Jankowski ficou sentado por um tempo, e sobressaltou-se quando foi violentamente sacudido. Um dos prisioneiros que tinham acompanhado a coluna estava diante dele, era um dos guardas do campo. Falou em polonês:

– Você, não dormir.

Jankowski levantou-se, indeciso.

A maioria já estava nua. Os trapos tinham revelado silhuetas lamentáveis, que aguardavam diante dos barbeiros, tremendo na bruma. Todos os seus pelos e cabelos eram tosados.

Jankowski tentou, com sua mão saudável, retirar seus trapos indigentes. O polonês da guarda o ajudou.

Enquanto isso, dois detentos remexiam nas roupas no solo e, por vezes, pegavam uma sacola ou um pacote fechado para revistá-lo. Jankowski se espantou:

— O que eles estão procurando?

O polonês se virou para os outros dois e deu uma risadinha marota.

— Esses são Höfel e Pippig, do armazém de vestuário.

Ele fez um gesto tranquilizador, mostrando a mala.

— Aqui ninguém vai roubar nada de você. Vá cortar os cabelos, meu irmão.

Descalço, Jankowski foi até os barbeiros, claudicando sobre as pedras pontudas.

Na entrada das duchas, o suboficial, berrando e vociferando, dirigia os recém-chegados até uma grande tina de madeira.

Cinco a seis homens por vez. Eles deviam mergulhar em uma loção desinfetante que fedia por já ter sido usada muitas vezes.

— A cabeça debaixo d'água, piolhentos!

Com uma pesada clava, ele batia nas cabeças raspadas que desapareciam repentinamente naquele estrume.

— Ele está bêbado de novo — murmurou o frágil Pippig, de pernas tortas, outrora tipógrafo em Dresden.

Höfel não prestou atenção ao comentário. Ele bateu na mala de Jankowski:

— Gostaria de saber o que eles podem arrastar...

Quando Pippig se debruçou sobre a mala, Jankowski chegou tropeçando. A angústia retorcia seu rosto. Ele puxou Pippig de lado e interpelou os dois comparsas, sem poder mais se conter. Eles não entendiam o polonês.

— Quem é você? – perguntou Höfel. – Nome, nome.

O polonês parecia ter entendido.

— Jankowski, Zacharias. De Varsóvia.

— É sua mala?

— *Tak, tak.*

— O que você tem aí dentro?

Jankowski falou, gesticulou e colocou as mãos por cima da mala para protegê-la.

O suboficial saiu correndo das duchas e começou a injuriar quem estivesse no caminho. Para não ser visto, Höfel empurrou o polonês na fila dos que estavam nus. Jankowski caiu direto nas mãos do suboficial, que agarrou seu braço e o jogou na sala das duchas. Empurrado pela multidão assustada, ele teve de entrar na tina.

O calor úmido fazia bem ao seu corpo gelado e, debaixo da ducha, Jankowski relaxou agradavelmente. Tensão e angústia dissiparam-se, sua pele aspirava avidamente o calor.

Pippig, curioso, ajoelhou-se e abriu a mala. Mas voltou a fechá-la imediatamente, e olhou espantado para Höfel.

— O que é?

Pippig abriu novamente a mala, o suficiente para que Höfel, que havia se debruçado, pudesse ver o interior.

— Meu Deus! Feche isso! — murmurou, erguendo-se e olhando em volta, assombrado, para ver o suboficial. Ele estava na sala das duchas.

— Se encontrarem… — sussurrou Pippig.

Höfel agitava impacientemente os braços.

— Leve isso embora! Esconda! Rápido!

Como um ladrão, Pippig olhou para as duchas e, uma vez convencido de não estar sendo observado, correu rapidamente com a mala em direção aos prédios de pedra, onde desapareceu.

Na sala das duchas, Leonid Bogorski ia e vinha; ele media os recém-chegados. Só vestia uma calça de farda leve e calçava galochas. A água fazia brilhar seu torso atlético. O russo, *Kapo* ou contramestre do *Kommando* dos banhos, estava com os recém-chegados no fundo da sala; ali ele não seria perturbado pelo suboficial, que se divertia ao redor da tina.

Sob o sussurro quente da água, aqueles homens mortificados se acalmavam pela primeira vez desde sua chegada ao campo. Como se a água lavasse todas as suas perturbações, todas as suas angústias, todos os horrores a que haviam sido submetidos. Bogorski conhecia bem essa metamorfose sempre repetida. Ele ainda era jovem, tinha meros trinta e cinco anos. Oficial de aviação. Mas isso os fascistas do campo não sabiam. Aos seus olhos, ele era um prisioneiro de guerra russo que, assim como muitos outros, fora levado a Buchenwald de outro campo. Bogorski fazia de tudo para manter seu anonimato. Ele pertencia ao Comitê Internacional do Campo, o CIC, uma organização clandestina dentro do campo, cuja existência era desconhecida dos demais prisioneiros, mas principalmente dos SS.

Bogorski ia e vinha silenciosamente entre as duchas. Seu sorriso bastava para dar aos recém-chegados um leve sentimento de segurança. Ele parou diante de Jankowski e examinou o homem franzino que se rendia, de olhos fechados, aos benefícios da água quente.

– Quem poderá ser? – imaginou Bogorski, sorrindo em silêncio, antes de se dirigir a ele em polonês perfeito:

– Há quanto tempo você estar na estrada?

Jankowski, arrancado de seu devaneio tão estranho quanto longínquo, abriu os olhos amedrontados.

– Três semanas – respondeu ele, devolvendo-lhe o sorriso, embora soubesse por experiência que o silêncio era a melhor proteção, sobretudo em um lugar novo, ainda desconhecido. Mas Jankowski sentiu de repente a necessidade de se abrir.

Murmurando apressadamente, com o olhar alucinado, ele contou sobre a marcha forçada para Buchenwald, falou dos temores da evacuação. Durante semanas, eles tinham sido empurrados pelos caminhos, fracos e esfomeados, sem repouso nem descanso. À noite, eram reunidos como manadas em campos; esgotados, eles caíam na neve, em sulcos duros como pedra, aglutinados uns contra os outros para proteger-se do impiedoso gelo noturno. Muitos deles, pela manhã, não podiam mais continuar andando! Destacamentos da escolta SS iam então nos campos e executavam aqueles que ainda viviam. Camponeses encontravam os cadáveres e os enterravam. Outros mais caíam pelo caminho! Quantas detonações! E a cada vez que espocavam os tiros de misericórdia, a coluna retomava sua marcha à frente.

– Vamos, bando de porcos! Vamos, vamos!

Quando Jankowski se calou, por não ter mais nada para contar, Bogorski perguntou:

– Quantos vieram de Auschwitz?

Jankowski respondeu baixinho:

– Nós erámos três mil…

Em seu rosto havia um sorriso resignado. Ele queria falar mais. Ele sentia necessidade de confiar o segredo do conteúdo da mala a alguém daquele campo estrangeiro, mas o assobio do suboficial ressoou, a água parou de jorrar, o suboficial separou os prisioneiros e empurrou uma nova leva às duchas.

Jankowski saiu para o frio úmido.

A mala tinha desaparecido!

Höfel, que havia esperado pelo polonês, colocou rapidamente a mão em sua boca, e murmurou:

– Cale a boca! Está tudo em ordem.

Jankowski entendeu que deveria se comportar calmamente – ele olhou para o alemão, que o intimou:

– Pegue seus trapos e caia fora.

Höfel jogou suas coisas nos braços de Jankowski e o empurrou com impaciência na fila dos que deviam ir ao armazém de vestuário, para trocar suas roupas sujas por uniformes regulamentares.

Jankowski dirigiu-se ao alemão. Embora Höfel não entendesse

polonês, percebeu a angústia em seus propósitos. Deu-lhe um tapa reconfortante nas costas e disse:

— Sim, sim, sim, está tudo bem. Agora ande, ande.

Levado pela multidão, Jankowski não teve outra escolha a não ser ir ao armazém de vestuário com os demais.

— Nada mau? Realmente nada mau?

Höfel fez-lhe um sinal.

— Nada mau. Realmente nada mau...

~∞~

Como um garotinho feliz por ter recebido presentes, Pippig havia galgado de quatro em quatro os degraus que levavam ao armazém de vestuário.

Naquela hora tardia da tarde, não havia mais nenhum prisioneiro na comprida sala abarrotada com milhares de sacos de pertences dos civis. Somente o velho August Rose ainda se encontrava atrás do balcão, remexendo em seus papéis.

Ele olhou com surpresa para Pippig, que entrava.

— O que você ainda está fazendo por aqui?

Com um gesto de mão, Pippig ignorou a pergunta.

— Onde está Zweiling?

Rose mostrou com o polegar o escritório do primeiro oficial.

— Passar bem — disse Pippig com pressa, antes de recuar agilmente para dentro da sala escura. Rose olhou para ele e observou o primeiro oficial, que podia ver em sua sala, através da grande vidraça.

Zweiling estava sentado à sua mesa, com um jornal aberto diante de si e a cabeça entre as mãos. Parecia estar dormindo. Mas o homem, magro e seco, não dormia; sonhava acordado com as últimas notícias do *front*.

Pippig entrou, fez um sinal tranquilizador para Rose, abriu ruidosamente a porta da secretaria ao lado do escritório, e gritou em volume exagerado:

– Marian, vem cá, precisamos de um intérprete!

Zweiling sobressaltou-se. Ele viu o polonês ir embora com Pippig.

Pippig fez um rápido sinal a Kropinski, e ambos escapuliram por trás. No canto mais recôndito da sala, desapareceram atrás das altas pilhas de sacos cheios de roupas que haviam pertencido aos detentos mortos. Ali estava a mala.

Pippig, rápido e excitado, esticou o pescoço para olhar em volta, esfregou as mãos e sorriu para Kropinski, o que significava: "Agora, veja bem o que eu trouxe...", em seguida, abriu as fechaduras da mala. Orgulhoso, ele colocou as mãos nos bolsos e apreciou o efeito surpresa.

Na mala, encolhida, com as mãozinhas sobre o rosto, estava uma criança, coberta de trapos. Um garotinho que mal tinha três anos.

Kropinski se acocorou e olhou para o menino. Ele estava imóvel. Pippig acariciou o pequeno corpo com ternura.

– Uma lombriguinha. Que nos mandaram.

Agarrando-o pelo ombro, ele quis virar o garoto, que pareceu relutar. Finalmente, Kropinski encontrou as palavras certas.

– Coitada dessa coisinha – disse ele em polonês. – De onde você vem?

Ao ouvir a voz em polonês, o menino levantou a cabeça como um inseto esticando suas antenas. Um sinal fraco, mas um primeiro sinal de vida para os dois comparsas, tão incrivelmente excitante que os deixou enlevados, olhando o garoto nos olhos. Seu rostinho magro já tinha a seriedade de um homem sábio, e a luz em seus olhos não era nada infantil. Ele olhava para aqueles homens, cheio de muda expectativa. Eles mal ousavam respirar.

Rose não conseguira vencer a curiosidade. Ele havia se esgueirado em silêncio para o canto do vestiário e, de repente, encontrava-se diante dos dois comparsas.

– O que está acontecendo?

Pippig virou-se sobressaltado e grunhiu para Rose, surpreso:

— Você ficou maluco? Vir até aqui! Caia fora! Você quer nos jogar nas garras de Zweiling?

Rose balançou a cabeça:

— Ele está dormindo.

Curioso, ele se inclinou por cima da criança:

— Você arrumou um belo brinquedo.

Na entrada, alguns dos recém-chegados, que deviam entregar alguns pertences, uma aliança ou um molho de chaves, estavam ao lado do balcão. Os prisioneiros do *Kommando* conservavam seus pertences em sacos de papel, e Höfel, na qualidade de *Kapo*, supervisionava as operações.

Ao seu lado, Zweiling observava. Sua boca constantemente semicerrada conferia ao seu rosto inexpressivo um vazio particular.

As bugigangas não o interessavam, ele saiu do balcão. Com o olhar, Höfel acompanhou o SS, cujo andar despreocupado dava à sua magra silhueta o jeitão de um prego torto. Tenso, Zweiling retornou ao seu escritório.

As passagens já estavam quase vazias e, finalmente, Höfel teve a possibilidade de ocupar-se da criança. Rose, que tinha retornado à entrada, segurou-o.

— Se você está procurando pelo Pippig... — Com ar de profunda curiosidade, ele indicou o fundo do armazém. Höfel retorquiu:

— Eu sei. Nenhuma palavra, entendeu?

Rose disse, indignado:

— Você acha que sou um dedo-duro?

Ofendido, ele olhava para Höfel. Os demais prisioneiros estavam curiosos e faziam perguntas, mas Rose não disse uma palavra. Com um sorriso cheio de mistérios, ele foi até sua escrivaninha.

O garoto estava sentado bem ereto dentro da mala; Kropinski, ajoelhado diante dele, tentava fazer com que falasse.

— Como você chamar? Me dizer. Onde está papai? Onde está mamãe?

Höfel tinha entrado. Pippig murmurava, perplexo:

– O que vamos fazer com essa coisinha? Se o descobrirem, eles o matam.

Höfel ajoelhou-se e examinou o rosto do menino.

– Ele não falar – explicou Kropinski, decepcionado.

O desconhecido parecia impressionar o menino, ele puxava-lhe o casaco desgastado e seu rosto permanecia estranhamente imóvel; aparentemente, ele não sabia o que significava chorar.

Höfel segurou a mãozinha nervosa.

– Quem é você, meu pequeno?

A criança moveu os lábios e engoliu em seco.

– Está com fome – exclamou Pippig. –Vou buscar alguma coisa para ele.

Höfel se levantou e respirou profundamente. Os três se entreolharam, com ar embaraçado. Höfel empurrou o boné para trás.

– Sim… sim, sim… naturalmente.

Pippig considerou aquilo uma aprovação ao que havia dito, e quis ir embora. Mas aquelas palavras sem sentido não eram mais do que uma tentativa de Höfel de expressar e pôr ordem em suas ideias confusas. O que iria acontecer com a criança? Aonde levá-la? Por enquanto, o garoto tinha de ficar ali. Höfel reteve Pippig e refletiu.

– Prepare um ninho aconchegante para ele – recomendou a Kropinski.

– Pegue uns agasalhos velhos, ponha todos eles em um canto do vestiário, e… – Ele parou. Pippig o olhou com ar interrogativo. Era possível ler um pavor repentino no rosto de Höfel.

– E se o menino gritar…?

Höfel colocou a mão na testa.

– Crianças se assustam, e aí gritam… Caramba…! – Ele olhou para o menino. Demoradamente. – Talvez… talvez ele possa *não* gritar? – Höfel agarrou o moleque pelos ombros e o sacudiu devagar. –Você não pode gritar, entendeu? Senão os SS vão pegar você. – O rosto do garoto exprimiu uma súbita careta de pavor. Ele se soltou do abraço, pulou para dentro da mala e se encolheu sobre si mesmo, escondendo o rosto entre suas mãos.

– Ele entende – constatou Pippig.

Para comprovar o seu palpite, ele fechou a tampa da mala. Eles aguardaram; no interior, nenhum barulho.

– Com certeza – repetiu Pippig. – Ele sabe.

Ele abriu de novo a mala, a criança não havia se movido. Kropinski o pegou e o segurou com as duas mãos, como um inseto enrugado. Perturbados, eles todos olhavam para aquele ser estranho.

Höfel pegou o garoto das mãos de Kopinski e o virou de todos os lados para examiná-lo. Pernas e cabeça encolhidas, mãozinhas sobre o rosto, a criança parecia ter sido arrancada das entranhas de sua mãe, ou ser um escaravelho fazendo-se de morto. Enternecido, Höfel devolveu o pequeno ser a Kropinski, que o abraçou e murmurou palavras apaziguadoras em polonês.

– Ele com certeza vai ficar quieto – disse Höfel. Ele apertava os lábios. Imediatamente os três homens entreolharam-se. Cada um aguardava que o outro tomasse uma decisão naquela situação incomum. Höfel, preocupado que Zweiling pudesse perceber sua ausência, chamou Pippig com ele.

– Venha, precisamos voltar para a entrada. – Em seguida, voltou-se para Kropinski. – Cuide do garoto até que nós estejamos de volta.

Kropinski colocou de volta o pacotinho duro na mala, levou-o até o vestiário, no sótão, e, enquanto preparava uma cama improvisada com casacos, suas mãos tremiam. Ele depositou com cuidado o menino sobre ela, cobriu-o e retirou delicadamente as mãozinhas de seu rosto. Reparou na fraca Resistência da criança, cujos olhos permaneciam fechados e crispados.

Mais tarde, quando Pippig retornou sorrateiramente com um pouco de café e um pedaço de pão, Kropinski havia conseguido acalmar tão bem o garoto que ele tinha aberto os olhos. Kropinski o fez sentar-se e lhe ofereceu a caneca de alumínio. O menino bebeu com avidez. Pippig o incentivou a pegar a fatia de pão, mas a criança recusou.

– Ele está com medo – presumiu Pippig, e enfiou-lhe o pão entre as mãos. – Coma – encorajou-o amigavelmente.

– Agora, você dever comer e dormir, e não dever ter medo – sussurrou Kropinski. – O bom irmão Pippig e eu vigiar você, e eu levar você de volta para a Polônia. – Abrindo um grande sorriso, ele apontou o dedo para si mesmo. – Lá pra minha pequena casa.

O menino olhou para Kropinski, com o rosto descontraído e atento. Ele entreabriu a boca. De repente, rastejou para debaixo dos casacos, esperto como um animal. Os dois homens aguardaram algum tempo, mas o garoto não reapareceu. Cuidadosamente, Kropinski levantou o casaco. A criança, deitada de lado, mastigava o pão. Com ternura, Kropinski voltou a cobri-la, em seguida eles afastaram-se do cantinho cuja entrada haviam ocultado com uma pilha de sacos. Eles ficaram vigilantes. Como pano de fundo, o silêncio.

Quando eles chegaram à entrada, os prisioneiros do *Kommando* se reuniam para o controle da noite. Os membros do *Kommando* do armazém de vestuário tinham jornadas de trabalho mais longas e, por isso, eram isentos da chamada noturna. Eles eram contados no local de trabalho pelo chefe do *Kommando*, um suboficial SS, que prestava contas ao inspetor-chefe, responsável pela exatidão dos efetivos. Höfel disfarçou, diante do primeiro oficial, para dissimular o atraso dos dois outros, e grunhiu com raiva:

– Querem que a gente mande um convite extra?

Com o boné na mão, ele ficou em posição de sentido diante de Zweiling e anunciou:

– *Kommando* do armazém de vestuário, vinte prisioneiros presentes. – Em seguida, juntou-se aos outros na fileira. Zweiling, empertigado como um I, passou as fileiras em revista.

Höfel estava muito tenso. Ele estava atento ao menor barulho atrás dele. Será que o menino se assustaria e começaria a gritar?

Após ter contado, Zweiling fez um gesto negligente com a mão, que significava "debandar". As fileiras se desfizeram e os prisioneiros voltaram às suas ocupações. Somente Höfel ficou. Ele não tinha reparado no gesto do primeiro oficial.

— O que está acontecendo? – perguntou Zweiling com voz inexpressiva e pastosa.

Höfel caiu em si com um sobressalto.

— Nada, primeiro oficial.

Zweiling foi até o balcão e assinou a folha de chamada.

— No que você estava pensando há pouco?

Ele queria parecer simpático.

— Em nada, primeiro oficial.

Zweiling passou a língua pelos lábios, como fazia quando sorria.

—Você já se imaginava em casa, não é?

Höfel deu de ombros.

— Por quê? – perguntou, intrigado. Zweiling não respondeu. Arvorando um sorriso enigmático, ele retornou ao seu escritório. Pouco depois, voltou a sair para entregar o relatório. Ele vestia seu casaco de couro castanho, o que significava que não voltaria mais naquela noite. Höfel é quem deveria entregar as chaves ao guarda, ao fim do trabalho.

Na secretaria, os detentos, tomados pela curiosidade, agruparam-se em torno de Höfel; eles queriam saber mais. Rose havia aberto o bico. Ele se defendeu de corpo e alma ao ser repreendido por Höfel.

— Não tenho nada a ver com as besteiras que você faz.

Os prisioneiros estavam agitados.

— Onde está o menino?

— Silêncio! – advertiu-os Höfel e, dirigindo-se a Rose: – Não queremos confusão. O menino permanece aqui por uma noite, amanhã nós o levaremos. – Os prisioneiros queriam ver a criança. Eles se esgueiraram para o esconderijo. Kropinski ergueu o casaco de mansinho. Uns olhando por cima dos ombros dos outros, os homens observavam a coisinha. Deitado, ele dormia, encolhido como uma minhoquinha. Um brilho perpassou o rosto dos detentos, que há muito não viam uma criança. Que surpresa!

— Como um verdadeiro homenzinho...

Höfel deixou que eles olhassem à vontade. Kropinski estava encantado com seu achado. Carinhosamente, ele voltou a colocar o casaco sobre a criança adormecida, enquanto os detentos desapareciam, na ponta dos pés. Naquela noite, eles vagavam sem nada fazer, da secretaria ao balcão, brincando e gracejando sem bem saber por quê. O mais feliz era Kropinski.

— Uma pequeno polonês — não parava de dizer, feliz e orgulhoso.

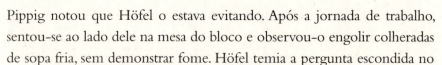

Pippig notou que Höfel o estava evitando. Após a jornada de trabalho, sentou-se ao lado dele na mesa do bloco e observou-o engolir colheradas de sopa fria, sem demonstrar fome. Höfel temia a pergunta escondida no silêncio de Pippig; ele jogou a colher em sua vasilha e se levantou.

— O garoto precisa ir embora?

Com um gesto, Höfel ignorou a pergunta de Pippig, abriu passagem em meio às fileiras de mesas abarrotadas e foi lavar sua colher. Pippig o seguiu. Ali eles estavam a sós.

— Para onde você quer mandá-lo?

Esse monte de perguntas! Höfel franziu o cenho, irritado.

— Não torre a minha paciência.

Pippig se calou. Ele não estava acostumado a ouvir esse tom de voz por parte de Höfel, que deu-se conta disso e, meio zangado, meio na defensiva, prosseguiu bruscamente:

— Tenho meus motivos. Ele vai embora amanhã. Sem mais perguntas!

Ele saiu do canto da louça. Pippig ficou para trás. O que estava se passando na cabeça de Höfel?

Ele já tinha saído do bloco apressadamente. Lá fora, um chuvisco fino e penetrante continuava a cair. Höfel estremeceu e deu de ombros. Ele lamentava ter sido tão rude com Pippig. Porém, não podia explicar os motivos de sua recusa ao valoroso cúmplice; era um segredo bem guardado. Ninguém sabia que que ele era o antigo sargento de uma guarnição do Reich em Berlim e membro de uma célula do partido, um dos instrutores militares do grupo de Resistência internacional, aqui, dentro do campo. Ninguém sabia de nada.

Com o decorrer do tempo, o Comitê Internacional do Campo, o CIC, tinha se transformado no coração da Resistência. Originalmente, os membros do partido haviam se unido, como representantes de suas nações no seio do Comitê Internacional do Campo, para criar uma comunidade no meio dos milhares de deportados, formar entendimentos entre as nações e, com a ajuda dos melhores, despertar um sentimento de solidariedade – o que, no início, definitivamente ainda não estava presente. Entre os prisioneiros alemães havia alguns blocos repletos de prisioneiros de direito comum. Entre eles, um grande número de bandidos que, para obter vantagens pessoais, se desonraram tornando-se criaturas complacentes dos SS e, sob a proteção dos chefes de bloco e de *Kommando*, tornaram-se delatores – os "dedos-duros", como eram chamados no campo. Entre os prisioneiros políticos também havia, em todos os blocos e entre todas as nacionalidades representadas, elementos versáteis, cujo medo de morrer prevalecia sobre a segurança da comunidade.

Com efeito, aqueles que ostentavam um "triângulo vermelho" não eram todos "políticos", isto é, não eram todos opositores convencidos do fascismo. "Resmungões" e outras pessoas malvistas, detidas pela Gestapo, deviam portar o triângulo dos políticos, tanto que a composição dos blocos compreendia políticos de caráter "versátil" e criminosos notórios. Alguns ocupantes deveriam carregar, em seu lugar, o triângulo verde dos prisioneiros de direito comum. Entre os blocos dos alemães e dos estrangeiros, dos poloneses, dos russos, dos franceses, dos holandeses, dos tchecos, dos dinamarqueses, dos noruegueses, dos austríacos, e das inúmeras outras categorias de prisioneiros, nenhum acordo parecia ser possível, em razão das diferenças de língua e outros motivos de impedimento. Os camaradas do CIC tinham, antes de mais nada, de sobrepujar inúmeras dificuldades antes de conseguir anular a desconfiança dos prisioneiros estrangeiros, que tinham muita dificuldade em se acostumar a considerar como camaradas os detentos alemães de um campo de concentração do Reich fascista. Um trabalho perseverante, secreto, às vezes até perigoso, por parte do CIC, era necessário para despertar entre os milhares de prisioneiros um sentimento de parentesco e conquistar sua confiança. Em todos os blocos, os camaradas colocaram homens de confiança e, lentamente, o CIC infiltrou-se entre os prisioneiros sem que ninguém suspeitasse da existência de um elo tão secreto. Nenhum membro do CIC ocupava cargo exposto no campo nem se sobressaía, para que falassem dele. Eles levavam uma vida simples e discreta. Bogorski no *Kommando* das duchas; Kodiczek e Pribula, trabalhadores no barracão de ótica; Van Dalen, simples atendente da enfermaria; Riomand, cozinheiro francês no cassino dos oficiais, onde era muito apreciado pelos de gosto refinado; e Bochow, segundo secretário do bloco 38. Para o antigo deputado comunista de Bremerhaven e para suas missões secretas, um esconderijo bastante seguro. Sua habilidade em manipular a caneta e desenhar belos caracteres o havia tornado precioso aos olhos do chefe profundamente estúpido do bloco, um oficial menor. Bochow devia preencher para ele dezenas de fichas cartonadas com máximas inspiradoras. E assim, Bochow escrevia: "Honra e fidelidade", "Um povo, um Reich, um Führer". O oficial menor distribuía as obras entre seus conhecidos e delas tirava subsídios anexos. Ele nunca imaginou que seu secretário pudesse ser outra coisa que não um "inofensivo" prisioneiro.

Tinha sido Bochow, durante uma discussão do CIC, quem propôs André Höfel como instrutor militar dos grupos de Resistência.

— Eu o conheço bem, é um bom e velho amigo. Vou falar com ele.

Havia um ano, Bochow, após a chamada noturna, ia e vinha em companhia de Höfel, em um canto afastado (porque o que ele tinha a dizer não podia ser ouvido por ninguém), em uma noite de chuva como esta. O cinquentão caminhava ao lado do esbelto Höfel, dez anos mais novo, mãos nos bolsos. A voz profunda e sonora de Bochow havia ressoado nos tímpanos de Höfel. Frase após frase, Bochow tinha ponderado suas palavras, de forma a revelar somente aquilo que Höfel deveria saber.

– Devemos nos preparar, André... para o fim... grupos de combate internacionais... você entende... armas...

Höfel parecera surpreso e, com um sinal de mão, Bochow cortara toda e eventual pergunta:

– Mais tarde. Agora não.

E para terminar, quando se separaram:

– Você não deve fazer nada que possa atrair atenção, mas nada mesmo, entendeu?

Isso havia acontecido um ano atrás; desde então, tudo havia corrido perfeitamente. Nesse meio-tempo, Höfel havia aprendido de onde tinham vindo as armas sobre as quais Bochow não queria falar antes. Os prisioneiros haviam fabricado secretamente armas de impacto e de curto alcance nas diferentes oficinas do campo. Prisioneiros de guerra soviéticos produziam, nos tornos das fábricas de armamento de Weimar onde eram forçados a trabalhar, granadas de mão, que eles contrabandeavam para dentro do campo – enquanto os especialistas que atuavam na enfermaria do campo e no serviço de patologias conseguiam elaborar cargas explosivas para as granadas, desviando produtos químicos. Agora, Höfel sabia de tudo; à noite, quando ensinava em um local secreto a manipulação de armas aos camaradas do grupo, sentia-se particularmente feliz em poder ilustrar seus ensinamentos com uma pistola Walther 7.65 mm. Essa arma tinha sido roubada de Kluttig, o subchefe de campo, durante uma orgia, por um dos detentos que devia servir aquele bando de bêbados. O ladrão nunca foi pego: Kluttig, anticomunista ferrenho, não podia acreditar que um prisioneiro fosse capaz de tal façanha. Ele suspeitava de um de seus companheiros de bebedeira. Mas que sangue-frio tivera aquele sujeito, que após o serviço, retornara ao campo com seu *Komman-do* de escravos, e que bem debaixo do nariz dos SS havia carregado uma 7.65 mm por baixo de seu uniforme! Sangue-frio que Höfel sentia toda vez que ele segurava a preciosa arma, que ele retirava de seu esconderijo e que dissimulava ao longo de seu corpo para ir dar sua aula, atravessando o campo. Passando em frente de inocentes amigos que o cumprimentavam, diante de tantos SS. Nesses momentos, ele sentia o frio do metal contra sua pele.

E sempre tinha dado tudo certo!

Mas eis que de repente um pobre menino havia chegado ao campo! Tão discretamente e com tantos perigos quanto, outrora, aquela Walther 7.65 mm. Ele não podia falar disso com ninguém – salvo com Bochow. Höfel só tinha de dar alguns passos até o bloco 38, mas ainda era um longo caminho.

Uma pesada pedra oprimia seu peito. Deveria ter agido de outra forma? Uma pequena centelha de vida tinha aparecido, sobrevivente de um campo da morte. Não devia ele preservar do aniquilamento aquela coisinha?

Höfel ficou imóvel e olhou para as pedras úmidas e brilhantes aos seus pés. Em qualquer outro lugar na Terra, não poderia haver nada mais óbvio.

No mundo inteiro!

Mas não aqui!

Ele pensava nisso.

Previsões dos perigos que poderiam ser causados por essa centelha alarmante, chocando em um esconderijo do campo, invadiam sombriamente o espírito de Höfel, mas ele as afastou de si. Talvez Bochow pudesse lhe dar uma ajuda?

O bloco 38 era um desses prédios de pedra com um andar que

haviam sido erigidos bem mais tarde, no prolongamento dos primeiros barracões de madeira. Assim como os demais blocos de pedra, ele continha quatro grandes salas, com seus dormitórios contíguos. Não era raro que o *Kapo* do armazém de vestuário aparecesse em um dos blocos. Assim, os detentos não prestaram atenção à chegada de Höfel. Bochow sentou-se à mesa do decano e preparou as listas de chamada para a manhã seguinte. Höfel abriu caminho em meio à sala lotada e foi até a escrivaninha de Bochow.

– Você me acompanha até lá fora?

Sem uma palavra, Bochow se levantou, vestiu seu casaco, e eles saíram. Do lado de fora, não falaram com ninguém. Foi somente ao chegar no largo caminho que levava para a enfermaria, pelo qual iam e vinham muitos detentos, que Höfel disse:

– Preciso falar com você.

– É importante?

– Sim.

Eles falavam em voz baixa, sem chamar atenção.

– Um Jankowski polonês, Zacharias, trouxe uma criança...

– É isso que você diz ser importante?

– O menino está comigo, no armazém de vestuário.

– O quê? Como?

– Eu o escondi.

Höfel não podia enxergar direito a expressão de Bochow na escuridão. Um detento apressado, voltando da enfermaria, de cabeça baixa para se proteger da chuva, cruzou com eles. Bochow aguardou.

– Ei! Você ficou louco?

Höfel ergueu as mãos.

– Eu posso explicar, Herbert...

– Não quero saber de nada.

– Sim, você tem de saber – insistiu Höfel.

Ele conhecia bem Bochow, sempre rígido e inflexível. Eles retomaram sua caminhada e, de repente, Höfel sentiu calor. Sem nenhum motivo, ele disse:

— Eu mesmo tenho uma criança em casa, que hoje tem dez anos, e que nunca vi.

— Puro sentimentalismo. Você tem ordens estritas de ficar de fora de qualquer história. Esqueceu?

Höfel se defendeu:

— Se o menino cair nas mãos dos outros, lá em cima, adeus! E eu não posso simplesmente botá-lo para fora: nós o encontramos em uma mala.

Eles tinham quase chegado à enfermaria, deram meia-volta e retornaram. Höfel sentia a rigidez que emanava de Bochow, e dirigiu-se a ele em tom de profunda censura:

— Meu Deus, Herbert, você não tem coração?

— Se isso não é sentimentalismo!

Descuidado, Bochow tinha falado muito alto. Ele se controlou e disse, mais baixo:

— Sem coração? Não se trata somente de uma criança, mas de cinquenta mil homens!

Höfel caminhava silenciosamente ao lado dele, estava muito nervoso, a objeção de Bochow o deixara desnorteado.

— Está bem — disse após alguns passos. — Então amanhã eu levo a criança até a entrada.

Bochow sacudiu a cabeça.

— Você quer consertar uma besteira com outra?

Höfel se irritou.

— Ou eu escondo o garoto, ou me livro dele!

— Mas que belo estrategista...

— Então o que devo fazer?

Höfel tirou as mãos dos bolsos e abriu os braços em sinal de impotência. Bochow não queria partilhar da excitação de Höfel. Para contê-la em seu camarada, ele disse, de forma pragmática e com certa indiferença:

— Ouvi dizer na secretaria que um comboio irá partir, e vou fazer com que o polonês faça parte dele. Você lhe devolve a criança.

Höfel ficou chocado diante daquela dura decisão. Bochow parou, chegou bem perto de Höfel e o encarou.

– Alguma outra ideia?

Höfel respirava com dificuldade. Bochow sentia o que estava em jogo.

Pesando os prós e os contras, seus deveres no campo revelavam-se prioridade em relação a todo o resto. Poderia Bochow, que o CIC nomeara responsável pelos grupos de Resistência, colocar em perigo uma criança por causa do instrutor militar dos grupos, ou colocar em perigo esses mesmos grupos? Ou mesmo toda a organização tão laboriosamente montada? Sem falar na guarda do campo, que era, de um ponto de vista externo, uma estrutura perfeitamente legal, mas, na realidade, uma organização militar excepcional? Nunca se sabia o que um assunto de aparência inofensiva podia representar. Um garotinho provoca a faísca e, de repente, tudo explode em chamas, tudo é reduzido a cinzas. Isso era o que se passava pela cabeça de Bochow, enquanto olhava para Höfel. Ele se preparava para continuar, e disse, seu tom de voz beirando a tristeza:

– Acontece que o coração pode ser uma coisa muito perigosa! O polonês vai saber o que fazer com o menino. Se ele conseguiu chegar aqui com ele, vai saber como tirá-lo daqui.

Höfel continuava calado. Eles tinham desviado do caminho da enfermaria e encontravam-se agora entre os barracões. O lugar estava deserto. A cerração fria os fazia tremer. Na escuridão, mal conseguiam distinguir seus rostos. Höfel afundara suas mãos nos bolsos, os ombros encolhidos, tiritando. Ele não parecia querer ir embora. Bochow o pegou pelo ombro e o chacoalhou.

– Não crie caso, André – aconselhou em tom amigável. – Volte para o seu buraco, e eu o mantenho informado.

Os dois se separaram.

Bochow observou Höfel se afastar a passos cansados. O remorso comprimia o peito de Bochow, sem que ele soubesse a quem tal sensação se dirigia, se a Höfel ou ao garoto, ou àquele polonês desconhecido que ignorava que, naquele momento, tivera o seu destino selado. Selado por prisioneiros, pelos seus semelhantes, que, coagidos pelos eventos, exerciam sua violência contra ele. Bochow afastou esses pensamentos. Ali, devia-se agir rapidamente e sem remorsos. Ele não hesitou. Depressa, correu para o bloco! Runki, o decano de seu bloco, estava levando à secretaria a lista de efetivos, quando Bochow o pegou na porta.

– Me dê isso aqui, Otto, eu levo até lá.

– Algum problema? – perguntou Runki, ao perceber o tom estranho de Bochow.

– Nada especial – respondeu ele.

Runki sabia que Bochow fazia parte do círculo dos antigos prisioneiros cujas palavras tinham peso. Sobre o CIC e a participação de Bochow nesse comitê, ele não fazia a menor ideia. Entre os prisioneiros políticos, a lei da conspiração era eficaz – aliás, ela os unia em uma confiança infalível. Não havia curiosidade, somente um silêncio compreensivo que reinava sobre tudo aquilo que acontecia no campo. Uma disciplina severa e a consciência de pertencimento incondicional ao partido não davam lugar às coisas de que não se precisava saber. Havia uma submissão natural: servir o essencial mantendo o silêncio. Era assim que eles se protegiam uns aos outros e preservavam os maiores segredos. Aqueles prisioneiros formavam uma grande rede que se estendia por todo o campo. Em todas as partes, camaradas carregavam em si mesmos o que sabiam e não diziam nada.

O partido ao qual estavam ligados permanecia ao lado deles no campo, invisível, inatingível, onipresente. Por vezes, era revelado a um ou outro dos camaradas, mas unicamente se eles se mostrassem dignos dessa revelação. Do contrário, eram todos iguais, em miseráveis trapos, com um triângulo vermelho e o número no peito, a cabeça raspada… Então Runki não fez nenhuma pergunta quando Bochow recolheu as folhas de chamada.

Na sala vizinha à secretaria, onde ficavam os dois decanos do campo, Krämer e Pröll, o trabalho cotidiano da noite já estava encerrado. Pröll, subdecano do campo, tinha tarefas na secretaria. Além de Krämer, o primeiro decano, que redigia a lista de chamada geral para a manhã seguinte a partir das listas de cada bloco, encontravam-se ali alguns outros decanos e secretários de bloco. Eles vinham entregar seus relatórios e conversavam.

Bochow entrou. Por seu comportamento, o decano percebeu que algo perturbava o secretário do bloco 38. Krämer também fazia parte do círculo daqueles que sabiam e se calavam. Sua nomeação para o cargo fora realizada pelos companheiros do CIC. Para a importante posição, anteriomente ocupada por um criminoso indicado por Kluttig – que tinha abusado de suas funções para conseguir vantagens pessoais e sido demitido –, era necessário um companheiro confiável. Os membros do CIC tinham sugerido Walter Krämer como decano.

Sabendo tirar vantagem da rivalidade entre Kluttig e o chefe do campo, o comandante Schwahl, os companheiros decidiram "transformar" Krämer em decano. O cabeleireiro de Schwahl, um prisioneiro de confiança que o servia todas as manhãs, foi encarregado da tarefa. Enquanto Kluttig preferia recorrer a elementos criminosos para realizar as tarefas, Schwahl preferia a inteligência e a exatidão dos prisioneiros políticos. Os constantes atritos entre Kluttig e Schwahl, por causa de suas posições contrárias, eram conhecidos em todo o campo. Schwahl só tinha aceitado o conselho de seu cabeleireiro a respeito de um preso político para tirar de seu campo de visão.

Assim, Krämer foi oficialmente feito decano pelo chefe do campo. Ele, que na verdade não pertencia ao CIC, estava sempre no âmago dos acontecimentos, devido à sua função. Tudo o que acontecia dentro do campo tinha de passar por ele. Ele recebia as ordens de Schwahl, do subchefe de campo e do inspetor-chefe. Era preciso obedecer às ordens, mas sempre assegurando a sobrevivência e a segurança dos detentos. Muitas vezes isso exigia inteligência e diplomacia. Krämer, caldeireiro forte e de ombros largos de Hamburgo, era a calma em pessoa.

Era preciso muito para abalá-lo. Em colaboração silenciosa com seus companheiros do partido, ele cumpria suas difíceis funções. O partido, ilegal no campo, era personificado por Herbert Bochow. Sem que nunca isso fosse dito, Krämer sabia que o que vinha de Bochow emanava do partido. Esforçando-se por fornecer ao decano o mínimo de informações sobre essa estrutura ilegal, Bochow exagerava bastante. "Não faça perguntas, Walter, é melhor para você" era a resposta padrão quando Krämer desejava conhecer o sentido de certas disposições comunicadas por Bochow. Então Krämer se calava, embora considerasse por vezes ridículo manter tanto mistério. Em seguida, tentava dar um tapa no ombro de Bochow: "Não se preocupe, Herbert, estou sabendo..." Frequentemente, ele ria em silêncio, sabendo de tudo o que lhe era escondido, mas às vezes também se irritava. Em muitos casos, Bochow faria melhor dando algumas explicações, na opinião de Krämer. Ele olhou insistentemente para Bochow.

— Uma história bem boba — começou.

— O que foi?

— Você está preparando um novo comboio?

— Sim, e daí? — retorquiu Krämer. — Pröll está ali terminando a lista.

— Um polonês chegou com o último comboio. Ele se chama Zacharias Jankowski. Ele com certeza está no campinho. Você pode incluí-lo no seu comboio?

— O que ele fez?

— Nada — respondeu Bochow com ar sombrio. Você deve falar com Höfel. Ele vai entregar-lhe algo junto com o polonês.

— O que é?

— Uma criança.

— Uma o quê?!

Krämer jogou longe o lápis preto com o qual fazia anotações. Bochow reparou em sua surpresa.

— Por favor, não faça perguntas. É isso aí.

— Mas uma criança? Caramba, Herbert! O comboio parte para o desconhecido! Você sabe o que isso significa?

Bochow ficou nervoso.

— Não posso dizer mais nada.

Krämer se levantou.

— Qual o problema com a criança? O que está acontecendo com ela?

Bochow esquivou-se da pergunta.

— Nada. Trata-se de outra coisa.

— Acredito — Krämer ofegou. — Escute, Herbert, eu não faço muitas perguntas porque sempre confio que…

— Então não faça perguntas.

Krämer o fitou com uma expressão soturna.

— Às vezes, você complica muito minha vida, Herbert.

Herbert pôs a mão em seu ombro para apaziguá-lo.

— Não tem mais ninguém para cuidar do assunto. Höfel já está sabendo. Diga-lhe que eu o mandei.

Krämer resmungou com ar amuado. Estava descontente.

<hr />

Höfel tinha voltado para seu canto, correndo nervosamente entre os blocos. Alguns detentos retardatários se apressavam para retornar aos seus blocos. Apitos ressoavam em breves intervalos. O decano do campo realizava sua ronda noturna. Seus apitos significavam que nenhum detento podia estar do lado de fora. Eles pareciam cada vez mais afastados e fracos. Os telhados dos barracões brilhavam, encharcados pela chuva. Sob os passos de Höfel, o pedrisco chiava e estalava. Por vezes ele tropeçava, não prestando mais atenção ao caminho, de tanto rancor que tinha contra Bochow. O que é que ele ia fazer com a criancinha? Tremendo, Höfel entrou em seu bloco. A grande sala estava vazia, todos já estavam esticados em suas camas. Alguns prisioneiros, responsáveis pelas tarefas domésticas, balançavam as vasilhas de sopa fazendo barulho. Em sua escrivaninha, jazia o decano. A sala estava ainda cheia do cheiro frio da sopa de repolho da noite, misturado ao odor dos trapos, largados em cima dos bancos. Ninguém prestou atenção a Höfel, que se despiu e colocou suas roupas no seu espaço livre do banco. Mas será que Bochow não tinha razão? *O que me importa esse menino estrangeiro*, pensou Höfel. *Estou me preocupando demais com ele.*

Esse pensamento o atormentava tanto, que ele sentiu vergonha. Mas quando quis afastá-lo, ele se lembrou de sua esposa Dora. Por que isso tinha surgido tão de repente? A criança, em seu canto, a tinha feito surgir do calabouço de seu coração? Essa lembrança o invadiu, e ele ficou surpreso que ela se encontrasse em um mundo que se tornara tão estranho, uma mulher que fosse dele. Fogos-fátuos se acenderam nele. Ele tinha um filho que ainda nunca tinha visto, ele tinha um apartamento, um apartamento de verdade com cômodos, janelas, móveis. No entanto, era irreal; isso o submergia como as ruínas de um mundo desaparecido, em um universo sem luz.

Höfel havia escondido o rosto entre as mãos e não havia se dado conta disso; ele olhava para o fundo de um precipício que era a escuridão da noite. Todos os meses, ele enviava uma carta para as trevas: "Minha querida Dora. Estou bem, estou em boa saúde, como vai nosso filho?" E todos os meses uma carta chegava das trevas com sua mulher se despedindo: "… Um beijo afetuoso…".

De que mundo isso vinha? *Meu Deus, de que mundo?*, pensava Höfel. Certamente de um mundo no qual havia também crianças pequenas, mas elas não eram giradas no ar pela perna nem tinham a cabeça esmagada contra as paredes como gatinhos. Höfel encarava o vazio. A violência da lembrança murchava seus pensamentos que afundavam no nada, e ele não sentia nada mais a não ser toda a força da pressão morna de seus próprios dedos contra o seu rosto. De repente, teve uma sensação muito estranha, de que duas mãos saíam das trevas e apertavam seu rosto enquanto uma voz fantasmagórica murmurava:

– André... um menino tão frágil... – Höfel se sobressaltou. *Estou ficando louco?*

Ele deixou os braços caírem. O ar fresco acariciou sua face. Höfel olhou para suas mãos desocupadas, que realizavam docilmente os gestos cotidianos: tirar a calça, o casaco com o cadastro bem visível, conforme o regulamento.

Sim, Bochow tinha razão. O menino tinha de ir embora. Aqui, representava um perigo para todos. *Com certeza o polonês vai descobrir como tirá-lo daqui.* Höfel voltou ao dormitório. O fedor do ambiente o trouxe de volta à realidade. "... Um beijo afetuoso...". Ele subiu em seu catre e cobriu-se com o áspero cobertor.

O dormitório com duas fileiras de beliches de três níveis estava irrequieto. A notícia da travessia do Reno em Remagen pelos americanos havia colocado ideias na cabeça de todos. Höfel ficou escutando o burburinho. Seu vizinho de cama já estava dormindo e seu ronco leve contrastava com a excitação geral. Se os americanos haviam atravessado o Reno, então logo estariam na Turíngia, e isso não iria durar muito tempo! *Isso!* – O quê, afinal? – O que não poderia durar muito tempo? Essa palavra escondia alguma coisa. *Isso* eram os anos de detenção, de esperanças e desesperos, comprimidos em uma perigosa carga explosiva. *Isso* era ao mesmo tempo pequeno e pesado, como uma granada de mão que a gente segura, e se *isso* logo terminaria... Ao redor de Höfel, o pessoal murmurava e grunhia. O vizinho fungava tranquilamente – e Höfel se pegou pensando, ele também, que *isso* não duraria muito tempo, e que a criança, lá, no seu cantinho, bem, talvez nós pudéssemos... O ruído, que ele ouvia mecanicamente havia despertado alguma coisa nele tão agradável, tão agradável quanto aquelas mãos longínquas e estranhas... De repente, Höfel abriu os olhos e se virou de lado. *Não! Chega. Chega! A criança tem de ir embora, amanhã, depois de amanhã!*

Naquela noite, o comandante Alois Schwahl ainda se encontrava em seu escritório em companhia de seus dois subchefes de campo, Weisangk e Kluttig. Schwahl, um sexagenário atarracado com excesso de peso, de bochechas caídas e rosto redondo, tinha por hábito, enquanto falava, caminhar em volta de um móvel, razão pela qual havia uma escrivaninha maciça no centro da sala de mobília pomposa. O comandante parecia ser um homem de discursos. Seus propósitos eram sempre acompanhados de gestos empolados, que ele marcava por graves pausas. A travessia do Reno o havia deixado, e a Kluttig ainda mais, em um estado de excitação nervosa. No sofá, atrás da mesa de conferência esculpida, estava sentado o segundo subchefe Weisangk, de pernas abertas, a inevitável garrafa de conhaque francês diante de si, escutando a briga que eclodira entre Schwahl e Kluttig. Weisangk já tinha bebido demais. Com seus olhos baços de buldogue, acompanhava cada gesto de seu mestre.

Em antecipação aos acontecimentos que se seguiriam à travessia do Reno, Schwahl havia previsto criar um pelotão sanitário composto de prisioneiros, que poderia ajudar os SS em caso de alertas aéreos ou de um ataque ao campo. A formação do pelotão era o motivo dessa briga, que só piorava. Kluttig, um homem magro e sem interesse de trinta e cinco anos, com um nariz excessivamente grande e em forma de tubérculo, estava em pé diante da escrivaninha. Seus olhos míopes, nos quais brilhava uma centelha de maldade, fulguravam como um raio através de seus óculos. Entre ele e o comandante havia divergências irreconciliáveis. Kluttig não escondia que não tinha nenhum respeito por Schwahl. Ele recebia suas ordens com um silêncio orgulhoso, e quando por fim as cumpria, era simplesmente porque Schwahl, como comandante e chefe de campo, estava acima dele em posição de comando. Schwahl só se dirigia a Kluttig sob o pretexto dessa superioridade hierárquica; ele sentia, na presença do outro, um complexo de inferioridade que o fazia sofrer. Não gostava do jeito atirado do subalterno, que, no entanto, invejava.

Schwahl era covarde, indeciso, sem nenhuma segurança de si mesmo; no entanto, ele tinha certeza de sobrepujar Kluttig, outrora dono de uma pequena oficina de confecção, em habilidade diplomática. Em Kluttig, evidentemente, deviam faltar todas as condições prévias para tal habilidade, desenvolvida por Schwahl em trinta anos como funcionário de uma casa de detenção. Ele havia alcançado o cargo de inspetor. Em outra época, durante bebedeiras, ambos haviam se provocado mutuamente a respeito de seu passado, chamando um ao outro de "cão de guarda" e "costureira", sem prever que isso degringolaria em perigosa inimizade. Era o que estava acontecendo naquela noite.

No início, a briga girava em torno da criação do pelotão sanitário. Kluttig havia se insurgido contra Schwahl, que só queria recorrer a prisioneiros políticos de longa data. Em sua qualidade de comandante, Schwahl podia permitir-se dar uma lição, em tom condescendente, ao antigo tintureiro.

— Falta-lhe o conhecimento do ser humano e a visão, meu caro. Devemos tirar partido da disciplina dos comunistas. Nenhum deles vai sumir. Eles são inseparáveis.

Kluttig estava quase explodindo. Suas respostas se tornavam cada vez mais ásperas, e sua voz assumia aquele tom detestável e cortante que Schwahl temia em segredo, pois lhe lembrava demais do tom de seu diretor, na casa de detenção.

— Devo avisá-lo sobre o fato de que recorrer aos comunistas, nesta situação, é perigoso. Escolha outros prisioneiros.

Schwahl irritou-se.

— Bah, bah, bah — resmungou ele, que parou diante de Kluttig, levantou-se e empinou a barriga. — Outros prisioneiros? Criminosos? Malfeitores?

— Há no campo uma organização secreta de comunistas!

— E o que é que eles podem fazer? — Schwahl contornou novamente a escrivaninha.

– Existe um rádio emissor clandestino no campo!

Repentinamente, Kluttig foi até a escrivaninha e se postou na frente de Schwahl.

O comandante exercia maravilhosamente seu papel de chefe condescendente. Ele mexeu em um botão do uniforme de Kluttig:

– Como você bem sabe, mandei procurarem esse rádio emissor. Resultado? Zero! Não perca a sua calma, subchefe!

– Eu admiro a *sua* calma, comandante!

Eles mediam um ao outro com olhares frios. Schwahl tinha a impressão de que seu peito estufava, enquanto ele sentia sua autoridade artificial se esvaindo e, de repente, gritou:

– Não estou perdendo a cabeça como você! Se eu assim o ordenar, em meia hora todos os detentos serão fuzilados! Todo o campo, sim, subchefe, inclusive a sua organização comunista!

A autoridade de Kluttig também chegava ao fim. Todo o sangue refluiu de seu rosto encovado, e ele berrou com Schwahl com tanta veemência que Weisangk, surpreso, pulou entre os adversários e tentou conter Kluttig:

– Mantenha a calma, Kluttig, mantenha a calma…

Kluttig empurrou o segundo subchefe.

– Saia da frente, imbecil! – tornou a gritar com Schwahl: – Esses sujeitos já podem estar com armas, e o senhor não faz nada? Eles já podem estar em contato com os americanos! Eu me recuso a obedecer-lhe!

Imediatamente, Weisangk tentou se interpor:

– Você não recebe ordens, é Reineboth que recebe…

Não precisou de mais nada para Kluttig, totalmente desvairado, urrar:

– Cale a boca!

– Subchefe! – berrou Schwahl, com as bochechas trêmulas.

– O senhor não pode me dar ordens!

– O comandante sou eu!

– É um…

De repente, Kluttig parou, virou-se e jogou-se no sofá, ao lado de Weisangk.

Tão subitamente quanto Kluttig, Schwahl recobrou a calma. Ele se aproximou da mesa de reuniões, pôs as mãos sobre o encosto das cadeiras e perguntou:

– O que você ia dizer?

Kluttig não esboçou um único movimento. Estava sentado ali, com a cabeça para a frente, os braços inertes sobre suas pernas abertas. Depois daquele acesso violento de raiva, Schwahl não parecia esperar nenhuma resposta. Foi até o bar, em um canto, trouxe alguns copos, sentou-se à sua mesa e os encheu.

– Bebamos para esquecer essa briga!

Ele esvaziou o copo de uma golada. Weisangk empurrou Kluttig e lhe entregou o conhaque:

– Anda, toma logo isso, vai acalmá-lo.

Contrafeito, Kluttig pegou o copo do segundo subchefe e tomou o conteúdo como se fosse um remédio, em seguida olhou para o vazio, assumindo uma expressão sombria. Não pensava mais nos insultos, e a calma pareceu dar lugar a uma indiferença moral. Schwahl pegou um cigarro e recostou-se. Ele dava grandes baforadas. Kluttig continuava olhando para o vazio, nada se lia no rosto inexpressivo de Weisangk. Schwahl olhava para um, e para o outro, e em um rasgo de humor macabro, ele disse de repente:

– Ah! Senhores, os dados estão lançados.

Kluttig deu um soco na mesa e gritou, possesso:

– Não! – Sua mandíbula inferior projetava-se para a frente. – Não!

Schwahl sentiu todo o pânico interior de Kluttig. Ele jogou o cigarro fora e se levantou. Constatou com satisfação ter recuperado o poder. Atrás de sua escrivaninha estava pendurado um grande mapa. Schwahl aproximou-se dele e o avaliou com o olhar de um conhecedor. Então, bateu de leve nas tachas com pontas coloridas.

– Aqui é o *front*, aqui, e aqui, e aqui. – Ele se virou e se apoiou com a mão na escrivaninha. – Ou será que não?

Weisangk e Kluttig calaram-se. Schwahl cerrou os punhos ao lado do corpo.

– E o que vai ser daqui a quatro semanas? Em oito semanas, ou mesmo em três? – Ele mesmo respondeu, batendo com o punho fechado sobre o mapa. Sobre Berlim, sobre Dresden, sobre Weimar. O painel de madeira estalava sob os golpes. Schwahl estava satisfeito. Ele via no rosto descarnado de Kluttig, assim como nos olhos desesperados de buldogue de Weisangk, o efeito produzido por suas palavras. Tal como um general, retornou à mesa de reunião e disse corajosamente:

– Necessitam de mais alguma coisa, meus caros? –Voltou a sentar-se. – A leste, os bolcheviques; a oeste, os americanos; e nós no meio. E então, hein? Pense nisso, subchefe. Ninguém se preocupa conosco, ninguém virá nos tirar daqui. Aqui, no máximo o diabo pode vir nos buscar.

Em um acesso de vã temeridade, Weisangk jogou sua pistola sobre a mesa.

– A mim ele não pega – rosnou. – Com certeza.

Schwahl não prestou atenção ao gesto heroico do ferreiro bávaro, que recolheu sua arma, sem glória, antes de cruzar os braços sobre o peito.

– Agora, só temos de nos virar sozinhos.

Kluttig pulou.

– Lá vem você! – gritou ele, sobressaltando-se mais uma vez. –Você quer nos vender aos americanos! Você é um covarde!

Schwahl se defendeu, irritado:

– Não me venha com grandiloquências. Com ou sem coragem, o que podemos fazer? Devemos nos abrigar, só isso. Para tanto, precisamos de inteligência, subchefe. Inteligência, diplomacia, flexibilidade. – Schwahl mostrou a pistola na palma de sua mão. – Isto aqui não tem flexibilidade suficiente.

Kluttig puxou também sua arma do coldre, vociferando:

– Mas é eficaz, comandante, eficaz! – Os dois já estavam a ponto de brigar novamente.

Weisangk se meteu entre os dois:

– Ok, fiquem calminhos e não se matem.

– Em quem você quer atirar? – perguntou Schwahl, quase divertido.

– Em todos, todos, todos! – espumou Kluttig dando largos passos para trás. Desesperado, ele desabou no sofá e passou sua mão em seus cabelos louros esparsos.

Schwahl pensava, sarcástico: *E lá se foi o espírito heroico.*

Na manhã seguinte, Kluttig transmitiu a Reineboth a ordem do comandante. Ele conversou com o inspetor-chefe de apenas vinte e cinco anos em seu escritório, localizado em uma ala do prédio próximo à entrada do campo. De aparência bem cuidada, Reineboth contrastava muito com Kluttig. O jovem gostava muito de sua aparência elegante. Sua pele levemente rosada e a parte inferior de seu rosto, que parecia ter sido empoada e não apresentava o menor sinal de barba, davam a Reineboth a aparência de um personagem de opereta, quando, na verdade, ele não passava de filho de um simples cervejeiro.

Encostado contra a cadeira, descontraído, com os joelhos apoiados contra a borda da mesa, ele havia aceitado a ordem.

– Um pelotão sanitário? Que excelente ideia! – Cínico, ele sorriu. – Parece que estamos com medo do ogro, ou o quê, afinal?

Kluttig não respondeu nada, e foi até o aparelho radiotransmissor. De pernas afastadas, mãos nas cadeiras, ele ouvia a voz do locutor:

– ... após uma pesada preparação de artilharia, a batalha pela Baixa Renânia começou ontem à noite. A guarnição da Mogúncia postou-se na margem direita do rio...

Reineboth olhou-o por um instante. Ele sabia o que acontecia com Kluttig e, por trás de uma desenvoltura aparente, dissimulava seus próprios temores diante do perigo galopante.

– Está na hora de você aprender inglês – disse ele, e seu sorriso sempre arrogante congelou-se em uma ruga no canto de seus lábios.

Kluttig não se ateve ao sarcasmo, e grunhiu ferozmente:

– Ou eles, ou nós!

– Nós – respondeu Reineboth, com elegância, jogando sua régua na mesa e levantando-se.

Fitaram-se em silêncio, calando seus pensamentos. Kluttig ficou nervoso.

– Se tivermos de partir... – Ele agitou seus punhos e sibilou: – Não vou deixar para trás nenhum desses ratos vivo!

Reineboth já tinha ouvido isso. Ele sabia, por conhecer Kluttig, que aquelas eram palavras vazias. Sorrindo, ele disse, maldosamente:

– Se você não chegar tarde demais, subchefe. Nosso diplomata tende a deixar escapar os ratos...

– Aquele bunda-mole! – Kluttig levantou seus punhos para o alto. – Sabemos se esses porcos já não estão em relação íntima com os americanos? Eles jogam algumas bombas e armam o campo inteiro em uma noite. – E acrescentou, nervoso: – Afinal de contas, são cinquenta mil homens!

Reineboth fez um sinal, cheio de si.

– São uns cretinos. Algumas salvas de tiro a partir dos miradores e...

– E se os americanos enviarem paraquedistas? E então?

Reineboth deu de ombros.

– Então a derrocada acabará aqui, pff... – disse ele com orgulhosa indiferença. – Eu deveria me mandar para a Espanha.

– Você é malandro como uma raposa. – Kluttig cuspiu, cheio de desprezo. – Dá a impressão de que só se trata de salvar a própria pele.

– Com certeza – retorquiu friamente Reineboth. – Mas também se trata da sua.

Ele zombou na cara de Kluttig:

– Então, sem comandante, nada mais de segundo subchefe.

Irônico, Reineboth fingia estar subindo uma escada com as duas mãos.

– Os dados estão lançados! Adeus! Não se preocupe, sou seu companheiro de pena.

Irritado por Reineboth zombar de seus planos ambiciosos, Kluttig deixou-se cair em uma cadeira e olhou fixamente para a frente. De fato, era o fim! Por enquanto, tratava-se simplesmente de se colocar em segurança com relação aos prisioneiros. Furioso, ele reclamou do comandante ausente:

– Aquele bunda-mole, nojento! Ele sabe muito bem que esses porcos estão organizados aqui no campo. Em vez de recolher uma dúzia e matá-los...

– Ele se pergunta se eliminaria os certos – observou Reineboth. – Senão a coisa desanda, meu caro. Na primeira salva de tiros, os bons, os chefes, os cabeças.

– Krämer! – Kluttig exclamou vivamente.

– É um deles, mas quem são os demais?

Reineboth acendeu um cigarro e sentou-se no canto da mesa. Maquinalmente, tamborilava com a perna.

Kluttig sibilou, fora de si:

– Eu vou trancafiar esse cachorro e espremê-lo como se fosse um limão.

Reineboth soltou uma risada arrogante.

– Ingenuidade sua, meu caro subchefe de campo, muita ingenuidade. Primeiro: Krämer não vai cantar a bola, você não vai conseguir nem sombra de um pensamento. Segundo: ao trancá-lo, você estará avisando os demais.

Aproximando-se do microfone, disse:

– Observe bem esse sujeito, e você vai ver que não vai conseguir nem um peido. – Ele ligou o microfone: – O decano Krämer deve se apresentar imediatamente ao inspetor-chefe.

Quando a ordem foi dada no campo, Krämer se encontrava com Höfel no armazém de vestuário. Zweiling ainda não tinha chegado, e o decano havia se retirado a um canto da janela com Höfel.

– Amanhã o comboio parte. Você sabe disso, André.

Höfel assentiu sem dizer uma palavra. Era a segunda vez que o chamado era feito.

– O decano Krämer deve se apresentar agora ao inspetor-chefe.

Krämer olhou para o alto-falante, irritado. Höfel rangeu os dentes.

Kluttig estava sentado na cadeira, desgastado, e Reineboth o sacudiu pelo braço:

– Ânimo, meu velho amigo, ou quer que o sujeito perceba logo de cara como você reage à nossa última vitória?

Obediente, Kluttig se endireitou e colocou o casaco de uniforme sob o cinturão.

Alguns minutos depois, Krämer entrou na sala. Com um rápido perscrutar dos olhos, ele avaliou a situação. Kluttig estava apoiado contra a parede e lançou um olhar de desdém a ele assim que entrou, e o cadete cínico, mais deitado do que sentado na cadeira atrás da escrivaninha.

– Há novidades para você, ouça isto.

Krämer conhecia esse tom desenvolto, pontificante. Reineboth levantou-se de repente, enfiou as mãos nos bolsos de sua calça e caminhou pela sala a passos largos, com suas pesadas botas. Krämer já havia entendido que a ordem do comandante era secundária. Era essa marcada indiferença, assim como o olhar penetrante de Kluttig, que ele sentia chegar de lado, que fazia com que ele entendesse imediatamente que se tratava de um acontecimento extraordinário.

– Dezesseis prisioneiros – disse com voz anasalada o arrogante cadete, batendo os calcanhares. – Dezesseis prisioneiros políticos de longa data devem ser incorporados ao pelotão sanitário. – Continuando a perambular, ele acrescentou, como se não tivesse a menor importância: – Em caso de alerta aéreo, o pelotão ficaria adiante dos postos de guarda avançados...

O sangue de Krämer congelou, mas ele conseguiu se controlar, e seu rosto não traiu nenhum dos pensamentos que o assaltavam: dezesseis bons companheiros no exterior dos postos de guarda... Kluttig afastou-se violentamente da parede, parou diante de Krämer e gritou:

— Eles não terão escolta, entendeu?

Ele controlava seu nervosismo com grande dificuldade, e sussurrou, com a boca crispada:

— Mas não tenha dúvidas, vamos ficar atentos.

Ele próprio não sabia como iriam fazer. Olharam-se sem uma palavra. Com olhar impassível, Krämer enfrentava o ódio frio emanado por Kluttig. De repente, ele se sentiu invadido por uma segurança triunfal. Por trás do ódio daqueles olhos sem cor, de pálpebras vermelhas, ele sentiu medo, somente medo. Kluttig estava cada vez mais furioso; quanto a Krämer, ele não estava tão calmo quanto parecia. Em sua mente, planos eram elaborados. Reineboth parecia temer que, a qualquer momento, Kluttig ficasse fora de controle, o que ele tentou evitar.

— Pela manhã, bem cedinho, você vai me trazer os dezesseis sujeitos.

Krämer, que estava de costas para Reineboth, virou-se e confirmou:

— Afirmativo.

— Vamos equipá-los com farmácias de campanha, máscaras de gás e capacetes.

Isso agitava Krämer nas profundezas de sua alma.

— Afirmativo.

O cadete se aproximou de Krämer a passos lentos e, bem próximo a ele, avisou:

— Se um de seus passarinhos resolver voar... — Com um sorriso matreiro, Reineboth continuou com perniciosa gentileza: — Nós não teremos compaixão...

Antes que Krämer pudesse responder, Kluttig estava diante dele e acrescentou aos berros, para intimidá-lo:

— ... de ninguém no campo!

— Afirmativo.

Como Krämer continuava concordando docilmente, Kluttig não tinha como pressioná-lo, e gritou:

– Quero saber se você entendeu!

– Afirmativo.

Kluttig estava a ponto de explodir, mas a impassibilidade de Krämer sufocava tudo nele; ele só conseguiu emitir um som:

– Caia fora!

Mas, enquanto Krämer se dirigia à porta, Kluttig perdeu a calma e vociferou:

– Fique aí! – Enquanto Krämer, surpreso, dava meia-volta, ele se precipitou sobre ele, chegou bem perto, e perguntou, manhosamente:

–Você era funcionário?

Krämer pensou rapidamente: *O que que ele quer comigo?*, e respondeu:

– Afirmativo.

– Comunista?

– Afirmativo.

A sinceridade de Krämer desconcertava Kluttig.

– E você me diz isso assim? – Um imperceptível sorriso se desenhava na boca de Krämer. – É o que me vale de estar aqui…

– Não! – prosseguiu enfaticamente Kluttig, que havia se recomposto. –Você está aqui para não formar associações de conjurados nem organizações secretas, como está fazendo atualmente no campo!

Kluttig perscrutava os olhos de Krämer. Atrás de Kluttig estava o cadete, dedos na abotoadura de seu casaco de uniforme, que se balançava sobre os pés.

Organização secreta? Krämer mantinha os olhos cravados no outro. Será que eles sabiam de algo? Ele percebeu logo que Kluttig estava sondando o terreno. *Então é isso*, pensou Krämer. *Vocês acham que sou o organizador. Se deram mal.* Ele tinha o sentimento de estar protegendo Bochow com seus ombros largos e, calmamente, respondeu:

– A organização, subchefe, foram vocês que lhe deram vida.

Totalmente estupefato, Kluttig só conseguiu exclamar um "O queeeê?" arrastado, e Reineboth deu um passo à frente.

– Ah, não.

Krämer estava consciente do sucesso da sua investida, e reforçou:

– Aliás, ela não tem nada de secreta. Faz anos que o campo é administrado pelos próprios prisioneiros, e nós obedecemos rigorosamente a todas as ordens.

Kluttig olhou para Reineboth para pedir ajuda. Ele sorria maldosamente e parecia zombar dele, o que o irritou ainda mais – então, berrou para Krämer:

– É isso mesmo! E logicamente, você colocou todos os seus nos cargos de responsabilidade!

– A ordem do comandante determina que devemos confiar a administração do campo aos prisioneiros capacitados e conscienciosos.

– Comunistas, não é verdade?

– Cada prisioneiro foi declarado junto ao comandante do campo, apresentado a ele e confirmado em suas funções – respondeu Krämer, sem se alterar.

– Canalhas, vagabundos, assassinos, eis o que todos eles são! – vociferou Kluttig, sem se aproximar de Krämer, andando novamente a largos passos pela sala, com suas pesadas botas.

Krämer permanecia sem se mexer sob os ataques coléricos de Kluttig, que se aproximou dele agitando os braços.

– Nós estamos sabendo! Não pense que somos estúpidos!

Reineboth se postou entre Krämer e Kluttig, que espumava de raiva:

– Saia – fungou ele.

Cuspindo, Kluttig precipitou-se até a porta que se fechara atrás do decano.

– O cachorro, o bastardo...!

Reineboth, apoiado contra a mesa, com um sorriso sarcástico nos lábios, repetiu:

– Eu disse, você não vai conseguir nem um peido dele!

Kluttig ia e vinha pela sala a passos pesados.

– Não gostaria de saber quais os tipos que ele vai escolher para esse… esse pelotão sanitário. – Deu um grande soco no ar. – Eu deveria ter esmurrado a cara dele! Acabado com esse cachorro!

Reineboth afastou-se da mesa.

– Tenho de dizer que você ferrou tudo, senhor subchefe de campo. Por que você grita assim? Faz tempo que ele suspeitou de algo.

– É o que deve estar fazendo, esse cão! Ele deve saber que estamos na cola dele! – disse Kluttig, cada vez mais furioso.

– Errado.

De súbito, Kluttig parou e olhou para o cadete, voltando sua ira contra ele.

– Talvez você queira me dizer o que eu devo fazer com esse canalha?

Seu tom sarcástico não teve qualquer efeito sobre Reineboth, que acendeu um novo cigarro, soprando a fumaça para cima, com ar sonhador.

– Com certeza, os bolcheviques têm sua própria organização secreta. Com igual certeza, Krämer é uma de suas mais importantes figuras. – Ele caminhou lentamente até Kluttig. – Escute, subchefe, cá entre nós A ordem do senhor diplomata não é do seu gosto, assim como não é do meu, não é mesmo? Se ele deixar os ratos se mandarem, nós teremos de fechar a armadilha. Precisamos pegar o cabeça! Com um único golpe, ele deve cair!

Ele acenou com a cabeça em direção ao campo.

– Não há somente bolcheviques, isso é certo. Devemos infiltrá-los com uma ovelha negra. Um sujeito com ar inofensivo, de rosto bacana. Mas ele deve ter um bom faro, para cheirar, sacou?

Ele deu um sorriso cúmplice e malicioso para Kluttig. As suas ideias pareciam se colocar em movimento.

– De onde você vai tirar tão rápido um tipo que…

– Deixe-me cuidar disso, vou arranjá-lo – respondeu prontamente Reineboth, com ar determinado.

Kluttig percebeu que Reineboth estava sendo mais esperto, e desatou a rir:

– Você é tão escorregadio quanto uma enguia.

Sorrindo, Reineboth considerou isso um reconhecimento ao seu talento.

Naquele estábulo do campinho, para onde Jankowski tinha sido levado, reinava a maior balbúrdia. Aglutinados, os prisioneiros se amontoavam em volta do responsável pelo dormitório, que servia a sopa vinda de um imponente caldeirão. Eles gritavam, berravam, conversavam em todas as línguas, e gesticulavam. Aqueles que estavam próximo ao caldeirão eram empurrados pela multidão esfomeada dos recém-chegados. Todos eles se acotovelavam, e o decano do bloco gritava no meio deles. Ele dava duro para que a ordem reinasse nesse amontoado de concupiscentes.

– Mas afastem-se afinal, imbecis, cretinos! Formem filas!

Ninguém o entendia, ninguém prestava atenção a ele. Os que eram empurrados voltavam ainda mais violentamente até o caldeirão. Outros pretendentes ficavam em torno daquele que tinha uma gamela, sorvendo com grandes colheradas a sopa recebida e, na ausência de colher, bebiam em grandes goladas. Ela escorria pela boca e sujava o casaco. Dedos agarravam-se às colheres antes mesmo que seu proprietário tivesse terminado a refeição, puxando-as. O utensílio caía no chão, tilintando. Todos se precipitavam sobre ele, e o felizardo que o recuperava o segurava firmemente contra si e traçava um caminho através da multidão, em direção ao caldeirão, arrastando em seu rastro uma penca de silhuetas que aguardava o próximo gole para se apoderar da colher.

O único que se mantinha apartado da confusão era o responsável pelo dormitório. Indiferente, ele tirava a sopa de dentro do caldeirão sem olhar o que se passava à sua volta. Quando a coisa ficava tumultuada demais, ele abria espaço dando grandes cotoveladas e golpes com o traseiro.

Pippig entrou. O coitado do decano do bloco, um homem atarracado de cabeça redonda, ergueu os braços em sinal de resignação desesperada, feliz em ver Pippig, um ser razoável. Ele guinchou:

— Todos os dias é a mesma coisa, todos os dias! Se ao menos tivéssemos bastante gamelas! É impossível conseguir que eles sejam razoáveis.

Pippig retorquiu, sem compaixão para com aqueles miseráveis:

— Ponha todo mundo para fora, e só deixe chegar perto do caldeirão quem estiver com uma gamela.

— Mas assim vão ficar uivando em frente ao bloco.

Pippig não sabia mais o que dizer, e esticou o pescoço a fim de olhar para a multidão.

— Você tem algum Jankowski entre os recém-chegados?

— É bem possível.

O decano tentou fazer-se ouvir no tumulto geral.

— Jankowski! — Nada além de um gemido.

Pippig saiu à procura do polonês. Ele estava em um canto, com o queixo apoiado entre as mãos juntas, e contemplava a cena. Quando viu Pippig, seu rosto iluminou-se; ele correu até o alemão.

— Você! Você! Cadê criança?

Pippig colocou um dedo nos lábios a título de advertência e fez um sinal para Jankowski acompanhá-lo.

Krämer estava ocupado com Pröll, que preparava a lista para o comboio. Mil detentos do campinho deveriam ser deportados para outro lugar. Buchenwald precisava de ar. Pröll tinha anotado em cada bloco do campinho o efetivo total do comboio, e os decanos de bloco respirariam aliviados. Uma vez mais, isso lhes permitiria ganhar um pouco de espaço nos estábulos lotados.

A redação da lista dentro de cada bloco era incumbência do decano do bloco, que escolhia entre os prisioneiros com seu responsável de dormitório e seu secretário. A cada comboio eram selecionados os mais fracos. A lei.

Um silêncio constrangedor separava os dois decanos do campo. Pröll estava sentado à mesa ao lado de Krämer, que examinava a lista do comboio. Ele ergueu os olhos para Pröll e franziu o cenho. Ninguém falava, mas, por trás dessas duas frontes, havia os mesmos pensamentos. Um sorriso embaraçado nasceu nos lábios de Pröll, começando timidamente, para logo se expandir como uma ruga.

— Mais um milhar de homens que devem ser enviados ao desconhecido...

Krämer mordeu o lábio superior, apoiou os cotovelos afastados na mesa, e olhou para suas mãos juntas.

— Às vezes eu penso — disse em voz baixa. — Às vezes eu penso que nos tornamos um belo bando de monstros...

Embora tivesse entendido, Pröll perguntou:

— Nós? O que você quer dizer?

— Nós! — respondeu bruscamente Krämer; em seguida, levantou-se e foi até a janela, enfiou as mãos nos bolsos da calça e olhou para a vasta praça de chamada. Lá no alto estava o comprido prédio da entrada do campo, encimado por uma torre. Doze projetores erguiam-se do telhado. Sua luz impiedosa rasgava a escuridão da praça, durante as chamadas da noite e da manhã, e talhava com suas lâminas afiadas os rostos extenuados. Em volta da torre, o passadiço nos quais as sentinelas se posicionavam, nessa fria manhã de março. Uma pesada metralhadora apontava seu focinho para o campo, por cima do parapeito do passadiço.

Prisioneiros, sozinhos ou em grupos, iam e vinham na praça de chamada, saíam pela grade ou então entravam no campo. Em postura rigorosamente militar, de boné na mão, eles se registravam no guichê. O chefe de bloco, encarregado das entradas e saídas, os controlava. Ele estava irado, gritava, batia nas costas dos prisioneiros, acertava-lhes golpes na nuca.

Krämer olhava para aquilo tudo a distância. Ele pensava naquela missão que o deixava tão infeliz. O que era aquele garoto? Um perigo? Essa criança, um perigo? Impossível! Devia existir uma ligação entre o menino e Höfel. Se ele soubesse qual era, talvez pudesse... Essa maldita mania de segredinhos de Bochow... que o deixava sem saber nada, no escuro.

"Não faça perguntas, faça o que eu digo. O partido assim o exige."

Krämer tinha apoiado seus braços no peitoril da janela, e ele batia na madeira.

— O que há com você? — perguntou Pröll atrás dele. Ele teve um sobressalto e se virou. — Nada — disse, bruscamente. Pröll queria confortá-lo.

— Vai ser o último comboio. Talvez seja interceptado pelos americanos... — Krämer concordou, sem proferir uma palavra, e devolveu a lista a Pröll.

— Eu também queria dizer o seguinte: cuide para que os recém-chegados de ontem, os poloneses, entende, façam parte do comboio...

Na secretaria do armazém de vestuário, os prisioneiros do *Kommando* juntavam-se em volta de Jankowski. Pippig havia colocado um naco de pão no bolso dele. Jankowski tirava pedacinhos e os levava à boca disfarçadamente; ele tinha vergonha de estar com fome.

— Vai mastigando, meu velho — reconfortou-o Pippig. — Hoje nós temos bolinhos com molho de raiz forte. — Ele colocou então uma xícara de café na frente de Jankowski. Kropinski teve de traduzir. Os dois poloneses conversavam e Kropinski era o intérprete.

— Ele dizer não ser pai da criança. Pai morto, mãe em Auschwitz e câmara de gás. Ele dizer, menino três meses idade quando ser deportado para Auschwitz com pai e mãe do gueto de Varsóvia. Ele dizer SS ter matado todas as crianças, e esse pequeno menino sempre escondido.

Jankowski interrompeu a tradução e interpelou enfaticamente Kropinski, que continuou traduzindo:

– Ele dizer pequena criança não saber quem são os homens. Ele só saber o que ser SS e o que ser prisioneiros. Ele dizer, mas pequeno menino saber muito bem quando vêm SS, e ele se esconder e sempre ser muito quieto.

Kropinski se calou. Os demais calaram-se também, e baixaram a cabeça. Amedrontado, Jankowski olhou em volta. Höfel, sem dizer uma palavra, colocou sua mão sobre a do polonês, que sorriu levemente, porque o tinham entendido.

– Marian – pediu Höfel a Kropinski –, pergunte a ele como se chama a criança.

Ele fez a pergunta, e traduziu a resposta:

– Pequena criança chamar Stephan Cyliak, e pai de pequena criança ter sido advogado em Varsóvia.

Höfel olhava com profunda compaixão para aquele homenzinho fraco que parecia ter mais de cinquenta anos. Cheio de confiança, Jankowski olhou para o círculo de prisioneiros ao redor dele, tão simpáticos, e em seu sorriso discreto nascia a certeza de que a criança, após tantos perigos, finalmente estava em segurança. Höfel sentiu um aperto no coração. O polonês ignorava por que ele o havia mandado buscar; sem dúvida, regozijava-se em ter encontrado bons camaradas. Höfel pensava que esses "bons camaradas" poderiam seguramente lhe dizer sem o menor escrúpulo que pegasse o tal menino, pois não precisavam dele ali. E o homenzinho manso retomaria seu fardo sem pestanejar, e o arrastaria, movido pela angústia de proteger aquela pequena faísca de vida, de forma que não fosse esmagada pela bota de um SS. Jankowski gostava de perceber que era considerado de uma forma especial pelos prisioneiros alemães, e sorriu para Höfel que, no entanto, estava cada vez mais absorto em seus próprios pensamentos. Aquele era um homem desarmado, que arrastava um sopro de vida consigo, o qual ele mesmo tinha livrado das garras da morte de Auschwitz com astúcia, para levá-lo de encontro a novos e desconhecidos perigos. Que absurdo! Em algum lugar, a morte tiraria a mala de suas mãos com escárnio: veja, veja, que lindo o que você me trouxe... Höfel se revoltava profundamente com isso. Se esse absurdo precisava ter um fim, então isso deveria acontecer *aqui* e *agora. Somente aqui, e em nenhum outro lugar na Terra, encontrava--se a oportunidade de salvar essa criança.* Höfel olhou ao redor. O silêncio reinava. Nenhum dos prisioneiros sabia o que dizer. O olhar de Höfel fixou-se em Pippig. Eles se olharam sem trocar uma palavra. O peso enorme daquela decisão entre duas obrigações morais pesava no coração de Höfel, e ele sentiu cruelmente o quanto estava sozinho naquele momento. O olhar taciturno de Pippig o tirou de seus devaneios; Höfel fez um sinal de aquiescência com a cabeça. Limitou-se a respirar profundamente, com ar pesado, e levantar-se.

– Fiquem aqui – disse aos prisioneiros. – E tomem cuidado, caso Zweiling venha sem avisar.

Acompanhado de Jankowski, Kropinski e Pippig, ele foi para trás, até o desvão. Quando o garoto viu Jankowski, adiantou-se até ele e deixou--se erguer como um cãozinho confiante.

Jankowski abraçou silenciosamente a criança e chorou, sem ruído nem lágrimas. Havia um silêncio opressor entre os homens, que Pippig não conseguia mais suportar.

– Não façam essas caras de enterro – disse bruscamente, embora ele próprio estivesse fazendo força para não soluçar. Jankowski fez uma pergunta a Höfel, sem lembrar que o alemão não o entendia. Kropinski apressou-se:

– Ele perguntar se pequena criança poder ficar aqui.

Höfel deveria ter respondido ao polonês que ele iria embora no dia seguinte com o comboio, e a criança... mas nenhum som saiu de sua boca, e ele se sentiu aliviado quando Pippig respondeu em seu lugar: ele deu um tapinha tranquilizador nas costas de Jankowski, afirmando que a criança ficaria ali, é claro, e olhou para Höfel para ter a confirmação. Mas ele se calava, sem forças para contradizer Pippig. De repente, um medo apoderou-se dele. Calando-se, ele já havia dado o primeiro passo para contrariar as instruções de Bochow. De fato, ele tranquilizava a si próprio e se convencia de que no dia seguinte ainda haveria tempo de entregar a criança ao polonês, ao mesmo tempo em que sentia fraquejar o firme compromisso que tinha assumido.

Somente quando Pippig, que interpretara a seu modo o silêncio de Höfel, disse rindo a Jankowski: "Não se preocupe, meu velho, nós sabemos uma coisa ou outra sobre cuidar de crianças", é que Höfel o repreendeu:

— Não diga besteiras.

Mas o protesto foi por demais fraco para conseguir convencer Pippig, que dava risada.

Jankowski sentou a criança no chão e apertou as mãos de Höfel com gratidão, dominado pela alegria. E Höfel não teve escolha, senão aceitar.

Krämer tinha mandado um prisioneiro da secretaria procurar Bochow, depois de Pröll ter ido para o campinho.

— Você se acertou com Höfel? — foi a primeira pergunta de Bochow.

— Isso eu faço depois — retorquiu Krämer bruscamente. — É melhor você ouvir o que está acontecendo.

Em poucas palavras, ele explicou a Bochow o que acontecera entre Kluttig e Reineboth, e informou a ele a ordem do comandante.

— Eles suspeitam de alguma coisa, isso é certo, mas não sabem nada com exatidão. Enquanto suspeitarem de mim como responsável, vocês estão em segurança. — Krämer encerrou seu relato. Bochow ouvira com atenção.

— Então eles estão à nossa procura — pensou em voz alta. — Muito bem. Enquanto não dermos um passo em falso, eles não vão nos achar. Mas não me agrada que você faça o papel de bode expiatório.

— Não esquente a cabeça. Minhas costas são largas o bastante para esconder todos vocês. – Bochow olhou para Krämer; ele tinha entendido a ironia disfarçada nessas palavras. Um pouco irritado, disse:

– Sim, sim, Walter, eu sei. Tenho confiança em você, quer dizer, *nós* temos confiança em você. Está bom assim?

Krämer afastou-se bruscamente de Bochow e sentou-se à mesa:

– Não!

Bochow ficou escutando:

– O que isso quer dizer?

Krämer não conseguiu mais se conter.

– Por que eu devo entregar um garotinho para o comboio? É aqui que ele está em maior segurança! Você não entende? O que ele tem, esse menino?

Bochow deu um soco na palma da mão:

– Não me complique as coisas, Walter! Não tem nada com essa criança!

– Pior ainda! – Krämer se levantou e perambulou. Visivelmente, ele engolia sua ira. Ele parou e olhou sombriamente.

– Pouco importa a disciplina, pra mim isso passa dos limites – disse. – Não tem outro jeito?

Bochow não respondeu, ergueu as mãos sem encontrar outra escapatória. Krämer aproximou-se dele.

– É por causa de Höfel, não é?

Bochow desviou-se da pergunta.

– Você está fazendo mal a si mesmo com essas perguntas.

– Essa é a confiança que vocês têm em mim? – ironizou Krämer. – Eu estou me lixando para ela!

– Walter!

– Ah! O que é? Besteiras! Bobagens! Esses malditos segredinhos! Essa sua mania de clandestinidade!

– Walter! Pelo amor de Deus! Para a sua própria segurança, você só deve saber dos nossos assuntos o estritamente necessário, você não entende? Trata-se da sua própria segurança!

– Trata-se da segurança de uma criança!

Krämer pôs-se a suplicar:

– É isso mesmo que vai acontecer com o garoto? Eu o escondo! Ok? Hein? Não se preocupe, comigo ele estará em segurança.

Por um breve instante, Bochow pareceu a ponto de ceder, mas, em seguida, defendeu-se ainda mais vigorosamente:

– Isso está fora de questão! Totalmente fora de questão! A criança precisa sair do campo, imediatamente! O que estou exigindo de você pode ser duro, eu admito isso. Mas as circunstâncias é que são duras. É claro que se trata de Höfel, por que esconder o que você já sabe? Vou até dizer mais. Saiba que eu não dedico nenhum culto à clandestinidade. Höfel se encontra em um ponto sensível. Ouça bem, Walter! Muito sensível. E se um elo vier a se partir, é a corrente toda que se quebra.

Bochow calou-se por um instante. Suas palavras haviam emudecido Krämer, que olhava para a frente, com o olhar sombrio. Para demonstrar a Krämer a que ponto o que ele exigia era irrealizável, retomou seu pensamento.

– Você pega o menino de Höfel e o esconde em algum lugar. Bom. Mas você também vai conseguir esconder o fato de que essa criança vem de Höfel? Se acontecer uma desgraça, se o menino for descoberto...

Krämer levantou as mãos. Bochow não o deixou interrompê-lo.

– Basta um deslize, uma infelicidade, Walter, nós sabemos o que é isso, caramba. Uma escorregadela é suficiente, para que a coisa mais segura... não vê que a criança é um mero detalhe. Não se pode enterrar o menino como um gato morto. Qualquer um pode descobri-lo, ir até o *bunker*... e trair você. Nessa hora Krämer não se conteve mais e riu abertamente.

– Eles vão ter de me matar antes de...

– Eu acredito em você, Walter – respondeu Bochow calorosamente. Acredito, sem dúvida. Mas o que vai acontecer quando estiver morto?

– O que é que tem? – Krämer encheu a boca para falar.

– A criança vai continuar estando aí.

E Krämer em tom triunfante:

– Sim, e daí?

Bochow forçou um sorriso:

– Por aqui, sete mil oficiais soviéticos receberam uma bala na nuca, e nenhum deles suspeitava que o SS de jaleco médico que tirava suas medidas também seria seu assassino...

– O que isso tem a ver com o garoto? – rugiu Krämer, zangado.

Bochow continuou insistindo:

– De você eles não saberão mais nada. Você estará morto. Mas você conhece bem os métodos deles. Quem garante que eles não vão enviar o menino para Weimar. Lá, vão colocá-lo no colo de alguma mulher nazista fingindo ser boazinha: "Você vem do campo de Buchenwald, coitadinho. Como se chama o bom senhor que escondeu você dos SS?".

Krämer escutava.

– E a mulher não vai parar de perguntar para o menino, em alemão, em russo, em polonês, dependendo do que ela ouvir, até que... Em seguida, Walter, todo mundo desaparece, todos aqueles que Höfel protege com seus ombros largos...

Bochow havia dito o suficiente. Ele colocou as mãos nos bolsos e os dois homens ficaram em silêncio, até que finalmente Krämer, após uma difícil reflexão, disse:

– Eu... eu vou ver Höfel...

Ele conseguira tomar uma decisão. Bochow lançou um sorriso benevolente ao seu amigo.

– O que não quer dizer que o menino, no comboio... quero dizer, o polonês o trouxe até aqui, talvez consiga levá-lo para longe. Nós tememos tanto o destino aqui, quanto o esperamos ali. Não podemos fazer mais do que isso.

Krämer concordou em silêncio. Para Bochow, isso significava o fim da discussão.

– O pelotão sanitário – disse ele, passando para o outro problema.

– Precisamos decidir rápido. – Seu primeiro pensamento era o de fazer daquela tropa um batalhão de informações. A oportunidade era boa demais. Mas então, teve dúvidas. Kluttig observou. Bochow coçou sua cabeça hirsuta.

– Se ao menos soubéssemos o que eles querem...

– Vai ser tranquilo – disse Krämer. – A ordem vem do comandante.

Bochow agitou as mãos com desconfiança.

– Entre o que Schwahl ordena e o que Kluttig faz, tem sempre um oceano de distância.

– É por isso – apressou-se em dizer Krämer –, que você deve deixar para mim a responsabilidade do pelotão sanitário. Entregue-a totalmente a mim.

Circunspecto, Bochow olhou para Krämer.

– O que você quer com isso?

Krämer sorriu com ar astuto.

– A mesma coisa que você.

– Que eu? – perguntou Bochow.

– Chega! Não comece de novo a bancar o misterioso – reclamou Krämer. – Estou cheio disso. Você tem algo em mente com relação ao pelotão sanitário, não é? – Krämer batia com os dedos nas têmporas. – Talvez aconteça a mesma coisa aqui dentro. – Bochow sentiu-se descoberto e esfregou as bochechas com as duas mãos.

Krämer martelou:

– Está vendo?! É o que ambos pensamos. Os sujeitos que eu vou procurar ainda hoje também pensam assim. Você acha que estão esperando eu piscar um olho para eles? Eles mantêm os olhos abertos quando passeiam nos arredores. Com ou sem instruções clandestinas... – Para apaziguar Bochow, acrescentou rapidamente: – Das quais eles nem terão ideia, pode contar com isso. O que eles pescarem lá fora, eu vou saber de qualquer forma. Você realmente quer instalar um aparelho de comunicação complicado, se comigo isso pode funcionar em linha direta?

Bochow não aprovou de imediato, e Krämer deu-lhe tempo para pensar. A proposta era razoável. Mas sem o aval do CIC, Bochow não podia transformar o papel do decano do campo, até agora passivo, em papel ativo. Krämer percebeu que Bochow refletia.

– Pense nisso – disse –, mas vamos rápido.

Bochow estava se perguntando como organizar imediatamente uma reunião do CIC. Bogorski era fácil de ser contatado, assim como Peter van Dalen, o holandês. Mas como chegar perto de Pribula e de Kodiczek? Eles estavam no campo e trabalhavam em um dos barracões de ótica, erigidos na praça de chamada, onde eram construídos peças de pontaria. O acesso aos barracões era estritamente proibido. Riomand, o francês, também não poderia ser informado. Ele pertencia ao *Kommando* designado para as cozinhas da cantina dos oficiais, do lado exterior do campo. Para chegar a eles, só havia um meio: o controle dos alto-falantes.

Bochow não estava inclinado a recorrer a essa forma de passar as informações reservadas aos casos urgentes. Nesse caso, no entanto, a importância e a urgência da situação assim o exigiam. Bochow olhou para Krämer, com ar curioso:

– Você pode fazer um controle dos alto-falantes?

– Posso – confirmou Krämer, que soube imediatamente do que se tratava. Ele já havia realizado uma missão de tal natureza.

– Então, anote os números: três, quatro, cinco e, por último, oito. Krämer assentiu novamente.

– O CIC – disse, em tom malicioso.

<hr />

Na oficina dos eletricistas, havia um prisioneiro curvado sobre uma morsa, ocupado em limar, pensativo, uma peça de metal.

Krämer entrou.

– Schüpp está aí? – perguntou.

O prisioneiro apontou com sua lima, por cima do ombro, para um alpendre de madeira no fundo da oficina, e disse, ao perceber a fisionomia contrariada de Krämer:

– Só tem ele lá dentro.

Schüpp estava sentado à mesa, consertando um relógio. Ele ergueu os olhos para Krämer, que entrava.

– Precisamos de um controle dos alto-falantes, Heinrich – disse Krämer.

Schüpp entendeu.

–Vamos fazer isso agora mesmo.

Krämer se aproximou.

– Aqui estão os números: três, quatro, cinco e, por último, oito.

Schüpp se levantou, sem perguntar o que significavam esses algarismos. Para ele, não passavam de uma comunicação importante de uma pessoa para outra. Ele juntou suas coisas na mesa e pegou a caixa de ferramentas.

–Vou para lá imediatamente, Walter.

– Isso precisa funcionar, entendeu?

Schüpp olhou para o outro com ar surpreso.

– Comigo, sempre funciona.

Em seguida, Krämer foi ver Höfel. Zweiling estava lá. Ele saiu imediatamente de seu escritório ao ver o decano do campo em pé no balcão, em companhia de Höfel.

– O que está acontecendo?

– Höfel deve terminar a lista dos efetivos – respondeu Krämer de chofre. – Amanhã sai um comboio.

– Para onde? – Curioso, Zweiling passou sua língua sobre o lábio superior.

– Não sei.

Zweiling rosnou:

– Não me enrole. Você sabe mais que todos nós.

– Como assim? – perguntou Krämer, simulando ingenuidade.

SOBREVIVENDO ENTRE LOBOS   73

– Não quero saber nada dos seus rolos. – Ele voltou para seu escritório.

Krämer olhou para ele e resmungou:

– Ele está com a pulga atrás da orelha...

E murmurou entredentes:

– Estive com Bochow. Preciso falar com você. Vamos até a porta.

Pippig, com uma trouxa de roupas nos braços, saiu da secretaria e foi até o balcão; ele tinha ouvido as últimas palavras de Krämer e olhou desconfiado para os dois, enquanto saíam da sala. Eles ficaram ali fora, no patamar da escada de pedra que, à direita e à esquerda da parede do prédio, levava ao armazém de vestuário no primeiro andar. Krämer se apoiou no balaústre de ferro do patamar.

– Resumindo, André, estou sabendo de tudo. Amanhã parte o comboio. Esse Jankowski vai embora com sua criança, entendido?

Höfel, tal qual um condenado, baixou a cabeça.

– Não dá para fazer de outra forma com o menino? – perguntou baixinho.

Eram as mesmas palavras, a mesma pergunta feita por Krämer a Bochow. Não devia haver, em nenhum lugar da Terra, outras palavras para esse caso desesperador. E Kramër respondeu, então, com as mesmas palavras que usara para responder a Bochow:

– Impossível! Totalmente impossível!

Só depois de um certo tempo é que Höfel perguntou:

– Para onde vai o comboio?

Atormentado, Krämer deu um soco com os punhos contra o balaústre, e não respondeu. Höfel olhou para ele.

– Walter...

Krämer perdeu a paciência.

– Não podemos ficar aqui por mais tempo. Você sabe melhor do que eu que seu papel aqui é o nó do problema. Não venha com brincadeiras! Já tenho bastante trabalho amanhã com o comboio, sem tempo para saber se tudo está bem com o menino. Então...

Ele largou Höfel e desceu as escadas. Höfel virou as costas, como se tivesse sido repudiado, e entrou na sala.

– O que ele queria com você? – inquiriu Pippig. Höfel nada respondeu. Seu semblante estava sombrio. Ele passou diante de Pippig e foi até o escritório.

Um vento frio e úmido soprava entre os barracões; Krämer afundou ainda mais suas mãos nos bolsos de seu casaco. Ele atravessou um atalho de onde se via, à esquerda, o crematório, um prédio assustador sobre o qual se erguia uma chaminé muda. Uma cerca de tábuas escuras, pintadas com alcatrão, cercava o conjunto e o ocultava aos olhares dos curiosos. O que se passava por trás daquelas tábuas... Nenhum detento jamais vira, pois o acesso era estritamente proibido. No entanto, Krämer sabia.

Por causa de suas funções de decano do campo, ele já estivera algumas vezes atrás daquelas tábuas, quando novos comboios traziam suas centenas de mortos. No pátio, eles formavam montanhas. Poloneses responsáveis por carregar os cadáveres os retiravam da pilha, um por um, e os despiam. As roupas representavam uma matéria-prima preciosa, que não devia ser queimada. Despir os corpos não era coisa fácil. As vestimentas não deslizavam facilmente nos membros crispados por aquele combate contra a morte, de rigidez cadavérica como aço. Mas os carregadores de corpos estavam acostumados. Eram dois homens para cada corpo. Primeiro, eles desabotoavam casacos e jaquetas e, em seguida, sentavam o morto. Enquanto um deles o mantinha nessa posição, o outro retirava o casaco e a jaqueta pela cabeça, um espetáculo horrível e grotesco. Com a cabeça pendente e os braços esticados, o morto parecia um bêbado sendo despido para ir para a cama. Os dedos rígidos se agarravam às mangas como ganchos. Um forte puxão arrancava a roupa daquelas mãos recalcitrantes. Em muitos cadáveres já despidos, encontrava-se roupa íntima feminina de refinada elegância, do tom salmão mais suave ao verde-marinho. Os decotes descobriam peitos descarnados com clavículas salientes. Nus e impotentes, os cadáveres jaziam no chão barrento, com seus braços crispados cheios de súplica, suas cabeças raspadas pendentes de lado. A boca escancarada, buraco escuro e arreganhado, em alguns, parecia rir de gargalhada com o espetáculo daquela fantasia de despir; os infelizes não se aqueciam com aquela risada, haviam morrido de frio assim mesmo.

Com um alicate, os carregadores de corpos cortavam os cadarços dos sapatos, geralmente pedaços de barbante ou arame, e retiravam os calçados dos cadáveres. De certos corpos, eles deviam igualmente retirar finas meias de senhoras. Por entre os corpos nus misturados, outro carregador deslocava-se com uma pinça de extração. Ele procurava dentes de ouro nas bocas escancaradas. Arrancava próteses com a pinça. Se não tivessem valor, ele as recolocava no buraco escuro, com a ajuda de fortes golpes de pinça. Somente então, dois outros carregadores podiam pegar os corpos despojados, pelos braços ou pelas pernas, dependendo de como estivessem deitados, e arrastá-los para cima do monte. Em movimento treinado para dar impulso, eles jogavam o morto, que aterrissava ruidosamente sobre o monte de carne nua.

Krämer estava parado em pé.

Novamente, em todo o campo, havia aquele cheiro de carne queimada. Seu odor penetrante invadia as mucosas. A chaminé alta cuspia chamas vermelhas para o céu. Uma fumaça marrom-escura pairava em fragmentos sobre o campo.

Krämer pensava naquela noite de agosto de 1944. Alguns dias antes do bombardeio do campo pelos americanos[1]. Da janela do barracão onde dormia, ele tinha visto a chama vermelha acima da chaminé, e pensado: *quem eles estão queimando no meio da noite?* No dia seguinte, um rumor percorreu o campo. Thälmann[2] havia sido fuzilado e queimado

---

1 Em 24 de agosto de 1944, um ataque aéreo Aliado bombardeou a fábrica alemã de armamentos Gustloff-Werke, localizada bem ao lado do campo. Inúmeros prisioneiros trabalhavam ali. (N.T.)
2 Secretário-geral do Partido Comunista alemão e candidato às eleições presidenciais de 1925 e de 1932, com assento no *Reichstag* de 1924 a 1933, Ernst Thälmann seria detido em 3 de março de 1933 e se tornaria um símbolo da Resistência alemã ao nazismo. Transferido da prisão estatal de Bautzen para o campo de concentração de Buchenwald em 17 de agosto de 1944, ele foi executado no dia seguinte, por ordem de Adolf Hitler. (N.T.)

no crematório. Boato ou verdade? Ninguém sabia dizer com precisão. Ninguém, com exceção de uma única pessoa!

Em 18 de agosto de 1944, a equipe do crematório havia recebido a ordem do inspetor-chefe de manter um forno aceso durante a noite. Naquela noite, o *Kommando* havia sido trancado nos dormitórios do crematório. Os SS não queriam testemunhas. Um carregador de corpos polonês havia escapado e se escondido atrás da alta montanha de carvão no pátio do crematório. Ele viu a porta de tábuas da paliçada se abrir. Uma matilha de suboficiais entrou no pátio. Eles transportavam um civil. Alto, de ombros largos, ele não usava casaco e vestia um fino terno. Ele tinha a cabeça descoberta e era calvo.

O desconhecido foi levado à antecâmara do crematório, onde pipocaram disparos de arma de fogo. A matilha desapareceu com o fuzilado na sala de cremação. Horas mais tarde – demorava muito tempo para um corpo queimar –, a matilha saiu do crematório. Ao sair, um dos suboficiais disse ao que o acompanhava:

– Você sabe quem nós pusemos no forno? Era Thälmann, o político comunista.

Alguns dias mais tarde, Schüpp, agitado, correu até Krämer. Ele havia lido no registro do inspetor-chefe uma entrada que comunicava o fuzilamento de Ernst Thälmann.

Krämer olhou de novo para a chaminé. A alta chama vermelha, que naquela noite jorrava para o céu negro e que o havia enfeitiçado, pois não conseguia dormir, queimava novamente em seu coração. Ele sabia por que a bandeira de seu partido era vermelha.

Quando estava para subir a escada de madeira que levava à secretaria, ele ouviu a voz de Schüpp ressoar nos alto-falantes em todo o campo.

– Atenção! Controle de rádio...

Krämer parou por um instante e sorriu discretamente.

Assim que Krämer falara com ele, Schüpp tinha ido até a torre, ao escritório do inspetor-chefe, com a caixa de ferramentas pendurada no ombro por uma tira.

Seu salvo-conduto permitia-lhe entrar. Em qualquer lugar havia coisas a serem consertadas, e Schüpp entendera perfeitamente como se tornar indispensável. Ele conhecia o efeito produzido por seu jeito afável, esperto e ingênuo, e não deixava de tirar proveito disso. Quando Reineboth, diante de quem ele estava naquele momento, com atitude marcial, berrou para saber o que ele queria, limitou-se a responder inocentemente:

— Tenho de fazer novamente um controle dos alto-falantes, senhor inspetor-chefe. No campo tem alto-falantes que estão quebrados. – Reineboth, atarefado em sua mesa, disse de modo negligente:

—Você fez de novo alguma besteira, ou o quê, afinal? – Com cara de menino surpreso, Schüpp respondeu:

— Não fiz besteira nenhuma. Mas o cabo tem estado muito quebradiço, e as transmissões não param de ser interrompidas, basta dizer que se trata de material de guerra.

— Não diga besteiras a mim, fale-as ao microfone, e caia fora o quanto antes.

Isso significava que ele estava autorizado a utilizar os alto-falantes. Ele foi até o aparelho e o ligou. A eletricidade crepitou. Schüpp, a título de teste, soprou no aparelho e pigarreou.

— Atenção, controle de rádio. Atenção, controle de rádio. Contando... três, três, quatro, quatro, cinco, cinco... oito. Repetindo: três, três, quatro, quatro, cinco, cinco... oito.

A mensagem foi ouvida em todos os blocos e nas oficinas, e no barracão de ótica Kodiczek e Pribula ergueram os olhos de seu trabalho por um instante. Também Henry Riomand, o cozinheiro francês da cantina dos oficiais, ouviu atentamente a mensagem. Três, quatro, cinco eram os números-chave que eram usados como código para os membros do CIC. A transmissão também o informou que deveriam se encontrar naquela mesma noite, às oito horas no lugar acordado. Riomand agitou sua panela no fogão. Pribula e Kodiczek trocaram um olhar de conivência; devia estar acontecendo alguma coisa especial.

– Controle de rádio encerrado. Controle de rádio encerrado.

– Schüpp desligou o microfone. Reineboth, que mal tinha ouvido a mensagem, disse com escárnio:

– Deus seja louvado, parece que eles sabem contar até três.

– Sim, senhor inspetor-chefe, até três é suficiente para mim.

E seus olhos redondos fixaram-se no jovem elegante que, enfastiado, fez-lhe sinal para que se retirasse. Satisfeito, Schüpp voltou à sua oficina.

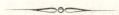

A reunião do CIC se desenrolou sem contratempos. Um pouco antes do horário marcado, Bochow foi até o local de reunião. Estava frio e escuro. Poucos prisioneiros podiam ser vistos entre os blocos. Nas entradas dos blocos mantidos na escuridão para prevenir qualquer bombardeio, alguns fumavam, escondendo a ponta incandescente de seus cigarros dentro das mãos. Somente o longo caminho que descia da praça de chamada em direção aos barracões estava movimentado. Os prisioneiros iam para a enfermaria ou, voltando dela, apressavam-se em direção aos seus blocos. No escuro, Bochow entrou em um barracão que servia de depósito para os colchonetes e os utensílios dos doentes. Lá dentro, dois prisioneiros estavam ocupados, à luz fraca de uma lamparina, enchendo sacos de juta com palha. À entrada de Bochow, eles pararam e empurraram um grande monte de palha para o lado. Escondido no assoalho de tábuas rugosas, havia um alçapão que Bochow abriu para esgueirar-se por sua abertura estreita. Acima dele, os dois detentos recobriram a passagem com palha. A sala debaixo do barracão tinha a altura de suas fundações, cerca de um metro e vinte. Pequenas colunas de tijolos sobre as quais se apoiava o prédio alinhavam-se em sua extensão perpendicular às vigas que sustentavam o assoalho. Parecia uma galeria de mina. A terra nua da fossa estava coberta de entulho, sobre o qual Bochow tropeçava ao andar.

Os outros membros do CIC, agachados em volta de uma vela, interromperam sua conversa a fim de olhar para Bochow. Ele se instalou ao lado deles e ficou ouvindo a discussão inflamada de Joseph Pribula. A recente liberação da cidade de Mogúncia confirmava que os americanos haviam consolidado sua investida em Remagen, e que prosseguiam com sua ofensiva. Uma boa notícia! Pribula jubilava e batia com o punho na palma da mão:

— Logo estaremos livres!

Mas a segurança de Pribula batia de frente com o ceticismo dos demais. Kodiczek grunhia, de cara feia, e Van Dalen bateu no ombro de Pribula.

—Você tem ótimas qualidades – disse em um alemão laborioso –, mas é muito impaciente.

Pribula, o mais novo deles, era sem dúvida o mais impaciente. Nada ia rápido o suficiente para ele.

— Muito impaciente – repetiu Van Dalen, apontando um indicador ameaçador, como um professor. Bogorski apoiou a mão no joelho do jovem polonês, e relatou o que os detentos recém-chegados de Auschwitz tinham lhe contado.

— Liberados? Em breve? – Cético, Bogorski sacudiu a cabeça e se inclinou para a frente. A luz da vela conferia ao seu rosto um aspecto espectral e acentuava de ondas pretas as rugas de sua fronte. Dos três mil homens, somente oitocentos haviam chegado a Buchenwald, disse ele com ar eloquente. Sua sombra gigante flutuava no teto, quando ele terminou seu relatório com um movimento brusco do braço:

— Evacuação sempre significar morte. – Eles haviam entendido por que Bogorski falava disso. Riomand atirou para a frente um pedaço de calcário que, distraidamente, passava de uma mão para outra. Só Pribula não queria entender Bogorski. – Eu falar, nós não esperar que os fascistas nos levar fora do campo. Eu falar, nós quebrar cercas para alcançar americanos.

Bochow fungou contrariado, os demais protestaram, e Bogorski sacudiu a cabeça.

– Não bom, não mesmo. Americanos ainda longe. Muito longe. Nós devemos esperar, ou... como falar? – Ele se virou para os outros, buscando ajuda.

– Retardar – soprou Bochow.

– Sim, retardar, ser isso. – Bogorski agradeceu com um sorriso e continuou desenvolvendo seu pensamento:

– Nós devemos nos informar, dia após dia, sobre o estrado do *front*, e observar os fascistas do campo. Eles não vão deixar que se chegue ao ponto de uma luta com os americanos, eles vão fugir. E será a nossa hora.

Pribula deixou-se cair para a frente, apoiando-se nas mãos, irritado:

– Fugir? E como vai ser se eles atirarem?

Bogorski sorriu:

– Certo, então nós também atiraremos.

Pribula endireitou-se, contrariado:

– Com a meia dúzia de armas que nós temos.

Antes que Bogorski pudesse responder, Riomand assumiu a palavra. Com um gesto da mão, ele interpelou o obstinado polonês:

–Você mesmo diz que só temos alguns fuzis. Como você quer conduzir um ataque com algumas poucas armas? Isso seria... – Ele estalou os dedos, por não encontrar a palavra em alemão. – Seria insensato.

Então, todos começaram a falar com Pribula ao mesmo tempo, e o murmúrio tornou-se um ruído confuso. Eles tentavam fazer com que ele admitisse que uma ação prematura poderia levar ao aniquilamento do campo inteiro. Pouco convencido, Pribula não se rendia aos argumentos insistentes, e, entre as sobrancelhas, tinha uma ruga que denunciava o seu mau humor. Van Dalen bateu em seu ombro, em sinal de conciliação; Pribula precisava entender que não se podia brincar com a

SOBREVIVENDO ENTRE LOBOS

vida de cinquenta mil homens. Foi Bochow quem fez seus companheiros nervosos se calarem.

– Não esquentem a cabeça – disse, para pôr fim à discussão. – É agora, principalmente, que devemos manter a cabeça fria.

Ele se levantou, com os cotovelos bem afastados e as mãos sobre os joelhos:

– Existe outro problema. Ouçam, eu não sei bem o que devemos fazer. – Seus companheiros ouviam-no atentamente enquanto ele falava do pelotão sanitário e manifestava suas dúvidas. Bogorski balançava a cabeça.

– Bem – disse ele –, eles procurar nós, eles procurar nós já fazer tempo e ainda não achar nós. Se eles achar nós, com ou sem armadilha, vocês entender? Eu dizer a vocês que não podemos ter medo. Eu dizer que nós ter de ser muito prudentes, os dezesseis camaradas ter de ser inteligentes, muito inteligentes. Vocês entender? – Em seu alemão capenga, ele manifestou aos seus companheiros que não havia a menor importância que o pelotão sanitário fosse um dispositivo inofensivo ou uma arapuca. A possibilidade de ampliar a vigilância a todo o campo era decisiva. Os sanitaristas poderiam ir e vir por todos os lados, em torno das casernas, das garagens, dos depósitos de abastecimento...

Bochow o interrompeu:

– Talvez eles queiram justamente atrair o pelotão para uma armadilha? E se aprisionassem um dos nossos, ou os dezesseis? E, no *bunker*, seriam torturados até dizerem a quem dão conta de suas observações.

– Eles só precisam enfraquecer um de nós para descobrir nossa ligação com a organização.

Bogorski estava obstinado.

– *Niet, niet, niet*. Não o organização, de jeito nenhum o organização.

Ele propôs estabelecer uma ligação somente entre ele e um dos membros do pelotão sanitário. Bochow também mantinha sua posição:

– E se você for apanhado?

Bogorski sorriu:

– Então organização não morrer. Morrer só eu!

Ao ouvir isso, todos reagiram prontamente. Bogorski ficou agressivo. Ele argumentou que o perigo era onipresente, ou por acaso não seria perigoso estar ali montando uma organização com grupos de Resistência internacionais nem possuir armas?

– Nós fizemos juramento de morrer em silêncio, e eu só quero ser fiel ao juramento.

Bochow objetou que não foi o que ele quis dizer.

– Ter outros além de nós? – perguntou Bogorski.

– Sim – respondeu Bochow, e informou aos companheiros a proposta de Krämer, que ele próprio achava cada vez mais confiável, à medida que nela pensava.

Os companheiros, por sua vez, reconheceram as vantagens em não ter de estabelecer uma nova conexão e o fato de que Bochow estivesse continuamente em contato com o decano do campo. Até mesmo Bogorski renunciou ao seu próprio plano. Ele levantou ambas as mãos e sorriu amigavelmente:

– Então, eu estou, como dizer? Convencido...

A discussão não tinha durado meia hora, os companheiros foram embora um após o outro e, com máxima discrição, deixaram o local de seu encontro. Eles retornaram para seus blocos. Krämer estava se preparando para ir até a enfermaria e organizar o pelotão sanitário, que devia ser composto de cuidadores, quando Bochow veio até ele. Entre os dois, não era preciso falar muito. Bochow anunciou a Krämer que os outros membros estavam de acordo com sua proposta, e que ele seria o responsável pelo pelotão. Eles discutiram sobre quais cuidadores o decano deveria escolher. Deviam ser companheiros confiáveis e experientes. Mais tarde, Krämer foi até a enfermaria. No comprido corredor da sala de consultas amontoava-se a massa miserável dos prisioneiros doentes.

Krämer abriu caminho através da multidão de pacientes que aguardavam. Uma atividade intensa reinava naquele local. Os doentes entravam em grupos de dez. O odor acre de ictiol e o fedor das feridas purulentas tornava o ar da sala quase irrespirável. Os enfermeiros, prisioneiros de jaleco branco, cuidavam dos doentes. O trabalho era executado em silêncio e com rotina. Eles retiravam os curativos contaminados e sujos dos membros, e limpavam as feridas, que, envoltas em um cascão preto de ictiol endurecido, revelavam-se gangrenadas e abertas. Com a ajuda de uma espátula de madeira, eles untavam de novo a chaga com o medicamento. Com agilidade e destreza, enfaixava-se a ferida em nova compressa, como um cachepô em volta de um vaso. Eram raras as palavras pronunciadas.

Era preciso aproveitar o pequeno lapso de tempo entre a chamada noturna e os apitos anunciando o toque de recolher. Com um leve toque nos rins, o enfermeiro dispensava o paciente.

– Pronto. Próximo.

O paciente seguinte já havia retirado sua calça e mostrava ao enfermeiro, implorando-lhe silenciosamente, um edema preto azulado em sua cocha descarnada. Ele foi colocado de lado e claudicou, segurando a calça que escorregava, em direção à fila daqueles que já aguardavam na mesa de cirurgia.

Erich Köhn, enfermeiro-chefe, comunista e antigo ator, exercia as funções de cirurgião. Ele nem tinha tempo de dar uma olhada no doente que era deitado na mesa de cirurgia, uma sólida prancha de madeira com um travesseiro costurado em encerado preto.

Köhn olhava as feridas e os calombos e, enquanto seus assistentes colocavam a máscara de éter, ele calculava o tamanho dos tumores, e seu bisturi afundava na carne infectada. Com os dois polegares, expulsava deles o pus, em seguida limpava a ferida. O assistente já estava pronto com o ictiol e a gaze. Afastado, o paciente era enfaixado.

Um segundo assistente sentava o paciente e o acordava com vários tapas potentes em ambas as faces. (*Não leve a mal, companheiro, não podemos esperar que você acorde*).

Ainda totalmente no limbo, o paciente reanimado de modo tão rude escorregava da mesa e, completamente desorientado, ia sentar-se no banco contra a parede. Ele podia permanecer ali e curtir a ebriedade de sua anestesia em companhia daqueles que já haviam passado pelo procedimento. Ninguém cuidava deles. Ninguém prestava atenção a si mesmo. De vez em quando, um dos enfermeiros escolhia um deles.

— E então, companheiro, está de novo em pé? Volte para o barracão, ande, desocupe o lugar.

Tomado por uma repulsa interna, Krämer observava a cena. Os doentes deitavam-se na maca, dóceis e resignados. Eles se deixavam levar pela inconsciência com avidez. Dependia do que era mais rápido, o sono ou a faca... dezenove, vinte... vinte e... alguns gemiam de dor, a faca fora mais rápida.

Köhn tinha se limitado a fazer um sinal de cabeça para Krämer quando este havia chegado e não mais se preocupou com isso, embora soubesse que o decano do campo queria falar com ele. Após três outras operações, Köhn encerrou o dia de trabalho. Ele acompanhou Krämer até a sala de descanso dos enfermeiros e lavou as mãos. Krämer ainda impressionado, disse:

— Como você faz isso... — Enxugando as mãos, Köhn sentou-se no banco ao lado de Krämer, e deu um sorriso entendido:

— É, como eu faço isso... — Enviado para a enfermaria anos atrás, por causa de uma doença de fígado, ele fora curado pelos cuidadores e ficara ali. Tinha se tornado meio médico e, aos poucos, forçado pela necessidade, assumira o encargo das operações cirúrgicas. Agora, ele manipulava o bisturi como um médico. — É, como eu faço isso... — Havia um toque de vaidade na forma de dizê-lo.

Ele tanto podia ficar mudo e concentrado na sala de cirurgia, quanto ser falante e relaxado quando seu trabalho desgastante estava terminado. O magro quarentão havia oferecido aos seus amigos da enfermaria algumas boas horas com suas infinitas lembranças do palco; graças à jovialidade de seu coração forte, ele havia acendido faíscas de vida em muitos moribundos.

— Então, meu jovem, você vai ficar bom, não? — reconfortava ele os doentes, aproximando-se de seus catres. – Está vendo, eu disse, não era tão ruim assim. – Mas, por ora, ele estava sentado, sério e pensativo, ao lado de Krämer.

– Sim, sim – aquiesceu, após Krämer ter explicado os motivos de sua visita. – Começa com a guerra relâmpago, e termina com um pelotão sanitário de detentos. Primeiro as fanfarronices vitoriosas, em seguida as sirenes de alerta aéreo...

Ele se levantou e pendurou a toalha de mão em um prego.

– Povo alemão, como você pode ser tão burro, de modo geral! Primeiro você escurece sua mente, em seguida, suas janelas...

Ele deu uma risada amarga. De repente, virou-se para Krämer, e a expressão de seus olhos cinza tornou-se penetrante.

– Sem vigilância, além dos postos de guarda? Caramba! Mas isso é...

– É por isso que quero conversar com você – devolveu Krämer.

Köhn sentou-se ao seu lado, com grande interesse, e eles falaram por muito tempo, até que Krämer tivesse de deixar a enfermaria para ir dar o toque de recolher. Haviam escolhido os dezesseis cuidadores que comporiam o pelotão.

– Nem uma palavra – aconselhou Krämer. – Vou falar com eles pessoalmente.

Na manhã seguinte, Pippig trouxe a lista do comboio, da secretaria do armazém de vestuário. Com ar preocupado, ele a passou a Höfel, que a pegou em silêncio. Desde que haviam acolhido a criança, eles pareciam estranhos um para o outro. A relação que tiveram até então sofria com isso.

Höfel, sempre tão amigável, tornara-se taciturno, principalmente quando se tratava do menino. A cada investida de Pippig em convencê-lo de manter o pequeno ser com eles, ele se fechava. Eles nunca haviam conversado sobre as razões de seu desacordo. Um sempre se dobrava ao julgamento do outro. No que dizia respeito ao garoto, Pippig não conseguia entender seu amigo; ele não via nada de complicado naquele assunto.

As rugas de sua fronte ficavam mais fundas com o passar dos dias. Isso não podia continuar assim por mais tempo. De duas uma: ou eles estariam todos livres em breve, ou... todos mortos. Não havia uma terceira opção.

O que havia de mais simples, antes que a balança se inclinasse para um lado ou para o outro, do que manter o garoto ali? Ele poderia ser libertado com eles ou morrer com eles.

Partindo dessa constatação simples, Pippig se recusava a entender por que Höfel estava tão decidido a mandar a criança embora. Estaria com medo?

Höfel jogou a lista sobre o comprido balcão.

– Prepare as coisas. Quando nós as entregarmos ao meio-dia, você irá buscar o polonês e devolver-lhe sua mala – disse secamente.

Pippig colocou as mãos nos bolsos e apertou os olhos.

– A mala vazia, lógico. – Era uma provocação.

Höfel encarou o olhar de Pippig, mais baixo do que ele.

– Não! – retorquiu enfaticamente, dirigindo-se para a saída. Pippig o segurou pelo braço.

– O menino fica aqui!

Höfel prosseguiu:

– Não é você quem decide!

– Nem você! – respondeu Pippig.

Eles trocavam olhares duros, os olhos repletos da mesma indignação.

–Você está com medo? – perguntou Pippig, conciliador.

– Não diga besteiras!

Pippig o segurou novamente pelo braço, suplicante:

– Deixe o garoto aqui, André. Você não precisa cuidar de nada, eu assumo toda a responsabilidade.

Höfel soltou uma risada sarcástica.

– Responsabilidade? E se eles descobrirem, é a bunda de quem que vão chutar? A sua ou a minha? A minha, a do *Kapo*! Sem chance. A criança vai embora com o polonês. – Ele largou Pippig ali, e dirigiu-se à secretaria.

Pippig olhou para ele com ar triste. Agora, tinha certeza de uma coisa: Höfel estava com medo! Uma onda de desprezo crescia nele. *Bem, se ele está com medo e não quer ouvir nada, então vou fazer com que o garoto seja posto em segurança. Ele precisa desaparecer do armazém, agora mesmo! Se estiver escondido em outro lugar, Höfel não vai mais reclamá-lo.* Pippig suspirou. Onde esconder a criança? Ele ainda não sabia, mas isso não mudaria em nada sua decisão.

Ele queria conversar com Kropinski, eles acabariam encontrando uma solução.

Para Höfel, não era fácil ser tão duro com o bom Pippig, e ele não ignorava o que este pensava dele. Uma palavra, e Pippig entenderia tudo. No entanto, essa palavra não podia ser pronunciada.

Mais tarde, chegou Krämer. Ele se retirou em um canto do armazém com Höfel.

– Esta tarde, o comboio parte.

Höfel assentiu com a cabeça.

– Eu já tenho a lista.

– E então? – perguntou Krämer.

Höfel desviou seu olhar de Krämer para olhar pela janela.

– E então? O que você quer? – indagou ele, dando de ombros.

– Evidentemente, o garoto vai embora com esse comboio.

Krämer percebeu toda a dor contida na voz de Höfel, e quis dizer algumas palavras de conforto.

– Não sou desumano, André, mas você precisa entender...

– Tem alguma coisa que eu não estou entendendo? – Quase ameaçador, Höfel adiantou-se em direção a Krämer, que não queria que isso degenerasse em briga, e ele próprio devia esforçar-se em ser duro, o que era desgastante. Então, só concordou em silêncio, estendeu a mão para

Höfel e disse, em uma tentativa de conciliação:

– Não vou mais cuidar disso. Você tinha de saber. Agora, o negócio é com você. – Ele deu as costas.

Höfel o acompanhou com os olhos, um ar sombrio. Agora estava tudo em suas mãos. Cansado, ele foi lá para trás, no desvão. Sentado em seu lugar, o menino brincava com "imagens coloridas", um velho baralho que Kropinski havia lhe dado.

Kropinski, sentado ao lado da criança, olhou para Höfel com gratidão. Ele empurrou o boné para a nuca, e passou a mão na fronte. O garoto tinha se acostumado com ele, até sorria para ele. Höfel permaneceu grave, seu olhar foi além do menino, e ele dirigiu-se a Kropinski com tom de voz que lhe pareceu estranho.

– Você precisa levar o garoto para o polonês. Como Kropinski não parecia entender, ele logo acrescentou:

– Ele vai embora com o comboio.

Kropinski levantou-se devagar.

– Que comboio?

Höfel estava tomado por uma profunda irritação, queria deixar aquele assunto para trás o quanto antes. De repente, ele berrou para Kropinski:

– Isso por acaso é algo extraordinário?

Mecanicamente, Kropinski sacudiu a cabeça. Um comboio nada tinha de extraordinário. Mas então por que Höfel estava sendo tão desagradável com ele?

– Para onde ir o comboio? – perguntou Kropinski.

Höfel fechou ainda mais a cara, e respondeu grosseiramente:

– Eu não sei! Faça o que estou mandando.

Os olhos de Kropinski se arregalaram, cheios de um medo súbito. Uma palavra de protesto brotou de seus lábios; no entanto, ele permaneceu mudo, com um sorriso vazio e marcado pela fatalidade nos lábios, olhando para o rosto sombrio de Höfel, que, temendo não poder mais encarar o outro, dirigiu-se rudemente ao polonês:

– Pegue o menino antes que Zweiling chegue e... e...

Kropinski agachou-se de novo, pegou com cuidado as "imagens coloridas" das mãozinhas do pequeno e tomou a criança nos braços.

Quando ele quis ir embora, Höfel passou a mão nos cabelos macios do garoto.

A esperança aqueceu o rosto de Kropinski, que fez um sinal de cabeça encorajador a Höfel e pronunciou as palavras seguintes como se fosse uma oração:

– Tenho realmente que olhar por você, pequeno ser – disse ele ternamente. – Você tem olhos tão belos, um narizinho tão lindo, bem pequenino, e orelhinhas, e mãozinhas... é ainda tudo tão pequeno...

Höfel sentiu seu coração apertar e se aquecer, acariciou mais uma vez ternamente e à guisa de adeus a pequena cabeça, e deixou sua mão cair, como se tivesse descoberto alguma coisa misteriosa no rosto do garoto enquanto dizia, como em um lamento:

– Sim, sim, um garotinho polonês, um judeuzinho...

Kropinski, voltando à vida, assentia com a cabeça.

– O que querer dizer com garoto polonês? Crianças por todos os lados no mundo! A gente dever proteger e amar...

Amuado, Höfel pôs-se a praguejar.

– Que droga! Eu não tenho escolha! Krämer me... ele exige que eu... o menino...

Kropinski interrompeu-o brutalmente, seus olhos faiscavam:

– Você não escutar Krämer. Krämer, homem duro. Você esperar Exército Vermelho. Chega cada vez mais perto, e também americanos. Cada vez mais perto. Então, o que vai acontecer? Ainda algumas semanas, e fascistas todos ir embora e nós livres... também criancinha.

Höfel apertou os lábios com tanta força que eles ficaram brancos. Ele olhava fixamente para a frente, como se seus pensamentos tivessem escapado. Por fim, recompôs-se e fez um gesto de despeito, parecia que queria se livrar de seus pensamentos ensurdecedores.

— Eu pensei a respeito – disse com voz totalmente diferente. – Você não precisa entregar o menino agora ao polonês. Afinal, o que ele faria com o pequeno? Quando há um comboio, tudo vira de cabeça para baixo. Espere até a tarde.

Aliviado, Kropinski respirou fundo.

Nesse meio-tempo, Krämer dirigira-se à enfermaria, onde já aguardavam em uma sala os dezesseis enfermeiros selecionados para o pelotão sanitário. No entanto, eles ainda não sabiam qual era a finalidade de sua escolha; Krämer, entrando precipitadamente na sala, iria dizer a eles. O fez sem rodeios:

— Camaradas, a partir de hoje, vocês formam o pelotão sanitário.

Os cuidadores o cercaram, curiosos. Ele os conhecia a todos, eram jovens, audaciosos e confiáveis, e estavam no campo havia muito tempo.

— O que é isso, um pelotão sanitário?

Em poucas palavras, Krämer lhes explicou qual seria sua missão. No caso de um ataque contra o campo, recorreriam a eles para socorrer os SS.

— Como vamos poder limpar suas calças, se eles as emporcalharam? – observou um dos enfermeiros com sarcasmo. Os demais riram e ouviram atentamente, quando Krämer lhes disse que estariam equipados com capacetes de aço, máscaras de gás e estojos de primeiros-socorros, e que eles poderiam ir além dos postos de guarda avançados, sem vigilância...

— Caramba – exclamaram os enfermeiros. – Até hoje nunca vimos isso. – Krämer apertou os lábios e fez um sinal de positivo com a cabeça.

— Estamos chegando ao fim – disse ele.

— E eles, lá em cima, parece que estão ficando nervosos, não é? – perguntou outro. Novamente, Krämer concordou.

– Não preciso dizer muito. Vocês vão ver por vocês mesmos o que está acontecendo. – Ele olhou para cada um deles e prosseguiu. – Fomos *nós* que selecionamos vocês, e não eles, lá em cima. Para eles, vocês não são nada mais do que o pelotão sanitário, entendido?

Ele se calou. Todos os dezesseis haviam entendido que se tratava de algo particular, e quando Krämer prosseguiu com voz mais sufocada e urgente, compreenderam.

– Abram bem os olhos, olhem em volta de vocês, vocês irão a toda parte. O que descobrirem, vocês relatam ao Erich Köhn, responsável pelo *Kommando*. Já falei com ele sobre todo o resto.

Köhn assentiu com a cabeça.

– Escutem! – Krämer girou sobre si mesmo. – Rígida disciplina, rígida discrição! Aqueles lá em cima não devem ter motivo para suspeitar de vocês.

Krämer os conduziu até o portão.

Reineboth os recebeu, arvorando um sorriso afetado. Ele saíra de seu escritório, postara-se diante dos dezesseis homens e, com deleite, colocava suas luvas amarelas de couro de porco. Com passos elegantes, ele percorreu a fileira, e os prisioneiros permaneciam bem rígidos, nenhum músculo do rosto se mexia.

O sorriso de Reineboth tornou-se ainda mais malévolo.

– Você selecionou os melhores? – perguntou ele a Krämer.

– Os melhores dentre os melhores, inspetor-chefe, afirmativo! – respondeu Krämer sem medo. Perguntas e respostas eram dúbias o bastante.

– Eu imagino que você tenha avisado seus camaradas sobre o que aconteceria no campo se um único deles tentasse escapulir?

– Sim, inspetor-chefe, transmiti aos prisioneiros todas as informações necessárias.

– Excelente – retorquiu Reineboth, não sem malícia. – Quem está encabeçando esse negócio?

Köhn saiu da fila:

– Eu!

– Ahã. – Reineboth enfiou os polegares na abotoadeira de seu elegante casaco, agitando os dedos. – Köhn. Evidentemente. Sempre aí onde acontece alguma coisa.

Krämer saiu em sua defesa, dizendo:

– Ele é o enfermeiro-chefe da enfermaria.

– Ahã – repetiu Reineboth. – Então é por isso que ele está aqui.

Com um sinal de cabeça, ele manifestou a Krämer que não precisava mais dele, e dispensou o pelotão.

Os dois camaradas lá no desvão do armazém desconheciam que havia uma testemunha já fazia algum tempo – Zweiling.

Inopinadamente, ele tinha retornado ao armazém de vestuário. Pippig, em pé no corredor entre os sacos de roupas, observando o que acontecia no desvão, não o havia notado. Ao entrar, Zweiling tinha imediatamente se dado conta, pelo comportamento de Pippig, que algo estava sendo tramado.

Ele se adiantou devagar, atrás do inocente prisioneiro, e disse com sua voz pastosa:

– O que você está olhando?

Pippig virou-se e olhou, apavorado, para a boca aberta de Zweiling. O primeiro oficial sorriu maldosamente, e acrescentou sorrateiro:

– Você ficou mudo de repente.

– Senhor primeiro oficial…

– Silêncio! – sibilou Zweiling, ameaçador, esgueirando-se por trás, sobre a ponta das botas, até as proximidades das pilhas de sacos, e vasculhando. Höfel e Kropinski não o viram, quando deixaram o desvão e interditaram o acesso por meio de uma pilha de sacos. Foi somente ao se preparar para sair que eles perceberam repentinamente o primeiro oficial. O sangue de Höfel congelou, seu coração parou. Mas ele logo recobrou o controle. Com ar descontraído, apontou algumas pilhas e disse a Kropinski, com tranquilidade simulada:

– Em seguida, você coloca isso aqui!

–Vocês estão refazendo as pilhas? – Zweiling entrava no jogo.

– Positivo, senhor primeiro oficial, para que as traças não consigam passar.

Com grande presença de espírito, Kropinski empurrou uma pilha adicional diante da entrada.

Zweiling avançou, atingiu-o com uma joelhada nos rins e retirou a pilha.

Pippig assistiu, horrorizado, Zweiling desaparecer no desvão. Trocando olhares intensos, Höfel e Kropinski tomavam consciência do perigo da situação.

Quando Zweiling apareceu no desvão, o garoto rastejou, fugindo do SS, para procurar abrigo. Höfel precipitou-se.

Zweiling ensaiou um sorriso estúpido, e as rugas de sua fronte formaram uma coroa.

– Sim, realmente, tem traças... – disse com ironia.

Essa perigosa mansuetude fez Höfel agir. Ele decidiu de imediato fazer frente ao perigo. Em um caso como esse, somente a coragem e uma franqueza incondicional ainda podiam salvá-los.

– Senhor primeiro oficial... – começou Höfel.

– O que foi?

– Eu vou lhe explicar tudo...

– Com certeza, você tem o dever de explicar – Zweiling, com a ponta da bota, apontava para a criança. – Traga a traça para cá.

Kropinski tinha seguido a ambos e entrado no escritório do primeiro oficial. Höfel tinha largado o garoto, que, amedrontado, rastejou para um canto. Zweiling fez sinal a Kropinski para que saísse da sala, e ele obedeceu. Mal Zweiling tinha se sentado à mesa, assim que ficou sozinho com Höfel, a sirene da torre pôs-se a soar, como o urro de um predador. Ele olhou pela janela, e Höfel aproveitou essa ocasião bem-vinda para mudar de assunto.

– Alerta aéreo, senhor primeiro oficial. O senhor não quer descer para o porão?

Zweiling zombou, parecia querer rir. Quando a sirene emudeceu, em som gutural, ele respondeu:

– Não, desta vez eu fico aqui em cima, com vocês.

Zweiling acendeu um cigarro, tragou e olhou para a frente. Ele parecia pensar em algo.

Höfel, disposto a tudo, observava com desconfiança o comportamento de Zweiling. Por fim, ele ergueu a vista para Höfel; a expressão em seus olhos transmitia algo como um sinal de agradecimento.

– Ontem, eles ultrapassaram Erfurt – revelou repentinamente Zweiling. Höfel ficou calado. O que ele estava querendo? Zweiling passou a língua pelo lábio inferior pendente, analisou o prisioneiro, que, sem nenhum traço de interesse, permanecia em pé diante dele, e acrescentou depois de um instante: – No fundo, eu sempre tratei vocês bem...

Ele apertou os olhos e fixou-os em Höfel pela fenda de suas pálpebras, aguardando uma resposta. Höfel permanecia em silêncio, não sabendo onde o outro queria chegar.

Zweiling levantou-se e, com passo cansado, foi até o canto onde o garoto tinha se refugiado. Com olhar vazio, observou por um tempo a pequena criatura, em seguida tocou-a cuidadosamente com a ponta de sua bota. O menino se afastou rastejando. A tensão de Höfel aumentou.

Lá fora, Kropinski e Pippig estavam no balcão. Eles cuidavam apressadamente dos assuntos do comboio e observavam o que se passava no escritório. Esperando uma cena dramática, eles estavam surpresos com a calma que ali reinava. Agora viam o SS aproximar-se de Höfel para, inegavelmente, falar-lhe com cordialidade. O que estava acontecendo ali dentro?

De fato, Zweiling havia se aproximado de Höfel com um largo sorriso.

– Se eu quiser – ameaçou –, se assim eu desejar, você vai hoje à noite mesmo para o *bunker*... – Ele piscou o olho com benevolência, aguardando a reação de Höfel.

Os dois camaradas no balcão não perdiam nada da cena: Zweiling, zombando, com o indicador perpendicular ao seu crânio, como para imitar uma arma, prosseguiu.

– Ai! Algo não cheira bem – murmurou Pippig apavorado para Kropinski.

O rosto de Höfel não deixava transparecer nada. Ele se mantinha imóvel diante de Zweiling, mas sua mente era um turbilhão: *Ele quer alguma coisa de você.*

De repente, Zweiling ergueu a cabeça, espreitando. O zumbido ameaçador da esquadrilha estava logo acima do escritório naquele momento. Por algum tempo, ele ficou ouvindo os ruídos preocupantes e, uma vez mais, olhou para Höfel. Eles se estudaram com o olhar, cada um imerso em seus próprios pensamentos. O rosto de Zweiling não era expressivo o suficiente para que se adivinhasse o que se passava por sua cabeça, somente os olhos cintilantes eram um indício de que algo estava em jogo por trás de sua fronte desguarnecida.

– Mas eu não quero... – disse o primeiro oficial após um longo silêncio.

– Se eu soubesse o que ele está planejando! – murmurou Pippig agitado, e Kropinski respondeu também murmurando:

– Será que ele quer mandá-lo para o *bunker*?

De repente, o sangue de Höfel gelou. Ele acabava de entender o significado das caretas de Zweiling. A surpresa foi tamanha, que ele não foi capaz de esboçar reação alguma. Zweiling percebeu que Höfel tinha entendido qual era seu jogo. Apavorado com sua própria temeridade, ele afastou-se de Höfel e sentou-se à sua mesa, onde começou a fuçar inutilmente em seus papéis. O olhar inquisidor de Höfel o desnorteava, mas não havia mais volta.

Aquele que acabava de se revelar nada tinha a acrescentar.

– Se ele está aqui em cima, está em segurança... – disse ele, jogando um verde ainda mais forte.

Não havia dúvida. Vários sentimentos assaltaram Höfel. Tudo aquilo que o tinha oprimido tanto de repente foi afastado com uma pancada, e ele entreviu a possibilidade de esconder o garoto sem riscos. Ele deu um passo rápido em direção a Zweiling, que recebeu o gesto com medo. Ele agitou violentamente seu indicador para Höfel, e gritou:

– Se você for descoberto, então *você* é responsável, e não *eu*. Entendeu bem?

Abandonando qualquer prudência, Höfel respondeu:

– Entendi perfeitamente.

Zweiling, preocupado por ter se arriscado tanto, recompôs-se; seu tom militar voltou à carga. Ele fez um duro sinal de cabeça em direção à criança:

– Fora daqui com isso!

O *Kapo* meteu o garoto debaixo do braço para sair do escritório. Quando chegou à porta, Zweiling voltou a chamá-lo.

– Höfel!

Eles se olharam, Zweiling franziu os olhos:

–Você quer sair daqui vivo, não é?

Observaram um ao outro por um instante, antes que Höfel respondesse:

– Assim como o senhor, primeiro oficial.

Ele deixou rápido o escritório.

Pippig reparou o estado de agitação em que Höfel se encontrava quando foi até o balcão e, convenientemente, evitou fazer perguntas indiscretas. Höfel tentava recuperar a calma.

– Leve-o de volta lá para trás – disse ele a Kropinski, entregando-lhe a criança. Kropinski queria fazer perguntas, mas Pippig o apressou. – Suma logo com isso, rápido!

Kropinski abraçou o garoto e correu para o desvão.

A catástrofe esperada não tinha acontecido, mas havia gerado uma situação totalmente nova e, por ora, incompreensível. Höfel não conseguia oferecer a menor explicação para aquilo, e Pippig não o forçou. O olhar que dirigia a Höfel confirmava que ele sabia o que havia acontecido entre os dois homens no escritório.

Não trocaram uma palavra. Höfel deu meia-volta e saiu, como se o empurrassem para a secretaria. Pippig o deixou sozinho e ficou para trás.

Pela janela, Zweiling não tinha perdido nada do acontecido, com os olhos cheios de ódio e de furor. Ele havia se tornado cúmplice daqueles sujeitos lá fora. A vontade de atacá-los imediatamente e de urrar para dissimular suas próprias incertezas, conforme lhe era costumeiro, era muito grande. Mas de repente ele se virou, apavorado; ouvia distintamente as explosões e as detonações do bombardeio ao longe, uma após a outra. Boquiaberto, apavorado, ele olhava para o vazio, com os sentidos em alerta. Esfregava nervosamente as faces, como se não estivessem barbeadas...

O alerta aéreo tinha surpreendido os dezesseis homens, ao chegarem diante do escritório do comandante para serem apresentados a ele, equipados com uma tralha pouco comum.

No campo, os detentos corriam para seus blocos. As estradas do campo estavam cheias de vida. Oficiais do *Kommando* de trabalho voltavam e atravessavam correndo a grade. Os SS apressavam-se para os seus quartéis.

Após o alerta, os oficiais de alta patente reuniram-se no escritório do comandante, e quando Reineboth entrou, para anunciar o pelotão sanitário, Schwahl virou-se nervosamente para o inspetor-chefe.

– O que foi? Ah, sim.

Ele fez um movimento brusco com o braço, não era hora de conversar. Os dezesseis homens deviam ocupar imediatamente seus postos.

O zumbido da esquadrilha preenchia o céu. Ouvia-se o bombardeio não longe dali. Reineboth saiu da sala e transmitiu as ordens do comandante ao pelotão com desenvoltura.

– Desapareçam, bando de vermes!

Köhn dava as ordens:

– Batalhão, seeentido!

Os homens ficaram rígidos.

– Esquerda, volver! Aceleeerandooo, marche!

Cético, Reineboth observou o batalhão se afastar, suspirou, e voltou ao abrigo.

<hr />

Os dezesseis homens não viam uma viva alma no terreno que se estendia a perder de vista. Eles zombavam com ar entendido, debaixo de suas roupas não habituais.

Acima de suas cabeças rugiam os aviões que passavam em formação cerrada. Esquadrilha após esquadrilha. Os bombardeios estouravam e pipocavam. Seria em Gotha ou em Erfurt?

Ao chegar ao posto de guarda mais afastado, Köhn anunciou seu batalhão ao vigia, e pareceu sentir um prazer real ao ver "seus homens" entrarem em ação com aparência totalmente militar.

– Quatro homens nas casernas da SS! Quatro homens no depósito de abastecimento! Quatro homens na garagem da tropa, e o resto comigo para as casas das autoridades. Dentro de dez minutos após o fim do alerta, o pelotão completo aqui, entendido?

– Afirmativo! – respondeu um coro potente.

– Formação livre! Em frente, marche!

Os homens separaram-se, dirigindo-se aos locais designados, enquanto o vigia nada disse; dessa vez, não tinha nenhuma ordem para transmitir.

<hr />

Höfel estava sentado à sua mesa e olhava para a lista do comboio diante dele. Felizmente, os prisioneiros lá fora não tinham percebido o acontecido na secretaria, preservando assim Höfel de suas perguntas e de sua curiosidade. Não era somente a proposta disfarçada de Zweiling que havia perturbado tanto Höfel, mas a possibilidade inesperada de salvar o garoto. Era tão atraente, fácil e sem riscos; e, no entanto, o coração de Höfel continuava dividido. Ele havia prometido a Krämer mandar o menino para fora do campo. Tinha dado sua palavra. E se voltasse atrás? E se, secretamente, mantivesse o menino aqui? Não tinha mais motivos para temer Zweiling. Höfel contemplava as colunas de números da lista. Cada um era um homem, e um único faltava: o garoto. Ele não tinha número. Não tinha existência. Era só escondê-lo em uma mala e... um homem, dentre os mil que, naquela tarde, atravessariam as portas do campo, o levaria consigo... Höfel fechou os olhos. Cumprir corretamente com seu dever não era o melhor álibi para a sua consciência?

E eis que aquele sentimento de culpa retornava. Mais uma vez, Höfel tinha a sensação opressora de que dois olhos longínquos estavam fixados nele, mudos e para sempre. Seriam olhos de criança? Seriam os olhos de sua esposa? Nunca antes, durante todo o seu cativeiro, Höfel tinha se sentido tão solitário quanto agora.

Ele tinha diante de si aquela proposta sedutora. E também os olhos mudos de Pippig. Só frente a si mesmo é que ele não tinha escapatória, não podia fugir, apesar de se sentir fraco demais para tomar sozinho a decisão acertada.

Höfel saiu à procura de Pippig. Ele ainda estava diante do longo balcão, como se estivesse à espera do outro. O ruído intermitente no ar não cessava. Dessa vez, devia ser um bombardeio de envergadura. Em seu escritório, Zweiling olhava para o céu, pelo canto da janela. Com uma espiada rápida, Höfel assegurou-se de não poder ser visto de lá e disse rapidamente a Pippig:

— Venha.

Eles foram juntos para o fundo, no desvão. Sentado, Kropinski, ao lado do garoto, acenou para eles. Todo o seu ser enchia-se de ansiosa esperança. Com a cabeça, Höfel apontou o escritório:

– Ele me fez uma proposta. O garoto pode ficar aqui.

– Ahã – disse ele secamente –, era isso que eu tinha pensado usar como moeda de troca, para o caso de as coisas mudarem de direção. Nada mau. E você, o que você... ?

Indeciso, Höfel deu de ombros. Pippig se zangou:

– Do que você tem medo? Você o tem em suas mãos, ele não vai poder traí-lo.

Höfel continuava hesitante e fez frágeis objeções.

– Se nós mantivermos o menino aqui, ele vai achar que aceitei a proposta dele...

Pippig rebateu:

– E daí? Para nós, tanto faz. – E, decidindo-se rapidamente: – O garoto fica aqui!

<hr />

Com um resto de Resistência, Höfel quis protestar, mas Kropinski afagou seu ombro.

– Você ser bom camarada.

Sem dar um pio, Höfel pôs as mãos nos bolsos, perturbado e sorrindo amargamente por sua indecisão.

O alerta aéreo ainda prosseguia. Em seus blocos, os detentos se aglomeravam em volta das estufas imponentes, que dispensavam um parco calor em volta delas, por falta de combustível. As emanações dos homens reunidos na estreita sala forneciam um certo calor suplementar. Alguns, com os braços estendidos sobre uma mesa, dormiam, sem se incomodar com o barulho do ambiente. O campo parecia morto e a grande praça de chamada estava deserta. Na torre, nenhum movimento. Somente os vigias nos miradores iam e vinham perscrutando o céu.

No terreno das casernas SS, quatro homens do pelotão sanitário patrulhavam. Eles passavam entre os prédios tranquilamente, mas de olhos abertos. Quantas dessas casernas estariam ocupadas?

Um outro grupo caminhava no lado norte do campo, à beira do bosque. Dali e tão longe quanto as árvores o permitiam, podia-se ver o campo da Turíngia. Observados com desconfiança pelas sentinelas, os quatro homens margearam a barreira do campo.

Eles também tinham uma missão: onde se encontrava, em relação à localização do campo, das torres e da floresta, o local mais apropriado para uma evasão? Capacetes tomados de soldados soviéticos escondiam seus olhares inquisidores das sentinelas. Às vezes, os quatro homens paravam para olhar a paisagem, driblando o tédio das longas horas de patrulha. Mas esse olhar inofensivo permitia que estimassem e medissem os locais. Sem ser ouvidos pelos vigias, eles trocavam suas observações em voz baixa.

Foi só à tarde que o alerta cessou. A sirene encerrou com um longo urro. O campo logo voltou à vida. Os detentos saíram dos blocos.

Nas cozinhas tilintavam as gamelas do almoço servido com atraso; a sopa rala já estava fria. Na torre, a vida também retornava, e não demorou muito para que Reineboth convocasse, pelos alto-falantes, os membros do comboio até o portão. Uma ordem que agitou o campinho como um formigueiro. Diante dos estábulos, os detentos se empurravam. Com o degelo, os homens pisoteavam nervosamente o barro e o lodo. Os decanos dos blocos e os responsáveis de dormitório penavam para manter a ordem; gritava-se, batia-se, empurrava--se, até que finalmente, após muito barulho e desordem, as colunas estivessem formadas.

No armazém de vestuário, a entrega dos poucos pertences tinha sido rapidamente realizada. Como três conjurados, Höfel, Pippig e Kropinski permaneciam juntos. Höfel sentia um profundo mal-estar e muito nervosismo. Febril, ele rejeitou a proposta de Pippig de ir buscar Jankowski para que dissesse "adeus" ao garoto. Ele não queria vê-lo, não queria saber nem ouvir nada.

– Caramba, André! Você não pode deixar esse coitado ir embora assim...

– Não me torre a paciência com isso! – Höfel estava uma pilha de nervos. Ele largou os dois outros para ir até a secretaria.

Pippig estava desesperado.

– Vá, Marian – disse ele de repente. – Corra até o campinho e fale para o Jankowski.

O polonês demonstrava grande agitação. Em breve, o comboio partiria, e ninguém lhe trazia o menino. Ele saía constantemente da coluna para suplicar em sua língua materna ao decano de cabeça redonda para deixá-lo ir ao armazém de vestuário. O decano, feliz em ter a coluna em seu poder, não prestava atenção às súplicas de Jankowski e o empurrava com impaciência de volta para a fila. Ele rodopiava como um pedaço de palha ao vento.

Foi assim que Kropinski o encontrou. Alvoroçado, Jankowski correu até ele para agarrá-lo. Lágrimas escorriam por seu rosto distorcido. Ele não conseguia admitir a hipótese de deixar o campo sem o garoto. Kropinski não encontrava palavras para consolá-lo.

– Você não deve chorar, irmão – repetia. – Nós podemos proteger o pequeno Stephan muito melhor do que você, acredite em mim. – Jankowski chacoalhava violentamente a cabeça. Ele havia puxado seu boné riscado sobre as orelhas para se proteger do frio; ele envolvia toda a sua fronte, o uniforme em andrajos era muito grande para ele, seus pés descalços estavam enfiados em galochas disformes. Com as longas mangas rasgadas de seu casaco, ele enxugava as lágrimas de seus olhos embaçados. Um miserável pedaço de gente que mal tinha forças para sequer implorar:

– Me dê o garoto, por favor, me dê.

Ele quis se ajoelhar diante de Kropinski, que o reteve pelo cotovelo, como se pudesse trazê-lo de volta à razão.

– Não chore, irmão, não chore – ordenou Kropinski, transtornado. – Por que você chora assim? Você não é pai dele!

Jankowski se defendeu:

– Eu sou mais do que pai dele!

Em um gesto de misericórdia, Kropinski abraçou o pobre coitado e o beijou:

–Vamos, irmão, a Santa Mãe de Deus vela por você.

Jankowski não queria se separar dele, que o segurava firmemente. Kropinski não aguentou mais essa tortura. Ele o abraçou uma última vez, liberou-se do abraço e fugiu.

– Irmão, irmão! gritou Jankowski, mas o outro não queria ouvir mais nada. Sem forças, Jankowski deixou os braços caírem, balbuciou ainda, baixinho, e o decano irritado, que novamente viu o polonês fora da fila, dirigiu-se furiosamente até ele:

– Santo Deus! Por que você precisa se agitar como um catavento? Vá para o seu lugar!

Submisso, Jankowski voltou para a fila e mancou, com o coração partido, com a longa coluna em marcha para a montanha, em direção ao local da praça de chamada. Ali houve mais gritos e berros.

Reineboth fez a chamada, colocou o comboio em ordem, e então a grade foi aberta e a centopeia cinza saiu do campo, penosa e lenta.

Na confusão dos preparativos, Krämer não tinha mais pensado na criança. Enquanto aquela fila miserável se arrastava diante dele e, ao ver um detento com mochila nas costas, ele lembrou-se. *Será esse?*, perguntou a si mesmo.

Mas não, não era o judeu polonês Zacharias Jankowski, que já cambaleava para seu próximo destino, mas sem bagagem.

Então era isso! O aspecto irrevogável do ato se revelava diante dos olhos de Höfel, com toda a clareza. Cansado, ele sentou-se na secretaria e preparou o relatório do comboio para entregar a Zweiling.

Pippig, enquanto isso, deu um profundo suspiro de alívio. Tudo bem, o menino estava em segurança. Tudo certo. Ele sentiu um prazer perverso com a ideia de tê-los enganado mais uma vez. Quem? Os SS? O coitado do judeu polonês Jankowski? A vida? O destino? Tudo isso era por demais complicado. Era melhor não pensar mais nisso, e regozijar-se por ter salvado um pequeno ser indefeso.

E Kropinski? Sentado em segurança, no desvão, após ter fugido de Jankowski, ele estava com a criança no colo e cantava baixinho, bem baixinho, uma cantiga de seu país natal.

Höfel trouxe a lista dos efetivos.

– Com relação à traça, aí – disse Zweiling –, ela devia partir com o comboio, não é? – Ele passou a língua no lábio inferior. Höfel hesitou um instante antes de responder e, após curta reflexão, retorquiu:

– Afirmativo, senhor primeiro oficial.

– Então, nenhuma palavra. E isso vale para os demais.

– Afirmativo, senhor primeiro oficial.

Zweiling fez uma careta amuada:

– Afirmativo, afirmativo – imitou ele. – Não há necessidade de nos enganar. Em algumas semanas, os americanos vão estar aqui, então você pega sua traça nos braços e você vai dizer a eles: foi graças ao nosso primeiro oficial...

Höfel gaguejou a resposta:

– Afirmativo, senhor primeiro oficial.

Zweiling perdeu o controle:

– Vá à merda com seus eternos "afirmativo". Afinal, é uma coisa boa que eu... Se ele fugir, todos vocês vão para o *bunker*. A mim, não pode me acontecer nada, está bem claro? – Zweiling recostou-se na cadeira. – Então diga aos seus homens que eles devem manter a língua dentro da boca.

– Afirmativo, senhor primeiro oficial.

***

Pippig levou um café ralinho para o garoto, no qual tinha colocado algumas colheradas de melaço.

Ele apalpou o corpinho magro da criança para examiná-lo.

– Não há muita coisa...

– Criancinha precisa pão branco, açúcar e leite.

– Leite? Meu Deus, Marian! – riu Pippig. – Eu não tenho como amamentá-lo.

Kropinski sacudiu a cabeça, preocupado. Com as duas mãos, Pippig coçou sua cabeça careca, e disse de repente:

– Sim, realmente, o garoto precisa de leite.

– E de onde você vai tirar?

Pippig parecia ter um plano, e quando ele tinha uma ideia, nada conseguia segurá-lo.

– Pepino? Com Pippig, não há pepino. – Pippig agachou-se ao lado da criança, acariciando suas mãozinhas: – Então, preste bem atenção, pequeno. Amanhã, tio Pippig vai a um grande pasto, onde tem um monte de vacas que fazem "muuuu"...

A criança sorriu. Feliz, Pippig pegou seu rostinho entre as mãos:

– Você vai aprender a dar risada com a gente, pequeno. – Em seguida, agarrou Kropinski pelo ombro: – E amanhã, você o coloca no peito, entendido?

Na secretaria, Höfel não se alongou muito sobre os últimos acontecimentos. O garoto permaneceria no desvão, explicou, indicando com a cabeça o escritório de Zweiling. Os prisioneiros do *Kommando* logo entenderam. – Não espalhem pelo campo todo o boato sobre o que temos aqui no armazém... – Ele concluiu a frase com um gesto de mão, como para liquidar o assunto. Assim, tudo estava dito.

Com a jornada de trabalho encerrada, Höfel ficou só, sentado à mesa. Vários prisioneiros já estavam deitados. Atrás de Höfel, um grupo murmurava.

Na mente de Höfel, os pensamentos se atropelavam. Ele tinha o coração pesado. Como aquilo tudo era complicado! Ele enterrou a cabeça entre as mãos e fechou os olhos. Fazia tempo que ele sabia que tinha contas a acertar com Bochow. Será que era covarde demais para isso? Deveria manter o menino escondido e não informar a ninguém? Nem a Bochow, nem a Krämer?

Höfel sufocava. Os sussurros às suas costas chegaram aos seus ouvidos.

Em Oppenheim, os americanos tinham estabelecido uma nova cabeça de ponte. Os tanques haviam rompido o *front* para o leste! As cabeças das colunas haviam atingido Hanau e Aschaffenburg. Tratava-se de uma batalha a leste de Bonn. As tropas que ocupavam Coblença haviam sido recolhidas para a margem leste. Combates de rua em Bingen. Höfel prestou atenção. Eles já estão muito próximos. Como está acontecendo rápido!

Então, manter o garoto escondido... esse pensamento novamente o incomodava. Abriu os olhos.

Será que agira com clareza e sangue-frio? Ele tinha seguido os impulsos de seu coração e acabou sendo tomado de surpresa. O coração seria mais forte que a razão?

Sentir, pensar. Pensar, sentir...

Como um navio na tormenta, ele balançava em meio às suas reflexões desvairadas, e se escondia atrás de mil justificativas. Como teria agido ao passar ao lado de um rio caudaloso em que uma criança corria o perigo de se afogar na correnteza? Ele teria mergulhado nas águas sem hesitar, e não poderia ter sido uma reação mais natural.

Höfel respirou profundamente. Ir até Bochow? Até Krämer? A quem ele contaria o que havia feito?

<hr />

O bloco 3 estava ocupado por prisioneiros empregados como garçons na cantina dos oficiais, ou como auxiliares de cozinha, alfaiates, sapateiros, mensageiros ou faz-tudo.

— Boa noite, Karl. — Pippig instalou-se ao lado de Wunderlich, auxiliar de cozinha dos SS, e deu-lhe uma piscada maliciosa. Wunderlich percebeu de cara que havia algo de diferente.

– O que você quer?

– Leite.

– Leite? – Wunderlich, estupefato, desatou a rir. – E para que você quer leite?

– Para beber, bobão.

– Para você?

– Eu bebo cerveja – disse Pippig, ofendido. – Se ao menos eu tivesse... – Ele puxou Wunderlich para sussurrar em seu ouvido: – Nós temos um menino.

– Um o quê?

– Psiu! – Pippig olhou desconfiado ao redor deles, revelou o segredo ao auxiliar, e colocou uma mão em seu ombro.

– Tá vendo, Karl, é por isso que precisamos de um pouco de leite, para o moleque. Ele tem perninhas e bracinhos muito fininhos. Somos responsáveis por aquele micróbio. E então, Karl, meio litro?

Wunderlich pensou sobre o assunto.

– E como você vai fazer entrar leite lá? – Era uma aprovação, e Pippig se animou.

– Isso é problema meu.

– E se pegarem você?

Pippig se zangou:

– Pepino? Com Pippig, não há pepino!

Wunderlich deu risada. Eles analisaram o problema: de onde Pippig pegaria o leite? Ele sempre poderia ter um "pequeno encargo" a ser cumprido "lá fora", levar alguns uniformes SS ao alfaiate. Era possível. O leite deveria ser levado para a alfaiataria.

Wunderlich olhou à sua volta no bloco, e fez sinal a um mensageiro, para se aproximar.

– O que foi? – perguntou o sujeito, vindo até a mesa.

– Escute, amanhã pela manhã, você vem me ver e leva uma garrafa de leite para o alfaiate. Rudi irá lá buscá-la.

– Boa noite, Rudi – disse o mensageiro, estendendo a mão para Pippig.

– Boa noite, Alfred.

Para o mensageiro, aquela missão era uma coisinha à toa; ele podia ir e vir em toda parte do campo reservada aos SS.

– Está feito – disse, sem perguntar nada, pois o extraordinário sempre era tratado como se fosse normal.

– Nós ainda temos de informar ao Otto – disse Wunderlich, indo com Pippig para a outra ala do bloco. Otto Lange, o *Kapo* da alfaiataria, um velho artesão alfaiate outrora autônomo e que havia ido parar no campo por propaganda, ouvia o boletim de informações.

Wunderlich o puxou de lado.

– Amanhã pela manhã, vou mandar uma garrafa de leite. Pippig vai vir pegá-la com você.

O alfaiate aquiesceu e passou o dedo no lábio superior. Um hábito que vinha de sua vida civil, de quando ele usava bigode.

– Cuidado – advertiu Pippig. – Vou trazer alguns casacos velhos. Foi você quem nos pediu, certo?

– Sim, sim, pode trazer – aprovou Lange.

Um caminho bem tortuoso para organizar meio litro de leite, e bem escarpado para cada um dos protagonistas. Se Pippig fosse pego na grade do campo, seria o fim. Ele seria inevitavelmente conduzido ao *bunker*, na prisão do campo, e se tivesse sorte, cumpriria ali vinte e cinco dias de pontapés nos fundilhos.

Se tivesse menos sorte, terminaria no crematório e tudo estaria acabado.

Mas Pippig não tinha medo. Cada vez que organizava esse tipo de negócio, o otimismo o invadia: Deus Todo-Poderoso não abandona os espíritos livres. Quando se despediu de Wunderlich, na frente do bloco, o auxiliar de cozinha o alertou:

– Pelo amor de Deus, não vá se deixar ser apanhado.

Pippig estava a ponto de recorrer à sua fantástica fórmula, mas

Wunderlich, rindo, o interrompeu com um sinal de mão:

– Eu já sei... pepino? Com Pippig...

Pippig foi embora, todo contente.

De volta ao interior do bloco, esbarrou em um atendente da enfermaria SS.

– Ei, Franz! Você poderia me mandar um pouco de açúcar amanhã?

Pensativo, o enfermeiro balançou a cabeça.

– Açúcar? Já não temos o bastante para nós...

– Preciso para um camarada.

– Só um pacote, nada mais – suspirou o enfermeiro. – Mando amanhã pelo mensageiro.

Wunderlich deu um tapa no ombro de Franz.

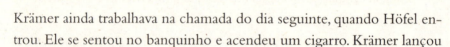

Krämer ainda trabalhava na chamada do dia seguinte, quando Höfel entrou. Ele se sentou no banquinho e acendeu um cigarro. Krämer lançou a ele um olhar de soslaio.

– Funcionou?

Höfel fumava em silêncio.

– Na coluna tinha um sujeito que carregava uma mochila nas costas, devia ser... – observou Krämer, erguendo os olhos da papelada.

Höfel só tinha que confirmar, e o decano estaria satisfeito. Mas ele não reagia, apenas olhava para o chão. Krämer desconfiou.

– O que está acontecendo?

Höfel apagou a bituca sob a sola, e a esmagou.

– Preciso lhe dizer uma coisa...

Krämer soltou o lápis.

– Por acaso você não entregou o menino?

– Não – disse Höfel, olhando-o diretamente nos olhos.

– Caramba! – Krämer deu um salto, correu até a porta e a abriu.

Ele tinha o hábito de verificar se alguém estava escutando. Ninguém. Krämer fechou a porta e encostou-se nela, como se estivesse precisando de apoio. Ele colocou as mãos nos bolsos, rangeu os dentes e olhou para a frente. Höfel esperava que ele perdesse as estribeiras, decidido a se defender energicamente.

Mas Krämer permanecia supreendentemente calmo, e passou-se um bom tempo antes que ele dissesse:

– Você não obedeceu às ordens!

– Sim e não!

Krämer aguardou para ver se Höfel desenvolvia sua resposta, mas ele se calou.

– E? – perguntou finalmente.

Höfel respirou fundo.

– Aconteceu uma coisa... – Ele se deteve e, ainda hesitante, contou o que tinha acontecido com Zweiling. Aquela justificativa era uma espécie de desculpa.

Krämer o deixou concluir, com as bochechas trêmulas, e ainda ficou em silêncio por muito tempo, depois que Höfel se calou. Sua expressão endureceu, suas pupilas se estreitaram. Enfim, com voz estranhamente rouca, ele disse:

– Você realmente acredita no que está me contando?

Höfel, que tinha recuperado sua confiança, e respondeu abruptamente:

– Não estou escondendo nada de você.

Com um movimento brusco, Krämer afastou seus ombros da porta, deu alguns passos e disse, como que para si mesmo:

– Com certeza você não está me escondendo, mas... – Parou diante de Höfel. – Mas talvez você esteja mentindo para si mesmo, não?

Höfel fez um gesto de raiva, e Krämer também explodiu:

– Você foi enganado por um canalha! Zweiling é um canalha! Esse sujeito está querendo que nós o acobertemos!

Höfel, decidido a comprar a briga, mostrou-se mais veemente.

– Mas com isso nós o temos em nossas mãos.

Krämer deu uma risada cortante:

– Em nossas mãos? Caramba! André, faz quanto tempo que você está no campo? Seis meses, é isso? – Ele apontou com o polegar. – Ele está tentando salvar a própria pele, como todos os demais. Um golpe aqui, outro golpe ali, conforme o vento. Se conseguirem repelir os americanos em somente cinco quilômetros, então, seu Zweiling vai pôr a cabeça para fora, e é ele quem vai segurar você pelos bagos, e o coitado do garoto como prêmio! Meu Deus, André, o que foi que você fez?

Höfel ergueu as mãos, como que para cobrir os ouvidos.

– Não torne as coisas mais difíceis para mim!

– É você que as torna difíceis para *nós*!

Totalmente perturbado, Höfel suspirou:

– Mas eu não podia deixar o garoto...

– Você tinha de devolver ao menino ao responsável, essas eram as ordens. Você não obedeceu a elas. Isso é falta de disciplina!

– Se escaparmos vivos, eu responderei perante o partido, fique tranquilo – argumentou Höfel.

– O partido está aqui! – Ele olhou o outro direto nos olhos.

Höfel estava a ponto de responder duramente, mas as palavras não passaram por seus lábios.

Dominado pelo olhar do decano, ele fechou os olhos. Para sua infelicidade, tinha de admitir que Krämer estava certo. E, no entanto... tudo nele se revoltava com a ideia de ter abandonado a criança à própria sorte. Como se uma mão todo-poderosa enfiasse uma chave em seu coração, para trancá-lo. Era assim que se sentia. Culpado perante o garoto e culpado perante o partido. Sua cabeça caiu sobre o peito.

– Eu não podia agir de outra forma... eu... não... podia – disse fracamente. Aquilo era tanto uma tortura quanto uma prece.

Naquele instante, Krämer se sentiu tocado por esse homem atormentado, mas se conteve.

— É aqui e agora que isso vai ser resolvido, e não mais tarde — ralhou, inflexível.

Ambos se calaram. Uma ruga profunda tinha aparecido entre as sobrancelhas de Krämer. Agitado, começou a andar de um lado para o outro, como se procurasse uma saída.

— Ninguém mais vai pegar a criança — disse, como que para si mesmo, e dirigindo-se a Höfel: — A menos que você pense que vou entregá-lo ao primeiro que chegar, como se fosse um embrulho?

Consumido pela ira, ele caminhava pesadamente.

— Se você tivesse entregado o garoto ao polonês, agora ele estaria fora do campo, e tudo estaria ótimo. E agora, hein? E agora?

Ele voltou a sentar-se à escrivaninha, e cruzou as mãos entre os joelhos afastados. Höfel deixou-se cair preguiçosamente no banquinho. Nada restava daquele sentimento de leveza que, pouco antes, havia invadido seu coração...

O confronto esperado não tinha acontecido, e toda a sublime grandeza de seu ato havia se evaporado. Só o que sobrou fora a pura e simples falta de disciplina! Höfel olhava para o vazio.

Krämer descruzou as mãos, e disse mais devagar do que de costume:

— Não vamos brigar, André, não vamos brigar. Esse canalha não vale a pena.

Devagar, ele se afastou da escrivaninha, e anunciou, subitamente decidido:

—Você precisa falar com Bochow. Você *precisa*! — insistiu ele, diante dos protestos de Höfel.

—Vamos manter isso entre nós, Walter. Bochow pode perfeitamente acreditar que o menino foi embora com o polonês.

As súplicas de Höfel deixavam Krämer nervoso.

— Agora que a criança deve permanecer no campo, pois não há alternativas, entendeu? — grunhiu ele. — Esse não é mais apenas um assunto nosso. Eu não sei qual é o seu papel dentro da organização. E você não precisa me dizer, mas deve saber a quais perigos você se expôs com a criança.

– E o que eu deveria ter feito ao achá-lo, hein?

– Bobagem! Não se trata disso. Você tinha recebido ordens de fazer o garoto ir embora do campo.

– Sim, claro, mas... – O grito desesperado de Höfel foi como um corte. Krämer ofegava, seu olhar escureceu. Os dois homens, frente a frente, calavam-se e ruminavam seus pensamentos. Krämer não conseguiu suportar mais. Procurando uma escapatória, ele caminhava de um lado para o outro.

Ele mal escutava Höfel, que implorava.

– Isso não vai durar muito mais tempo, Walter, sem dúvida alguma. A qualquer momento, os americanos podem aparecer aqui. Walter! A gente vai aguentar até lá. Por que falar com Bochow e preocupá-lo? De qualquer forma, nós não vamos mais poder tirar a criança do campo. Foi você mesmo quem disse. E então? Guardemos isso para nós. Ninguém sabe de nada. Só você e eu, só nós.

– E Zweiling?

– Ele que feche a matraca.

Krämer soltou uma grande risada sarcástica. A situação o forçava a negociar, pouco importava que Bochow fosse ou não informado. A missão que tinha recebido de Bochow não havia sido corretamente cumprida. Seu dever era ter controlado Höfel, mas ele o havia deixado livre, e agora...?

– Grandessíssima porcaria! – grunhiu Krämer, irritado consigo mesmo, irritado com tudo aquilo. E dá-lhe caminhar para lá e para cá com passos exageradamente mais pesados! Como se recusasse a dar razão a Höfel, gritou com ele, cheio de rancor: – E se não dissermos nada a Bochow? Como é que fica? Como é que fica?

Era uma meia aprovação! Encantado, Höfel ergueu as mãos como se fosse segurar Krämer pelos ombros. O decano o afastou e berrou:

– O menino tem que sair do armazém de vestuário, ir para longe de você.

– Para onde? – perguntou Höfel.

– Pois é, para onde? Percebe o que você provocou? Onde vamos escondê-lo agora? Ele precisa ir para longe de você, para longe desse maldito Zweiling, para um lugar onde nenhum SS ponha os pés.

Havia somente um local confiável: o barracão de quarentena do campinho. Todos os SS se desviavam daquele prédio, por medo de pegar tifo ou tuberculose.

Krämer estava em pé diante de Höfel e o encarava duramente.

– Bloco 61! – disparou.

– O barracão da quarentena? – assustou-se Höfel. – Sem chance!

– Bobagem! – disse energicamente o decano, rejeitando o protesto de Höfel. – O menino vai para o bloco 61. Ponto-final!

Krämer tentava se convencer do acerto de sua decisão.

– Os cuidadores poloneses vivem lá há meses e ainda não pegaram nada. Eles são rígidos. Cuidarão do moleque, você pode ter certeza. Aliás, ele é um deles, um polonês, como eles. Ou devo escondê-lo aqui, na minha lata de lixo? Hein?

Höfel não disse nada. Rangeu os dentes. Krämer se irritou:

– Não há outra solução. Basta. Já é o suficiente que você tenha me metido em suas encrencas! Então, nada de histórias! A criança vai para o bloco 61! Vou falar com seu decano polonês, e vou me assegurar de que o garoto esteja em boas mãos.

Transtornado, Höfel fitava o vazio. Sempre era melhor do que Bergen-Belsen.

Ele ergueu os olhos:

– E Bochow?

Krämer se irritou.

– Achei que era assunto nosso. Não foi o que você disse?

Höfel aquiesceu sem dizer uma palavra. Ele não tinha forças para ficar alegre.

Zweiling vivia fora do campo, em um lindo loteamento reservado aos SS, construído pelos prisioneiros. Dois anos antes havia se casado com Hortense, sua esposa de vinte e cinco anos, o que causava a inveja de muitos suboficiais. Ela tinha seios fartos e esbanjava saúde. No entanto, a união não ia bem, por vários motivos. O elegante uniforme, que outrora tinha impressionado Hortense, agora, após o casamento, não havia conseguido ocultar com seu brilho o homem inculto e medroso que o vestia. Muitas vezes, Hortense comparava secretamente o marido ao severo subchefe de campo Kluttig, que, embora não fosse um homem bonito, pelo menos era viril. Como resultado dessas comparações, restavam apenas desprezo e desdém por Zweiling. A união era cada vez mais monótona e apática, e eles tinham cada vez menos a dizer um ao outro. Mas essa não era sua maior decepção. Hortense não teria filhos. Nem mesmo o médico podia ajudá-la, pois uma má-formação congênita a impedia de procriar. Não tendo podido resolver isso, ela jogava secretamente a culpa em seu marido molengão, cujo corpo de aparência doente e palidez causavam-lhe repugnância de um modo irremediável. Os sentimentos de Hortense haviam se endurecido, e várias vezes ela repelia o marido na cama com um repentino: "Ah! Me deixe em paz!".

Às vezes, ela sentia pena dele, e quando permitia que cumprisse suas funções, ele ia para sua cama rastejando, como um cachorrinho no qual se havia feito um carinho. Hortense demonstrava muita firmeza na forma de conduzir o lar e não se deixava influenciar em nada por Zweiling, pois fazia tudo sem sequer pedir a sua opinião.

Naquela noite, Hortense estava sentada na sala de estar, diante do baú. Em uma caixa, ela guardava peças de porcelana, cuidadosamente embaladas em papel-jornal.

Zweiling estava de volta em casa. Ele tinha retirado uma de suas botas e colocado o pé descalço sobre uma poltrona. Com a grossa meia cinza, ele enxugava os dedos dos pés quentes e úmidos, que exalavam um odor acre, e observava, preocupado, seu calcanhar esfolado de tanto andar.

Hortense, ocupada com sua arrumação, não prestava a menor atenção a ele. Zweiling voltou a calçar sua meia e retirou a outra bota. Ele levou ambas para fora, voltou à sala de estar com os chinelos calçados, o casaco do uniforme desabotoado, e sentou-se na poltrona.

Durante algum tempo, ficou olhando para Hortense, com o lábio inferior arrebitado. Lembrou-se que um suboficial tinha dito a ele um dia, com um sorriso malicioso nos lábios:

— Pernas... ela tem umas pernas, sua patroa... isso sim...

Zweiling media a esposa, as batatas da perna bem torneadas, e aquela parte nua da coxa que se percebia por seu vestido arregaçado. Isso lhe convinha.

— O que você está fazendo aí?

Ela respondeu com ar inocente:

— A gente nunca sabe...

Zweiling não entendeu a resposta. Ele tentou dar um significado a ela, sem sucesso. Então, perguntou:

— O que você quer dizer com isso?

Hortense levantou a cabeça e respondeu com mau humor:

— Você acha que eu vou deixar para trás minha linda porcelana?

Então, Zweiling entendeu. Ele fez um gesto vago:

— Ainda não chegamos a esse ponto.

Hortense deu uma risada feroz e continuou embalando as peças, furiosa. Zweiling havia se recostado na poltrona, com as pernas esticadas e as mãos sobre a pança.

— Eu tomei minhas precauções... — disse ele após um tempo.

Hortense não respondeu de imediato, aquilo não lhe parecia ter importância; em seguida, tomada pela curiosidade, virou-se para o marido e perguntou:

— O quê? Como assim?

Zweiling riu.

– Vamos, diga logo – insistiu ela.

– Lá no campo tem um um *Kapo* que escondeu um moleque, um judeu.

Zweiling tornou a rir. Hortense virou-se por completo em seu assento confortável, em direção ao marido.

– Tá bom, e daí?

– Eu o peguei em flagrante.

– Você tirou a criança dele?

– Hehe! Não sou idiota.

– Então o que você fez? – insistiu Hortense, impaciente.

Zweiling fez uma careta cruel e fechou os olhos, enquanto se inclinava para Hortense com intimidade:

– Você esconde a porcelana, e eu o garoto judeu. – Ele deu uma risadinha.

Hortense levantou-se, animada:

– Conte mais!

Zweiling recostou-se de novo na poltrona e explicou:

– O que eu posso dizer? Eu só o peguei em flagrante, e tudo o mais funcionou como um relógio. Se eu o tivesse levado ao *bunker*, a esta altura ele já seria um pedaço de carne fria.

Hortense estava cada vez mais atenta:

– Sim... por que... você não...?

Zweiling bateu nas têmporas, para indicar o quanto era inteligente:

– Minha vida pela vida do judeuzinho. Toma lá, dá cá.

Surpreso, ele reparou que Hortense o encarava, apreensiva, e ele perguntou então, não sem assombro:

– Bom, e aí, o que houve com você? Por que está me olhando assim?

– E o menino? – perguntou Hortense, sem fôlego.

Zweiling deu de ombros, e disse como se não fosse nada:

– Ele ainda está lá, no armazém. Aqueles lixos estão cuidando dele, pode ter certeza.

Hortense sentou-se em uma cadeira, impassível.

— E você confia nesses tipos? Até parece que você quer ficar no campo esperando os americanos chegarem. Será que...

Zweiling fez um gesto cansado.

— Não diga bobagem. Ficar no campo? Mas quem sabe eu possa escapulir a tempo, quando chegar o momento? Então, o judeuzinho vai ser uma boa coisa. Você não acha? Pelo menos eles saberão que eu sou um cara legal.

Hortense bateu as mãos, apavorada.

— *Gotthold!* Meu Deus! O que você fez?

Zweiling espantou-se com essa reação.

— O que mais você quer? Está tudo em ordem.

— Onde você estava com a cabeça? — retorquiu enfaticamente Hortense. — Se as coisas saírem errado, eles não vão perguntar se você era um sujeito legal. Eles vão querer arrancar o seu couro antes que o primeiro americano chegue.

Ela juntou as mãos com aflição.

— E pensar que faz seis anos que você está na SS...

Zweiling fervia de raiva. Ele não permitia que Hortense zombasse de sua filiação à SS; sobre esse assunto, ele não tolerava nenhuma crítica. Mas ela acabava com a alegria dele, sem piedade:

— Hein, no que você pensou? Hein? Se a coisa desandar, você vai fazer o quê?

Irritado por tanta impetuosidade, Zweiling ergueu o olhar. De repente, Hortense gritou, fora de si:

— Eu posso trabalhar! Eu sei cozinhar! E você? Você não sabe fazer nada, nada mesmo! E se você não estiver mais na SS, e aí?

Ele respondeu com um gesto cansado, que provocou Hortense.

— Então, vou ter que sustentar você?

— Não diga tanta bobagem! — Zweiling sentia todo o desprezo de Hortense. — Espere para ver o que vai vir. Você está vendo que eu preparei o terreno.

– Com o molequinho judeu? – Sua risada aguda ressoou. – Preparou o terreno! E que mais, ainda? Abraçado com os comunistas!

–Você não entende.

Zweiling levantou-se e caminhou raivosamente pela sala. Hortense o seguiu e o segurou pela manga. Ela não queria saber de seus ares altaneiros.

– E se alguém descobrir? Hein?

A expressão de Zweiling foi tomada pelo medo.

– Do que você está falando?

Ela o sacudiu pela manga, e repetiu insistentemente:

– Se alguém descobrir...!?

Zweiling afastou a mão dela, mas Hortense não desistiu; ela o bloqueou quando ele tentou passar à frente dela.

– Meu Deus! Você tá completamente maluco! Fazer esse tipo de coisa! Você não entende o que fez? Se alguém descobrir, então serão os seus a acabar com você no último momento.

Zweiling, tendo perdido sua soberba, gritou:

– O que eu devo fazer?

– Não grite assim – sibilou Hortense. – Você precisa se livrar desse judeu o quanto antes.

A angústia sincera da esposa tinha contaminado Zweiling. Finalmente ele se dava conta do perigo da situação.

– Como é que eu faço? É isso que eu quero saber!

Hortense gritou:

– Isso eu não sei! É *você* o primeiro oficial, não *eu*!

Ela havia gritado alto demais, e se calou, apavorada. A briga acabou repentinamente.

Hortense ajoelhou-se diante da caixa e voltou a embalar a louça. Bufando de raiva, ela rasgava as folhas de jornal. Durante toda a noite, não trocaram quase mais nenhuma palavra.

Zweiling procurava um meio de sair daquela situação. Ele

continuou ruminando enquanto estava na cama. De repente, levantou-se e cutucou as costas de sua mulher.

– Hortense!

Ela acordou sobressaltada e, meio sonolenta, ainda estava desorientada quando ele gritou, triunfante:

– Já sei!

– O que foi?

Zweiling se entusiasmou:

– Vamos, venha!

Tremendo de frio e de muito mau humor, Hortense resmungou:

– O que você quer de mim?

Na soleira da porta, Zweiling grunhiu, em tom casual:

– Vamos! Venha!

Ele tinha voltado a ser o primeiro oficial que Hortense tanto temia. Ela deslizou para fora da cama quente, vestiu seu robe por cima da camisola, e seguiu Zweiling. Ele já vasculhava uma gaveta do baú.

– Preciso de papel para escrever.

Hortense o empurrou para o lado e fuçou na bagunça da gaveta.

– Pronto, aqui. – Ela entregou-lhe um velho convite da liga das senhoras nacionais-socialistas, que Zweiling jogou de volta na gaveta, furioso.

– Você está louca? – Ele olhou ao redor. Sobre uma cadeira, havia um pacote. Zweiling arrancou um pedaço da embalagem.

– É disso que eu preciso.

Ele colocou o pedaço de papel na mesa, antes de ordenar a Hortense:

– Um lápis! Rápido! Sente-se aí, você tem de escrever!

Em sua pressa, ele coçou a bochecha.

– O que vamos escrever?

– Sei lá, o que você quiser – gritou Hortense, sentada com o lápis.

– Escreva! – ordenou Zweiling, e logo segurou a mão de Hortense, que começara a escrever. – Assim não, em letra de forma. Isso precisa parecer ter sido escrito por um prisioneiro.

Hortense jogou o lápis:

— Escute aqui...

— Besteira! Escreva!

Novamente, ele coçou a lateral do rosto, e em seguida ditou:

— O *Kapo* Höfel e o polonês Kropinski esconderam uma criança no armazém de vestuário, e o primeiro oficial Zweiling não sabe de nada.

Hortense rabiscou grossas letras de forma no papel. Zweiling ponderou. Aquilo não era o bastante.

Ele rasgou um novo pedaço da embalagem, que entregou a Hortense.

— Höfel, do armazém de vestuário, e o polonês Kropinski querem fazer uma sacanagem com Zweiling. Eles esconderam um menino judeu no vestiário, em um canto do fundo, à direita.

Zweiling postou-se atrás da mulher e olhou por cima de seu ombro.

— Assim está bom. E agora, você assina: um prisioneiro do armazém de vestuário.

Enquanto escrevia, Hortense perguntou:

— O que é que você vai fazer com esse bilhete?

Zweiling, extasiado, esfregou as mãos:

— Vou fazer isso chegar ao Reineboth.

— Você é um belo de um escroto — disse Hortense com desprezo.

Zweiling tomou isso como um elogio. Os seios volumosos de sua mulher, por baixo da fina camisola, atraíam seu olhar. Ele a desnudava com os olhos.

〜∞〜

Logo após a chamada da manhã seguinte, Pippig correu até a enfermaria. Ele encontrou Köhn.

— Olá! Preciso de uma bolsa de água quente.

— Para fazer o quê, hein? — Köhn lançou um olhar surpreso a

Pippig, que ainda estava sem fôlego por ter corrido tão rápido, e negou com a cabeça.

– Só temos algumas.

– Devolvo rapidinho.

Pippig mendigava, e ele precisava de toda a sua força de persuasão para conseguir de Köhn, sempre tão desconfiado, um de seus preciosos utensílios. Em seguida, Pippig correu até o armazém e conseguiu que Kropinski amarrasse a bolsa de água em seu corpo. Com um pacote de casacos preparado pelo polonês, ele saiu do armazém e subiu pela praça de chamada em direção à torre. Apresentou-se. O SS de plantão atrás do guichê vistou seu passe, e o chefe de bloco que vigiava as idas e vindas encarou Pippig desdenhosamente.

– O que são essas roupas que você está carregando?

Pippig, que tinha se preparado para as perguntas e empecilhos, deu uma meia-volta marcial, sabendo o quanto os SS gostavam particularmente do rigor militar – o melhor dos passes.

– Roupas de lã para serem remendadas pelo alfaiate SS! – informou, dando ênfase às palavras "roupas de lã", com o intuito de amansar o chefe de bloco. A guerra, afinal de contas, já estava em seu quinto ano...

Submisso, Pippig permitiu ao SS que ele inspecionasse as roupas. A explicação regulamentar do prisioneiro e a boa qualidade das roupas não deram nenhum motivo ao chefe de bloco de se opor à sua passagem. Com um rápido sinal de cabeça, ele o deixou passar.

– Suma daqui, barata.

Pippig deu outra meia-volta tão exemplar quanto supérflua, batendo os calcanhares. Depois de ultrapassar a grade, ele teve a impressão de ter escorregado pelo buraco de uma agulha.

Na oficina de corte, ele foi recebido por um oficial de guarda.

– O que você traz aí?

Antes mesmo que Pippig pudesse responder, Lange, lá de trás, gritou para o SS:

– Roupas para remendar, senhor oficial de guarda. Eu mandei trazê-las do armazém de vestuário. Está tudo em ordem. – O oficial de guarda deixou Pippig passar.

Ele arrastou os casacos entre as fileiras de prisioneiros atarefados em suas máquinas de costura, e jogou seu fardo em cima da mesa onde Lange estava. O *Kapo* observava minuciosamente cada um dos casacos; ele os erguia, virava e revirava por cada ângulo, com um ar muito absorto. Durante essa agitação intensa, seus olhos, no entanto, encaravam outro ponto, em uma direção bem específica, que não escapou a Pippig.

Ahá! Na caixa de retalhos sob a mesa! Pippig abaixou-se rapidamente. Lange ocultou seu sumiço por meio de um casaco erguido no ar – e Pippig esgueirou-se sob a mesa. Com dedos ágeis, ele abriu o casaco e a camisa, retirou a tampa da bolsa de água, fuçou na caixa, encontrou a garrafa e, enquanto despejava o leite e recolocava o recipiente vazio em seu lugar, um pacotinho caiu lá de cima. O açúcar! Pippig olhou para Lange. Ele deu uma piscadela. Os dois tinham se entendido.

Pippig escondeu o pacotinho, ajeitou as roupas e se levantou. Mais algumas palavras superficiais, e ele poderia ir embora tranquilamente. Na porta, o oficial de guarda assinou seu passe de volta.

O leite frio gelava a barriga de Pippig. No caminho, ele escondeu o açúcar debaixo do boné, de forma a tê-lo sempre à mão quando o retirasse diante dos SS.

Quando Pippig chegou à torre, viu ao longe um grupo de prisioneiros amontoados no guichê, e percebeu que o chefe de bloco apalpava cada um deles.

Droga! O sujeito está nos revistando!

Pippig não podia nem dar meia-volta nem parar. O que fazer? A insolência venceria! Algum pepino? Com Pippig, não há pepino! Ousado, Pippig se aproximou. Ele abriu passagem em meio aos prisioneiros, tirou seu boné, segurando o açúcar, bateu com os calcanhares, e anunciou:

– Prisioneiro 2.398, voltando da oficina de corte e costura.

Quando o chefe de bloco, ocupado com a revista, se virou, Pippig estendeu seu passe, deu uma elegante meia-volta – e eis que tinha novamente atravessado o buraco da agulha! Aqueles tinham sido segundos durante os quais todo o seu ser estivera a ponto de desfalecer, no aguardo de um *Ei! Você aí, do armazém de vestuário! Volte para a grade.*

Cada passo que afastava Pippig da torre dissipava ainda mais essa tensão. Ele não sentia mais o frio na barriga. Ninguém o chamou. Atrás de Pippig, estendia-se um vazio infinito, protetor. Quando tinha percorrido a metade da praça de chamada, acelerou o passo. A apreensão sumiu por completo, substituída em seu coração por intensa alegria.

Pippig corria. Alegre-se, meu pequeno. Tem leite!

Os olhos de Kropinski estavam marejados por lágrimas de alegria. Ele acariciava o braço de Pippig, enquanto se agachavam ambos ao lado do garoto e observavam se o leite estava ao seu gosto. O menino segurava a grande xícara de alumínio com suas duas mãos; ele parecia um ursinho, e bebia sem parar em grandes goladas.

– Bom irmão, irmão corajoso – murmurou Kropinski.

Pippig respondeu:

– Meu Deus! Se você soubesse, quase me borrei todo...

Ele riu. Nem ele mesmo acreditava naquilo.

De repente, Höfel estava atrás deles. Eles o olharam com ar radiante.

– De onde vem o leite?

Pippig riu de sua cara, então cutucou a barriga da criança com o dedo:

– No pasto tem uma vaca, uma vaca que faz "muuu"...

O menino riu.

Pippig caiu de bunda e bateu palmas.

– Ele deu risada! Vocês ouviram? Ele deu risada!

Höfel permaneceu sério. Ele tinha um ar cansado; a noite anterior havia sido movimentada. Antes da chamada da manhã, ele ficara sabendo, por meio de Krämer que tudo estava ajeitado com o polonês Zidowski, o decano do bloco 61.

Agora, Höfel estava diante do menino. Ele olhava para o pequeno, enquanto saboreava seu leite. Era hora de fazê-los entender que a criança...

– Ouçam – começou Höfel.

Pippig, que havia notado a visita matinal de Krämer, soube imediatamente que não era Höfel, o amigo, que falava, mas Höfel, o decano do bloco, e que ele devia ter bons motivos para afastar o garoto do armazém de vestuário. Mas por que justamente no barracão de quarentena?

Höfel os tranquilizou. Durante o dia, não era possível fazer a criança entrar no campinho. Isso só podia ser feito ao anoitecer. Zweiling tinha por hábito deixar o armazém após a chamada geral da noite. Aquele seria o momento propício. Pippig colocou suas mãos nos bolsos e disse tristemente:

– Um menino tão pequeno...

Um prisioneiro entrou e os avisou: Zweiling acabava de chegar. Eles precisavam se separar.

Zweiling tinha entrado imediatamente em seu escritório, e ainda não havia tido oportunidade de cuidar do bilhete. Ao entrar no campo, ele olhara prudentemente para a sala do inspetor-chefe. Reineboth, sentado à sua mesa, tinha olhado para ele com ar surpreso; e então, ele desapareceu, com uma saudação qualquer. O que será que queria aquele estúpido do armazém de vestuário?

Durante a tarde, Zweiling estivera ocupado com assuntos externos, como de costume, mas não teve como colocar seu plano em execução, porque sempre havia alguma coisa na portaria. Então, passou o resto da tarde trancado em seu escritório, resmungando. Após a chamada noturna, Reineboth descia de moto até Weimar, para lá encontrar sua amada. Zweiling precisava aproveitar aquela ocasião para se livrar de seu bilhete, antes que Reineboth tivesse deixado o campo.

Mas será que aquela era uma ideia sensata?

O medo que Hortense tinha incutido nele ainda paralisava todos os seus membros. Desde que estava na SS, ele nunca tinha precisado se preocupar com seu futuro. Pertencer ao emblema da caveira e à administração do campo o pusera ao abrigo de todas as vicissitudes da vida. Foi só após a briga da véspera com a esposa que ele passou a ver, com terror, a queda do campo se aproximar. E desde então, já não podia mais projetar um futuro despreocupado. Ele não pensava em sua possível morte; faltava-lhe imaginação. Tomado de um cansaço mortal, ele observava através de sua janela os prisioneiros atarefados. Pensamentos sombrios o assaltaram. O que seria dele?

"Eu precisaria sustentar você, você não sabe fazer nada, nada mesmo..."

As reprimendas da esposa voltaram à sua memória, e as dificuldades de sua existência em um futuro próximo o deixaram melancólico. Por que essa guerra tinha que terminar tão mal?

Até então, Zweiling tinha conseguido se virar. E, de repente, isso ia acabar? O *Führer* tinha se enganado redondamente em seus cálculos. O *Führer*? Ao diabo com ele! Nesse instante, Zweiling pensava nele como um perfeito desconhecido, fora de alcance, escondido em algum lugar em um *bunker* inviolável, abrigado das bombas.

Zweiling se sentia abandonado. O comandante do campo pouco se preocupava com sua pessoa. E os demais? Kluttig? Reineboth? Eles só eram amáveis com ele para conseguir uma contrapartida. O estojo de cigarros de ouro de um judeu, um diamante incrustado em um anel, uma caneta-tinteiro de ouro... Eles o chamavam de "camarada primeiro oficial" e davam-lhe um tapinha nas costas.

Camarada? Zweiling riu, pensando no desprezo com o qual seus "camaradas" lhe agradeceriam, se um dia necessitasse de sua ajuda. Essa angústia extrema transformou-se em medo de Kluttig e de Reineboth. Se eles descobrissem a presença do judeuzinho, eles o deixariam morrer com a boca escancarada.

Höfel, ao balcão, conversava com prisioneiros. Zweiling lançava olhares hostis a ele, pela janela. Seu medo se juntava ao ódio daqueles vermes lá fora, que o tinham levado àquela maldita história de moleque judeu. É a ele que eu devo isso, pensou Zweiling, *vou mandá-lo para a churrasqueira! Canalha!*

"Feche sua bocarra, você está babando..."

Essa expressão era de Hortense, que não conseguia suportar a boca permanentemente aberta do marido.

Como se fosse ela que tivesse dito aquilo, ele parou de resmungar, fechou a boca, fazendo-a estalar, levantou-se, foi até a porta e a abriu:

– Höfel!

O decano ergueu os olhos e seguiu Zweiling para seu escritório. Havia naquela conversa a dois alguma coisa que devia ser deliberadamente ignorada entre eles: a história do garoto. Aquilo não passava de um perigoso segredo ao abrigo em suas mentes, e Höfel, tomado de uma certa tensão, aguardava para saber o que Zweiling tinha para lhe dizer. Calmamente, ele olhou para o primeiro oficial, que, atrás de sua mesa, estirava suas longas pernas.

– Hoje não haverá recém-chegados. Após a chamada, vocês todos desaparecem em seus blocos.

O que aquilo significava?

– Não seria nada mau se tivessem uma noite para vocês. Isso soaria amigável.

– Mas ainda temos um monte de coisas para fazer...

Zweiling sacudiu a cabeça.

– Amanhã. Por hoje, chega. De qualquer forma, logo será hora – prosseguiu.

– O que quer dizer, senhor primeiro oficial? – perguntou inocentemente Höfel.

– Não seja idiota – respondeu ele com fingida familiaridade. – Ambos sabemos...

Eles se encararam.

—Vá fazer a chamada. Esta noite, sou eu quem vai levar a chave.

Saindo do escritório de Zweiling, Höfel sentiu o olhar inquisidor em suas costas. Uma rápida piscadela para Pippig, atrás do balcão, ele que não tinha perdido nada da cena, o fez entender que algo estava sendo tramado. Os dois não trocaram nenhuma palavra. Somente seus olhos falavam: *cuidado*!

<hr />

— Reunir para a chamada! — Höfel percorria o armazém de vestuário. — Reunir para a chamada!

Os prisioneiros do *Kommando*, surpresos com aquela chamada antecipada, reuniram-se na sala, diante do longo balcão. Enquanto isso, Höfel checava se as janelas estavam bem fechadas. Ele refletia. Se Zweiling levasse a chave da porta, eles só poderiam entrar no prédio por fora.

Portanto, tinham de rever o plano inicial.

O pressentimento de um perigo difuso não abandonava Höfel. Por que Zweiling permanecia no armazém mais tempo do que de costume? O que ele tinha em mente?

Kropinski, surpreso como os demais com essa chamada prematura, saiu do desvão.

— O que está acontecendo?

Höfel acalmou o polonês, que se foi. Quando se viu sozinho, abriu uma das duas janelas da frente do prédio e se debruçou para fora, a fim de se orientar. A meros três metros mais abaixo, havia o teto de um prédio perpendicular que levava da secretaria do primeiro andar aos chuveiros. Höfel viu isso com bons olhos. Ele voltou a fechar a persiana da janela, de forma a permitir que ela fosse aberta por fora, com um empurrão. Então, foi para a entrada.

<hr />

Já era noite, a chamada do campo tinha sido encerrada fazia tempo; no entanto, Zweiling ainda se encontrava dentro do armazém. Höfel, Pippig e Kropinski estavam escondidos na escuridão de um canto entre as cozinhas e os chuveiros. Eles observavam em silêncio as janelas do segundo andar do grande prédio de tijolos.

Congelados pela garoa penetrante, com as mãos enfiadas bem fundo nos bolsos de suas calças de tecido leve, eles olhavam para cima, em direção às janelas. O campo estava silencioso. Nenhum prisioneiro lá fora. Aqui e ali passava um decano de bloco apressado, voltando da secretaria, fazendo ranger o cascalho antes de desaparecer dentro de um bloco. O silêncio envolvia o local inerte. A fraca luz das lâmpadas vermelhas da cerca piscava. O asfalto da praça de chamada, molhado pela chuva, brilhava sutilmente. Ao redor do campo, a escuridão da floresta.

Kropinski murmurou algo incompreensível, os outros dois não responderam.

Será que o menino estava dormindo?

Zweiling tinha colocado a lanterna debaixo da mesa e coberto com um lenço, para que a luz não fosse vista pelas janelas. Agora, ele precisava se assegurar que Reineboth havia deixado o campo, e que a guarda da torre tinha sido substituída. Ele colocou o bilhete no bolso de seu casaco de uniforme, ao alcance da mão, e apagou a lanterna, que recolocou sobre a mesa. Apalpando no escuro, foi até o desvão do vestiário onde o menino descansava, deslizando ao longo da parede lateral, e abrindo caminho através das pilhas de roupas. Com a lanterna ele iluminou o interior da sala. A criança olhou para a luz, com os olhos arregalados, e se enfiou por baixo da coberta.

Lá fora, Kropinski agarrou o braço de Höfel:

— Ali!

Os três olharam em direção à janela onde aparecia um fiapo de luz.

De repente, Pippig correu em direção ao armazém. Höfel o agarrou antes que pudesse se dirigir para dentro do prédio, cuja porta somente estava encostada, puxou-o para trás e murmurou:

– Você está maluco?

– Eu vou matar esse cachorro! – disse Pippig, resfolegando.

Kropinski juntara-se a eles. Nos andares, uma porta bateu. Precisavam se decidir em alguns segundos. Os três sussurravam ao mesmo tempo, agitados e nervosos.

Höfel adentrou o prédio, enquanto os demais se escondiam como camundongos debaixo de uma escada externa. Em um átimo, Höfel fechou a porta atrás de si. Acima dele, o ferro das botas batia nas pedras da escada. O pálido raio de luz da lanterna iluminava os degraus. O hall estava escuro. Höfel tinha menos de um segundo para encontrar um esconderijo. Ele não tinha escolha; somente o canto oposto à porta de entrada, no fim da parede larga de dois metros, poderia escondê-lo. Em pé ou agachado? Instintivamente, ele se encolheu rápido contra a parede nua, colocou a cabeça entre os joelhos e os envolveu com os braços. Fechou os olhos, como que para se tornar ainda mais invisível.

Zweiling tinha alcançado os últimos degraus, ele se dirigia para a porta. Nesse instante é que Höfel ia saber se a sorte estava do seu lado... bastava que a lanterna iluminasse um pouco mais ao lado, e ele seria descoberto. Mas Zweiling dirigia o facho de luz para a maçaneta da porta.

Höfel prendeu a respiração, vigilante. Não aconteceu nada!

Aliviado, Höfel ouviu a porta abrir e fechar. A chave girou na fechadura duas vezes. Os passos se afastaram. Höfel levantou a cabeça, consciente de ter pensado rápido durante os segundos passados. Mas não era momento de pensar nisso. Ele se levantou.

No nicho formado pela escada de pedra externa, os dois outros seguravam a respiração e se fundiam inteiramente à parede para se ocultar. Zweiling passou bem ao lado deles. Seu casaco de couro cintilava, e a gola levantada se juntava ao seu boné.

A passos largos, andar rígido, ele subiu o caminho. Sua alta silhueta inclinada para a frente desapareceu em meio à chuva e à neblina.

Tudo seguia seu curso, conforme o que ele tinha previsto.

Pippig e Kropinski rastejavam ao longo da fachada do prédio. No nível do solo, estavam os respiradouros que davam para os porões. Eles se esgueiraram pelo último deles, empurraram devagar a janela, que se abriu, e deslizaram pela abertura.

Naquele mesmo instante, Höfel chegava ao segundo andar. Ele tinha pensado em tudo, meticulosamente. Mesmo que conseguisse chegar ao armazém de vestuário pelo teto do prédio que o ligava aos chuveiros, fazer o caminho inverso carregando a criança seria impossível. Isso levaria tempo demais, e o risco de ser descoberto era enorme.

Höfel abriu a janela da escada e apurou o ouvido. Ele estava perfeitamente lúcido, todos os sentidos em alerta, o que era uma boa coisa. Fez uma representação mental detalhada do que iria acontecer a seguir. Primeiro, aguardar e espiar. Esperar por alguns instantes para ter certeza absoluta de que não havia ninguém. Nem prisioneiro, nem SS que pudesse passar por ali a qualquer momento. Ao longe, estava a barreira, que não se podia distinguir na escuridão, mas cuja presença era denunciada pelo tremular de lâmpadas vermelhas. De frente para as vigas, erguia-se um mirador. Sua presença não preocupava Höfel, já que os chuveiros o separavam do armazém de vestuário, e o escondiam dos olhos das sentinelas. O próximo mirador encontrava-se a vinte e cinco metros dali. Esse representava um perigo maior. Höfel também tinha pensado nele. O vigia devia perscrutar a noite durante um certo tempo no chuvisco, antes de poder distinguir o que quer que fosse. Não havia nenhum motivo para que olhasse especificamente em direção a Höfel, quando ele saltasse até a janela, a partir do teto do prédio perpendicular. Claro que também podia acontecer de ele ser vítima de má sorte; e então, os projetores seriam acesos e... seria o fim.

Ele já havia arriscado sua pele por menos que isso, e sempre se deve contar com a sorte. *Então, vamos em frente, André*! Sem um ruído, Höfel esgueirou-se pela janela, de onde ganhou o teto do prédio perpendicular. Ele ficou de barriga para baixo, com todos os sentidos em alerta. Nada.

Prudentemente, esgueirou-se em direção às vigas do armazém de vestuário e se agachou. No primeiro pulo, ele tinha de atingir a viga do teto ligeiramente inclinado, bem acima de sua cabeça.

Höfel se encolheu como um corredor na linha de partida, toda a sua vontade e toda a sua mente voltadas para um único ponto e, em seguida, pulou, com todas as forças. Suas mãos se agarraram, ele estava suspenso! No entanto, a tração foi mais lenta e penosa do que havia imaginado. Durante algumas frações de segundo, Höfel teve a impressão de estar em plena luz, e de estar visível para todos. O medo o engoliu de repente, como uma onda escaldante, e irradiou por todo o seu ser enquanto ele forçava todos os seus músculos. Foi assim que se equilibrou na viga. Ele apoiou a fronte contra o batente da janela, com a sensação de que cairia a qualquer momento da parede à qual estava unido. Liberou uma das mãos, fez pressão nos painéis da janela como se fosse a coisa mais natural do mundo, enquanto se segurava na beirada da janela. Mais um esforço, e Höfel estava do lado de dentro. Fechou rapidamente a janela, agachou-se, fechou os olhos e sentiu uma onda de alívio invadi-lo.

Um breve momento de descanso, antes de estar de novo totalmente lúcido. Ele empurrou a pilha de roupas para o lado. Suas mãos tocaram o corpinho da criança.

– Sou eu, pequeno. Fique quieto, bem quietinho!

A princípio, Kropinski queria ser trancado no armazém de vestuário para pegar a criança, mas Höfel o tinha feito mudar de ideia; se estivesse cara a cara com Zweiling, ele se sairia melhor do que o polonês.

Höfel apressou-se com o menino ao longo do armazém, em direção ao galpão. Tudo precisava ser muito rápido, os outros esperavam por ele no porão. O garoto, acostumado ao extraordinário do universo do campo de concentração e preparado por Kropinski, mantinha-se tranquilo. Höfel o colocou no chão, pegou no depósito uma das escadas duplas utilizadas para suspender os sacos de roupas. Um desses sacos, aparentemente esquecido, estava pendurado na escada, e continha uma grande corda. Höfel a retirou, colocou o garoto dentro e fechou o saco, amarrando-o com a corda. Em seguida, colocou a escada sobre uma mesa e subiu nela. Ao lado da chaminé encontrava-se o alçapão para subir no telhado. Tomando cuidado para não fazer barulho, Höfel o abriu. Escondendo-se atrás do alçapão erguido, puxou o saco até ele. Estirou-se sobre o telhado e rastejou contra a baixa chaminé, à espreita de qualquer barulho. Em seguida, com um gesto decidido, enfiou o saco na chaminé.

No porão, os outros dois estavam aguardando na outra extremidade do duto da chaminé. Impaciente, Pippig enfiou a cabeça na estreita abertura. Ele não enxergava nada na escuridão. Fuligem caiu em sua cara. Praguejando, Pippig tirou o rosto e limpou a sujeira dos olhos. A corda deslizava com dificuldade, raspando na aspereza do duto. E se ela se rompesse? Höfel suspendeu a manobra e pensou rapidamente. Sem levar em conta o risco de ser descoberto, ele se ergueu contra a chaminé, para fazer a corda deslizar em seu braço.

Ela escorregou da manga sobre seu pulso nu e queimou sua pele. Para não gritar, Höfel apoiou sua testa contra a chaminé. Finalmente, chegou do porão o bom sinal: um puxão na corda. Höfel então a largou e se deixou cair, exausto, sobre o telhado. Ele colocou a mão ardendo sob a axila e sua cabeça caiu para a frente. Ele esperou assim, até recuperar-se da dor.

No porão, os outros dois se esforçavam para tirar o saco do duto. A criança gemia.

– Pelo amor de Deus, Marian, tome cuidado!

Kropinski parou e sussurrou para o menino, que se calou e começou a se mexer. Kropinski puxou com precaução a parte do saco pendurada. O menino tentava sair sozinho do saco.

– Ele está aí?

– *Tak*.

Kropinski, com dedos ágeis, desamarrou a corda e abriu o saco.

– Deus seja louvado – murmurou Pippig. – Foi um parto por fórceps!

O pequeno ser tremia todo. Estava particularmente afetado. Kropinski acariciou e consolou o menino que, chorando e procurando ajuda, se aconchegava ao polonês. Por fim, a criança se acalmou e eles puderam se aventurar no perigoso caminho através do campo. Voltaram a colocá-lo no saco e apagaram os rastros de sua passagem. Höfel já tinha recuperado a corda. Decidiram que Kropinski iria na frente, como explorador; se não houvesse nada suspeito em vinte metros, ele voltaria para buscar Pippig. Eles saíram pelo respiradouro para o ar livre. Por sorte, a chuva caía com mais força ainda. Seus olhos descortinavam a escuridão à sua frente.

– Vai, Marian!

Kropinski foi na frente, enquanto Pippig ficava em um canto escuro contra o prédio. Kropinski passou diante das primeiras fileiras de barracões. As portas de alguns estavam abertas. Prisioneiros fumavam um cigarro. O polonês parou, para espiar. Seu excelente ouvido lhe permitia perceber o menor barulho ao longe. Ele conseguia, sem se enganar, distinguir o passo de um suboficial do passo de um prisioneiro; o primeiro, com suas pesadas botas, tinha um caminhar seguro sob o qual rangiam os pedregulhos, e o segundo, em suas desconfortáveis galochas, era apressado, e sob essa chuva terrível era possível ouvir o chacoalhar da água que se acumulava nelas. Kropinski averiguou. Não havia nada ao redor. Ele voltou para trás, para buscar Pippig. Juntos, eles retornaram ao lugar de onde vinha o polonês. Pippig ficou então abrigado na sombra de um barracão e Kropinski foi vinte metros mais adiante. Foi assim que ele guiou Pippig ao longo dos barracões, atravessando as vias perpendiculares, até chegar próximo ao campinho. O último trecho do caminho era o mais incerto. Eles tinham de deixar a proteção dos blocos, para percorrer uma distância considerável no largo caminho que conduzia à enfermaria, antes de poder bifurcar. Nesse lugar, prisioneiros se dirigiam à enfermaria, em número menos volumoso do que de costume, em razão da forte chuva. Ao abrigo de um barracão, os dois comparsas observaram o caminho. O número restrito de prisioneiros indicava que não tardaria a ser apitado o toque de recolher. Alguns deles, para se proteger da chuva, tinham coberto suas cabeças com um fino casaco listrado ou com um pedaço de saco.

– Vamos lá, Marian? – perguntou Pippig.

– Precisar muita sorte! – respondeu o polonês.

– Misturemo-nos a esses três.

Pippig já tinha pulado no caminho, seguido de perto por Kropinski. Eles permaneciam atrás dos três prisioneiros que iam para a enfermaria. Dois deles estavam agasalhados por causa da chuva. Mal tinham dado alguns passos, quando Kropinski segurou seu acólito pelo braço: "SS!".

De fato, dois suboficiais vinham ao seu encontro a largas passadas. Pippig ficou tão apavorado quanto Kropinski; no entanto, a experiência dos longos anos passados no campo permitiu que ele reagisse em uma fração de segundo. Antes que os suboficiais estivessem muito próximo, Pippig tinha pegado o saco em seu ombro, e coberto sua cabeça com o pedaço de juta que dele pendurava. Ele sentiu o corpo da criança se apoiar contra ele, e as mãozinhas, dentro do saco, tentar agarrá-lo. Assim camuflados, eles passaram habilmente diante dos SS, escondido pelos três prisioneiros à sua frente. Os suboficiais não tinham reparado em nada, ocupados que estavam em resmungar contra aquele maldito tempo.

Por fim, puderam bifurcar em direção ao campinho, atrás da cerca de arame farpado onde estavam em segurança. Dali não vinha nenhum SS. O bloco 61 era um desses estábulos sem janelas. Um fedor horrendo envolveu os dois prisioneiros ao entrarem na sala escura, sumariamente iluminada por algumas lâmpadas pálidas. Todo o piso do barracão estava recoberto de catres. Zidkowski e seus ajudantes deviam utilizar qualquer desvão da estreita sala para receber ali todos os doentes. Os moribundos jaziam sobre os catres. Era menos complicado levar um morto para fora arrastando-o no chão do que tirando-o de um dos beliches de três níveis alinhados ao longo da parede. A repartição racional, conforme as diferentes patologias, atribuía as camas nuas aos casos menos graves. Assim, a designação dos poucos catres não era particularmente sensata; de fato, os casos mais "leves" tinham necessidades mais cruciais do que os moribundos, que já não tinham muito mais tempo. Mas estes se beneficiavam de uma cama macia. Aqui não era a razão quem decidia, mas os sentimentos; é por isso que os casos menos graves estavam deitados nas duras tábuas nuas dos beliches, nos quais se protegiam do frio estendendo cobertores rasgados ou um velho casado riscado. Os doentes jaziam como se estivessem petrificados, tanto os casos "leves" quanto os moribundos, que já tinham os traços marcados pela morte – a vida só se revelava nos gemidos que pareciam infantis ou em arquejos.

Pippig e Kropinski se apressavam no estreito corredor deixado livre pelos catres. Um atendente polonês saiu de um abrigo e veio ao encontro deles, que o seguiram. Zidowski estava preparado para sua chegada. Ele ajudou Pippig a liberar o menino do saco, pegou-o com mãos paternas e o sentou cuidadosamente em uma cama. Todos os homens se puseram ao redor do pequeno ser e sorriam para ele, curiosos. O garoto, ainda perturbado pelos acontecimentos, olhava com medo para aqueles rostos estranhos. A ponto de chorar, ele esticou os bracinhos em direção a Kropinski.

Pippig estava com pressa. Eles tiveram de se despedir.

No caminho de volta para seu barracão, Kropinski suspirou:

– Eu não poder esquecer os dois oficiais. O que acontecer se perguntar o que ter no saco? Oh, oh...

Ele ainda não conseguia superar seu pavor. Pippig deu-lhe um tapa amigável nas costas.

– Não tenha medo, Marian. O bom Deus não abandona os homens valorosos.

Krämer havia incumbido Schüpp de uma missão: o eletricista fora convocado nas garagens da tropa para consertar o rádio do oficial menor Brauer, encarregado da manutenção dos veículos.

— Nessa ocasião, você poderá espionar um pouco — tinha dito Krämer, pensando na emissão de programas estrangeiros. Nos últimos tempos, desde Remagen, saber o que acontecia nas linhas do *front* não era coisa fácil. Brauer não estava sozinho em seu escritório quando Schüpp entrou, dizendo seu habitual:

— O eletricista do campo pede permissão para entrar.

Ali estava também Meisgeier, um oficial de guarda com Bauer.

— Entre, imbecil! — berrou o oficial menor, evidenciando claramente um humor péssimo. — Você tem cinco minutos para consertar essa merda, ou eu lhe quebro os dedos um por um.

Schüpp percebeu de cara que os dois SS estavam bêbados. O magro oficial de guarda, com o rosto crestado de pústulas, vestia seu boné de lado; sentado diante do aparelho defeituoso, ele tentava em vão arrancar algum som. Com voz aguda e esganiçada, verdadeira voz de falsete, ele gritou para Schüpp:

— Tem alguma merda nessa caixa, você vai retirá-la e, se não conseguir, imbecil, eu torço seu pescoço.

Schüpp não se deixou impressionar por esse tom rude. Ele pôs a caixa de ferramentas no chão e respondeu, sem se deixar intimidar:

— É melhor não fazer isso. Senão, quem vai consertar o seu rádio? Vocês mexeram nele de novo.

— Mexer? — perguntou Meisgeier com voz rouca e divertida, batendo furiosamente no seletor de frequência. Esse comportamento grosseiro fez ressurgir em Schüpp seu amor próprio de técnico.

— Isso é melhor não fazer — aconselhou ele a Meisgeier. Ele podia se permitir usar esse tom livre, já que os SS precisavam de suas competências.

Os dois brutamontes gargalharam, e Brauer, com as pernas trêmulas pelo efeito do álcool, também se aproximou do rádio. Ele sorriu para Schüpp. De repente, parou. Surpreso, apontou para Schüpp, e fez sinal para Meisgeier se aproximar.

– Olha como ele parece burro – disse, e ambos encararam o eletricista. Schüpp, confuso, escancarava os olhos.

Repentinamente, Brauer berrou:

– Olha isso, o operador de rádio que se parece com nosso bendito Heini![3]

Meisgeier concordou com essa observação insolente. Schüpp sentiu um arrepio de pânico. Aquilo podia acabar mal. A qualquer momento, Brauer poderia lhe acertar um soco porque ele tivera a insolência de ser parecido com Himmler.

Tão rápido quanto tinha tomado conta dele, o pânico se dissipou; Brauer e Meisgeier caíram em ruidosa gargalhada. Brauer deu um violento tapa no ombro de Schüpp, gargalhando sem parar, acompanhado pelo riso agudo de Meisgeier.

O perigo tinha passado, e Schüpp, inteligente, fez uma cara amigável, apesar daquele jogo repugnante cuja finalidade ele não conseguia entender.

Brauer arrancou o boné da cabeça de Meisgeier e o pôs na cabeça de Schüpp, de quem roubou o boné de prisioneiro, para colocá-lo em seu cúmplice.

A brincadeira estava no auge. Diante deles, estava a caricatura de seu "bendito Heini"; Meisgeier assumiu uma grotesca posição de sentido, dando risada.

Em quinze minutos, a rádio inglesa divulgaria seu boletim de informações, e Schüpp precisava ouvi-lo. Engolindo corajosamente sua

---

3 Diminutivo de Heinrich. No caso, Heinrich Himmler, comandante da SS, da polícia alemã e da Gestapo e, a partir de 1943, ministro do Interior do Reich. Os campos de concentração e de extermínio estavam todos sob sua autoridade. Mas em alemão a palavra *Heini* também significa "estúpido". (N.T.)

humilhação, ele aguardou que o acesso de riso dos dois soldados terminasse. Em seguida, retirou o boné da cabeça e o colocou sobre a mesa. O gesto de Schüpp foi tão inequívoco que não passou despercebido de Brauer. Ele franziu a testa e disse a Meisgeier:

– Mas veja só isso! Não é que ele está nos insultando!

Schüpp refreou o protesto que lhe queimava os lábios.

Se desse crédito a Meisgeier, opondo-lhe o que quer que fosse, o bom humor do outro iria embora. Por experiência, ele bem sabia como aqueles tipos eram imprevisíveis, tais quais feras enjauladas, cujas potentes patas podiam agredir a qualquer momento. Schüpp assumiu então o controle da situação, dirigindo-se habilmente para o aparelho emissor e começando a manipulá-lo.

Ali, na sua área de especialidade, ele estava protegido. Constatou, com alívio, que a risada dos dois ébrios se acalmava. Meisgeier jogou na direção dele o boné, acessório de piada agora inútil, colocou seu próprio boné e saiu da sala. Schüpp respirava aliviado: um a menos.

Ele tinha identificado rapidamente o problema do aparelho: um mau contato que poderia ter consertado em pouquíssimo tempo. Mas não o fez; ele precisava conseguir que Brauer também saísse. Colocou sua cabeça dentro da caixa para descobrir o que não funcionava. Mais de uma vez, Schüpp havia recorrido a um método comprovado para forçar um SS inoportuno a se mandar. Seus talentos profissionais eram tão apreciados quanto seus longos discursos técnicos eram temidos. Quanto menos os SS conheciam esse tipo de coisa, mais se davam ares de especialistas, para não se sentirem inferiorizados por um reles prisioneiro. Schüpp se aproveitou disso e fez a Brauer uma dissertação fantasiosa sobre a história do rádio. Ele foi de Faraday a Maxwell, de Heinrich Hertz, passando por Marconi, enriqueceu sua verborragia com termos técnicos, encheu os ouvidos do oficial menor de ondas elétricas, perturbou-o com condensadores, bobinas, tubos, entupiu-o de oscilações elétricas e de campos magnéticos, de induções, frequências altas e baixas, até que o outro cedesse.

Brauer rosnou com impaciência:

— Mas afinal o que tem de quebrado aí dentro?

Schüpp disse com seu ar mais cândido:

— Isso eu preciso ver.

Brauer não aguentava mais. Ele afundou o boné no crânio e berrou:

— Se você não terminar em quinze minutos, eu acabo com você. Entendeu, seu idiota?! O rádio!

Ele bateu violentamente a porta atrás de si.

O malandro que se escondia sob a pele do eletricista deu risada. Ele refez o contato rapidamente, e regulou o aparelho. Abafadas, longínquas, percebiam-se as quatro badaladas bem conhecidas. Era a rádio inglesa! Em seguida, abafadas e longínquas, palavras alemãs com sotaque britânico transmitiam:

— Do curso inferior do rio Sieg até os meandros do Reno ao norte de Coblença, a batalha está encarniçada. Desde a cabeça de ponte em Oppenheim, os blindados americanos continuam seu avanço para o leste. Unidades avançadas atingiram o Main em Hanau e em Aschaffenburg. Entre os contrafortes setentrionais de Odenwald e o Reno, violentos combates opõem...

Schüpp tinha praticamente entrado no aparelho. Cada palavra se imprimia em seu cérebro para não esquecer nada.

Quando Brauer voltou, Schüpp ainda estava colado contra o rádio. Ele mudou imediatamente de frequência, e aumentou o volume a plena potência, de tal forma que o aparelho crepitou. Entusiasmado, Brauer se apressou sobre ele:

— Meu Deus! Como você fez? Eu mesmo tentei, mas nada consegui. Você é um bendito...

Um prisioneiro não deveria suportar tantos elogios. Brauer revisou seu julgamento, soltando grosseiramente o comentário:

— Ah, vá à merda, o importante é que esteja funcionando.

Schüpp embalou as ferramentas.

Logo depois, ele estava com Krämer, em seu escritório, em frente ao mapa pendurado na parede. Num espaço curto de tempo, os americanos haviam alcançado Oppenheim a partir de Remagen. Dali, em direção a Frankfurt e ao norte de Coblença, as manobras ameaçavam Kassel. Não havia mais dúvidas, eles estavam entrando na Turíngia!

Os dois homens trocaram um olhar de cumplicidade; eles pensavam a mesma coisa. Com a ajuda de uma régua, Krämer mediu a distância entre Remagen e Frankfurt. Ele a comparou com a distância de Frankfurt a Weimar. Ainda faltava percorrer dois terços do trajeto já efetuado...

Krämer inspirou profundamente, pôs a régua sobre a mesa e disse com voz grave:

— Em quinze dias, estaremos livres ou mortos...

Schüpp deu risada:

— Mortos? Caramba, Walter, os SS não vão nos fazer mais nada. Você vê que eles já estão sentindo a água bater na bunda.

Krämer o alertou:

— Espere um pouco...

Subitamente, ele agarrou Schüpp pelo braço e fez um sinal para a janela. Eles viram Kluttig e Reineboth atravessarem apressadamente a praça de chamada deserta. Os prisioneiros que cruzavam com eles e tiravam os bonés desviavam furtivamente. Krämer e Schüpp os seguiram com o olhar até que desaparecessem.

— Alguma coisa está acontecendo! Vamos, Heinrich, grude neles e dê uma olhada para onde estão indo.

Schüpp saiu correndo.

Krämer ficou nervoso. Ele tinha o sentimento que os dois SS tinham vindo para a zona do arame farpado por sua culpa, que a qualquer momento a porta poderia se abrir e ele ouviria a voz aguda de Kluttig gritar:

– Me acompanhe imediatamente!

Krämer esmagava suas bochechas com os punhos, seu nervosismo se transformou em temor de que tudo tivesse sido descoberto. Tudo!

E quando a porta finalmente se abriu, Krämer se virou. Era Schüpp que entrava, atabalhoado:

– Eles foram para o armazém de vestuário.

Por um instante, Krämer se sentiu melhor – em seguida, foi assaltado por um medo ainda maior. Ele olhou para Schüpp, surpreso.

———◦◦◦———

De manhã, Reineboth tinha encontrado o bilhete atrás da porta e o havia examinado sob todos os ângulos.

"Höfel, do armazém de vestuário, e o polonês Kropinski querem fazer uma sacanagem com Zweiling. Eles esconderam um menino judeu no vestiário, em um canto do fundo, à direita."

Reineboth releu o texto várias vezes.

"Um prisioneiro do armazém de vestuário", a título de assinatura.

Reineboth lembrou-se da cena vivida na véspera com Zweiling. Ele tinha aberto a porta, com ar surpreso, feito uma saudação e saído novamente.

Reineboth bufou e colocou o bilhete no bolso. Mais tarde, ele o mostrou a Kluttig, que o leu várias vezes também, sem entender muito bem do que se tratava. Ele franziu o cenho atrás de seus grossos óculos, nos quais se refletia intensamente a luz.

Reineboth esticou-se atrás de sua escrivaninha:

– O que você me diz da assinatura?

Kluttig disse sem entender:

– Alguém denunciou.

– Um prisioneiro?

– Quem mais?

Reineboth esboçou um sorriso de superioridade.

– Zweiling – disse ele, e levantou-se, fleumático. Ele tomou de volta o bilhete de Kluttig.

– Foi Zweiling, e ninguém mais, quem escreveu esse bilhete!

O ar estúpido de Kluttig irritou Reineboth. Amargo, ele atacou o subchefe de campo:

– Caramba! Você não entendeu? Mas está muito claro. Esse imbecil tramou com os comunistas, e agora, está se mijando.

Kluttig tentava em vão acompanhar as sutilezas do outro. A mão esquerda de Reineboth estava nas costas, e com a direita ele brincava com os botões de seu casaco. Ele se pavoneava diante de Kluttig, as palavras transbordando cinismo:

– Caríssimo senhor subchefe, você chegou a comparar os relatórios de nosso muito estimado Estado-maior geral com os dos ingleses?

Ele parou diante de Kluttig e acrescentou, cortante:

– Então você pode confirmar que o Tio Sam prossegue com seu avanço a partir de Oppenheim. Eles já estão em Aschaffenburg. O cenário é do seu agrado?

Com desprezo, Reineboth mostrou o mapa na parede.

– Objetivo: a Turíngia! E então, hein? "Não vamos mentir para nós mesmos", diz o nosso diplomata. O que é que você deduz? Eis o que eu digo! – Satisfeito, ele recomeçou seu vaivém pela sala, e disparou para Kluttig, que continuava mudo:

– Vamos lá, senhor chefe de campo, faça sua dedução!

Kluttig pareceu ver uma ligação difusa.

– Você acha que Zweiling teria tramado com os comunistas para...

– Perspicaz! – disse Reineboth. – Cada um vê a coisa à sua maneira. Isso pode ir rápido, muito rápido até. Uma semana de Remagen a Frankfurt, então você pode calcular quando eles estarão aqui. Escute um pouco o que *eu deduzo*. Com o judeuzinho, eles amoleceram Zweiling. Senhor primeiro oficial, fique de olho nele e nós faremos a mesma coisa, se o vento mudar. O que você me diz?

Reineboth não esperou pela resposta de Kluttig, agitou seu dedo no ar:

— Foi Höfel que armou tudo isso, e ele faz parte da organização. Portanto, quem está atrás dessa merda toda? A organização clandestina, entendeu? Precisamos agarrar Höfel e o polaco, Krokoski, ou seja lá qual for o nome do sujeito.

Finalmente, Kluttig tinha entendido. Indignado, ele pôs as mãos nas ancas.

— O que vamos fazer com Zweiling?

— Nada — respondeu Reineboth. — Se tivermos Höfel e o outro fulano, então teremos o fio da meada. E esse bunda-mole do Zweiling ainda vai ficar bem contente por nos ajudar a limpar isso tudo.

Kluttig, cheio de admiração, observou:

— Caramba! Que belo sabujo você me saiu...

O reconhecimento incondicional de sua sagacidade reforçou ainda mais a vaidade do jovem elegante, que brincava com os dedos na abotoadeira.

— E nós faremos isso tudo sem o nosso diplomata, e até mesmo *contra* ele. Devemos ser hábeis, senhor subchefe, muito hábeis! Ainda pode dar tudo errado. Já disse isso uma vez, e repito: se vamos bater, vamos bater de vez, entendido? Só vamos ter direito a um único golpe, e ele deve ser preciso.

Reineboth aproximou-se de Kluttig e disse, insistentemente:

— Agora, nada de besteiras. Nenhuma palavra a respeito da organização. Ela não existe, entendido? Só se trata do judeuzinho, entendido?

Kluttig aprovou com um sinal de cabeça e confiou na inteligência de Reineboth. Ele não queria perder um segundo. Com um gesto decidido, ajeitou o boné:

— Vamos! Vamos lá! Os dois escancararam com violência a porta do armazém e entraram na sala.

Reineboth trancou a porta com a chave.

Os prisioneiros atarefados no vestiário, surpresos, se viraram. Alguém gritou:

– Atenção!

E todos, onde quer que estivessem, ficaram em posição de sentido. Höfel, tomado de surpresa com essa balbúrdia, assustou-se ao ver o sub-chefe de campo acompanhado do inspetor-chefe. Deixando sua mesa, ele foi apressadamente até a sala e anunciou como de costume:

– *Kommando* do armazém de vestuário, sentido!

Reineboth, com os polegares na abotoadeira, berrou:

– Reunir, todo mundo!

Höfel transmitiu a ordem por toda a sala, gritando. Tudo em sua mente fervilhava. Enquanto os prisioneiros chegavam de todas as partes e, consciente do perigo anunciado pela vinda dos dois SS, ele assumia a cabeceira das duas fileiras, Kluttig perguntou onde se encontrava Zweiling.

– O primeiro oficial Zweiling ainda não veio esta manhã – respondeu Höfel.

Um silêncio desagradável instalou-se na sala. Os prisioneiros não se mexiam e olhavam para Kluttig e Reineboth, que não diziam uma palavra. Tinha cessado todo e qualquer tipo de movimento ou gesto. Silêncio glacial. Kluttig fez um sinal a Reineboth. Ele desapareceu no sótão, no fundo à direita. Kluttig sentou-se sobre o longo balcão e começou a bater as pernas pendentes. Pippig e Kropinski estavam na segunda fila. Pippig deu-lhe um tapinha, disfarçadamente. Na primeira fila, estava Rose. Seu rosto manifestando medo destacava-se nitidamente dos rostos sem expressão dos demais. Na mente de Höfel, posicionado em seu lugar costumeiro na fila, os pensamentos continuavam fervilhando.

Seu coração batia como um tambor, e ele o sentia pulsar como se estivesse a ponto de estourar. Ele não pensava no garoto, mas na Walther 7.65 mm. Só ele sabia onde estava escondida.

De repente, ele se lembrou da brincadeira de criança: "tá quente, tá frio"... Em pensamento, ele tocava o esconderijo da arma, avaliava a probabilidade de que ela fosse descoberta e recordou como se regozijava, na infância, quando o esconderijo continuava inalcançável, apesar de uma busca frenética.

"Tá frio, tá frio, tá frio!". Ele voltou a uma calma perfeita, as batidas de seu coração reduzindo o ritmo, a excitação diminuindo. Agora, ele até já conseguia observar Kluttig com o canto do olho, tamborilando em seus joelhos. O olhar hipócrita do subchefe de campo passava pelas fileiras de prisioneiros imóveis, detendo-se em cada um deles; quanto aos prisioneiros, eles olhavam para o vazio, para a frente. A tensão tangível do local ameaçava explodir a qualquer momento. Passou-se um bom tempo antes que Reineboth retornasse. Com ar jocoso, ele franziu o cenho:

— Nada — observou, lacônico. Kluttig pulou da mesa. Explodiu. A cólera dominou o subchefe de campo.

— Höfel! Apresente-se!

O *Kapo* saiu da fila e se apresentou a dois passos do oficial, que olhava entre os prisioneiros.

— Quem é esse porco polonês Kropinski? Saia da fila!

Kropinski moveu-se lentamente, atravessou a fila, e postou-se ao lado de Höfel. Reineboth balançava-se de uma perna para outra. Rose, como se estivesse paralisado, lutava com todas as suas forças para não cair. Os rostos dos demais prisioneiros estavam rígidos, lúgubres, impassíveis. Os olhos de Pippig iam de Reineboth a Kluttig.

A raiva o congestionava. A cabeça permanecia ereta sobre seu longo pescoço. Ele procurava se conter e sibilou entredentes:

— Onde está a criança?

Nervoso, Kropinski engoliu em seco. Ninguém respondeu. Kluttig perdeu as estribeiras. Fora de si, berrou:

— Cadê o judeuzinho?! Eu quero saber!

E, lançando-se sobre Höfel:

— Me responda!

Saliva escorria do canto de sua boca.

– Não tem criança aqui.

Com o olhar, Kluttig procurou ajuda junto a Reineboth. A fúria o descontrolava. Reineboth foi despreocupadamente até Kropinski, puxou-o pelo casaco e perguntou-lhe, quase em tom amigável:

– Me diga, polaco, cadê o menino?

Kropinski negou veementemente com a cabeça.

– Eu não saber...

Então, o inspetor-chefe recorreu à violência. Ele desferiu em Kropinski um golpe de boxeador treinado. O soco foi dado com tanta força que Kropinski tropeçou para trás, entre as fileiras dos prisioneiros que o seguraram – um filete vermelho escorria da comissura de seus lábios.

Reineboth puxou Kropinski para lhe dar um segundo golpe no queixo. O polonês desabou.

Reineboth esfregou as mãos e recolocou os polegares na abotoadeira.

Seus dois golpes foram um sinal para Kluttig, que batia como um louco e com ambos os punhos no rosto de Höfel e berrava a plenos pulmões:

– Onde vocês esconderam o judeu? Vamos, fale!

Höfel protegia a cabeça com seus braços. Kluttig bateu com tanta força em sua barriga que ele foi ao chão gritando.

Pippig ofegava. Ele apertava os punhos e pensava consigo mesmo: *Aguente! Aguente! Eles já estão em Oppenheim! Não vai demorar muito. Aguente, aguente...!* O lábio inferior de Kluttig tremia; ele ajeitou o uniforme. Höfel levantou-se com dificuldade. O chute com a bota tirara-lhe o fôlego. Sufocando e com a cabeça girando, agora ele se mantinha em pé. Quanto a Kropinski, ele jazia inerte.

Reineboth olhou casualmente para o seu relógio.

– Vocês têm um minuto. Quem me disser onde está escondido o judeu será recompensado.

Os prisioneiros não se moveram. Pippig escutava. Alguém iria denunciá-los? Ele procurou Rose com o olhar, e só viu suas costas, mas percebeu seus dedos trêmulos.

Após trinta segundos que não pareciam ter fim, Reineboth checou a hora. Ele tinha um ar fleumático; no entanto, refletia ativamente sobre a tática. Dar-lhes um choque, pensava, iria enfraquecê-los.

— Mais trinta segundos — disse —, ou levaremos esses dois... para Mandrill...

Ele marcou uma pausa para impressioná-lo, e deu um sorriso maldoso.

— O que acontecer será por sua culpa.

Com habilidade, ele evitava olhar para os prisioneiros; fitava apenas o relógio, tal qual um árbitro.

O olhar confuso de Kluttig ia selvagemente de um para o outro. As duas fileiras pareciam ter sido moldadas em bronze. Por dentro, Pippig tremia. *Devo assumir tudo sozinho? Sair da fila, dizer que estou com o garoto, eu e somente eu?*

O minuto tinha se passado. Reineboth levantou os olhos de seu relógio. Pippig tinha a sensação de que lhe batiam nas costas! *Agora! Saia da fila!* Mas ele permanecia imóvel. Reineboth chutou Kropinski com a bota:

— Em pé!

Agora, agora, agora!, pensava Pippig, dividido. E foi como se ele saísse da fila, levitando, como em um sonho. Kropinski levantou-se hesitante, e Reineboth acertou-lhe um golpe nos rins, o que o fez vacilar até a porta. Mas não era nem o medo nem a covardia que segurava Pippig. Com olhar fixo, ele via Höfel titubear em direção à saída...

Os prisioneiros permaneceram mais um instante rígidos e silenciosos, mesmo novamente a sós, petrificados pela irrupção dos dois SS; até que Rose ergueu seus punhos para o ar e gritou, os nervos em frangalhos:

— Eu não participei de nada disso!

Então a vida voltou às fileiras, e Pippig voltou a si. Ele abriu caminho, na confusão das fileiras que se desfaziam, até Rose, agarrou-o violentamente e o ameaçou com o punho:

— Feche a matraca!

Zweiling esperara o fim do dilúvio para aparecer na sala. Ele avaliou os prisioneiros com seu olhar estrábico. Alguns estavam sentados, inativos, nas mesas da secretaria, outros estavam ao logo do balcão sem fazer nada, e com a aproximação de Zweiling, fingiam estar trabalhando.

Zweiling tinha vontade de ignorar o mau humor dos prisioneiros e ir para o escritório. Um sentimento embaraçoso o invadiu, de repente. Será que eles sabiam que ele era o autor do bilhete de denúncia? Ele parou, indeciso, e tentou dar um sorriso sem jeito.

– Que caras feias vocês estão fazendo! Onde está Höfel?

Pippig, no balcão, desfazia a atadura de um saco de roupas, sem prestar atenção a Zweiling.

– No *bunker* – respondeu com voz sombria, o que não escapou ao SS.

– Ele falou? – Zweiling passou a língua pelo lábio inferior. Pippig não respondeu, e o feroz silêncio dos demais impediu Zweiling de fazer mais perguntas. Ele saiu da sala sem dizer uma palavra, sob o olhar de desprezo dos prisioneiros. Pippig o xingou baixinho. Zweiling jogou negligentemente seu capote de couro castanho em uma cadeira, e ficou pensando. Aquele sentimento desconfortável não o abandonava. Seu instinto lhe dizia que os prisioneiros suspeitavam dele. Ele piscou os olhos embaçados. Ser simpático e bancar o bobão era a melhor coisa.

Ele convocou Pippig.

– E aí, me explique o que aconteceu.

Pippig não respondeu de imediato.

Naquele momento em que o destino de seu camarada mais próximo estava em jogo, Pippig sentiu a necessidade irresistível de deixar transparecer o que havia de mais humano nele, na esperança ilusória de tocar o coração do primeiro oficial acossado sentado diante dele. Seria a coisa mais bela e mais nobre que Pippig poderia oferecer a um SS; sua humanidade eternamente a rigor, aprisionada sob o uniforme de listras cinza-azulado, como atrás das grades de uma gaiola. A necessidade de falar como ser humano era tão premente que seu coração parecia a ponto de se romper e, por um instante, ele realmente esteve prestes a ceder ao chamado daquela voz irresistível; os pensamentos por trás de sua fronte já eram quase palavras. Mas, quando ele percebeu a perfídia escondida no rosto de Zweiling, mudou de ideia.

Da mesma forma que seu traje riscado era uma gaiola na qual o ser humano estava aprisionado, o uniforme cinza do SS era uma armadura impenetrável por trás da qual ele espiava, hipócrita, covarde e perigoso como um predador na selva.

Diante dele, era um dedo-duro que estava sentado, com o sangue-frio necessário para aniquilar e tirar proveito da humanidade que o prisioneiro estava a ponto de lhe consentir, em um momento de fraqueza, para seus próprios interesses.

Pippig se recriminava por quase ter sucumbido, embora apenas por um breve minuto, aos assaltos de seu coração.

– Então, me explique...

Pippig sentiu um aperto no peito.

– O que o senhor acha que aconteceu? Höfel e Kropinski foram levados para o *bunker* por causa do garoto.

Zweiling piscou os olhos.

– Alguém deve tê-los denunciado.

– Afirmativo, senhor primeiro oficial, alguém os caguetou – respondeu rispidamente Pippig.

Zweiling engoliu sua resposta e prosseguiu:

– Então vocês têm um belo lixo no grupo.

– Afirmativo, senhor primeiro oficial, um belo lixo!

Com que arrebatamento ele dissera aquilo!

– Então eles... eles... o levaram também?

– Negativo, senhor primeiro oficial!

– Onde ele está?

– Não sei.

Com toda a certeza, Zweiling estava surpreso.

– Como assim? Ainda ontem à noite ele estava aqui.

– Eu não sei.

Zweiling deu um pulo.

– Eu o vi com meus próprios olhos!

Ele havia se traído. O que não passava de uma suspeita para Pippig tornara-se certeza: o dedo-duro era Zweiling. Era ele!

O SS encarou o rosto impenetrável do prisioneiro. De repente, berrou:

– Reúna todo o *Kommando*! Esse canalha, vamos pegá-lo!

Mas, no mesmo instante, ele mudou de ideia. Ele pulou sobre Pippig, que estava a ponto de abrir a porta, e disse em tom descontraído:

– Não, Pippig, não vamos fazer isso. É melhor não falar nisso. Por causa de minhas funções, vai sobrar para mim. Tente encontrar quem é o filho de uma égua, e venha me avisar. Aí, então, vamos cuidar dele.

Aguardando a concordância de Pippig, Zweiling passou a língua sobre o lábio inferior. Mas Pippig não disse nada. Ele deu uma meia-volta regulamentar e em seguida saiu do escritório. Zweiling o observou pela janela, atônito, e esqueceu a boca aberta.

<hr />

De seu escritório, Krämer viu os dois prisioneiros atravessarem a praça de chamada, seguidos por Kluttig e Reineboth. Kropinski tropeçava, e Höfel levava a cabeça baixa.

Por trás das janelas da secretaria, os prisioneiros acompanhavam o pequeno grupo com olhos arregalados.

Pröll correu até Krämer. Os quatro homens chegavam à torre. Era preciso se concentrar, para vê-los desaparecer ao longe. No entanto, de onde estavam, puderam constatar que eles estavam sendo levados para a ala direita do longo prédio.

O *bunker* os engoliu.

Pröll olhou para o decano, incapaz de falar, mas em seus olhos refletia-se uma pavorosa pergunta: por quê?

O rosto de Krämer se fechou.

Os acontecimentos se propagaram rapidamente pelo campo. O encarceramento de Höfel mostrava haver tempestade no ar. O que estava acontecendo? Os prisioneiros espalharam a alarmante desventura em seus blocos. Um mensageiro a levou até o barracão de ótica.

— Acabam de levar Höfel e um polonês para o *bunker*. Kluttig e Reineboth é que os pegaram. Algo não cheira bem...

Pribula e Kodiczek trocaram um olhar preocupado: o instrutor militar no *bunker*? O que isso significava? A notícia chegou até mesmo à enfermaria. Ao tomar conhecimento, Van Dalen permaneceu calmo. Ele estava lavando curativos sujos na pia. Pensativo, franziu suas espessas sobrancelhas. Aquilo poderia ser perigoso. A tentação era largar tudo e correr para encontrar-se com Bochow. Mas ele se controlou e não fez nada disso, lembrando-se da ordem categórica dada a todos os clandestinos: não chamar atenção. Se houvesse perigo real, comunicariam a tempo das instruções necessárias.

Schüpp, que se encontrava nas proximidades do armazém de vestuário, foi interrogado por prisioneiros dos chuveiros. Eles contaram o que sabiam a Bogorski, que dissimulou sua ansiedade por trás de um ar impassível.

— Que acontecer agora? Höfel não ter sido prudente?

Bochow soube do que houve pelos responsáveis de dormitório, que o tinham ouvido da boca dos prisioneiros designados para as cozinhas. O nervosismo o forçou a deixar seu bloco. Ele foi até o escritório de Krämer com um pretexto qualquer. Felizmente, encontrou o decano do campo sozinho. Por dentro, este temia um confronto com Bochow. Krämer bem sabia por que ele havia deixado Höfel, que se mostrara tão insistente, agir sozinho. Era sua humanidade secreta que havia permitido que ele fechasse os olhos, com a consciência limpa, depois de a ordem ter sido transmitida; então, o negócio não era mais com ele. *Não ver mais nada, não saber de mais nada!*

Essa mesma consciência o levou a rebelar-se contra Bochow, que o culpava por não ter vigiado o destino do garoto até a partida do comboio.

– Eu cumpri meu dever! – defendeu-se ele, berrando. Bochow não reclamou. Sua forma ponderada de enfrentar a realidade sob todas as suas formas o fez perceber que era inútil brigar a respeito de erros passados. Com a detenção de Höfel, eis que eles se encontravam em uma situação de grande perigo. Seu instinto experiente o fazia entrever que havia uma ligação entre a detenção de Höfel e o desejo ardente de Kluttig e Reineboth de erguer o véu que cobria a organização. Provavelmente ambos viam em Höfel um membro da organização; eles não teriam provocado tamanho alvoroço se a questão fosse somente o menino. Aos seus olhos, a criança não passava de um gatinho. Para encontrar um gatinho e ir até o armazém de vestuário, um chefe de bloco teria sido suficiente, mas eles haviam se deslocado pessoalmente.

Bochow rangia os dentes. Ele procurava um jeito de sair da encrenca, mas nada lhe veio à mente.

– E agora?

Desconcertado, Krämer deu de ombros.

– Não vamos mais poder tirar o menino do campo. Ainda bem que eu disse a ele, a tempo, para fazê-lo sumir do armazém. Zweiling está por trás disso.

Bochow mal ouvia. Estava refletindo. Somente Krämer, como decano do campo, poderia descobrir o que se tramava no *bunker* com Höfel e Kropinski.

– Escute, Walter – decidiu-se ele por fim. – Você precisa me ajudar. Não faz mais sentido esconder de você a metade. Você sabe muito mais do que eu posso dizer.

– O que eu não devo saber, eu não sei. Mesmo quando sei – respondeu Krämer.

– Podemos ficar tranquilos?

– Fala – rosnou o decano. Bochow baixou a voz.

–Você sabe que nós temos armas – começou ele. Onde as escondemos não é importante. Höfel é o instrutor militar dos grupos de Resistência. Um dos nossos mais importantes camaradas! Entendeu?

Krämer franziu o cenho, e concordou silenciosamente.

– O que eles pretendem fazer com ele no *bunker* ninguém sabe – prosseguiu Bochow. – Uma coisa é certa: vão sondá-lo. Se Höfel se mostrar fraco, toda a organização vai por água abaixo. Ele sabe onde ficam os esconderijos das armas, quem são os membros dos grupos de Resistência, ele nos conhece, a nós, todo o comando clandestino...

Bochow fez uma pausa. Krämer também se calou. Lentamente, ele colocou as mãos nos bolsos e olhou para a frente. Da perseverança de um só dependia a vida de tantos outros, e talvez do campo inteiro!

Tal consciência abalou Krämer.

– Teria sido melhor se eu tivesse conversado com você antes – confessou Bochow depois de algum tempo. – Assim você teria tomado o menino de Höfel, antes que Zweiling se metesse...

Krämer aprovou, em silêncio.

– Escute, Walter, você precisa descobrir se Höfel está aguentando a barra. Nós não podemos chegar perto do *bunker*. Eu deixo a seu critério encontrar uma solução, não tenho nenhum conselho para lhe dar. Talvez você possa usar Schüpp.

Krämer já havia pensado nessa possibilidade.

– Me ponha imediatamente a par de tudo o que você descobrir. Agora, você sabe do que se trata. Seja prudente, Walter. E se usar alguém, diga a ele somente o estritamente necessário; do contrário, silêncio!

– Não precisa especificar – resmungou Krämer.

Bochow deu-lhe um tapinha no ombro.

– Eu sei, eu sei...

Perder a cabeça diante do perigo não era da natureza de Bochow. Sua coragem não era do tipo cabeça quente; ele era calmo, calculista e observador. Quando Bochow considerava justo fazer alguma coisa, ele a cumpria com obstinação silenciosa, às vezes mesmo sem que os camaradas soubessem, como foi o caso quando foi preciso esconder as seis carabinas roubadas, em agosto de 1944, durante a confusão geral no campo após o bombardeio americano.

Bochow tinha então recebido a missão de esconder as preciosas armas o mais rápido possível, em lugar de absoluta segurança, mas acessível a qualquer momento e protegidas da ferrugem. No dia seguinte, ele comunicara aos camaradas do CIC que cumprira sua missão. Quando lhe perguntaram onde estavam os fuzis, ele respondeu que estavam na enfermaria, e foi impossível saber mais.

– Se eu tivesse sugerido isso, vocês certamente teriam sido contra.

Os camaradas ficaram preocupados, mas Bochow não disse mais nada.

– Então procurem – disse, imunizado contra qualquer reprovação, e impermeável à dúvida. – Aquele que descobrir as armas, ganha minha ração de pão de uma semana.

Van Dalen, destacado para a enfermaria, fuçou em todo o lugar. Kodiczek e Pribula, assim que tiveram tempo de ir à enfermaria, procuraram disfarçadamente em todos os lugares possíveis de esconder armas. Para eles, fora um jogo exasperante, e para Bochow, divertido. Somente Bogorski não participou.

– Herbert, certeza ter feito bom trabalho.

Em um domingo à tarde, no final de agosto, Bochow tinha ido até a enfermaria, em companhia de Kodiczek e Pribula. Van Dalen juntara-se a eles, e os quatro sentaram-se em um banco colocado diante do longo barracão principal da enfermaria. Eles haviam se instalado ali porque Bochow queria contar a eles onde era o esconderijo.

– Você dizer agorra – pressionou Pribula – onde elas estar.

Eles pensavam nas carabinas; Bochow deu um meio sorriso.

– Você está sentado diante delas.

Pribula e os demais observaram o espaço que os separava do prédio, e seus olhares dissimulados examinaram a fachada da enfermaria. Bochow os auxiliou e, com um sinal de cabeça, indicou os vasos de flores verdes diante das janelas, onde floresciam gerânios vermelhos.

Van Dalen indicou discretamente o primeiro.

– Ali dentro? – murmurou ele, surpreso. Bochow aquiesceu com os olhos. Sem dizer uma palavra, eles olhavam para as jardineiras. Bochow os deixou entregues à surpresa.

– Vocês teriam concordado – perguntou ele – se eu propusesse esse esconderijo?

Ninguém respondeu, e o silêncio era de desaprovação.

– É audacioso – acabou concedendo Van Dalen.

– Mas funciona – prosseguiu Bochow. – Quem procura um objeto escondido fuça nos cantos, mas ignora o que tem bem debaixo dos olhos e, além disso...

Bochow se calou. Um SS dobrava o caminho que conduzia à enfermaria. Ele passou sem dar a menor atenção às jardineiras. Mas, diante da última, ao lado da entrada, parou. Alguma coisa havia chamado sua atenção. Apavorado, Pribula segurou a mão de Bochow, no banco. Eles viram o SS endireitar e afundar mais na terra um gerânio que pendia no alto da jardineira. Tomados de profunda angústia, eles não perderam nenhum gesto do SS. Bochow exibia um sorriso confiante. E, continuando a sorrir, ele retomou sua fala de onde tinha parado, quando o homem desapareceu dentro do barracão.

– ... e, além disso, esses animais sentimentais matam homens, mas não fariam mal a uma flor...

Eles se calaram. O que acontecera os havia convencido. Bochow disse calmamente:

– Missão cumprida. Elas estão em segurança, sempre à mão, e protegidas da ferrugem.

Köhn as tinha cuidadosamente embalado em panos embebidos em óleo.

Quando se separaram, Bochow piscou o olho:

– Posso ficar com a minha ração de pão?

Van Dalen voltou para a enfermaria acenando com a cabeça. Pribula deu um soco amigável nas costas de Bochow.

Ele riu.

Com a chegada do inverno, as flores pereceram. As jardineiras continuavam nas janelas. Ignoradas por todos. Sua terra estava seca e árida...

Bochow não estava mais tão confiante quanto no passado. Seu embaraço o levou a ver Bogorski. Cada hora era preciosa; a cada minuto, o irreparável poderia acontecer. A urgência forçou Borchow a ultrapassar as regras de prudência. Talvez houvesse um pretexto oportuno para conversar com Bogorski sobre o que era conveniente fazer. As circunstâncias lhe foram favoráveis.

O suboficial dos chuveiros caminhava em seu escritório, a sala de chuveiros estava vazia e os prisioneiros do *Kommando* levavam para a desinfecção as hordas de prisioneiros chegados em um comboio recente. Bogorski trabalhava entre eles. Decidido, Bochow juntou-se a eles, pegou um monte de trapos e seguiu na companhia dos demais em direção à desinfecção. Bogorski entendeu na hora o que significava o comportamento de Bochow, e o seguiu discretamente. Entre os prisioneiros, não tinham o que temer, e na sala de desinfecção eles estariam tranquilos. Eles se esconderam atrás de um monte de roupas bagunçadas, de onde podiam espreitar a entrada. Bogorski já estava a par da detenção.

– Se por acaso eles conseguirem que Höfel fale... se ele não aguentar o tranco...

Em silêncio, eles se olhavam. Bogorski ergueu o braço, não tinha outra resposta. Os dois nem se atreviam a falar do terrível perigo, que crescia na penumbra e se transformava em montanha. Eles sentiam o quanto estavam desamparados. O que poderiam fazer se Höfel desse um nome, somente um...

Toda a corrente seria destruída! E ela levaria a todos para o abismo. A organização podia estar bem camuflada, pois era antes de tudo composta de homens, certamente firmes e determinados, mas não passavam de homens. Além disso, lá no isolamento da cela do *bunker*, outras leis valiam. O homem estava de frente consigo mesmo, e quem poderia saber se, enfrentando torturas físicas e psicológicas, permaneceria forte como aço, ou se desabaria, para transformar-se em uma dessas criaturas dignas de piedade, um miserável monte de carne viva para quem, diante da barbárie e do martírio de uma morte certa, o simples medo de encará-la superaria qualquer vontade ou coragem? Cada um havia jurado morrer antes de trair. Mas entre o juramento e o instinto de preservação, encontravam-se todos os graus da natureza humana, tão pouco conhecida.

Nesse mesmo instante, era possível que Höfel jazesse em sua cela, espancado, com a mente vacilante, pensando em sua esposa e seus filhos, sem forças; e se ele desse um nome, somente um nome, pensando que era o de menor importância... toda a assustadora engrenagem se movimentaria.

Qual dentre os milhares de membros dos grupos de Resistência podia sinceramente pretender ser forte o suficiente para resistir até a morte?

– Isso poderia provocar uma avalanche... – murmurou Bochow.

Bogorski desviou seu olhar do vazio onde havia submergido. Ele sorria timidamente, como que para se precaver do enredamento obscuro de seus pensamentos e sobrepujar esse momento de fraqueza.

– Que acontecer – disse fracamente – nós ainda não saber.

O rosto de Bochow se fechou.

– Nós dever ter confiança em Höfel – disse Bogorski.

– Confiança! Confiança! – retorquiu Bochow com irritação. – Você tem tanta certeza assim de que ele vai aguentar o tranco?

Bogorski levantou as sobrancelhas.

– Você poder saber de mim? De você mesmo? Ou de qualquer outro?

Com um cansado movimento da mão, Bochow afastou as difíceis perguntas.

– É lógico que nenhum de nós pode saber como vai se comportar. É precisamente por isso que Höfel não deveria ter se deixado levar por aquela história de garoto. Desde o início. Agora, o que fazer, hein? Primeiro ele esconde o menino no armazém, em seguida comete uma falta grave de disciplina, agora está no *bunker* e... e...

– E você ter feito erro com criança.

– Eu? – indignou-se Bochow. – O que é que eu tenho com isso?

– Você dizer que não é assunto meu, é assunto de Höfel.

– E daí? – defendeu-se Bochow. – Eu não lhe dei as instruções para mandar o garoto embora, para fora do campo?

– Quem dizer isso? Seu coração também dizer isso?

Bochow ergueu as mãos para o céu.

– Pelo amor de Deus, Leonid, o que você quer dizer? Já não é o bastante que Höfel tenha deixado sua conduta ser governada por seu coração? E agora você exige isso de mim...

– Não bom! Não bom mesmo! – As rugas apareceram na testa de Bogorski. – Porque você errar com cabeça, Höfel ter feito erro com coração. Todos os dois estar sós. Sua cabeça, sozinha, e coração de André, sozinho. Bochow não respondeu nada. As considerações sentimentais não eram seu forte. Com raiva, ele atirou no monte as roupas que tinha trazido e ouviu Bogorski com enfado, que continuava dirigindo-lhe críticas.

Ele o censurava por ter apenas dado ordens, e abandonado Höfel na solidão de seu coração. Ao invés de ajudá-lo, ele o tinha mandado para o diabo: *Você deve devolver a criança ao polonês. Basta! Mais nada!*

Com raiva, Bochow esmurrou o monte de trapos.

– O que eu poderia ter feito?

Bogorski afundou a cabeça entre os ombros.

– Eu não saber... – reconheceu o outro.

– Então! – triunfou Bochow. Bogorski permaneceu indiferente. Ao lado do errado existe o certo, como a sombra e a luz. E, da mesma forma que Bochow havia tomado uma decisão errada, ele poderia ter tomado a correta. *Carascho!*

Botar o moleque para fora do campo! Essa era a decisão certa, e o que ele exigira de Höfel, segundo Bochow.

– Tá bom, tá bom – admitiu Bogorski.

Mas então, por que Höfel não o fizera? Bochow respondeu irado:

– Porque ele... – E, de repente, seu olhar encontrou o do outro. Bochow fitou Bogorski em silêncio, e calou-se, enquanto lia no rosto do amigo o pensamento: *Cabeça só – coração só...*

Talvez ele devesse ter cuidado pessoalmente para que o menino fosse enviado para fora do campo... Talvez devesse ter controlado Höfel mais de perto, até o último segundo. Será? Talvez Höfel tivesse agido daquela forma porque nele, o tão insensível Bochow, houvesse a mesma Resistência humana que em Krämer, que tinha fechado os olhos depois de a ordem ter sido conscienciosamente transmitida. Deixado por sua conta, Höfel tivera de suportar todo o peso em suas costas. Quem tinha culpa? Quem cometera o erro? Ninguém! Todos!... Bochow encarou seu amigo nos olhos...

Um olhar humano! Em cuja luz, como sob o espelho de um lago sem fundo, havia todo o mistério do consciente e do inconsciente, todos os erros e os devaneios do coração, toda a compreensão e a inteligência, todo o amor.

Bochow sentiu um profundo sentimento invadir seu peito. Ele pensava: *Você é um ser humano. Prove isso...*

Será que ele pensava isso de si mesmo? De Höfel? Ou seu pensamento era tão universal que se referia a tudo aquilo que carregava o nome de humano?

Você é um ser humano. Prove isso!

Bochow sentiu que além da razão havia um abismo insondável, no fundo do qual nem as palavras nem os pensamentos encontravam eco, e de onde não provinha resposta alguma. Talvez Höfel tivesse olhado para esse precipício e feito o óbvio, sem perguntas nem respostas.

Um ser humano que deseja mostrar-se digno dessa característica deve sempre se decidir pelo mais alto dever, faça o que fizer.

Havia um turbilhão no peito de Bochow. Ele não queria fraquejar.

– Então, o que faremos? – perguntou, escondendo sua angústia por trás do aspecto prático da situação.

Bogorski deu de ombros. O que podiam fazer? Todos os exercícios militares deviam, por ora, ser suspensos. Não haveria mais lições de manipulação de armas, encontros dos membros do grupo. A grande teia da organização devia desaparecer nos meandros da sombra. Era o que tinha de ser feito. Tratava-se de aguardar, apenas.

<hr />

O encarceramento no *bunker* ocorrera sem que nada acontecesse aos dois amigos. Nenhum dos abusos costumeiros ocorrera. Mandrak, o suboficial responsável pelo *bunker*, prestes a tomar seu café da manhã – um delicioso cheiro de batatas salteadas imperava em seu escritório –, tinha ido até a entrada, mastigando e, a um sinal de Kluttig, trancado Höfel e Kropinski juntos em uma cela. Um outro sinal do subchefe de campo o convidou a vir até o escritório de Reineboth. Mandrak se movimentou sem pressa. Ele deixou os dois saírem à sua frente, enquanto vestia o casaco de uniforme em seu escritório, e entrou tranquilamente no de Reineboth, abotoando a roupa. Permaneceu em pé, embora Kluttig e Reineboth já estivessem sentados. Kluttig fumava um cigarro nervosamente; quanto ao inspetor-chefe, ele estava estirado despreocupadamente em sua cadeira, com os polegares enfiados na abotoadeira. Mandrak ainda mastigava o resto de seu café da manhã.

– Escute, camarada – começou Kluttig –, esses dois são um caso particular; vamos cuidar deles juntos.

– Interrogatório até a confissão – adiantou-se Reineboth, com um sorriso venenoso nos lábios. Kluttig ergueu as mãos em tom de súplica:

– Pelo amor de Deus, não acabe com nenhum dos dois, nós precisamos deles. Ele explicou a Mandrak do que se tratava, e o informou que com Höfel eles tinham em suas mãos a chave da organização clandestina. Mandrak ouviu sem dizer uma palavra, mas passou a língua nos lábios. Seu rosto terroso, cheio de marcas de varíola, não manifestava nenhum interesse pelo que era dito. A exemplo do olhar inexpressivo de seus olhos escuros e baços. Ele tinha um ar quase obsequioso diante do chefe de campo. Kluttig tinha se levantado.

– Você sabe bem do que se trata – disse ele, insistente.

Mandrak colocou lentamente as mãos nos bolsos, e perguntou em voz baixa:

– O que devo fazer com eles?

Reineboth brincava com sua abotoadeira.

– Carícias, Mandrill, carícias – respondeu cinicamente.

Mandrak olhou disfarçadamente para Reineboth; em volta de sua boca aparecera um sorriso zombeteiro. Ele gostava que o chamassem de "Mandrill". O caráter inquietante desse apelido horroroso escondia algo primitivo e feroz que lhe era agradável. Ele pouco falava e perguntava ainda menos. E quando Kluttig acrescentou ansioso:

– Não, Mandrill, por enquanto deixe-os em paz. Conversaremos sobre isso mais tarde.

Mandrak virou-se lentamente para o chefe de campo e aquiesceu com a cabeça. Saiu do escritório e pareceu desconfortável ao tirar as mãos dos bolsos para girar a maçaneta da porta. Quando se viu do lado de fora, ele a fechou com o pé. Dirigiu-se rápido para a ala do *bunker*. O longo e extenso corredor de meros dois metros de largura estava sempre mergulhado na escuridão. Algumas lâmpadas nuas no teto reforçavam a penumbra com sua luz vacilante. A entrada do corredor era protegida por uma pesada porta aramada e, na outra extremidade, havia uma pequena abertura com barras. Por trás das maciças portas de madeira das celas, nada se movia. De cada lado do corredor, eretas e rígidas, elas pareciam armários funerários. O único ser vivo, que perambulava furtivamente, era Förste, o faxineiro do *bunker*.

Mandrill encaminhou-se até a cela número 5 e abriu o postigo. Ele ficou por um longo tempo olhando pelo orifício. A cela estava totalmente vazia, sem nenhum móvel, nem cadeira, nem mesa, nem catre, nem cobertor. Era uma caixa quadrada. Dois metros de comprimento, três de altura e quase um e meio de largura. O único objeto era a lâmpada do teto, protegida por uma grade. Na parede externa da cela, uma pequena claraboia com sólidas grades. Mandrill abriu a porta. Höfel e Kropinski ficaram em posição de sentido regulamentar. Sem dizer uma palavra, Mandrill pegou o polonês pelo peito e o empurrou para a frente, com o rosto contra a porta. Ele fez a mesma coisa com Höfel, colocando-o ao lado do outro prisioneiro, um pouco à frente dele. Ele os revistou e bateu neles atrás dos joelhos.

– Firmes! – disse com voz lúgubre. – O primeiro que se mexer, eu faço cócegas até que morra de rir. – Ele saiu da cela e fez sinal a Förster para que se aproximasse.

– Nada de comida.

Ele recebeu a ordem em posição de sentido.

Höfel e Kropinski, em pé e imóveis, observavam, como animais assustados. Tensos, eles olhavam para a porta da cela, aguardando pelo mais terrível que, a qualquer momento, poderia acontecer. Suas mentes estavam entorpecidas, somente a audição estava alerta. Ouviam os barulhos do campo que chegavam até eles. Lá fora, tudo seguia seu curso normal. Como era surpreendente...

O chefe do bloco de serviço berrou no portão. Tamancos de madeira batiam no chão com toda a pressa, apavorados. Os alto-falantes emitiam o som do microfone sendo ligado, a energia elétrica vibrava, e uma voz chamou o *Kapo* do escritório de estatística do trabalho. Mais tarde, uma outra voz solicitou a um oficial qualquer que se apresentasse ao comandante. Em seguida, um grande tumulto de galochas diante da grade, como o trote de cavalos. O chefe de bloco xingava, berrava, gritava. Höfel estava atento. O entorpecimento se esvaiu, os pensamentos voltaram à superfície. Ele escutava o barulho da vida cotidiana do campo, no qual nunca tinha prestado atenção antes, e que agora martelava seus tímpanos como se fosse o barulho de um bonde. Pensamentos loucos o acometiam. *Você está em um campo de concentração! No fundo, o que é isso?* De repente, ele se deu conta de que tinha esquecido o mundo real, o mundo lá fora. O que acontecia além do arame farpado, ele não podia nem imaginar nem sentir. A única coisa real e perceptível eram os gritos roucos do chefe de bloco, as lamúrias incessantes, o ruído da multidão e dos passos. Naquele instante de atenção intensa, essa realidade lhe era revelada com o que tinha de mais sinistro e preocupante. De repente, pensou distintamente: mas isso tudo não é verdade, não passa de uma ilusão!

Como se viesse de longe, para imiscuir-se nessa terrível realidade, Höfel sentiu uma ternura infinita: "... um beijo afetuoso..."

Mas mesmo isso era lúgubre e impreciso, era vagar à procura de um caminho perdido. Höfel foi assaltado por um arrepio de angústia. Ele olhou para o passa-pratos da porta e esqueceu que Kropinski estava atrás dele.

E eis que alguma coisa manifestou-se dentro dele, como se despertasse, como um segundo homem e, de repente, Höfel enxergou a realidade! Apenas de longe, mas se aproximando, sem poder ser detida, por cima de blindados e de peças de artilharia! É verdade, *somente isso é a realidade. Nada mais!*

Então, lembrou-se de Kropinski.

— Marian... — sussurrou ele, já que falar era proibido.

— *Tak?* — respondeu o polonês.— Os americanos se aproximam mais a cada dia... isso não vai durar muito mais tempo...

Depois de um tempo, Kropinski respondeu:

— Eu ter falado. Sempre...

Os dois nada mais disseram. Permaneceram imóveis. Mas bem lá no fundo, dentro de si mesmos, eles sentiram-se revigorados, e aquele sentimento renovado os confortou.

Kluttig fora tomado por um grande receio. Estava sentado na cantina, em companhia de Reineboth. Eles tinham se retirado para um canto sossegado com uma garrafa de vinho, e conversavam baixinho. As lentes dos óculos do subchefe de campo brilhavam, antecipando o prazer da caçada. Era necessário tirar proveito das presas! Reineboth franziu o cenho e aconselhou:

— Primeiro, eles vão sofrer, e muito! Em seguida, vamos deixá-los cozinhar em seu próprio molho, e, ao cair da noite, vamos interrogá-los até que confessem.

Kluttig entornava um copo de vinho atrás do outro. Agitado, ele se remexia na cadeira.

— E se a gente não conseguir extrair nada deles?

Reineboth o tranquilizou:

— Então, vamos trabalhar neles durante tanto tempo, que não vão nem mais saber se são machos ou fêmeas. Não esquente, eles vão cantar como rouxinóis.

Reineboth deleitou-se com mais um gole e fez um sinal de reprovação a Kluttig, que virava outro copo.

— Não beba tanto. — Nervoso, Kluttig passou a língua pelos lábios e disse com voz preocupada:

– E se os golpes não fizerem efeito? Ele tem de cuspir o serviço.

Reineboth manteve a calma, estirou-se na cadeira e respondeu friamente:

– Eu sei, Robert, eu sei.

Kluttig agitou-se ainda mais:

– Meu Deus, Hermann, como você pode ficar tão descontraído? Com o amor-próprio ferido, Reineboth sorriu maldosamente, afastou-se do encosto e inclinou-se por cima da mesa, bem próximo ao rosto de Kluttig, que absorvia cada uma das palavras sussurradas pelo inspetor-chefe.

– Agora vamos mostrar a eles quem nós somos. Você entende alguma coisa de psicologia? Escute aqui, senhor subchefe de campo; esse Höfel e o outro devem passar por mortos aos olhos dos demais. Sua única companhia seremos nós. Você, eu e o Mandrill. Eles devem ter a impressão de terem sido abandonados por Deus.

Ele cutucou os cotovelos de Kluttig, que olhava intensamente o rosto inteligente de Reineboth; o inspetor-chefe aguardava que seus pensamentos estivessem bem gravados na mente do subchefe. Em seguida, prosseguiu:

– Quanto mais abandonados por Deus eles se sentirem, mais facilmente poderemos pressioná-los. Mandrill terá toda a liberdade de brincar com eles, só não devemos matá-los.

Kluttig concordou.

– Höfel precisa nos dar um nome, um só, então vamos estar bem. *All right!*

– Aprender inglês e tomar cuidado, entendido, comandante? Às armas, cidadãos! – acrescentou, levantando-se.

– Aonde você vai?

– Fazê-los dançar – respondeu Reineboth em tom afável.

– Já? – Kluttig olhou para o outro com olhos embaçados pelo álcool. Ele foi enfático:

– Vamos malhar o ferro enquanto está quente.

Mandrill abriu a cela. Sem uma palavra, ele pegou Höfel e o jogou no corredor, seguido de Kropinski. Em seguida, fechou a porta. Esse breve instante foi suficiente para Höfel trocar um olhar com o polonês, uma expressão permeada de medo diante do que os aguardava, mas também de determinação. Mandrill os fez sair do *bunker* chutando seus fundilhos. Eles passaram diante de Förster, que se jogou contra a parede do estreito corredor. Na sala de guarda dos chefes de bloco, na outra ala, o cavalete já estava montado. Um grupo de chefes de bloco que não estavam de serviço tinha se reunido em volta da cena, movidos pela curiosidade. Atrás do cavalete, Kluttig se balançava em uma cadeira que havia arrastado para lá. Quando Mandrill mandou os dois prisioneiros entrarem na sala, Reineboth pulou em cima de Kropinski e o agarrou pelo paletó:

— Cadê o judeuzinho? — perguntou. Como o outro não respondia, ele foi mais incisivo: — Pense bem, maldito polaco!

O pânico refletia-se no olhar de Kropinski; ele tentou ganhar tempo.

— Eu não entender alemão...

Era tão inútil quanto inábil.

— Ah! — retorquiu o inspetor chefe. — Você não entender alemão. Então eu dar aulas para você — debochou do sotaque.

Reineboth começara pelo polonês de propósito. Era necessário que Höfel visse tudo.

Três chefes de bloco ergueram Kropinski e o jogaram em cima do cavalete. Ele teve de colocar os pés em travas que foram fechadas, localizadas na parte de baixo do aparelho, para imobilizá-los.

Os chefes de bloco abaixaram as calças de Kropinski e o derrubaram por cima da máquina de tortura, um tipo de mesa com um vão em seu tampo, inclinado para onde devia posicionar-se a cabeça. O traseiro ficava então para cima. Com pulso firme, dois chefes de bloco puxaram os braços do pobre diabo, segurando-o firmemente pelos punhos, enquanto pressionavam seus ombros. O terceiro esmagava a cabeça de Kropinski sobre o aparelho. Dessa forma, o corpo parecia parafusado. Nesse meio tempo, Reineboth e Mandrill haviam se preparado. O inspetor-chefe retirou cuidadosamente suas luvas de couro de porco e dobrou a longa vara de junco, grossa como um dedo, como se fosse um florete. Em seguida, teve início a sessão de tortura.

Höfel estava nervoso, um grito contido fechava sua garganta, seu coração batia acelerado. Ele não tinha escolha senão testemunhar a cena com cruel indiferença. Reineboth tinha afastado as pernas. Ele apontou a vara para o traseiro do polonês. Tomou impulso com elegância, o busto inclinado para trás com flexibilidade, erguendo o braço acima da cabeça, e chicoteou. Splat! Kropinski se sobressaltou, os chefes de bloco seguraram firmemente seu corpo, que se arqueou. Em seguida, foi a vez de Mandrill. Seu golpe, assestado com a mesma fúria, mas desprovido da elegância atlética de Reineboth, foi desferido contra o quadril.

Kropinski soltou um gemido abafado, seus rins tremeram. Os chefes de bloco fizeram pressão sobre seus ombros tomados de convulsões. Reineboth preparou-se para o próximo golpe de vara, utilizando a marca vermelha do golpe anterior como ponto de referência. Quando tomou impulso, sua mandíbula inferior se projetou; ele estava feliz. Ao bater, ele mirou as marcas vermelhas por entre suas pálpebras semicerradas. Kropinski soltou um grito agudo, deformado pela saliva. Mandrill bateu, com a indiferença de um trabalho rotineiro, na altura dos rins. Os golpes se sucediam. Ajustados por Reineboth com precisão de atleta, eles quase sempre eram desferidos no mesmo lugar. O vergão vermelho aumentava, inchou antes de estourar, e o sangue retido jorrou e escorreu pelas coxas. Kropinski soltava gemidos surdos. Era o que o inspetor-chefe parecia esperar.

Seu sorriso de felicidade endureceu, seus olhos tinha um ar assassino, e os golpes seguintes foram dados com precisão na ferida ensanguentada. Kropinski desmaiou. Reineboth e Mandrill interromperam a tarefa. Enquanto os chefes de bloco relaxavam a pressão no corpo inconsciente, que um deles encharcou com água de uma bacia destinada para isso, Reineboth lançou um olhar inquisidor para Höfel.

Ele permanecera rígido e ereto como um poste. Seu rosto petrificado mostrava-se assustado. Ele sentiu os olhos do inspetor-chefe cravados nele. Reineboth conferiu o efeito produzido em Höfel e ficou encantado. Um leve sorriso apareceu em seus lábios, ele desviou o olhar para Kluttig, em um acordo tácito. Enquanto isso, Mandrill tinha acendido um cigarro.

Kropinski se mexeu e tentou se erguer. Com toda a certeza, ele tinha perdido o sentido de orientação. Então, os chefes de bloco o agarraram e o jogaram novamente contra o cavalete. Mandrill jogou fora seu cigarro, e as torturas recomeçaram. Reanimado pela água, Kropinski pôs-se a gritar, e os chefes de bloco tinham dificuldades em segurar seu corpo, que se retorcia. Os golpes choviam com raiva selvagem, até que os dois decidiram que era suficiente. Os chefes de bloco arrancaram o polonês ferido do cavalete, e o jogaram de lado. Kropinski despencou como um saco.

– De pé! – berrou Kluttig.

Mecanicamente, Kropinski tentou obedecer à ordem. Com braços e pernas trêmulos, ele se ergueu, e ficou em pé, vacilante.

– Vista suas calças, seu porco sujo! – berrou novamente Kluttig. – Ou você insiste em nos exibir suas partes íntimas?

O polonês reagiu como um robô.

Reineboth, colocando a ponta de sua vara ensanguentada contra o peito de Höfel, mostrou-lhe o cavalete. Seu gesto parecia um convite: acomode-se, por favor...

Com pernas rígidas, Höfel deu os poucos passos que o separavam do aparelho de tortura, e ali foi tombado pelos seus torturadores.

Desde a prisão, algumas horas já tinham passado, e nada havia acontecido ainda. Aquilo era uma verdadeira tortura. Não havia ligação entre o campo e o *bunker*; nenhuma informação sobre o que estava acontecendo chegava ao campo. Foi só na manhã seguinte, quando os carregadores de corpos eram chamados na entrada, que se soube que Mandrill havia executado mais um.

Sem sombra de dúvida, não se livrariam tão rápido de Höfel nem de Kropinski. Mas era precisamente isso que atormentava Bochow. Ele se encontrava sozinho em seu desvão do bloco. Runki estava na secretaria, e os responsáveis de dormitório levavam as marmitas para as cozinhas. Bochow desenhava apotegmas sem interesse para o chefe de bloco, e seu coração estava despedaçado por uma agitação torturante. Ele largou sua caneta-tinteiro e pôs a cabeça entre as mãos. Os grupos deveriam ser informados, e isso só poderia ser feito naquela noite, depois que os internos estivessem em seus blocos. Mas o que poderia acontecer até lá? Bochow remoía seus pensamentos. Talvez todas aquelas preocupações fossem infundadas. Será? Talvez Höfel aguentasse o tranco e preferisse ser morto a... Mas ele ainda estava vivo, e enquanto permanecesse assim, existiria um risco... Bochow se levantou, diante de sua mesa. Será que ele desejava a morte de Höfel?

Estremecendo com esses pensamentos sombrios, ele os ocultou nas profundezas de seu coração...

Mas havia muitos outros pensamentos que giravam em sua mente. Bochow pensou nas armas, cuidadosamente escondidas. Höfel conhecia alguns dos esconderijos. Por outro lado, ele não sabia nada das carabinas nas jardineiras.

Afinal, não fazia pouco tempo que Höfel tinha escondido pessoalmente, no meio dos milhares de sacos que pendiam no armazém de vestuário, algumas pistolas trazidas para o campo por camaradas russos ou poloneses, antes que o bombardeio americano tivesse destruído o depósito de armas de Buchenwald?

Para os não iniciados, era impossível descobri-las; os sacos tinham números falsos. Para quem sabia, bastava servir-se. E o único a par disso era Höfel. Os esconderijos eram seguros e só podiam ser descobertos se...

Bochow fechou os olhos, retirou-se em sua própria escuridão. Ele não queria pensar em nada, em mais nada! Mas o turbilhão de seus pensamentos, em cujo centro aquele mais terrível e profundo, voltava à superfície...

Se houvesse uma traição...

Aquilo não era mais suportável! E se um daqueles sacos caísse nas mãos de um detento do *Kommando*, por um infeliz azar?

Bochow suspirou. A terrível paralisia da clandestinidade espalhava-se com intensidade por todos os seus membros. Ela os tornava pesados, e pesava em seu estômago. O que fazer agora? Preservar a organização de uma possível traição? Haveria ao menos uma segurança? Ou ele deveria primeiramente colocar as pistolas em lugar seguro? E como fazer isso? Hein, como?

Bochow não podia sair da sombra, não podia ir se confidenciar ao primeiro chegado do armazém de vestuário, dizendo: "Escute, eu tenho uma coisa para contar, mas fique calado, entendeu?".

Bochow pressionou seus olhos com os punhos. Como ratos, suas preocupações roíam todos os seus pensamentos. A rede tranquilizadora da clandestinidade o deixava de pés e mãos atados. De repente, sentiu ódio de Höfel, responsável por tantos perigos e cuja inconsequência o obrigava a revelar seus segredos uns após os outros. Consciente do perigo que havia em deixar seus sentimentos seguirem seu curso, ele engoliu seu ódio imediatamente; sua razão retomou o domínio e o fez entender que ele devia ir se encontrar com Krämer, para colocá-lo a par dos esconderijos de armas. De fato, o decano era o único que podia garantir que as pistolas não fossem encontradas. Ele deveria receber a missão de encontrar um prisioneiro que fosse responsável por elas. Droga! Era assim que os segredos escapavam, um após o outro pelas malhas da rede!

Bochow tirou as mãos dos olhos e esforçou-se para clarear suas ideias. Para que ruminar assim? Mas não havia mais nada a fazer.

Krämer também estava sentado em seu escritório. Apertando os punhos, ele maldizia a sentimentalidade de Höfel e o garotinho, que tinha chegado de modo tão inocente no campo, e tão culpado. Aborrecido, ele se sentia impotente diante dos perigos que estavam à espreita, e da fúria que poderiam desencadear. No entanto, não podia ficar sentado ali, torturando-se; era preciso agir.

De repente, o decano se mexeu. Ele retirou a pilha da lanterna que sua qualidade de decano de campo o autorizava a utilizar e a trocou por uma mais antiga, fora de uso, e em seguida saiu do escritório.

Com sua lanterna, ele foi se encontrar com Schüpp. Assim ele tinha um pretexto para visitá-lo. O suboficial estava no barracão. O decano mandou que o eletricista trocasse a pilha. Algumas palavras em voz baixa e um olhar furtivo foram suficientes para marcar um encontro e, pouco depois, Schüpp estava com Krämer.

— Você precisa tentar descobrir o que eles querem com Höfel. Eu preciso saber.

O eletricista coçou a cabeça, perplexo.

— E como vou fazer?

Krämer fez um gesto com a mão, impaciente.

— Pouco importa como, você já cumpriu outras missões. Vá até o *bunker* e conserte a instalação elétrica, sei lá.

Schüpp suspirou:

— Se ao menos ela não estivesse funcionando.

De repente, seu rosto foi invadido por aquela expressão de inocência e de surpresa que o caracterizava. Sua boca e seus olhos se arredondaram; ele parecia ter uma ideia.

— Förste — disse apenas. Krämer aprovou, com ar sério.

— Também tinha pensado nele. Quem é esse Förste, afinal? Ele está do nosso lado, ou é uma criatura do Mandrill?

Schüpp apertou com força os olhos. Pela janela, ele olhava para o grande relógio da torre no portão e, de repente, pareceu apressado.

— Vou tentar.

— Tome cuidado, Heinrich — gritou Krämer, quando o outro já estava fora. Naquele horário, ele bem sabia, o faxineiro do *bunker*, mantido à parte dos outros, tinha sua meia hora de descanso diário, durante a qual ele tinha por hábito caminhar diante do portão de entrada do campo. Schüpp não sabia quase nada a seu respeito. Em suas idas e vindas, ele o havia visto várias vezes passeando. Por pura curiosidade de verificar a natureza do ser humano, Schüpp tinha lançado a ele um olhar de cumplicidade ao passar.

Förste não havia acolhido favoravelmente esse gesto amigável, mas seu rosto não expressara rejeição. Um bom sinal para Schüpp; aquilo lhe dava confiança enquanto se dirigia à torre, empunhando sua caixa de ferramentas.

Ele não precisava se anunciar, seus documentos de eletricista lhe davam passe livre. Pôs-se a trabalhar do lado de fora da grade. Examinou o cabo do microfone estático que saía do escritório do inspetor-chefe e dava a volta em todo o campo. Naquele horário, tudo estava calmo no portão. Apoiado no guichê, o chefe do bloco de guarda estava entediado. Às vezes, ele ia até Schüpp e observava o que ele estava fazendo.

– Tem alguma coisa quebrada? – perguntou.

– Ainda não – respondeu o eletricista, filosófico. Mas pode acontecer, e então eu vou ter um trabalho dos diabos. – Schüpp mexeu no contador. – Isto é material de guerra, e sempre tem um problema. Olhe aí dentro, são lâminas, e elas sempre queimam.

O chefe de bloco estava com ar cansado.

– Cale a boca – disse ele tranquilamente, sem nenhum interesse pelas explicações de Schüpp.

O eletricista estava satisfeito. Ele procurava ocupações, uma atrás da outra. O faxineiro podia aparecer a qualquer momento. Pouco tempo depois, a grade de ferro do *bunker* ressoou. Förste saiu e acenou para o chefe de bloco. A tensão de Schüpp aumentou. Após ter testado o contador conforme o manual, ele seguiu o cabo. Ele fez a coisa de tal forma que o chefe de bloco podia ouvi-lo, quando perguntou ingenuamente a Förste:

– Sua instalação elétrica está em ordem?

O homem da faxina, interpelado sem estar preparado, olhou com surpresa para Schüpp e respondeu com um sinal de cabeça. Sem ser percebido pelo chefe de bloco, Schüpp deu-lhe uma piscadela. O outro acolheu o gesto sem deixar nada transparecer. Para Schüpp, vinha a segunda fase da manobra. Seguindo o cabo, ele foi para o outro lado do prédio. Se com a piscadela ele tinha atiçado a curiosidade de Förste, ele deveria tentar fazer contato. Isso, pelo menos, era o que Schüpp esperava. Animado, ele constatou que o faxineiro procurava se aproximar. O homem lançou um olhar interrogativo ao eletricista que, fingindo estar ocupado demais com o cabo, disse a meia-voz:

– Que pena. Eu teria consertado sua instalação. O que vocês estão querendo com Höfel? – perguntou rápido Schüpp.

Förste saiu e passou em frente ao guichê, para ser visto pelo chefe de bloco. O nervosismo de Schüpp estava a ponto de rasgá-lo por dentro. A palavra decisiva havia sido pronunciada. Como reagiria o faxineiro? Ele não deixou transparecer nada. Indiferente, continuou seu passeio. Mas quando voltou a passar diante de Schüpp, o eletricista reparou que havia uma expressão estranha em seu rosto. Seus traços estavam graves e imóveis, mas, lentamente, ele baixou os olhos. Era uma aprovação. Schüpp já sabia o suficiente. Ele pegou sua caixa de ferramentas. O cabo do microfone estava em bom estado.

Voltando para junto de Krämer, ele disse:

– Acho que vai funcionar...

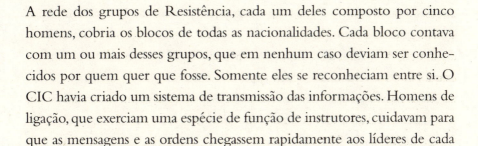

A rede dos grupos de Resistência, cada um deles composto por cinco homens, cobria os blocos de todas as nacionalidades. Cada bloco contava com um ou mais desses grupos, que em nenhum caso deviam ser conhecidos por quem quer que fosse. Somente eles se reconheciam entre si. O CIC havia criado um sistema de transmissão das informações. Homens de ligação, que exerciam uma espécie de função de instrutores, cuidavam para que as mensagens e as ordens chegassem rapidamente aos líderes de cada grupo, que, por sua vez, informavam os membros.

Somente um homem de ligação tinha acesso a Bochow, e ele transmitia as suas ordens aos demais instrutores sem que eles soubessem de sua procedência. Bochow tivera de aguardar até a chamada da noite antes de poder entrar em contato com seu homem de ligação. Tinha sido um suplício. Mas agora, as instruções se espalhavam pelo campo como um rastilho de pólvora, de bloco em bloco e, em pouco tempo, todos os membros de cada grupo de Resistência sabiam do perigo: as reuniões e os exercícios armados estavam suspensos. Toda a organização, enquanto houvesse a ameaça do perigo, deveria se fingir de morta. Cada um sabia que devia se calar e, em caso de detenção, levar seu segredo para o crematório.

A paralisia causada pelo *bunker* silencioso, lá em cima, abatia-se sobre todos.

Naquela noite, o faxineiro não dormia. Deitado no catre de sua cela, ele aguardava. Nessa mesma hora, Mandrill tinha por hábito se embriagar na cantina. Na volta, ele escolhia um prisioneiro ao acaso e o fazia passar por um intenso interrogatório em seu escritório.

Em função dos gritos de dor que cortavam a noite silenciosa do *bunker*, Förste podia avaliar o grau de violência do interrogatório. Às vezes, acontecia de ele ser chamado para arrastar de volta para uma cela um corpo coberto de sangue, ou, de manhã, antes que os carregadores chegassem, de encontrar um cadáver sob o catre de Mandrill – e então ele o arrastava para o banheiro.

No *bunker*, reinava um silêncio mortal. Förste estava deitado, com os braços cruzados atrás da cabeça. Que horas podiam ser? Lá fora, a chuva eterna encharcava o campo.

Förste encontrava-se meio entorpecido, estado do qual foi repentinamente tirado. O corredor ganhou vida de novo.

Passos pesados batiam no chão. Förste espiou, com os sentidos em alerta. Ele reconheceu o andar de Mandrill, que se aproximava. Não longe dali, uma cela foi aberta. Mandrill estava acompanhado por Reineboth e Kluttig, que retiravam seus capotes encharcados. O inspetor-chefe sentou-se na cama. Kluttig, agitado, com o casaco do uniforme desabotoado, andava em círculos. Sobre a escrivaninha de Mandrill havia um crânio, cujo interior estava iluminado. Ao lado, um cnute com grandes correias de couro, de onde saiam pedaços de cobre entremeados, formando um porrete flexível. Não se tratava de um objeto de decoração.

Empurrados por Mandrill, Kropinski e Höfel cambalearam na salinha. Eles permaneceram em pé, arquejantes, tremendo. Suas roupas ainda estavam molhadas. Kropinski estava encolhido, com a cabeça afundada entre os ombros. Ele estava congelando. Höfel também tremia de frio. Seus dentes rangiam. Ele queria superar sua fraqueza e crispava as mandíbulas; com isso, seus dentes bateram com ainda mais intensidade.

Reineboth olhou para ambos com olhar de conhecedor. A tortura parecia ter rendido bons frutos. Ele se levantou lentamente e colocou-se diante deles, pernas afastadas.

— Escutem bem, vocês dois — disse com desenvoltura. — Hoje à tarde, nós só brincamos com vocês. Agora, a coisa vai ficar séria. — Mais uma vez, ele agarrou Kropinski primeiro.

— Pelo que eu vejo, você entende muito bem meu alemão. Muito bom, meu velho! — Reineboth apanhou o cnute em cima da mesa e fez dançar a extremidade no nariz do polonês.

— Onde vocês esconderam o judeuzinho? — Com expressão de dor e súplica, Kropinski encarou o rosto do inspetor-chefe. Reineboth chicoteou o ar com seu cnute. — Vou contar até três... — Kropinski rangeu os dentes e sua face retorceu-se como se fosse chorar.

— Um, dois, três...

O polonês sacudia desesperadamente a cabeça. Reineboth chicoteou seu rosto sem parar. Kropinski urrou ferozmente sob a saraivada de golpes. Cego, ele cambaleou para trás, tropeçou em Kluttig que, com um pontapé, o enviou de volta para onde vinha; Kropinski vacilou sob os golpes até desabar gemendo. Reineboth continuava chicoteando Kropinski, como para matá-lo, enquanto o prisioneiro se contorcia no chão. Toda a cena se passou nas costas de Höfel. Com a nuca rígida e orelhas em pé, ele olhava, com ar ausente, para o rosto cruel de Mandrill, que parecia estar pensando em outra coisa; o suboficial observava o pomo de adão de Höfel, que subia e descia, engolindo em seco. Sem nenhum aviso, Mandrill pulou na garganta do prisioneiro e começou a estrangulá-lo, apertando sua glote com os polegares. Höfel mergulhou na escuridão. Ele sufocava, nauseado, procurando ar. Mas quando estava a ponto de desmaiar, ele pôde respirar novamente. Mandrill havia relaxado sua pressão.

Höfel respirou pesadamente. Atrás dele, ele ouvia os berros de cólera de Kluttig e os gritos de dor de Kropinski. Reineboth não parou até que Kropinski perdesse a consciência. Foi só então que atirou o cnute para Mandrill, que o apanhou no ar. O rosto do jovem elegante nada mais tinha de seu aspecto bem cuidado, era só carrancas. Reineboth agarrou Höfel pelo peito e, em seguida, extenuado pelos golpes que desferira no polonês, arquejou:

– Agora é sua vez!

Kluttig veio por trás e torceu seu braço. Höfel arqueou de dor. Kluttig afundou o joelho nos rins do prisioneiro, enquanto continuava torcendo seu braço, de forma que Höfel começou a urrar de dor lancinante e caiu de joelhos. E então Mandrill começou o serviço. A extremidade do cnute guarnecido de cobre bateu impiedosamente na cabeça de Höfel. Ele caiu de cara no chão, e desmaiou.

– Por enquanto, chega – disse Reineboth, contendo o braço de Mandrill. – Recomeçamos em meia hora.

Mandrill arrastou os dois torturados até sua cela, jogou neles um balde de água gelada e fechou a porta atrás de si.

Reanimado pelo jato frio, Kropinski começou a se mexer. Ele tentou se levantar, mas seus braços não conseguiram suportá-lo. Ele voltou a cair, com a cara no chão, e permaneceu deitado. O sangue escorria de sua cabeça, e ele recobrou aos poucos a consciência. Tinha um gosto salgado na boca. Um silêncio de chumbo reinava naquelas trevas desconhecidas.

As dores lancinantes em suas costas e cada respiração eram como facadas. Ele tinha a impressão de que sua cabeça havia dobrado de volume. Ficou assim por um bom tempo. Apesar do sofrimento, ele tinha vagos sonhos que levavam sua consciência sonolenta a flutuar sobre águas acolhedoras. *...Ele tem mãozinhas tão pequenas, e um nariz tão pequeno, tudo ainda é tão pequeno...*, monologava, e pensou sorrir. Súbito, o sonho se desfez. Kropinski foi assaltado pelo pânico. Ele tateou à sua volta, sentiu a umidade e o frio, e sua mão bateu em algo que parecia ser um corpo. Isso acabou por acordá-lo por completo. Apesar da escuridão, ele soube que se encontrava de novo na cela, e esse corpo que tinha tocado era o de Höfel. Levou algum tempo ainda para que conseguisse recuperar o controle de seus membros aniquilados; ele se pôs de joelhos com dificuldade.

Ele quis falar e percebeu que seus lábios estavam extremamente inchados. Com voz embargada, chamou Höfel:

– André...

Ele não se mexeu e limitou-se a emitir um gemido profundo, depois de o polonês tocar em seu ombro.

– André...

Kropinski esperava pela resposta. Os ferimentos em seu rosto doíam terrivelmente. De repente, Höfel começou a chorar, um choro discreto e sem ruído. Kropinski apalpava o rosto e o corpo de seu companheiro sem saber como poderia ajudá-lo.

– André...

Höfel não dizia nada. Ele ainda permaneceu por algum tempo rígido e mudo, e então se endireitou, algo que lhe exigiu um enorme esforço físico. Quase sem forças, ele se apoiou nas mãos, com a cabeça pendente, como um náufrago. Água escorria por todo o seu corpo. Ele segurou sua cabeça tão dolorida, os cabelos grudados pelo sangue. Só muito delicadamente é que ele podia tocar os lugares que tinha sido golpeados pelo cnute, de tanto que estavam em carne viva. O que ele pensava ser água, não era... Ele enxugou a boca com a mão e gemeu.

– Marian...

– André?

– O que eles fizeram com você?

Respirando com dificuldade, Kropinski respondeu, tentando tranquilizar Höfel:

– Eu estar... tudo... estar... em... ordem.

Eles se calaram. Só se ouvia sua respiração. Pensavam, em seu íntimo, nos suplícios dos quais haviam escapado.

De repente, a lâmpada do teto se acendeu. A porta foi aberta com violência e Kluttig irrompeu na cela. Atrás dele, Reineboth e Mandrill traziam cordas nas mãos.

– De pé!

A voz impiedosa e aguda de Kluttig evaporou a quietude do lugar, como se alguém retirasse um cobertor, e os prisioneiros, nus e indefesos, estremeceram com o pensamento das próximas torturas. Eles se levantaram com dificuldade. Kluttig, engasgado de ódio, gritou para Höfel:

– Quem são os outros membros de sua organização clandestina? – Um estremecimento gelado percorreu Höfel.

– E então, você vai falar?

O subchefe de campo agarrou com força o mártir pelo peito e o jogou contra a parede. Ele caiu de joelhos. Mandrill pulou em cima dele, colocou suas mãos para trás, amarrou-as com uma corda e o levantou. O prisioneiro sentia no rosto a respiração de seu torturador, que berrava:

– Quem são os outros? Fale, caramba, ou eu mato você!

Höfel gemeu. Kluttig batia em seu rosto, enquanto se esgoelava:

– Quem são os outros? Quero os nomes!

Reineboth deixou Kluttig bater no prisioneiro durante algum tempo, e em seguida afastou o desvairado subchefe de campo e disse com sangue-frio:

– Melhor falar, Höfel! Ou então, vamos cuidar de você até você implorar por sua mãezinha.

Höfel finalmente sabia o que queriam dele, e também sabia o que lhe aconteceria se teimasse em ficar calado. Ele reuniu todas as suas forças e se virou gemendo, destroçado por dentro. Reineboth observava a luta que se revelava no rosto do prisioneiro, e quando achou que o momento certo tinha chegado, ele fez sinal para Mandrill:

— Manda ver!

Uma chama ardente percorreu Höfel. Ele deixou escapar um longo grito. O pavor diante da terrível tortura o deixava completamente exposto, como se estivesse em carne viva. Berrando, ele lutou contra Mandrill, que o empurrava contra a claraboia antes de jogar a corda entre as grades. Quando estava a ponto de puxá-la, Reineboth o impediu. Berrando ainda mais alto do que o prisioneiro, ele dizia:

— Me dê dois nomes! Pelo menos um, tá ouvindo? Só um! Fale!

Reineboth deixou passar um tempo. O medo devia quebrar a barreira da força de vontade e sobrepujar Höfel.

— Vamos! Rápido! Fale!

Mas Höfel não ouvia nada. O outro berrava. Com a cabeça jogada para trás, ele se debatia convulsivamente. E Mandrill deu um puxão decidido na corda.

Os braços do prisioneiro foram puxados para trás, as articulações de seus ombros estalaram. Ele estava pendurado pela corda. Urrava! Os músculos da nuca, tensos em ponto de ruptura, ficaram duros como aço, e a garganta, que se projetava para a frente, rígida como pedra. Após ter amarrado a corda nas barras da grade, Mandrill se jogou sobre Kropinski, que tinha se encolhido em um canto, petrificado de pavor.

— Eu nada saber — choramingava ele. Ele foi amarrado, empurrado para a claraboia e pendurado junto ao seu companheiro. Ambos esgoelavam-se como bestas. Reineboth conhecia o desenrolar do processo. Era raro conseguirem gritar mais do que dois minutos; depois disso, a vítima era destituída de suas forças, e só se conseguia gemer fracamente. Kluttig, com as mãos na cintura, estava diante dos supliciados.

Suas pálpebras estremeciam. Enquanto estivessem gritando, não havia nenhum sentido em interrogá-los, já que não ouviriam nada. Era preciso esperar. Mandrill acendeu um cigarro.

Os três se comportavam como se aquilo fosse uma experiência científica. A cabeça de Höfel caiu sobre seu peito. Ele arquejava. Era o fim.

— Escute, Höfel! Nós vamos desamarrá-lo. Mas se você não disser o que sabe, então vamos mantê-lo pendurado até você não passar de um boneco desarticulado. — Reineboth se aproximou de Kropinski. — Isso também vale para você, maldito polaco! — Para aumentar a ameaça, Reineboth puxou cada um dos dois por uma perna da calça, como se fosse uma campainha; cada puxão aumentava muito o peso de ambos os corpos pendurados e arrancava dos supliciados urros de dor. Seus rostos mudavam de cor. Reineboth fazia seu jogo diabólico ser acompanhado de palavras amáveis:

— Para que vejam que não somos desumanos, vamos desamarrá-los. Eu aconselho a vocês me demonstrarem reconhecimento. — A um sinal seu, Mandrill desfez os nós e eles despencaram no chão.

Reineboth trocou um olhar com Kluttig, que aprovou. Mandrill conseguiu sentar os dois corpos contra a parede. O inspetor-chefe ergueu a cabeça de Höfel com a ponta de sua bota.

— O que você sabe de Krämer? — Höfel fechava os olhos. A ponta da bota parecia até mesmo um alívio. Reineboth aguardou por um momento, e deixou cair a cabeça de Höfel. — Bem — disse —, vamos proceder de outra forma. O que você tem a nos dizer sobre você mesmo?

Kluttig rasgou o silêncio e, com raiva furiosa, berrou e chutou os prisioneiros com o pé, como um jogador de futebol.

— Você vão falar, canalhas!

Reineboth, mais inteligente e comedido do que Kluttig, o deteve. Ele se inclinou sobre os dois prisioneiros.

— Escutem, vamos deixá-los quietos por enquanto. Mas daqui a pouco, a gente volta. Respirem fundo, e pensem bem. Ou vocês nos dizem o que queremos saber, e terão a vida poupada, ou então vamos enforcá-los e o moleque vai perder seus queridos tios.

Reineboth levantou-se e disse em tom pérfido:

– Venham, senhores, nossos pacientes precisam de um pouco de repouso para recobrar o juízo.

A chave girou impiedosamente na fechadura e a luz se apagou.

A noite era benfazeja. Suas horas protetoras transcorriam sem ruído, como mãos apaziguadoras, sobre os dois prisioneiros. Förste não precisava ficar à espreita. Ele sabia que por hoje tinha acabado.

Ele adormeceu. Mas numa cela não longe da dele alguém começou a sussurrar, tão baixinho que o ar da sala mal vibrava.

– Que nomes eles querer saber de nós?

Höfel não respondeu à pergunta. Apoiados um contra o outro, eles tinham se levantado e encostado na parede, para não morrer congelados em suas roupas úmidas naquele chão de cimento frio.

– Você não querer dizer para mim? – recomeçou Kropinski, depois de um tempo. Mas Höfel continuava calado. Sua cabeça pendia e a escuridão impedia o polonês de ver seu rosto. Suas perguntas penetravam em Höfel tal qual um arado que tivesse feito subir seu velho sentimento de culpabilidade das entranhas da terra. A dor de seu coração juntava-se às dores de seu corpo deslocado. Ele estava se esmigalhando, ele era nada. E pensar que tinha arrastado Kropinski para aquela roubada! Por sua culpa, o pobre diabo tinha de sofrer todas essas torturas que os levariam a uma morte pavorosa. Não havia nenhum meio de sair dali.

Acreditando estar ali por causa do garotinho, o ingênuo polonês perguntava quais eram esses nomes que queriam arrancar deles, nomes que não tinham nenhuma relação com o menino. O frio da parede de cimento penetrava em Höfel através de sua jaqueta encharcada. Seus braços, paralisados pela tortura, pendiam sem vida ao longo do corpo. Kropinski não fez mais perguntas. Ele já tinha bastante o que pensar, com seu próprio desespero. Ele também sentia a mordida mais profunda do frio. A escuridão da caixa que fazia ofício de cela era um pedaço de noite escura e morta, arrancada ao corpo da natureza exterior, tão cheia de vida. Eles não possuíam mais nada, a não ser seu próprio coração que batia, estranhamente ainda vivo, tal qual um relógio zeloso.

Os pensamentos de Höfel não conseguiam se afastar do sentimento de culpa. Eles se perdiam nos escombros de seu eu em agonia, tropeçando em um caminho, tateando, em um enredamento sem saída. Seus nervos eram como fios metálicos flamejantes, e tudo nele berrava como se ainda estivesse pendurado. Para conjurar seu medo, ele murmurou apressadamente e em tom de urgência:

— Eles estão voltando! Ei! Eles estão voltando! Eles vão novamente nos pendurar!... Ei, você! Não vou suportar isso uma segunda vez. Eu... — Höfel engoliu suas palavras. Empurradas para fora por sua respiração ofegante, elas não saíram mais.

Então, o silêncio retornou. Kropinski não dizia nada. O desespero de Höfel se transformava em abismo. Aquele que se encontrava ao seu lado, tomado pelo mesmo pavor, não pronunciava uma palavra que pudesse ajudá-lo, à qual Höfel poderia ter se agarrado no turbilhão de sua agitação.

— Covarde, eis o que eu sou — murmurou ele em aniquilamento total, destruindo o que ainda tinha sobrado de si mesmo. Ele não pôde ver o protesto de Kropinski, acompanhado de enérgico balançar de cabeça, mas absorveu com avidez as palavras que o outro sussurrava:

— Você só estar com medo. Eu ter medo também — confortou o polonês como um irmão. — Nós ser pobres pequenos humanos. Pobres, pequenos como pequena criança. — Seu modesto ser não lhe dirigiu palavras mais fortes. De repente, Höfel explodiu. Ele gritou com voz embargada:

— Mas não tem mais nada a ver com o menino! Trata-se de outra coisa! — Ele gemeu. — Se eles voltarem, eu não vou conseguir resistir novamente, não vou poder! Oh, meu Deus! Você não sabe de nada, Marian, você não sabe de nada...

Em seu desejo de ajudar, Kropinski sussurrou:

— O quê, então? Você dizer para mim.

Höfel estava a ponto de falar para descarregar um pouco de seu sentimento de culpa no outro, mas algo ainda resistia nele, intimando-o a manter tudo aquilo bem escondido. E no entanto... o polonês, ao seu lado, ele tinha se transformado em seu companheiro de infortúnio e os dois levariam suas confidências para o crematório. Esse pensamento o convenceu; ele começou a contar, no início balbuciante, libertando-se aos poucos do seu segredo.

— Eles querem saber quem são os camaradas da organização... nós temos uma organização... o campo não sabe de nada. Ninguém sabe de nada...

Ele explicou suas funções de instrutor militar.

— À noite, a gente se reúne sob um barracão da enfermaria. Debaixo de terra, entende? Eu mostro a eles como se manipula uma pistola e como fazer mira...

Ele contou como camaradas soviéticos tinham feito passar armas de contrabando no campo, e quando Kropinski perguntou se também havia camaradas poloneses nos grupos de Resistência, Höfel aquiesceu e descreveu o feito de armas corajoso de Joseph Lewandowski.

— Isso aconteceu antes do ataque aéreo ao campo, ainda existiam as fábricas Gustloff,[4] e no grande armazém se encontravam carabinas. Nós queríamos esconder uma no campo. Foi Lewandowski que se encarregou disso... nós esperamos por um dia em que o chefe manco do bloco 19 estivesse de guarda na torre; ele não suportava a visão de sangue. E, nesse dia, Lewandowski fingiu que estava passando mal, e em seguida ele caiu de sua máquina, e ele... — Höfel engoliu em seco. — Ele colocou

---

4 Fábrica de armamentos nas proximidades do campo na qual trabalhavam milhares de prisioneiros. A fábrica foi bombardeada em agosto de 1944, provocando grandes baixas entre os prisioneiros.

de propósito seu braço no aparelho. Todo o seu antebraço foi arrancado. Ele sangrou muito, e nós o deitamos na padiola; por baixo dele estava a carabina... O sangue jorrava, mas Lewandowski permaneceu perfeitamente calmo quando chegamos à torre e ele não se mexeu. O manco teve um medo danado e não fez perguntas. Então, nós fizemos rapidamente Lewandowski passar por baixo da porta. Em seguida, encurtamos o cano e a coronha da arma com a qual a gente treinava. Eu mostrava aos camaradas como carregar, tirar a culatra e desmontar a carabina.

Höfel parou de falar. O medo o fizera dizer o suficiente... Por enquanto, ele estava satisfeito por ter ao seu lado alguém que estava a par da coisa toda e ao qual se sentia ligado.

Kropinski mal respirava. Ele certamente gostaria de acrescentar alguma coisa, mas era incapaz.

– *Dobrze* – não parava de murmurar. – *Dobrze, dobrze.*

Seu relato tinha ajudado a acalmar Höfel. No fundo, ele sabia que não tinha nada de covarde e que conseguia aguentar. O pânico era agora provocado por seus nervos. Se os imaginasse voltando e o pendurando de novo, ele estremecia. Seus músculos eram acometidos por espasmos e a angústia o dominava.

Ele tremia diante da ideia do terrível momento durante o qual a ponte entre a força e a vontade ameaçava desabar, e por isso tinha buscado apoio junto a Kropinski – e foi quase uma súplica quando, após algum tempo, ele disse ao polonês:

– Entendeu por que eles querem saber quais são esses nomes?

– Mas você não trair?

– Trair, trair, eu não *quero* trair! Mas é só me pendurarem de novo, e eu não vou aguentar! – Kropinski o entendia, e queria ajudá-lo, mas não tinha nada a oferecer além de sua solidariedade.

– Eu ser pendurado também e saber agora como você. Nós ser pobres pequenos humanos e não ter ninguém para proteger nós. Mas não vamos falar nada, nenhum palavra. Não ser verdade, André, não vamos falar nada, nenhum palavra. Nós gritar, sempre gritar, se eles quer saber nomes. É melhor do que falar...

Höfel recebeu essas palavras simples com profundo sentimento de gratidão.

– Sim, você tem razão. Nós só vamos gritar, assim nós não vamos trair. – Foi assim que os dois se ajudaram mutuamente, e tiraram de suas fraquezas uma força, consolidando os pilares da ponte, para que ela não despencasse sob os assaltos da correnteza violenta.

As horas da manhã deslizaram sobre Krämer, vítima de uma cruel incerteza. Bochow já tinha vindo vê-lo, mas ele não tinha nada para informar, e ignorava se Schüpp conseguiria entrar no *bunker*. Ser frequentemente chamado na torre fazia parte de suas funções de decano do campo. Nunca era agradável. Hoje, Reineboth já o havia convocado por duas vezes. O alto-falante crepitou, e a fala despreocupada do inspetor-chefe soou no escritório de Krämer.

– O decano está sendo aguardado imediatamente na torre! Imediatamente!

Krämer pôs o casaco e o quepe. Droga! O que será que queriam com ele de novo?

Ele subiu a praça de chamada correndo até a torre como se estivesse em cima de uma fina camada de gelo. Quanto tempo aquilo ainda ia durar? Höfel teria confessado? Krämer não temia nada por ele, que seja o que Deus quiser, pensou. Ele sabia que nunca, mesmo nas situações mais perigosas, ele fraquejaria. Seu coração jamais bateria tão forte. A capacidade que tinha de isolar tudo dentro de si libertava sua mente, e diante de todas as ignomínias interiores, Krämer mantinha a cabeça fria e permanecia superior aos seus inimigos.

Era assim que ele estava diante de Reineboth, naquele momento.

O inspetor-chefe sentou-se na beirada da mesa, com as pernas balançando, e até ofereceu um cigarro a Krämer.

— Eu não fumo.

— É verdade, nosso decano não fuma. Um decano de campo bem estranho... — Nada se mexia no rosto de Krämer que pudesse ajudar Reineboth a entender se sua piada tinha atingido o alvo. Acendendo seu cigarro, ele decidiu ir direto ao assunto.

— Você está sabendo sobre Höfel?

— Afirmativo, inspetor-chefe, dois homens do armazém de vestuário detidos por causa de um menino escondido.

— Você está bem informado.

— É preciso, sendo decano.

— Então talvez você saiba o que aconteceu no *bunker*, na noite passada?

— Não.

— Não?

— Não.

— Höfel está morto.

Reineboth semicerrou os olhos como se fosse olhar no interior de um cano de revólver, mas não encontrou nada. Nem nos olhos de Krämer, nem em sua fisionomia. O inspetor-chefe não conseguia ver por trás da testa do decano, mas lá havia um pensamento firme: *Você está mentindo!*

Reineboth, diante da segurança do prisioneiro, descontrolou-se; ele se virou e disse em tom casual:

— Para a chamada da noite, você apagará os dois nomes. Höfel e o polonês, o fulano com aquele nome impronunciável...

— Kropinski.

Reineboth hesitou e ficou nervoso. Ele ergueu a voz:

— É isso mesmo, Kropinski!

Ele já não estava sob controle e cometia erros.

— Os dois indivíduos viraram presunto bem a tempo, não é?

– provocou, fazendo uma careta. Ele era capaz de permanecer elegante mesmo quando dizia atrocidades.

– Você está aliviado, não? – Seu olhar inquiria o rosto do decano. – Mas houve um probleminha. Eles confessaram antes de bater as botas. – Mais uma vez, aquele olhar inquisidor.

Krämer franziu a testa.

– Então vocês encontraram o menino?

A raposa esperta foi pega de surpresa. Reineboth cometeu mais um erro.

– O menino? Estou muito grato a ele. Ele nos colocou na pista certa.

Dessa vez, a mentira era óbvia!

Somente Höfel poderia ter "confessado"; Kropinski não sabia de nada. Quanto a Höfel, estava vivo, com certeza, e não tinha dito nada.

Eles continuaram patinando naquele assunto. Às vezes abrindo o jogo; outras, escondendo. Reineboth não progredia, e temia ter forçado demais. Para saborear um último triunfo, aproximou-se de Krämer, com os olhos ainda cerrados, como se estivesse olhando para um alvo:

– Então, risque seus nomes.

– Muito bem! – Krämer encarou sem piscar o olhar do inspetor--chefe. Frente a frente, eles se mediam. O olhar de Reineboth tornou-se frio e perigoso, o jovem elegante urrava interiormente contra Krämer. Mas nada em sua postura revelava isso, e ele disse simplesmente:

– Descansar!

Depois de Krämer sair, Reineboth jogou fora o cigarro, enfiou as mãos nos bolsos e deixou-se cair desajeitadamente sobre a poltrona, olhando para o vazio. Decididamente, o método psicológico não era seu forte.

—∘∘—

E se eles realmente tivessem matado Höfel? Riscar da lista de chamada uma pessoa ainda viva era uma coisa que nunca tinha acontecido. Krämer voltou para seu escritório, com pensamentos obscuros.

Será que Reineboth havia dito a verdade? Onde começava a mentira? Não se tratava do garoto!

Como tinham sido desagradáveis e perigosas aquelas horas, desde que Höfel se encontrava no *bunker*! Cada instante que passava ameaçava explodir como uma bomba-relógio. A qualquer momento, um exército de chefes de bloco desabaria sobre os *Kommandos* em todas as partes do campo, em cada bloco, para apanhar os membros da organização. Em menos de uma hora, os camaradas estariam reunidos. O *bunker* seria sua última morada!

Se Krämer tivera a sensação de caminhar sobre uma fina camada de gelo enquanto ia até Reineboth, ele tinha a impressão de estar caminhando sobre uma corda esticada por cima do abismo enquanto voltava. Tinha acabado de passar diante da secretaria quando o alto falante principal, por cima da porta, anunciou:

— O eletricista do campo está sendo chamado na torre! — Krämer parou de chofre. A ordem foi repetida: — O eletricista do campo deve ir para a torre. Imediatamente! — O decano deu meia-volta e foi em direção ao barracão dos eletricistas. Schüpp, com sua caixa de ferramentas no ombro, já vinha ao seu encontro.

— Cuidado, Walter, funcionou! — Eles trocaram um olhar de cumplicidade.

— Höfel deve estar morto... — Espantado com essa notícia, Schüpp arregalou os olhos.

— Meu Deus, Walter!

— Depressa, Heinrich! Talvez você possa descobrir alguma coisa mais precisa! — disse Krämer, que ficou observando o outro ir embora correndo.

<hr />

Förste tinha cumprido com sua palavra. De forma inexplicável, não havia mais eletricidade no *bunker*. Os fusíveis tinham queimado. Schüpp examinou o fogareiro elétrico na sala de descanso de Mandrill, testemunhado pelo faxineiro. Mandrill estava ao lado, desconfiado; ele não gostava da ideia de que um prisioneiro pudesse invadir seu território. Um silêncio de cumplicidade se estabelecera entre Schüpp e Förste. O eletricista evitava qualquer proximidade. Ele dizia, com concisão e profissionalismo, o que o encarregado da faxina deveria fazer. Ele tinha de segurar o fogareiro enquanto Schüpp retirava os parafusos. Ele examinou o interior do aparelho minuciosamente e não encontrou nada.

– O fogareiro está funcionando – disse. – Normalmente, é esse tipo de aparelho que provoca os curtos-circuitos.

Mandril o interrompeu bruscamente:

– Não me diga besteiras e conserte isso tudo.

– Como quiser, senhor suboficial – respondeu Schüpp docilmente, antes de se dirigir a Förste. Examinando os comutadores, disse: – Parece que é a linha toda que está destruída... – Com o instinto de prisioneiro, o encarregado da faxina entendeu a alusão disfarçada. Dessa forma, os dois prisioneiros haviam feito o contato necessário para continuar se comunicando, apesar da presença de Mandrill.

– O senhor suboficial examinou o aparelho pessoalmente e não encontrou nada – disse Förste. Schüpp fez então uma observação aparentemente inofensiva:

– Então vamos ter que examinar a linha. Tem um curto em algum lugar. – *Eles estão à procura da organização e Höfel não está morto. E ele não confessou nada.* Foi assim que Schüpp interpretou o que o faxineiro dissera. Era uma informação preciosa. Mas como fazer para ser informado do destino dos dois prisioneiros por intermédio de Förste? Schüpp, com efeito, não podia passar o dia todo fingindo estar examinando a linha.

– Por que você tem de examinar a linha? – perguntou Mandrill com voz rouca. Schüpp o tranquilizou:

– Vai ser rapidinho, senhor suboficial, talvez o cabo esteja rompido em algum lugar. – Ele pediu ao faxineiro que trouxesse uma escada e começou a inspeção. Förste segurava a escada. A partir do local, metro por metro, eles adentraram o corredor escuro do *bunker*. Mandrill, da soleira da porta da sala, os observava. Schüpp trabalhava sem dizer uma palavra. Era preciso agir com prudência com aquela besta maligna, mas um só pensamento o atormentava naquele momento: encontrar uma possibilidade de falar com Förste sem correr riscos. Conversar só seria possível se Mandrill não os seguisse. Eles iam cada vez mais longe no corredor, aumentando assim a distância que os separava de Mandrill. Será que ele os estava seguindo?

Para tranquilizá-lo, os dois trabalhavam com zelo. E no entanto... em meio às palavras pronunciadas rapidamente com destino a Mandrill, "erga um pouco a escada... assim está bom... segure direito...", trocavam fragmentos de frases, apenas murmúrios.

– Vou vigiar suas horas de folga...

Sem esperar pela resposta de Förste, Schüpp subiu os degraus e mexeu no cabo.

Eles mantinham um olho em Mandrill. O encarregado da faxina acompanhava com interesse o trabalho do eletricista, e quando o homem desceu, ele lhe disse:

– Precisamos examinar o último trecho...

– Se Höfel ceder, então me abaixarei para voltar a calçar meu sapato... – respondeu Förste em voz baixa. Schüpp ouvira bem, era suficiente para ficar a par da continuação dos eventos. Ele voltou a subir e, depois de um tempo, gritou para Förste:

– Está tudo em ordem!

Os dois trocaram um olhar de aprovação. Tudo havia sido dito. Levaram juntos a escada de volta para a entrada do corredor.

– E então? – grunhiu maldosamente Mandrill. Schüpp deu de ombros, contrariado.

– Nada no cabo. Tenho de ir lá fora e verificar a conexão externa.

A linha descia em direção à conexão subterrânea na altura do pinhão da ala do *bunker*. O cabo estava rompido nesse lugar. Esse Förste era um malandro bem esperto.

O eletricista logo consertou os estragos, e em seguida voltou para o *bunker*. Ele colocou novos fusíveis; a luz voltou a brilhar. O taciturno Mandrill parecia satisfeito.

– O que era?

– Nada muito grave, senhor suboficial. Só um pequeno curto-circuito no cabo subterrâneo.

– E por que você não percebeu logo?

– Se a gente pudesse saber de tudo logo... – respondeu Schüpp, abrindo os braços, com ar inocente.

Mandrill não tinha nada a dizer ao técnico, e o dispensou com um sinal de cabeça imperioso. Schüpp pôs sua caixa de ferramentas no ombro. Förste nem tentou olhar para ele enquanto se afastava do *bunker*.

Schüpp foi fazer seu relatório para Krämer, que o escutava com atenção redobrada. Como de hábito, ele estava sentado à sua escrivaninha, com os cotovelos na mesa e o queixo apoiado nos punhos. Schüpp explicou como tinha conseguido desviar a atenção de Mandrill. Höfel tinha aguentado! Foi só então que Krämer percebeu como todo seu jeito de sentir as coisas tinha mudado desde que havia sido preso no campo. De início, gostara bastante de Höfel. Depois, o havia maldito, para em seguida voltar a gostar dele novamente.

Uma pergunta do eletricista chamou sua atenção:

– Höfel faz parte da diretoria da organização? – Como se estivesse com medo, acrescentou: – Você não precisa me responder. – Krämer encarou Schüpp, sem dizer nada. O técnico viu naquilo uma resposta. Ele não fez mais nenhuma pergunta; o pouco que já sabia era suficiente. Sentados de frente um para o outro, eles estavam ambos mergulhados em seus pensamentos. Os últimos receios de Krämer se evaporaram, para se transformar em sentimento fraterno por Höfel.

– Por causa dessa maldita história de menino, eles estão atrás de nós como cães raivosos... – Ele olhava para a frente, pensativo.

– Precisamos tentar alguma coisa – disse Schüpp. – Para tirá-los do *bunker*.

Krämer soltou uma risadinha incrédula:

– E como você quer fazer?

– Com Zweiling! – A resposta rápida de Schüpp não vinha de uma ideia repentina. Krämer a dispensou com um gesto de mão.

– Foi esse safado que os mandou para lá!

– Eu sei – concordou Schüpp. – Pippig me explicou tudo. É exatamente por isso que deveríamos tentar. Funcionou para a companhia especial.

Krämer continuava em dúvida.

– Aquilo era outra coisa.

Alguns anos antes, um certo número de prisioneiros políticos tinha sido transferido para uma companhia especial, devido a muitas denúncias de elementos criminosos; graças à solidariedade de seus camaradas de campo, eles puderam deixá-la. Schüpp não desistia de sua ideia, apesar da hesitação de Krämer. Ele levantou-se de sua cadeira.

– Zweiling quer manter uma saída em cada campo e não ser malvisto por ninguém. Precisamos aproveitar. Pippig tem de convencê-lo. Quer que eu fale com ele?

De início, Krämer quis recusar. Não por se opor em utilizar os SS para ajudar seus camaradas de pena – eles já haviam feito isso anteriormente, no caso da companhia especial. Naquele momento, a luta pelo poder entre os direitos comuns e os políticos havia posto camaradas em perigo. Dessa vez, no entanto, tratava-se de um SS que ameaçava exterminar Höfel e Kropinski.

Precisamente por causa desse delator, a gente devia… Que ideia grotesca. No entanto, Krämer ponderava a respeito. Entre Kluttig e o comandante reinava uma eterna oposição. O subchefe só se pautava pela canalha criminosa, enquanto o comandante preferia os políticos. Se conseguissem fazer com que Zweiling corresse atrás do comandante… Krämer tinha confiança em Pippig para levar a bom termo aquela manobra. Os olhos redondos de Schüpp estavam cravados no decano, que resmungava e varria sua mesa com o dorso da mão, o que não significava aprovação nem desaprovação.

— Mas tome cuidado — acabou dizendo por fim.

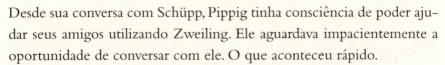

Desde sua conversa com Schüpp, Pippig tinha consciência de poder ajudar seus amigos utilizando Zweiling. Ele aguardava impacientemente a oportunidade de conversar com ele. O que aconteceu rápido.

— Você ainda não encontrou nada a respeito do delator? — perguntou ele a Pippig, que vinha trazendo uma lista ao seu escritório.

— Não, senhor primeiro oficial, e talvez não encontremos.

— Mas por quê? — perguntou Zweiling, passando a língua nos lábios.

Pippig era bem diferente do caloroso Höfel e foi direto ao ponto. Tal qual um equilibrista que coloca prudentemente e com segurança um pé diante do outro, Pippig colocava suas palavras na lâmina afiada da ambiguidade.

— O crápula camuflou-se bem demais. — Em seguida, acrescentou sutilmente: — Mas nós sabemos agora por que ele fez isso.

— Você está me deixando muito curioso.

— Esse sujeito acha que é muito hábil, e acredita poder trazer o subchefe de campo para o seu lado.

— Como assim? — perguntou Zweiling, atento ao que viria a seguir.

Pippig hesitou antes de responder.

Ele pensou com a velocidade de um raio, e foi com a velocidade do raio que tomou sua decisão. Agora que estava na corda bamba, precisava chegar do outro lado.

— Não é necessário fazer tantas perguntas, senhor primeiro oficial. É só dar uma olhada no mapa.

Sem perceber, Zweiling virou-se para o mapa na parede. Nervoso, Pippig não perdia nenhum de seus movimentos e, quando Zweiling voltou a olhar para ele, o prisioneiro exibia um sorriso sugestivo. O SS perdeu sua segurança. Aquilo seria para ele? Ele também caminhava na corda bamba, e decidiu entrar na brincadeira de esconde-esconde.

– Você acha que o delator quer garantir uma saída, se o vento mudar de direção?

– Exatamente – respondeu secamente o prisioneiro. A conversa estava patinando. Pippig precisava orientá-la na direção certa.

– Se o vento mudar de direção – repetiu ele, com um gesto de mão. – Mas como vai mudar de direção? Isso ninguém sabe...

Zweiling recostou-se e retrucou com voz vazia e maquinal:

– Bem, não pode ficar tão ruim.

Pippig estava cada vez mais nervoso; ele tinha feito se entender. E ousou dar mais um passo adiante.

– Isso depende do senhor, senhor primeiro oficial.

Novamente, Zweiling passou a língua sobre o lábio inferior. Ele estava tão nervoso quanto Pippig. Como não respondeu, o prisioneiro prosseguiu.

– Nós gostaríamos de poder dizer: o primeiro oficial é um sujeito legal, foi ele que tirou Höfel e Kropinski do *bunker*...

Como uma onda quente, aquilo apossou-se do SS; era uma proposta aberta. Todas as reações possíveis se manifestaram nele. A única coisa que o protegia dos prisioneiros era seu uniforme. Um dia, ele poderia cair... e então eles voariam em sua garganta: você tem Höfel e Kropinski na consciência! Até mesmo os SS eram confrontados com impiedosas escolhas. Para os prisioneiros, viver livres ou morrer, e para os SS, combater até o fim ou arriscar-se no desconhecido. A oferta era sedutora.

– E como eu devo fazer? – perguntou ele, hesitante.

Que triunfo! Pippig tinha conseguido chegar ao outro lado da corda, e estava novamente pisando em terra firme.

– Não deve ser muito complicado para o senhor conversar com o comandante do *bunker*. O senhor bem sabe o quanto ele aprecia os políticos.

Zweiling levantou-se bruscamente e foi até a janela. Ele estava dividido. Deveria expulsar o prisioneiro ou concordar com ele? Confuso e vacilante, ele fez as duas coisas ao mesmo tempo; virou-se para Pippig e disse grosseiramente:

– Suma daqui! – Enquanto Pippig dava meia-volta, ele acrescentou: – E nenhuma palavra lá fora, entendeu?

Ah, sim! Ele tinha entendido muito bem! Pippig respondeu com ar ingênuo:

– Mas, senhor primeiro oficial, o senhor bem sabe que lá fora a gente não fala...

Zweiling espumava de raiva. Ele sentou-se à sua mesa. Seu olhar parou no mapa do *front*.

Alguns dias antes, ele tinha feito uns tracejados até a Mogúncia. Agora deveria prolongá-los até Frankfurt...

Lá em cima, no norte, no *front* oeste, os tracejados atingiam Duisburg. Quanto tempo levaria até que chegassem a Kassel? Em seguida, partindo da Westfália e do Hesse, entrariam na Turíngia... A raiva de ter se aberto com Pippig transformou-se em uma angústia que o consumia... *Você tem Höfel e Kropinski na consciência... Eram bem folgados, aqueles porcos...*

Por volta do meio-dia, Bochow foi ter com Krämer.

– Alguma novidade?

– Nenhuma.

Bochow cerrou os dentes. Dava para ver a angústia em seu rosto.

– Aconteceu alguma coisa? – perguntou o decano. Bochow não respondeu. Ele empurrou o boné para trás, fez um movimento para se sentar na cadeira e parou. A decisão de tornar um prisioneiro de fora da organização responsável pelo esconderijo de armas, por intermédio de Krämer, era incrivelmente difícil para ele. Pela primeira vez, um segredo saía do círculo dos poucos iniciados. Krämer percebeu a luta na qual Bochow estava engajado.

– Vamos lá, diga logo!

Bochow suspirou.

– Ah, meu Deus, Walter! Vida de cão! Vida de cão... Às vezes eu chego até a amaldiçoá-lo, a ele, lá em cima. – Ele pensava em Höfel.

– Nada disso – disse Krämer, reconfortando-o. – É nosso camarada. Certo, ele fez uma tremenda besteira, mas daí a amaldiçoá-lo? Ei, mantenha a cabeça fria!

A brutal cordialidade do decano fez bem a Bochow.

– Sim, sim... você tem razão. Mas ainda tem uma coisa a ser acertada rapidamente. – Krämer não ficou surpreso ao saber por Bochow que o armazém de roupas era um dos esconderijos de armas, e ele só via um único homem em quem confiar: Pippig!

– Vou cuidar disso, não se preocupe – tranquilizou-o Krämer.

Bochow indicou a ele os números dos sacos e o local onde estavam pendurados, e suspirou:

– O pior nessa história toda é sermos meros espectadores e não podermos fazer nada...

Krämer sorriu com escárnio.

– Por que não faríamos nada? Nós deveríamos tentar, por exemplo, tirá-los do *bunker*.

Bochow começou a rir, como se aquilo fosse uma piada.

– E eu já fiz alguma coisa nesse sentido...

A risada de Bochow sumiu.

– Você está louco?

– Não – respondeu secamente o decano. – Eu espero que você esteja de acordo. – E contou o que havia conversado com Schüpp. – Depois disso, ele entrou em contato com Pippig, com certeza. E esse Pippig, você pode confiar em mim, é um espertinho. Em qualquer situação podre, ele vai enrolar o Zweiling. Estaríamos errados se não tentássemos.

– O que mais vai acontecer? – disse Bochow rangendo os dentes e pondo o rosto nas mãos. Aprovando com a cabeça, o decano considerou que o coitado estava tomado por um grande nervosismo. *Eu sempre disse que esse Bochow era um tronco que nada podia emocionar. Mas olhe para esse tronco!*, pensou ele. Bochow não reagiu; limitava-se a esconder-se atrás de suas mãos. Somente após um tempo, ele as abaixou e fez um sinal de aprovação para Krämer. Um sorriso cansado apareceu em seu rosto.

– Você tem razão, Walter, não é o momento de perder a cabeça. – Ele quis ir embora, mas parou.

– E esse negócio com o Zweiling... bom, não vamos deixar nenhuma chance de lado... – Em seguida, saiu da sala.

Com um profundo sentimento de compaixão, o decano viu o outro se afastar. Como pareciam pesados os ombros de Bochow...

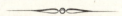

Ao mesmo tempo, na cantina, Mandrill observava um prisioneiro ocupado em consertar uma mesa com defeito em um canto da sala de jantar. Ele acompanhava sem interesse o que o outro fazia, e viu como o prisioneiro aparafusava um grampo que fazia forte pressão na madeira. Era um procedimento de rotina.

Naquela mesma noite, Mandrill lembrou da ferramenta enquanto bebia aguardente na cantina. De repente, seu interesse se manifestou. Ele foi até a mesa no canto e observou o grampo. Em seguida, tentou desparafusá-lo; solidamente fixado, ele só pode ser removido com o uso de toda a força de Mandrill. Nessa hora, havia poucas pessoas na cantina. Alguns chefes de bloco, sentados, acompanhavam o que ele fazia. Quanto aos prisioneiros que faziam o serviço, eles olhavam disfarçadamente. Com o grampo em mãos, Mandrill parecia ter tido uma ideia. Os chefes de bloco não dirigiram a palavra ao inquietante SS que voltava para sua mesa, com a ferramenta. Um sorriso mórbido iluminava seu rosto quando percebeu os olhares disfarçados. Já era tarde quando ele deixou o lugar. Seu estado de embriaguez nunca transparecia. Quanto mais elevado era seu nível alcoólico, mais ele caminhava reto. Embora seu cérebro estivesse embotado, ele nunca perdia o rumo, o que quer que tivesse de fazer. Só estava mais rígido, e seu andar, mais mecânico.

Interrogatório até a confissão.

O grampo tinha lhe dado uma ideia.

À noite, ele foi até a cela número 5. Höfel e Kropinski jaziam no solo frio, estreitamente abraçados. Logo se levantaram, com o aparecimento do verdugo e da luz. Ficaram parados diante dele, apavorados e congelados. A aparência terrosa de Mandrill não manifestava nenhuma emoção quando ele perguntou a Höfel:

– E então, você pensou bem? – Höfel engoliu em seco, em silêncio. O medo o invadiu como se ele fosse um passarinho caído do ninho. A cela estava iluminada pela pálida luz da lâmpada, que não tinha energia suficiente para desenhar sombras. Mandrill aguardou por um instante, como se ainda pudesse acontecer alguma coisa, e empurrou Kropinski, que estava ao lado de Höfel, para o canto mais afastado da cela. Ele interrogou Höfel:

– E então, você vai falar?

O prisioneiro estava com a garganta travada; ele engoliu de novo em seco e respirou menos ruidosamente.

Kropinski estava escondido no canto, como se quisesse se fundir a ele. Mandrill não tinha pressa:

– E aí? Você vai falar agora?

O peito de Höfel não passava de uma cavidade oca onde ressoava um urro. Ele queria fugir, juntar-se a Kropinski em seu canto, mas seus pés estavam como que soldados ao chão.

– Então, não. – Mandrill aproximou-se de Höfel e colocou o grampo nas têmporas do detento, como ele tinha visto o marceneiro fazer.

– Você vai falar...?

Höfel escancarou os olhos, Mandrill havia apertado o aparelho com uma volta do parafuso.

Kropinski deixou escapar um grito silencioso, agudo.

O sangue comprimido batia nas têmporas de Höfel. O grito retido em sua garganta o fez abrir a boca, mas ele o sufocou.

Mandrill colocou as mãos nos bolsos e deu uma joelhada de incentivo no estômago do prisioneiro.

– Eu já sei um nome, o seu. Quem é o segundo? Você vai falar?

Todos os fogos do inferno queimavam na mente de Höfel. Ele apertava os dois punhos, o pavor obstruía sua garganta.

Mandrill passou a língua pelos lábios, retirou confortavelmente uma mão do bolso e apertou ainda mais o parafuso. O prisioneiro gemeu. Ele estava apavorado e inelutavelmente esmagado por dois blocos de pedra a ponto de moê-lo. Kropinski caiu de joelhos. Em toda a miséria de sua aflição infinita, ele rastejou gemendo até Mandrill, que afastou aquele monte humano para o canto.

– Você vai ficar, lixo. E não se mexa.

Esse instante de desatenção foi suficiente para Höfel escapar do abraço do grampo. Ele caiu ao chão com muito barulho. O sangue subiu em sua cabeça tamborilando. Um véu negro passou por seus olhos, ele comprimiu seus punhos contra as têmporas e vacilou. Em um repentino acesso de raiva, Mandrill atirou-se sobre o prisioneiro atordoado e desferiu-lhe golpes violentos em todo o corpo, mesmo depois de ele ter desfalecido. Sob esse assalto furioso, os sentidos de Höfel se reavivaram.

Para escapar à chuva de golpes, ele rolava para lá e para cá, enredado com o SS. Enfraquecido pelas torturas recebidas, Höfel não tardou em sucumbir à força de Mandrill. O suboficial agachou-se sobre ele, segurando seus braços com os joelhos, e colocou o grampo novamente em suas têmporas. Mandrill apertou ainda mais firmemente o parafuso.

Höfel entrou em estertor, com os olhos exorbitados.

– Quem é o segundo?

Kropinski tinha posto as mãos na frente da boca, tomado de um terror inefável diante do que estava acontecendo com o outro.

– Quem é o segundo?

Sentindo uma dor demoníaca, Höfel batia com pés e mãos no piso de pedra.

Os nomes! Os nomes...!

Eles estavam engasgados em sua garganta, aguardando para serem liberados.

– Quem é o segundo? Você vai falar...?

Quando Mandrill retirou sua mão, um grito abafado irrompeu como um raio da boca do prisioneiro:

– Chrraahhh...

– Quem é o segundo?

– Chrraahhh...

Eram os nomes. Höfel os berrava, um após o outro.

– Chrraahhh, chrraahhh...

De repente, Kropinski também começou a berrar, com as mãos na cabeça. Ele gritava...

Todo o ar da sala gritava, as paredes não conseguiam engolir esses berros e a insanidade impregnava toda a cela.

Mandrill levantou-se e postou-se de pernas abertas por cima do corpo apavorado de Höfel; ele não devia morrer logo. Ele desparafusou o aperto.

O grito raivoso de Höfel morreu em um ruído seco e oco; liberado, o corpo teve um espasmo.

Kropinski encolheu-se e rastejou até Höfel após Mandrill ter deixado a cela e apagado a luz. Com as mãos agitadas pela tremedeira, ele tateava e deixava escapar gemidos desesperados.

Höfel sentia a vida lutar contra a morte. Como que pelo efeito de um chicote, o sangue afluía em todo o seu ser. Parecia que seu cérebro ia estourar de dor – até mesmo seus pensamentos queimavam como chamas intensas. Seu sopro vacilava.

– ... os nomes... Marian... – Kropinski acariciou o peito de Höfel, que se erguia.

– Você ter gritado, irmão, só gritado...

Höfel ofegou, fraco demais para responder. Sua consciência torturada titubeava à beira do desfalecimento, mas não afundou nas profundezas do abismo.

– Oh, meu Deus! – gemeu Höfel. – Oh, meu Deus!... – Era insuportável.

<hr />

Na manhã seguinte, durante sua hora de descanso diante da torre, Förste olhou para o eletricista. Eles se observaram. Schüpp diminuiu o passo. Será que ele iria amarrar o cadarço? Förste não parecia dar atenção ao outro. Ele erguia as mãos juntas nas costas, como se estivesse fazendo exercícios de ginástica. Quando Schüpp passou em frente a ele para ir até o guichê, o responsável pela limpeza colocou uma mão em seu coração. Schüpp voltou para o campo; ele tinha entendido. Eles tinham sido torturados, e a mão no coração significava que foram valentes.

Só dois dias haviam se passado, que pareciam ter durado anos. Toda a organização tinha entrado em hibernação, e a notícia da prisão havia paralisado todos os grupos de Resistência. Os camaradas de cada um deles evitavam falar. Ao se cruzarem no campo, eles passavam sem trocar uma palavra, e só se cumprimentavam com um olhar disfarçado. Fingiam não se conhecer. O ar estava carregado. Que nada tivesse acontecido durante esses dois dias não constituía de forma nenhuma um alívio. Todos tinham a impressão que um perigo sorrateiro os espreitava, aguardando que tivessem relaxado sua atenção para pular sobre eles. Assim estavam as coisas.

O próprio CIC estava totalmente isolado. A única pessoa que Bochow encontrou no decorrer daquelas quarenta e oito horas foi Bogorski. As informações que Krämer lhe transmitira a respeito do comportamento de Höfel deram a Bochow segurança suficiente para se arriscar a organizar um encontro. Bogorski estava de acordo e, ao anoitecer, os camaradas se reuniram sob as fundações do barracão da enfermaria. Taciturnos, acolheram silenciosamente o que Bochow lhes disse. Foi explicado o que o garoto realmente representava, e por que ele era tão somente um pretexto e dava a Kluttig e a Reineboth a oportunidade de encontrar os rastros secretos da organização. Eles souberam como Höfel e Kropinski eram torturados noite e dia, um verdadeiro teste de Resistência. Havia somente uma coisa que ignoravam: o que iria acontecer amanhã ou depois de amanhã...

O futuro era um barril de pólvora.

Normalmente, as discussões eram animadas; mas, naquela noite, sentados em volta da velinha de chama crepitante, eles não diziam quase nada. A calma que reinava desde a prisão era enganadora, e eles desconfiavam dela. Agora eles também sentiam o que havia perturbado Bochow de forma tão intensa.

Como tinham preparado cuidadosamente a Resistência! Tudo o que haviam acumulado em segredo naquele período, em armas e munições, e a que preço! Às vezes, estiveram por um fio. Tudo havia sido pensado e pesado. Milhares de curativos estavam escondidos na enfermaria. Medicamentos haviam sido juntados, instrumentos cirúrgicos roubados. Gazuas e tenazes para o arame farpado. Estava tudo ali.

Existiam planos de ação para o momento da libertação. Os grupos de combate de cada nacionalidade estavam prontos para agir, cada um a par do dever a ser cumprido. O campo tinha sido dividido em setores de combate. Ações ofensivas de surpresa, levadas a cabo em todas as direções, iam abrir as hostilidades. Os grupos poloneses deviam fazer uma investida ao norte do campo. Os grupos soviéticos deviam atacar as casernas SS. Os grupos francês, tcheco, holandês e alemão deviam capturar o *Kommando*. O golpe final devia acontecer a oeste, de forma a estabelecer uma ligação com os americanos que se aproximavam e manter o controle sobre a rebelião.

Entre os grupos, encontravam-se tropas especiais designadas para determinadas missões. A organização com inúmeras ramificações, invisível, inatingível, onipresente e pronta para atacar a qualquer momento era uma verdadeira obra de arte. No momento certo, a tempestade poderia ser desencadeada. Mas esse momento ainda não tinha chegado e os americanos ainda estavam longe... e, por ora, um homem jazia lá em cima, em uma cela esquecida... uma palavra sua era suficiente, uma palavra pronunciada inadvertidamente ou por medo de morrer, e então o solo do campo se abriria e engoliria todos os seus segredos. Armas! Armas! Antes mesmo que os cinquenta mil internos tivessem entendido o incompreensível, a onda de exterminação varreria o campo...

Os camaradas olhavam para a frente, fixos na chama crepitante da vela. Bochow fez seu relatório com calma e precisão. Ele contou que Höfel e Kropinski tinham sido valentes, até então. Todos ouviam, e todos aqueles cérebros acabaram formando um só, no qual se confundiam os pensamentos de cada um.

Qualquer palavra era supérflua. Em seguida, o silêncio marcou seus rostos. Bochow se irritou.

– Não é possível, camaradas. Reunir-nos com ares aflitos? Caramba! Devemos pensar no que podemos fazer, se...

– Se! Sim, se! – disse Kodiczek em tom amargo. – Podemos enterrar as armas? – Ele deu uma risada rouca. – Elas já foram enterradas. – Seus olhos brilhavam de nervosismo.

– Tolo – cuspiu Bochow. – As armas continuam onde estão. – Ele pegou um grande pedregulho e o jogou à sua frente. Seus olhos perturbados percorriam o solo pedregoso. Ele devia fazer tudo para se acalmar. Não era o momento de brigar. Ele fez um sinal a Kodiczek, mergulhado em sombrias ponderações.

– A última vez que eu comentei que eles estavam atrás de nós – disse a meia-voz –, nós demos risada. Höfel ainda não estava no *bunker*. Dessa vez, a coisa é séria. Se ele não conseguir, se ele não aguentar...

Bochow olhou detidamente para cada um de seus camaradas. Eles rangiam os dentes. Bochow disse em alto e bom som o que pensava:

– Se nos pegarem, é a morte para todos nós. – A vela crepitou.

– Ainda podemos colocar alguns de nós em segurança – prosseguiu Bochow, que tinha conseguido se recompor. Os camaradas ouviram as propostas de seu líder: – Nós os colocaremos em um comboio para outro campo. Lá eles poderão desparecer...

Durante algum tempo, ninguém respondeu.

–Você não está falando sério, certo, Herbert? – disse enfim Van Dalen.

– Sim – repetiu Bochow. – Höfel conhece nossos nomes. Ele só precisa dizer um.

– Então esse terá de morrer, o que quer que aconteça – observou Van Dalen, dando de ombros.

– E se ele denunciar a todos nós?

– Então, morreremos todos – respondeu Van Dalen abruptamente. Pribula impacientou-se. Bochow sacudiu a cabeça.

– Quem quer ir embora com um comboio? – insistiu.

Pribula deu um soco no próprio joelho.

–Você acha que nós todos somos covardes? – gritou. Somente depois de um tempo Bochow respondeu com serenidade desconcertante.

– É meu dever perguntar, camaradas. – Ele baixou os olhos. – Eu também tenho minha carga de responsabilidade nisso tudo. – Sua voz soava estranha para os outros; eles o olharam com surpresa. Ele rangeu os dentes. – Eu deixei Höfel sozinho – prosseguiu ele, com mais franqueza ainda. – Eu deveria ter me ocupado dele e da criança imediatamente. Mas não fiz isso... – Era uma confissão.

Bogorski foi o único a entender o alcance de seus propósitos. Riomand tossiu.

– Não, camarada Herbert – disse ele com bondade. – Um erro, sim, mas não uma infração.

Bochow olhou para o francês.

– O erro gera a infração – respondeu sombriamente. Kodiczek zombou:

– Ao diabo, Höfel! Ao diabo com o menino!

– Höfel e o camarada da Polônia estão juntos no *bunker* – disse Pribula de um salto –, e você diz "ao diabo"? "Ao diabo" você!

Seus lábios tremiam, ficaram brancos. A súbita cólera o fez cerrar os olhos. Van Dalen pegou firmemente no braço de Pribula. O jovem polonês empurrou a mão do holandês; uma certa animosidade irradiava de seu olhar.

Foi então que aconteceu uma coisa estranha: Bogorski começou a rir baixinho, seus ombros tremulavam. Essa risada foi algo tão à parte da tensão reinante, que todos olharam para o russo, com espanto. Ele esticou as mãos com as palmas viradas para os outros e gritou, com uma hilaridade amarga:

– Nós ser mesmo muito divertidos!

Não tendo encontrado a palavra em alemão, ele dissera "divertidos" ao invés de "patéticos".

De repente, seu sorriso sumiu. Seu rosto endureceu, seus olhos faiscaram. Ele ergueu os dois braços acima da cabeça e deixou cair violentamente os punhos.

– Mas nós não ser homens divertidos, nós comunistas! – Ele deixou escapar um grosseiro palavrão em russo e reclamou contra os camaradas em sua língua nativa. Ficou surpreso porque ninguém o entendia; então, parou no meio de uma frase e recomeçou em alemão, escolhendo suas palavras. Erro, infração, xingamentos contra seus camaradas e a criança! É *assim* que devem se comportar comunistas em uma situação de perigo? Devem se deixar dominar pela situação? A menos que influenciar o curso das coisas não faça parte do programa. Ele se calou. Sua cólera amainou e ele continuou mais suavemente.

– Bom, *carascho*. Em algum lugar no campo, pequena criança estar escondida e fazer nós perder cabeça, todos nós. – Quando Pribula quis saber onde ela se encontrava, Bogorski ergueu a mão em sinal apaziguador.

– Ela estar em bloco 61 do campinho. Não problema – apressou-se em acrescentar. – Ela estar em boas mãos... – Ele olhou em volta. No fundo, não seria a criança de todos eles, já que, por sua culpa, dois camaradas foram parar no *bunker*? Não seria dever do CIC protegê-la? De repente, o russo sorriu. Por enquanto, seria muito mais importante encontrar algo consistente que a criança pudesse mastigar. Ele então olhou para Riomand, com olhos cerrados. O cozinheiro francês entendeu de imediato, deu risada e aprovou. Bogorski também riu. *Carascho*! Era um garotinho ou uma garotinha? Bochow, a quem foi feita a pergunta, disse bruscamente:

– Não tenho a menor ideia...

Bogorski ergueu os braços e ironizou, cheio de surpresa:

– Nós ter criança e não saber se menino ou menina...

Todos começaram a rir, e as cabeças abaixadas se ergueram. Bogorski sentiu-se aliviado. Entre os camaradas, a vida havia recomeçado, assim como as conversas. Era possível ajudar Höfel e Kropinski?

Planos mirabolantes foram elaborados, indo da libertação violenta à revolta; porém, todos tiveram de ser deixados de lado. Durante a conversa, os homens chegaram à conclusão de que era impossível tirar os dois infelizes das garras de Mandrill. Bochow tinha entendido rapidamente que a diversão de Bogorski não passava de uma tentativa de acabar com a depressão que ameaçava a todos. Sua irritação logo diminuiu quando precisou dissuadir seus camaradas em prosseguir com seus planos duvidosos. Só havia uma única possibilidade de salvá-los, embora arriscada. Ele contou então a decisão que havia tomado com Krämer: usar Zweiling. Um gesto de desespero! Mas que saída lhes restava? Os outros do CIC concordaram com essa tentativa. Mas a ansiedade não parava de atazaná-los. Ela devorava corpo e alma. O que poderiam fazer se Höfel não aguentasse? Bogorski cortou a conversa. Não havia nada a ser feito, nada de nada, repetia bruscamente. A menos que um deles quisesse partir com o próximo comboio. Se antes os camaradas tinham acolhido a pergunta de Bochow em silêncio embaraçoso, agora eles se opunham a isso ferozmente. Nenhum queria deixar o campo, todos queriam ficar. *Carascho!* Bogorski concordou. Ele próprio não levara a sério a proposta de Bochow, consciente de que só queria se livrar de seu sentimento de culpa. Finalmente! O abatimento geral ficara para trás; se a reunião desse dia não permitisse outro efeito além desse, já era um sucesso. Eles precisavam antes vencer suas angústias: seus piores inimigos.

– Eu também, camaradas, ter medo – revelou Bogorski. – Mas nós dever ter também confiança. Até agora Höfel aguentar bem sob torturas! Quem dar direito duvidar? Duvidar já não bastante com a gente? Perigo não estar com Höfel e camarada polonês, perigo estar com fascistas. De Küstrin e Dantzig, até Breslau, Exército Vermelho empurrar fascistas cada vez mais. Segundo *front* já em Frankfurt.

Bogorski fez um largo movimento com o braço, como se quisesse reunir alguma coisa, e uniu os punhos.

– Então, camaradas, nós estar aqui – disse, enérgico. – Fascistas ver chegar fim, mas eles ser selvagens. Hitler e Schwahl e Kluttig. Eles querer exterminar nós. Nós saber isso. Por isso nós opor toda a nossa força. Se nós ficar fortes, como Höfel e Kropinski... sim – gritou Bogorski, convencido de seu próprio discurso. – Sim, ficar muito fortes! Enquanto nós ser também, então fascistas não ver nossa verdadeira força, até sentir. Eles poder procurar, eles nada achar. Nenhum cartucho, nenhum homem.

De seus dois punhos cerrados, irradiava-se uma força poderosa.

– Fascistas – prosseguiu com paixão –, ter raspado nossas cabeças, pegado nossos rostos e nossos nomes. Eles dar para nós um número, pegar nossas roupas e dar roupas riscadas... – Ele puxou o casaco. – Nós ser bons trabalhadores para eles. Como abelhas, construir casa para eles e fazer jardins. Bzzz! Bzzz! Bzzz! Cada abelha com suas riscas. Então Kluttig ter de pegar uma vez alguém no enxame... Nós ser todos parecidos. É bom nós não ter mais rosto e ter mesmos riscas. Vocês entender, camaradas?

O russo acariciou levemente seu casaco, recostou-se e fechou os olhos. Bochow sentia vergonha diante da coragem de seu companheiro. Ele não era, por natureza, de enfrentar as dificuldades com tanto entusiasmo. As palavras de Bogorski produziram sua mágica. A expressão em seus rostos mudaram; isso era visível à luz da vela que crepitava. Dessa vez, nenhuma decisão foi proposta para votação, mas o discurso foi aprovado por todos.

Quando estavam prestes a se separar, Pribula propôs que um camarada fosse designado para a proteção do menino.

– Não vale a pena – Bochow foi logo dizendo, virando-se para Riomand. – Eu cuido disso... E se você tiver alguma coisa para alimentar o garoto, mande levar para o Krämer, ele cuida do resto.

– Sim, sim – concordou o francês.

Eles deixaram as fundações, um por um e em intervalos espaçados e, uma vez lá fora, misturaram-se aos demais prisioneiros que iam e vinham na escuridão, até que o decano assobiasse o toque de recolher.

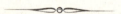

Hortense estava pronta para a partida. Ela já tinha combinado tudo, menos o meio de locomoção. Zweiling não tinha automóvel, ao contrário de Kluttig. Já fazia tempo que Hortense pensava em pedir ajuda ao enérgico subchefe de campo, que certamente levaria as bagagens. Era um homem com outro temperamento, bem diferente de seu inseguro marido. Já tinha acontecido de Kluttig convidá-la para dançar durante reuniões entre colegas. O instinto feminino de Hortense apreciava o encanto mudo do oficial em contato com suas formas opulentas, e ela se agarrava a ele. Afora isso, não existia nada entre eles. Kluttig não era comprometido; ele estava divorciado havia anos.

Ao contrário dos demais, ele não tinha casos amorosos. Isso o tornava ainda mais precioso aos olhos de Hortense. Na verdade, ela era uma pessoa sem paixão, fleumática e indolente – o que seu casamento decepcionante só fizera acentuar.

Naquela noite, enquanto Zweiling ainda não tinha voltado, Hortense estava no quarto de dormir, contemplando-se com ar de enfado no espelho. Ela hesitava em ir até a casa de Kluttig. Não era tão simples assim. Sem contar que existia entre ele e seu marido uma considerável diferença hierárquica. Diferença hierárquica? Hortense fez um muxoxo de desdém. Logo isso não existiria mais. Quanto tempo ainda? Em seguida, Zweiling voltaria a ser o que outrora fora: nada. E Kluttig? Hortense deu de ombros com indiferença. Ela sabia que no passado Kluttig tinha sido proprietário de uma oficina de confecção. No entanto, ele era um homem! A preocupação com suas bagagens afastou todas essas reflexões. Ela decidiu ver Kluttig. Olhou-se no espelho.

Sua blusa não a agradava, e ela a trocou por uma malha cinturada que valorizava muito suas formas lascivas. Ela acariciou seu pescoço, deu um sorriso afetado diante do espelho e cacarejou:

— O que é preciso fazer para ser ajudada a levar algumas roupas velhas. É uma pena não poder levar também meus belos móveis.

Kluttig estava em casa. Ele morava sozinho, em uma casa dentro do território reservado ao comando. Surpreso, ele convidou Hortense a entrar. Ela sentou-se na cadeira que ele lhe ofereceu, e esqueceu de tirar o casaco.

— Eu só vim aqui por causa de minhas coisas. Gotthold não tem nenhum veículo. — Kluttig olhou para ela sem entender. Hortense juntou suas mãos nos joelhos, em sinal de prece, e olhou para ele com ar doce. — Será que o senhor poderia levar minhas coisas em seu carro? Somente algumas caixas e algumas malas...

— Para ir aonde? — perguntou rudemente o subchefe de campo.

Ela deu de ombros, perplexa. Kluttig tinha finalmente entendido. Ele resmungou, pôs suas mãos nos bolsos e gingou diante de Hortense.

— A senhora quer dizer, se...

Ela se apressou em confirmar.

Ele se postou diante dela de pernas separadas.

— Uma retirada militar — disse ele secamente. — Uma retirada militar não é uma mudança.

Hortense suspirou. Ela nada entendia de retiradas militares.

– O senhor é o único que pode me ajudar. O que eu posso fazer? Gotthold não tem carro...

Ela tinha desabotoado o casaco e em seguida o despido. Os olhos de Kluttig estavam hipnotizados por seus seios. Ele engoliu em seco discretamente. Seu pomo de adão se movimentou. Hortense via no rosto do subchefe de campo o embaraço no qual estava mergulhado. Ela sorriu, cheia de esperança, certa de seu golpe. Mas estava redondamente enganada. Os reflexos eróticos que se desenhavam no rosto de Kluttig estavam longe de ser tão duráveis quanto Hortense havia imaginado. Seu olhar fez nascer nele uma ligeira irritação: que aquela mulher tão desejável tivesse caído entre as mãos desse vagabundo do Zweiling. Ela era mulher para pertencer a um subchefe de campo.

Kluttig puxou bruscamente uma cadeira para sentar-se diante dela.

– Pelo menos a senhora é feliz? – perguntou de chofre.

Hortense sobressaltou-se magistralmente, enfeitiçada por seu olhar.

– Não, senhor subchefe. De jeito nenhum. Por nada neste mundo...

Kluttig pousou a mão em seu joelho.

– Tudo bem, eu levo suas bagagens.

– Oh! Subchefe... – Tomada pela alegria, Hortense apertou entre seus joelhos a mão que se insinuava no interior de suas coxas. Por um instante, Kluttig quis saborear aquele agradável instante, mas retirou a mão, encostou-se na cadeira e olhou para Hortense. Ela sentiu seu olhar perscrutador penetrar nela e foi percorrida por um breve arrepio, como havia tempos não sentia.

– A senhora está a par – questionou Kluttig, sem se alterar –, do que seu marido fez com a criança judia?

Hortense ficou espantada. Ela abriu a boca. Mas antes mesmo que pudesse responder o que quer que fosse, Kluttig disse perigosamente:

– Foi ele também quem escreveu aquele papel.

A inversão da situação pegou Hortense de surpresa de tal forma que

Kluttig percebeu, por seu comportamento, que ela sabia tudo da traição de Zweiling. Ele mesmo ficou surpreso com a importância dessa descoberta. O espanto de Hortense transformou-se em medo.

– Mas eu não tenho nada a ver com isso tudo...

– Lógico que não – cortou-a o oficial, decidido a colocar aquela mulher sob sua proteção. De repente, ele sentiu-se ligado a ela. Ele acrescentou, resoluto: – A traição é punida com a morte!

Hortense levantou-se, gritando:

– Pelo amor de Deus! Senhor subchefe, pelo amor de Deus! – Seu rosto estava transtornado pelo medo. Kluttig também se levantou. Estavam frente a frente. Kluttig teve a impressão de sentir o calor de Hortense. Ele a tomou pelos braços enquanto um pânico dissipava nela qualquer excitação sexual. Agora, ele olhava para aquela mulher sem dissimular.

– Uma mulher assim – soltou, emocionado. – Uma mulher assim...

Mas ela não estava mais no clima. Seu corpo todo tremia.

– Eles vão matá-lo?

Kluttig soltou Hortense e a olhou de lado. Seu medo o excitava. Ele não respondeu. As palavras de Reineboth sobre Zweiling, "esse bunda-mole do Zweiling ficará ainda bem feliz de poder nos ajudar a limpar isso tudo...", tinham feito nascer nele um pensamento que não devia nada aos cálculos frios de Reineboth.

– Matá-lo! – exclamou ele após um longo silêncio. – Ainda seria bom demais para ele! Ele tem de consertar as bobagens que faz!

O medo de Hortense transformou-se em angústia.

– Mas, como assim? – arriscou-se a perguntar. Kluttig respondeu de pronto.

– Se ele se comprometeu com os comunistas, então ele conhece os adeptos. Não qualquer um; esses, nós os conhecemos também, mas os verdadeiros responsáveis pela organização criminosa.

Hortense não fazia a menor ideia do que acontecia no campo. Aos seus olhos, nada mais era do que o local de trabalho de seu marido. Uma vez mais, sentiu medo:

– Pelo amor de Deus, senhor subchefe!

Seus olhos cintilavam. O oficial chegou bem perto dela. Ele tinha uma cabeça de altura a mais do que ela, e para olhar para ele, Hortense tinha que erguer o pescoço. Ele a fitou nos olhos. Uma onda de desejo o invadiu e o pegou pela garganta.

– Fale com o seu marido – disse calorosamente, reprimindo com dificuldade o tremor de sua voz. Ela concordou. Seu medo a tornava dócil. Ela jogou seu casaco nas costas e deu meia-volta para ir embora. Kluttig a segurou com força pelos braços. Achando que ele ainda tinha algo a acrescentar, Hortense encarou-o com ar de interrogação; seu olhar, no entanto, era pura luxúria.– Deixe que ele se vá, eu levarei suas bagagens – prometeu Kluttig, ainda arquejante. Hortense não desejava outra coisa a não ser ir embora sem mais delongas. A volúpia daquele homem com o qual ela contava subitamente causou-lhe repulsa.

Após a saída de Hortense, Kluttig deixou-se cair em uma cadeira. Ele enxugou o rosto, penando para recuperar o fôlego. As emoções experimentadas havia pouco o tinham deixado tonto.

Enquanto sua esposa estava na casa de Kluttig, Zweiling estava no escritório de Reineboth. Ele não tinha ousado arriscar-se junto ao inspetor-chefe. Reineboth parecia estar com o humor melhor.

– Então, meu caro, parece que você não teve sorte com o *Kapo* – foi como o inspetor-chefe o recebeu, arvorando um sorriso afetado. Zweiling viu nisso um sinal favorável para tentar dar uma palavra em favor de Höfel. Reineboth fez um aceno de cabeça desolado.

– É uma história bem boba. Infelizmente, não se trata somente de Höfel, mas também de você.

Zweiling ficou apreensivo.

– O que eu tenho a ver com isso? – Ele engoliu em seco. Olhando para ele, Reineboth sentia um prazer simulado.

– É também o que eu me pergunto – respondeu o outro com falsidade e, em seguida, tirou o bilhete de Zweiling de entre as páginas do registro de chamada.

– Não posso acreditar... – Zweiling estava completamente desnorteado. Ele reconheceu o papel na mesma hora. O inspetor-chefe dirigiu-lhe um sorriso de fingida simpatia; ele sentia prazer em torturá-lo.

– Höfel e o polonês, o fulano com aquele nome impronunciável, nós só fizemos algumas carícias neles, e... – Reineboth piscou o olho, dando à frase em suspenso uma certa gravidade. – Resumindo, os dois pilantras jogaram toda a culpa em você.

O subalterno quis dar um pulo, mas, para não se trair, dissimulou esse sobressalto de medo com um gesto altivo da mão.

– Imagine! Foi só por vingança.

Reineboth balançou na cadeira e colocou os braços cruzados na beirada da mesa.

– Foi exatamente o que eu pensei.

Ele fez uma pequena pausa, brincando com o bilhete. Zweiling fez uma tentativa vã de se justificar.

– Você não vai acreditar que...

– Eu não acredito em nada – cortou Reineboth. – Nada disso está claro... existem certos pequenos detalhes. O bilhete, por exemplo...

Ele o jogou com desenvoltura para Zweiling, que fingiu surpresa ao lê-lo. O inspetor-chefe não se deixou enganar. Ele estava cada vez mais seguro de si.

– Isso não foi escrito por um prisioneiro do *Kommando*.

Zweiling estava cada vez menos à vontade.

– Onde você conseguiu isso? – arriscou. O inspetor-chefe dirigiu a ele um sorriso de cumplicidade, pegou o bilhete, dobrou-o e o colocou no bolso; ele torturava Zweiling fazendo gestos lentos.

Faltava-lhe uma atitude natural para apostar em uma negação, de forma que seu silêncio passou por confissão.

Reineboth já sabia o suficiente. Ele recostou-se novamente em sua poltrona, saboreando sua vitória, passou os polegares pela abotoadeira, tamborilando nos botões com os dedos.

– Então, meu caro...

Zweiling tinha ficado branco. Como um náufrago, ele tentava se manter na superfície.

– Quem pode provar que eu...

Reineboth inclinou-se rapidamente até ele.

– Como é que *você* pretende provar que não foi *você*? – Seus olhares se cruzaram. Reineboth adotou de imediato seu sorriso simpático.

– Estou convencido de que você não tem nada a ver com tudo isso. – Ele dizia o contrário do que pensava, propositalmente, e era assim que Zweiling deveria entender. – Por enquanto, somente Kluttig e eu estamos sabendo. – Seu sorriso se tornara ameaçador e ele levantou o dedo. – Por enquanto! Nós poderíamos dizer também: o primeiro oficial Zweiling se deixou envolver nesse negócio de menino judeu para desmascarar a organização clandestina... sim, também poderíamos até dizer: o primeiro oficial Zweiling executou uma missão secreta...

Com o indicador, o inspetor-chefe coçou o queixo.

– É o que poderíamos dizer...

Então, Zweiling recobrou a voz.

– Mas... eu não sei quem é...

O inspetor-chefe apontou o indicador para seu subalterno.

– Veja, é precisamente aí que está o problema. Estou sendo franco com você, meu caro. Estou lhe dizendo.

Zweiling quis protestar; Reineboth lhe cortou a palavra.

– Veja se não diz bobagens, Zweiling. É da sua cabeça que estamos falando! Ela não está longe de cair, então não tente me enganar!

Zweiling estava totalmente desamparado.

– O que eu devo...

Reineboth levantou-se. Seu lado dúbio desparecera. Frio e ameaçador, ele berrou para Zweiling:

– Isso é assunto seu. Você se associou aos comunistas... até que ponto? É problema seu. Como você vai sair dessa... é problema seu. Tudo é problema seu, entendeu? Nós queremos saber quem está por trás disso tudo. Quais deles você conhece? Os olhos de Zweiling iam de um lado para o outro.

– Höfel e Kropinski.

– Quem mais?

– Pippig.

– Pippig, bom. Quem mais?

Zweiling encolheu os ombros e disse ao acaso:

– Eu conheço Krämer.

– Krämer, lógico que você o conhece – ironizou Reineboth. – Infelizmente, a gente também o conhece. São os outros que nós queremos.

– Que outros?

Reineboth esmurrou a mesa e se recompôs-se prontamente. Ele endireitou-se, ajeitou o uniforme e concluiu, em tom conciliatório:

– Seu tempo está contado. Faça um esforço, meu caro...

<hr />

Zweiling voltou para casa aniquilado.

– Meu Deus! Você sabe que eles querem acabar com você? – essa foi a recepção de Hortense.

Zweiling não tinha mais forças para perguntar à esposa como é que ela sabia disso. Ele se deixou cair em uma cadeira e desabotoou os primeiros botões de seu casaco.

– Eu preciso entregar a eles a organização clandestina.

– Então faça isso! – ordenou Hortense.

– Mas eu não conheço nenhum de seus membros!

Ela cruzou os braços sobre o peito.

– Isso é o que você ganhou com esse maldito judeu. Você deveria tê-lo matado!

Zweiling estava agitado.

– Quem devo entregar a eles?

– E *eu* é que sei? *Você* conhece esses canalhas do campo, eu não! – gritou ela.

– E se eu entregar nomes falsos, hein?

Hortense deu um riso de zombaria.

– Qual é o seu problema? É a sua cabeça que você tem de salvar!

Zweiling estava enrascado.

Naquela noite, ele não conseguiu dormir. Não parava de remoer seus pensamentos. Ao seu lado, sua esposa fungava e se revirava na cama.

Um dia, um novato apareceu no meio do *Kommando* do armazém de vestuário; ele ia substituir os dois prisioneiros mantidos em segredo. As circunstâncias de sua chegada não pareceram suspeitas somente para Pippig, mas também para todos os demais. Nunca antes um recém-chegado fora incorporado a um dos *Kommandos* mais importantes do campo – a enfermaria, o armazém de vestuário, o escritório de estatísticas do trabalho ou a secretaria –, sem que sua confiabilidade fosse previamente examinada. O decano do campo sempre era informado, assim como os *Kapos* do escritório de estatísticas do trabalho ou da secretaria, responsáveis pela formação dos *Kommandos* de trabalho. A administração dos prisioneiros devia comunicar o nome dos candidatos indicados para tal *Kommando* ao oficial SS responsável pela mão de obra. Sempre fora assim. A administração SS do campo não cuidava das razões internas que motivavam tais propostas. Seu único interesse era que "tudo funcionasse", mesmo porque ela não tinha nem vontade nem capacidade para dirigir uma organização tão complicada. O desinteresse dos SS tinha sido aproveitado pela administração dos prisioneiros do campo para elaborar, ao longo dos anos, um importante funcionalismo de prisioneiros. A surpreendente aparição desse recém-chegado no seio do *Kommando* de vestimenta deixou os internos desconfiados. Zweiling afirmava que o novato havia sido enviado pelo oficial SS encarregado da mão de obra.

– Além disso, eu sondei o terreno; talvez eles nos devolvam Höfel e Kropinski – confidenciou ele a Pippig, em seu escritório, piscando para ele cheio de confiança.

Mas Pippig não entrou na dele. Ele perguntou o que o novato deveria fazer.

– O que ele pode fazer? – respondeu o primeiro oficial, em tom que traduzia o quanto aquela chegada lhe era desagradável. O novato usava o triângulo dos políticos, e ninguém o conhecia no *Kommando*.

Pippig não perdeu tempo. Ao primeiro pretexto, deixou o armazém e foi, com a maior pressa e em estado de grande excitação, encontrar Krämer.

– Temos um novato. Tem alguma coisa que não está batendo.

Krämer mandou que Pröll lhe trouxesse a ficha de Wurach, esse era o nome do novato. Ela não lhes informava nada. Wurach, Maximilian, ex-soldado do Exército alemão. Preso havia dois anos. Não constavam informações sobre o motivo. Provavelmente roubos contra seus camaradas, imaginou Krämer.

Wurach havia chegado fazia dois meses do campo de concentração de Sachsenhausen, em comboio particular.

Estava registrado em sua ficha. Comboio particular?

Alguns meses atrás, muitos presos políticos haviam sido denunciados e eliminados em Sachsenhausen... Poucos deles, deportados para Buchenwald, haviam lhes contado. Pröll, Krämer e Pippig se entreolharam.

– Meu Deus, Walter... – Pippig arregalou os olhos. Krämer bateu na testa. – Em nome de Deus!

Maximilian Wurach, comboio particular, incorporado ao *Kommando* por ordem do chefe da mão de obra. Era um renegado!

– Meu Deus, Walter...

Sem uma palavra, Krämer devolveu a ficha a Pröll, que a levou de volta à secretaria. Pippig estava nervoso.

– Você acha que esse sujeito está encarregado de descobrir onde escondemos o garoto?

Com os cotovelos afastados, Krämer permanecia sentado à sua mesa; ele olhou para o rosto angustiado de Pippig, e seus pensamentos foram bem além das suposições daquele.

Em um *Kommando*, não havia nada mais perigoso do que um delator e suas sórdidas manobras.

Primeiro, Krämer pensou nas pistolas. Um sentimento de mal-estar – o cheiro do perigo – fizera com que ele estabelecesse uma ligação entre a presença do dedo-duro e as armas. Que missão teria o delator? De repente, os sacos não pareciam mais ser esconderijos suficientemente seguros. Era preciso esconder as armas em outro lugar! Mas não seria melhor conversar com Bochow a respeito? Krämer afastou esses pensamentos e resolveu agir sozinho. Ele se levantou, percebeu que Pippig ainda falava com ele, e lhe cortou a palavra com um sinal de mão imperativo.

– Agora ouça!

Pippig se calou.

Krämer foi até a porta, olhou para fora para ver se não havia ninguém, aproximou-se de Rudi e enfiou o indicador em seu peito.

– Ouça bem o que eu vou dizer e fique de bico fechado, entendido?

Pippig aquiesceu.

Krämer arreganhou o lábio superior, para colocar ordem em suas ideias, e em seguida disse secamente:

– Três sacos de roupas, entendido? – Ele deu seus números a Pippig.

– Eles estão suspensos lá em cima, na sétima fileira no nível da janela do meio.

As palavras do decano soaram confusas aos ouvidos de Pippig; ele aguardou com excitação que Krämer explicasse. Por um curto instante, Krämer cerrou os dentes, olhou bem nos olhos de Pippig, e disse:

– Três pistolas. Uma por saco. – Pippig prendeu a respiração. Seu rosto não mostrava nada além da surpresa. Era melhor assim, constatou Krämer.

– Elas precisam desparecer, entendeu bem?

Pippig engoliu em seco, seu pomo de adão subiu. Era... Ah! Meu pobre amigo... de repente, ele se lembrou da recusa de Höfel em ficar com a criança e sentiu vergonha de tê-lo acusado de covardia. Agora, a coisa estava clara. Krämer o pressionou:

– Você tem de encontrar um esconderijo mais seguro. Veja na reserva e me mantenha a par, assim que encontrar alguma coisa!

Pippig estava surpreso demais para dizer qualquer coisa. Ele só concordou e apertou a mão de Krämer. Negócio fechado.

Em seguida, voltou ao armazém de vestuário. Armas!

Ele estufava o peito. Via o campo e os prisioneiros com novos olhos. As fileiras em arco dos estreitos barracões já não lhe pareciam mais tão opressoras. Por cima dos telhados dos prédios de madeira erguia-se a alta silhueta de pedra do armazém de vestuário. Lá havia armas escondidas. Foi só então que Pippig percebeu a que ponto isso era fantástico. Seu coração disparou. A existência de uma força invisível, onipresente, o fez estremecer por inteiro e o encheu de uma alegria até então desconhecida.

Armas!

Um chefe de bloco veio em sua direção. Pippig era obrigado a descobrir a cabeça à sua passagem. O que ele fazia por hábito. Ao cumprimentar um membro da SS, era proibido olhar para ele. Quanto a eles, não prestavam a mínima atenção aos prisioneiros; aqueles lixos não mereciam nenhuma consideração. Pippig retirou seu boné com um gesto furioso, era um tipo de muda provocação. Pepino? Sem pepino! Nunca o pequeno tipógrafo de Dresden, com pernas um pouco arqueadas, havia se sentido tão bem quanto naquele momento. Sem pepino, pode ficar tranquilo, sem pepino.

O chefe de bloco cruzou com ele. Pippig recolocou o boné. Sim, sem pepino, sem pepino... seu coração batia a mil por hora. Mas, de repente, foi acometido do pavor! Imaginou o novato mexendo nos sacos.

Caramba!

Pippig pôs-se a correr. Ele entrou na secretaria sem fôlego. À sua chegada, os prisioneiros mostraram-se impacientes.

– Onde você estava? Faz meia hora que o novato está com Zweiling. Sobre o que estão conversando?

Rose resmungava:

– Da próxima vez, vão nos trancar todos juntos no *bunker*. Vejam se não se metem mais em confusão.

Pippig o repreendeu:

– Sou o único responsável nesta história. Só eu. Entendeu? Deixe os outros fora disso.

– Por sua culpa, vamos todos ser grelhados – retorquiu Rose, em tom enfadonho.

– Por minha culpa – respondeu Pippig furioso. – Por minha culpa, em breve você vai poder voltar para sua choupana e seu jardim de trabalhador!

Os outros intervieram, para evitar uma briga.

Pippig, fora de si, saiu da sala e espiou no escritório de Zweiling. O novato estava em posição de sentido diante do primeiro oficial.

Não havia ninguém no vestiário. Sem que eles notassem, Pippig atravessou as longas fileiras de sacos. Era ali, no meio, que deviam estar. Pippig procurou nas fileiras. Os sacos estavam pendurados em dois níveis, sendo que o segundo somente era acessível com a ajuda de uma escada. "Na sétima fileira, no nível da janela do meio", havia dito o decano. Lá em cima? Pippig viu os números marcados em grandes algarismos bem visíveis nos sacos. Ele subiu em uma das escadas, procurou no interior do saco; nada. O saco só parecia ter o conteúdo normal, ternos, casacos, roupas, sapatos... Pippig inspecionou os três sacos. Nada.

Então, reparou que cada um continha pares de botas altas. Em cada par, havia uma bota que parecia mais pesada. Pippig recolocou a escada em seu lugar e respirou fundo. O lugar cheirava a ar seco e naftalina.

⟨∞⟩

A pedido de Zweiling, o chefe de mão de obra havia designado Wurach para o *Kommando*. Zweiling tinha pensado bastante, para encontrar uma escapatória. Em que dilema ele havia caído? Chegar ao ponto em que SS e prisioneiros alimentavam as mesmas suspeitas a seu respeito. Diante de Reineboth, ele precisava se inocentar, de qualquer maneira.

Mesmo se, para isso, matasse uma centena de prisioneiros. Não tinha importância. Mas será que poderia dar nomes ao seu bel-prazer? O inspetor-chefe o acusaria de tê-lo induzido ao erro e, dessa vez, o consideraria realmente como traidor. Hortense, sem querer, tinha dado a ele uma ideia inspiradora. Ela berrara, cega pela cólera: "Você está em cima do muro! Baita homem! E ainda pretende ser SS! Agora se vire, para sair dessa confusão. Tem muitos delatores no campo que podem ajudar você a encontrar os tipos que está procurando". E foi assim que Zweiling acabou pensando em Wurach. Quando ele chegou, no comboio, haviam falado dele lá em cima.

Wurach fora deportado para Buchenwald para ser protegido das represálias dos deportados de Sachsenhausen, em consequência de suas delações. O chefe da mão de obra fez uma careta.

– Por que ele, especificamente?

–Você bem sabe o que me aconteceu – respondeu Zweiling.

Todo o resto não passava de formalidades. E agora, Wurach estava diante de Zweiling. Ele media o prisioneiro.

Uma silhueta atarracada, dominada por uma cabeça grande demais; em seu rosto, um nariz exageradamente pequeno, como se fosse um tumor. Um tipo briguento!

– Você era soldado?

– Afirmativo, senhor primeiro oficial.

– E o que você fez para vir parar aqui?

Zweiling passou a língua nos lábios. Wurach estava visivelmente pouco à vontade; ele tentou se livrar da resposta objetiva.

– Fiz uma besteira.

– Você roubou um camarada, é isso?

O antigo soldado olhava para Zweiling como um cachorro que não confia em seu dono. Zweiling empurrou-lhe um maço de cigarros e, diante de sua hesitação, estimulou-o a pegá-lo.

– Vamos, pegue...

Wurach colocou rapidamente o maço em seu bolso.

– Em Sachsenhausen, você nos foi muito útil para tirar uma grande sujeira de baixo do tapete – prosseguiu Zweiling. O prisioneiro, que contara com essa "grande sujeira" para voltar a ser livre, não escondia sua decepção. Ele deu de ombros.

– E o que foi que ganhei com isso? – resmungou com amargor.

– Vou fazer com que seja libertado.

Isso chamou a atenção de Wurach. Zweiling deu-lhe garantias.

– Nosso comandante é um sujeito decente. Ele sabe o que deve a um homem como você...

– O senhor acha que...? – perguntou, com interesse.

– Não é por menos que eu o trouxe para o meu *Kommando* – disse Zweiling para reanimar sua esperança. – Lógico, antes você precisa me dar o que eu quero. Imagino que esteja me entendendo.

Wurach fez que sim com a cabeça. Aquilo era a própria evidência.

– Você sabe o que me aconteceu? – Zweiling esticou o pescoço em direção à janela e, certo de não estar sendo observado do lado de fora, continuou: – Aqui, algo está cheirando muito mal neste momento. Como em Sachsenhausen, nós temos uma organização clandestina, está me entendendo? São seus membros que procuramos. Trata-se de uma missão secreta. Para o comandante em pessoa, entendeu? Você tem experiência nisso?

Zweiling mostrou os dentes. Quanto a Wurach, ele refletia. Zweiling foi mais fundo.

– Quando tivermos encontrado quem dá as cartas, e eu puder dizer ao comandante: "O detento Wurach fez...". Mas antes, preciso de algo para mastigar.

– Lógico – respondeu o novato, estalando os lábios. – Eu conheço muita gente. Quando eu estava no *Kommando* de desinfecção fui para todas as partes dentro do campo.

– Ah! Está vendo – disse Zweiling, animado.

– Mas será que são os certos? – questionou o prisioneiro, encolhendo a cabeça.

– É o que você precisa descobrir. No meu *Kommando*, é certeza que tem alguns. E aí, como fica?

– Não tão depressa. – Wurach fez um gesto, perplexo. – Primeiro, eu preciso pensar no assunto.

– Pense, pense bem. – O SS levantou-se. – Vou levar você até Pippig. Ele certamente faz parte. E nós dois, a gente não tem nada a ver um com o outro, captou?

Wurach já tinha ouvido essas belas palavras e um sorriso discreto apareceu em sua boca. Zweiling chamou Pippig ao seu escritório e apontou para o novato.

– Eu interroguei esse sujeito. Fique com ele na secretaria e abra o olho. Se ele não fizer nada, é melhor cair fora. Não precisamos de vagabundos por aqui.

Com exceção de Rose, nenhum prisioneiro levantou a cabeça quando

Pippig apareceu com o novato. Wurach sentiu a frieza da acolhida. Ali, ele teria de ser prudente.

O que fazer com as pistolas? Pippig quebrava a cabeça. Ao longo de toda a tarde, escondendo-se por trás de ocupações intensas, ele estivera à procura de um esconderijo seguro. Explorou o lugar de cabo a rabo. O que fazer com aquelas armas? O que fazer? Ele não encontrou nenhum lugar que lhe parecesse suficientemente seguro. Caramba!

Pela janela, ele via Zweiling sentado tranquilamente em sua escrivaninha.

Uma escrivaninha, pensou Pippig, cheio de desprezo. Como se aquele sujeito tivesse escrito outra coisa em toda a sua vida além de seu nome nojento em uma lista de chamada; e, no entanto, ele se pavoneava atrás da escrivaninha, como um diretor-geral.

De repente, o olhar pensativo do modesto tipógrafo mudou. Seus traços se contraíram: pronto! Ele achara o esconderijo ideal!

Como de hábito, Zweiling deixou o local após a chamada noturna, e o *Kommando* continuou ocupado até que soasse o toque de recolher.

Desde a detenção de Höfel, Pippig havia sido encarregado de fechar o local e entregar a chave ao SS de serviço na torre. Na manhã seguinte, após a chamada, ele a recuperaria. Essa tarefa era uma parte importante do plano de Pippig.

Se dessa vez ele não fosse incomodado por Zweiling, como quando o menino tinha sido retirado do armazém, tudo deveria correr às mil maravilhas.

Não houve nenhuma dificuldade. Zweiling tinha ido embora. Meia hora antes do toque de recolher, o *Kommando* deixava o armazém. Pippig fechou. A fechadura estalou duas vezes, mas se tratava de um ardil. Na realidade, a porta permanecia aberta. Estava escuro. Para Pippig era uma coisa boba entender-se com o decano.

– Max, nesta noite não vou dormir no bloco, vou ficar no armazém.

O decano resmungou afavelmente:

– O que você tem em mente, velho safado?

Mas Pippig não respondeu nada.

O armazém de vestuário ficava nas proximidades do complexo que abrigava as cozinhas, o lavadouro, a desinfecção e os chuveiros. Pippig precisava esgueirar-se habilidosamente no caminho, para não ser visto por um interno ou um SS que deixasse o campo tardiamente. Na escuridão dos prédios, ele estava em segurança. O leve ruído de uma porta sendo aberta, alguém esgueirando-se em uma sala...

Na escuridão do vestiário, escondido no desvão atrás das pilhas de roupas, onde o menino tinha ficado escondido, Pippig aguardava. Dessa vez, não havia chuva nem vento, e a lua cheia estava pendurada no céu claro. Não passou muito tempo até que ressoassem os apitos do toque de recolher. Eles se repetiram em diferentes lugares, aproximando--se, afastando-se... Em seguida, o campo ficou envolto em seu manto de silêncio.

Pippig aguardou uma hora, logo duas... Sem relógio, ele avaliava instintivamente o tempo que se passava. À meia-noite, de acordo com seus cálculos, enquanto o silêncio do prédio garantia que ele estaria em segurança, deixou seu esconderijo. Ele foi buscar martelo, pinças e formão na secretaria, onde se encontrava esses tipos de ferramenta. Então, entrou no escritório de Zweiling. Fazia tempo que Pippig pensara na sequência em que iria cumprir sua missão; os gestos sucederam-se metodicamente. Primeiro, ele levantou a imponente escrivaninha e empurrou-a devagar para o lado, tomando o cuidado de não mover o menor dos objetos, para devolvê-la exatamente como havia sido deixada. Zweiling não poderia perceber que a escrivaninha tinha sido movida.

Em seguida, Pippig dobrou a metade do tapete que havia sido liberada e, então, dedicou-se à tarefa mais difícil e mais delicada: despregar uma tábua do piso do local descoberto, de mais ou menos um metro de comprimento. Na pálida iluminação, ele procurou os pregos tateando, escancarando os olhos. Eles estavam solidamente cravados na madeira! Ele não esperava por isso.

Não era hora de perder a calma. Pepino? Com Pippig...

Ele tateou as tábuas em uma largura correspondente à da escrivaninha. Ali! A cabeça de um dos pregos sobressaía-se um pouco. Não o suficiente, no entanto, para ser arrancado com a pinça. Pippig tentou então com o formão. Ele não achou o encaixe, e escorregou na cabeça do prego.

Calma, Rudi! Calma! Não danifique a madeira! Pense em tudo!

Ele bateu de leve em volta do prego com suas ferramentas. Com intensa concentração, ele estava atento ao que fazia. Com certeza, haveria um lugar onde a coisa iria funcionar. No mundo inteiro, não havia um prego cuja cabeça não sobressaísse um pouco de viés da madeira na qual estava cravado. Por fim, Pippig encontrou um lugar conveniente. Porém, passar a lâmina do formão sob a cabeça, ainda que uma parte ínfima, era um trabalho de precisão de ferramentas, músculos e nervos. Funcionou mais ou menos. Pippig tentou retirar o prego fazendo movimentos de pêndulo. Exigiu-lhe um baita trabalho, mas ele logo sentiu que ia ter sucesso. Conseguira, com bastante jeito, liberar suficientemente a cabeça do prego para poder retirá-lo com a pinça. Ele tinha de trabalhar cuidadosamente com aquela ferramenta, evitar qualquer gesto brusco, para não fazer nenhum risco na madeira. Ele fez girar a pinça em volta da cabeça do prego, e quando finalmente conseguiu uma boa pegada, colocou seu boné debaixo das mandíbulas da ferramenta; fazendo pequenos movimentos de alavanca, ele fez o prego sair da madeira, milímetro após milímetro.

Finalmente!

Ele ainda precisava extrair cinco pregos. Mas, após o primeiro, aquilo seria uma brincadeira de criança. Ele utilizou o formão como alavanca para levantar a tábua. Ainda utilizando seu boné como proteção, ele conseguiu retirá-la com cuidado. Pippig, durante seus primeiros anos no campo, tinha trabalhado no *Kommando* de construção, e sabia que sob as ripas não havia nada além de clínquer. Os procedimentos seguintes foram bem rápidos; o prisioneiro cavou um buraco no clínquer, foi até o depósito e desceu os sacos. Até então, ele conservara sua calma. Mas quando fuçou no interior dos sacos e enfiou as mãos nas botas, ele foi tomado pelo nervosismo. Calma, caramba! Mas não conseguiu impedir suas mãos de tremer quando descobriu, no fundo da bota, uma coisa desconhecida e misteriosa, envolta em trapos. Pippig a apanhou e foi atravessado por um arrepio quando suas mãos se fecharam sobre as formas de uma arma. Ele retirou a pistola.

Pippig avaliou o peso da arma em sua mão trêmula. O objeto pareceu-lhe pesado, majestoso e imponente. Ele saboreou por pouco tempo aquele arrepio. Juntou rapidamente as demais pistolas, reatou os sacos, colocou-os no lugar, guardou a escada, e voltou com pressa ao escritório de Zweiling com seu precioso tesouro.

Ele não perdeu tempo tirando as armas de suas embalagens para olhá-las. Colocou-as apressadamente na cavidade, como se cada instante roubado de seu segredo fosse um sacrilégio. Quando estava a ponto de recolocar a tábua, ele foi assaltado por um pavor extremo.

Alguma coisa rangia do lado de fora!

Pippig ouviu distintamente a porta que tinha sido aberta e novamente fechada.

E, mais uma vez, tudo ficou calmo.

Passos prudentes se aproximavam. Com a tábua na mão, Pippig estava ajoelhado diante do buraco. Todos os seus sentidos estavam em alerta, prontos para encarar o medo. Uma gota de suor frio desceu pelo peito do prisioneiro, deixando sob seu rastro um arrepio. Os passos se aproximavam cada vez mais; eles pararam diante da porta parcialmente fechada do escritório. A respiração de Pippig simplesmente parou, com o aparecimento de duas silhuetas na escuridão da sala. Eram Müller e Brendel, da guarda do campo. Ao fazer sua ronda noturna, eles tinham empurrado por acaso a porta do prédio.

— O que você está fazendo aí? – perguntou Brendel a meia-voz.

Pippig abriu a boca, incapaz de emitir um único som. Os dois guardas se aproximaram. Eles se inclinaram por cima da abertura e Brendel pegou os objetos que mal podia enxergar.

Foi então que Pippig saiu de seu entorpecimento. Ele empurrou Brendel pelo peito.

— Tire as patas! — Mas Müller também tinha pegado uma; ambos, desconcertados, seguravam pistolas.

— Onde você conseguiu isso?

— Não é da sua conta! — respondeu Pippig, sobressaltado.

Brendel, um sujeito forte, segurou Pippig.

— Onde? Diz aí! — O momento era crítico.

Müller ficou entre eles e os separou.

— Você pode nos dizer, Rudi! Se você não for um canalha que quer fazer alguma sujeira com a gente, então nos conte o que...

— Um canalha? Vocês estão malucos? Vocês sabem muito bem o que está acontecendo. Estão procurando encrenca para nós. Estas armas são do Höfel. Agora que vocês as viram, bico calado. É melhor me ajudarem a enterrá-las.

Os dois guardas se entreolharam. Höfel era seu instrutor e eles logo fizeram a ligação. Sua primeira reação tinha vindo mais da surpresa do que das suspeitas com relação a Pippig, que eles consideravam havia anos como um bom e leal camarada. Sua intuição, exacerbada por anos de cativeiro, permitia que eles reconhecessem o que era verdadeiro ou falso em situações inesperadas e agissem de acordo. Sem hesitar, ajudaram Pippig a esconder as pistolas. Brendel, no entanto, estranhou a localização do esconderijo.

— Maldição — murmurou ele, — Como é que você teve a ideia de escondê-las sob a escrivaninha do Zweiling?

— Porque o rabo de um suboficial é sempre o esconderijo mais seguro que existe. E como estamos na mira deles, não vão procurar nada aqui. Deu para entender?

Essa lógica a toda prova deixou Brendel abobalhado.

– Rudi, você é um gênio...

– Deixe de bobagens – respondeu ele a esse elogio.

Eles preencheram com clínquer o espaço entre as pistolas. Antes de recolocar a tábua do piso, Brendel contou as tábuas a partir da parede externa; as armas estavam por baixo da décima segunda. No maior silêncio possível, pregaram-na de volta.

Pippig tinha colocado seu boné sobre a cabeça do prego para abafar os ruídos do martelo. Eles eliminaram todo o rastro de poeira antes de desdobrar o tapete. Juntos, puseram a escrivaninha de volta no lugar. Pippig tinha memorizado suas referências graças aos desenhos do tapete. A pálida luz noturna que invadia a sala permitiu ter a certeza de que tudo estava como antes. Então, Pippig tratou de se assegurar de que o segredo estava bem guardado.

– Camadaras, vocês vão ficar de bico calado, certo? – implorou.

Se pudessem explicar a ele o que a guarda do campo de fato era... mas se contentaram em dar um tapa em seu ombro.

– Sem crise, meu velho! A gente está por dentro!

E desapareceram tão silenciosamente quanto tinham entrado.

Pippig guardou as ferramentas e esperou, encolhido no canto, que o dia nascesse. Ele não conseguia dormir. Ficou sentado em cima de alguns casacos velhos, com os joelhos entrelaçados. As três pistolas certamente não eram as únicas armas existentes no campo. Apesar de seu profundo respeito pela disciplina lhe proibir qualquer curiosidade, ele bem que gostaria de saber mais. Algum tipo de organização clandestina, isso ele sabia que existia; mas o que mais haveria? Pippig colocou o queixo sobre os joelhos. Bom Deus, Rudi! Faz anos que você está mofando neste submundo, um pobre cão enxotado, em meio a tantos outros, tendo por única perspectiva dentro do seu crânio estúpido que um dia isso vai acabar, de um jeito ou de outro... O que você imaginava sobre o jeito como iria acabar, hein, seu idiota?

O destino o empurrava inexoravelmente em direção ao fim,

chicoteando-o. Será que ele não passava de um cão enxotado, encolhido em um canto, forçado a constatar, para sua própria surpresa que outros, considerados por ele pobres coitados, tinham quebrado aqueles chicotes em dois sobre os joelhos, havia muito tempo, transformando assim o tal "de um jeito ou de outro" em decisão firmemente tomada?

Essa decisão lhe deixava um gosto amargo. Por que ele não fazia parte daqueles a quem pertencia Höfel? Eles não confiavam nele por causa de sua pequena estatura e de suas pernas tortas? Quem ele conhecia "daqueles"? Nenhum?

Krämer era um deles?

Sem dúvida alguma!

Amanhã, prometeu Pippig a si mesmo, *amanhã vou falar com ele. Está fora de questão que eu continue sendo um pobre cão aguardando o fim "de um jeito ou de outro"!*

A manhã ainda estava escura como a noite quando Pippig deixou o recanto após o apito anunciando a chamada. As ruas entre os barracões já estavam cheias de vida. Os responsáveis de dormitório corriam de todas as direções para as cozinhas, levando o café a seus blocos.

A ausência de Pippig tinha passado despercebida em seu bloco. Quando voltou, eles estavam arrumando as camas nos dormitórios, e seu vizinho lhe perguntou onde tinha passado a noite.

– Com uma bela gatinha – retorquiu Pippig secamente, em um tom que não permitia mais nenhuma pergunta.

Enquanto isso, Bochow ficou sabendo da notícia. Pouco depois do apito, seu homem de ligação tinha vindo contar a ele os eventos ocorridos no armazém de vestuário durante a noite, por intermédio do *Kapo* da guarda de campo. Bochow e seu homem de ligação murmuravam diante do bloco na ligeira escuridão matinal. Primeiro, Bochow ficou furioso ao saber que Krämer, agindo por conta própria, havia desobedecido às ordens; mas, ao saber da chegada de um delator ao *Kommando*, ele considerou ter sido pertinente esconder as armas em outro lugar, e foi forçado a reconhecer que o pequeno Pippig agira com grande esperteza. O homem de ligação contou-lhe também, palavra por palavra, a observação de Pippig. "Porque o rabo de um suboficial é sempre o esconderijo mais seguro que existe...", Bochow teve que dar risada.

<hr />

Agora, Förste sabia o que acontecia com os dois prisioneiros da cela 5. O interrogatório e as discussões noturnas entre Reineboth, Kluttig e Mandrill lhe haviam revelado muitas informações. Em função de seu isolamento, normalmente ele não sabia muito do que acontecia no campo.

De qualquer forma, havia algo como uma organização clandestina, e a cela número 5 devia servir de porta de entrada. Essa era uma coisa da qual Förste tinha certeza. Seu pai havia sido funcionário público de alto escalão em Viena. Quanto a ele, Albert Förste, depois de terminar seus estudos, também entrou para o serviço do Estado. Depois da ocupação da Áustria, ele foi encarcerado com seu pai e levado de uma prisão para outra durante o ano, para finalmente aterrissar em Buchenwald, onde, desde o início, foi designado para o *bunker*. Ali ficou, e Mandrill o transformou em responsável pela limpeza, ou seja, seu faxineiro. Ao contrário de seu antecessor, Förste nunca participava das torturas contra os prisioneiros. Entre ele e Mandrill jamais houve a menor conivência.

Förste desempenhava seu trabalho de forma submissa, sem dizer nada. Ele vivia como uma sombra no *bunker*. Mandrill nunca precisava chamá-lo, ele sempre estava lá; Mandrill nunca tinha de cuidar de nada, ele se encarregava de tudo. Assim, com o passar do tempo, Mandrill se acostumou àquela sombra.

Desde o encarceramento de Höfel e Kropinski, e desde que estabelecera contato com o eletricista, Förste sentiu eclodir nele o desejo de prestar ajuda aos dois mártires. Mas o que poderia fazer?

Ele sabia que nem Höfel nem Kropinski podiam morrer, pelo menos não ainda. Desde os suplícios com o grampo, Höfel jazia no solo de cimento frio, vítima de uma forte febre. Kropinski, e Förste junto com ele, temiam que em uma crise de delírio ele revelasse os segredos que havia tão corajosamente guardado até então. Sob o pretexto de uma atividade frenética, Förste ia e vinha sem descanso em frente à cela número 5, no interior da qual se encontravam Reineboth, Kluttig e Mandrill. Eles tinham empurrado Kropinski para um canto da sala e se debruçavam sobre Höfel, acometido por intensos espasmos.

Ele delirava. As marcas de pressão em sua mandíbula tinham um tom azul-escuro e estavam terrivelmente inchadas. Ele tremia como se estivesse com frio e seus dentes rangiam uns contra os outros.

Mandrill, indiferente, fumava um cigarro, em pé ao seu lado. Quanto a Kluttig, ele tinha se inclinado para olhá-lo mais de perto e observá-lo. Fragmentos de palavras e frases saíam de sua boca trêmula. Por vezes, murmúrios confusos; por vezes, ruídos e gritos agudos. "Você tem... razão... Walter..., você... tem... razão..."

Höfel gemeu, abriu os olhos, olhou para o vazio e não reconheceu o local. Ergueu os braços em um espasmo, seus punhos bateram contra seu peito. De repente, gritou:

– O partido está aqui... aqui...!

Seu corpo enrijeceu, seu rosto escureceu, ele prendeu a respiração e, de repente, gritos estridentes o tiraram de sua crispação.

– Chraahhh... aqui... estão... os... nomes... chraahhh... ha-ha-haahhhh... – Os berros sufocaram em sua garganta sacudida por convulsões.

Kluttig entrou em estado de viva excitação, e grunhiu:

– Ele quer nos dizer os nomes!

Como se pudesse arrancá-los do corpo convulsionado, ele empurrou-o com a bota. A cabeça do prisioneiro foi tomada por espasmos, seus braços caíram ao longo do corpo e ele se pôs a chorar, um lamento que agitava todo o seu corpo.

– Aqui... aqui... – gemia ele. – Você... tem... razão... Walter... ele está aqui... aqui... e o menino, o menino..., ele deve protegê-lo, proteger...

Como antes, nas dores imensuráveis da tortura, Höfel batia com os pés e as mãos no chão. Seu corpo tremia, seu choro barulhento transformou-se em gemidos infantis, e a saliva formava bolhas em seus lábios ardentes.

Reineboth passava seus polegares sob a abotoadeira, que ele tamborilava com os dedos. Kluttig levantou-se e lançou um olhar de interrogação ao inspetor-chefe, que colocou ordem nas elucubrações do prisioneiro.

— O partido recebeu de Walter a missão de proteger o pirralho. — Ele cerrou os olhos. — Entendeu, subchefe de campo? Se encontrarmos o garoto, o partido é nosso.

Com passo rápido, Reineboth foi até Kropinski no canto onde estava encolhido, levantou-o a grandes chutes de bota, pegou-o pelo peito e empurrou impiedosamente sua cabeça contra a parede.

— Onde está o menino? Maldita carniça polaca! Cadê o garoto? Cão imundo, você vai morrer antes do outro, se não disser nada! Cadê o garoto?

Louco de raiva, ele se dirigiu a Kluttig.

— Precisamos encontrar esse moleque! — Ele olhou para Höfel, caído no chão. — Ele não pode morrer agora! Ainda precisamos dele. Não temos mais nada a fazer aqui, venha! — ordenou ele a Kluttig, antes de sair da cela.

Mandrill os seguiu no corredor. Quando voltou para dentro da cela, Höfel descansava no catre, envolto em dois cobertores puídos. Förste estava ajoelhado ao lado do torturado. O faxineiro parecia completamente sereno, como se o que estava fazendo fosse a coisa mais natural do mundo. Aliás, ele não se deu conta do verdugo atrás dele.

Surpreso, ele ficou sem fôlego. Förste tinha feito sua aposta, ao tomar essa decisão tão rápida quanto temerária. Mandrill iria então acabar com ele a pancadas e jogar o torturado do seu catre, a menos que...

— O que significa isso? — rosnou Mandrill com sua voz rouca. O salto insensato para o desconhecido parecia ter dado certo. Agora a questão era consolidar a aprovação do outro. Com ar indiferente, o faxineiro ergueu-se e disse, antes de sair da cela:

– Ele não pode bater as botas, vocês ainda precisam dele.

E como tinha planejado, voltou para junto de Höfel com um pano úmido e o colocou em sua testa ardente. Mesmo esse gesto improvável – jamais antes um prisioneiro do *bunker* tinha sido tratado daquele jeito, menos ainda um condenado à morte –, mesmo esse gesto improvável Förste fez, para grande surpresa de Mandrill, que olhava seu faxineiro se matando de trabalhar, com gestos tão simples, para conservar em estado "utilizável" um moribundo.

Ele soltou um breve grunhido, que tanto podia significar sua hesitação quanto sua aprovação.

– Mas não mais do que o necessário, hein!

– Mas é lógico! Não estamos em um sanatório – respondeu Förste.

Vamos atrás do garoto! Kluttig queria mandar procurá-lo em todo o campo. Reineboth deu risada.

– Ah, tá bom! O que é que você está pensando? Cinquenta mil homens! O campo é uma verdadeira cidade! Você consegue estar em todos os lugares de uma cidade ao mesmo tempo? Os sujeitos vão passar a criança entre eles, e a gente vai girar em círculos feito idiotas. Você está a fim de fazer papel de ridículo?

O inspetor-chefe desabou ruidosamente em uma cadeira e enfiou os polegares na abotoadeira.

– Que merda! – reclamou com raiva. A agitação tomava conta dele de novo. Ele atirou seu quepe sobre a mesa.

– O que vai ser de nós?

Kluttig tentou animá-lo.

– Estou pensando, será que você gostaria de partir para a Espanha?

– Ah! A Espanha... – O inspetor-chefe fez um movimento mal-humorado. Kluttig tragou seu cigarro. – Você acha que é o momento de perder a cabeça?

– Perder a cabeça? – Reineboth deu uma risada de ódio. Ele afastou-se de Kluttig para ir até o mapa na parede.

Na antevéspera, o comunicado do Exército alemão revelara que os americanos e os ingleses haviam conseguido, após seis dias de combate, adiantar sua cabeça de ponte até Bocholt, Borken e Dorsten, e forçar sua entrada em Hamborn. Naquela mesma manhã, novas informações. "A praça-forte de Küstrin caiu nas mãos de um inimigo superior em número..."

Os bolcheviques!

Em um dia, novos nomes apareceram no *front* oeste. Ao norte, parecia já ter havido combates nas proximidades de Paderborn. Ao sul, o avanço iniciado em Lahntal ameaçava Bad Treysa, Hersfeld e Fulda.

Os americanos!

Treysa era na estrada para Cassel. Fulda: dali se ia direto para Eisenach. Os olhos de Reineboth passeavam sobre o mapa.

– Puta que o pariu!

Seu rosto estava transtornado, quando se virou para Kluttig.

– Pois é, meu caro... o nosso diplomata já está preparando sua recepção: entrem, senhores, por favor! Por favor: judeus, bolcheviques, vocês fiquem à vontade! – Ele fez uma careta de animosidade. – Puta que o pariu! – Em seguida, disse: – Não foram os certos que enviamos ao *bunker*!

– Não foram os certos? O que você quer dizer? – Kluttig esqueceu de seu cigarro.

– Esses cães não dizem nada! Temos que passar um pente fino em todo o *Kommando*! Um deles deve ter sujado suas calças. É ele que precisamos pegar!

– Você quer retornar ao armazém? – perguntou Kluttig, surpreso. Reineboth fazia grandes gestos no ar.

– Sozinhos, não vamos conseguir, não dá tempo! Gestapo! – Ele lançou essa última palavra como se lançasse uma faca, e Kluttig a recebeu em cheio.

– Isso está indo longe demais! Já basta que estejamos trabalhando sozinhos nesse negócio. E agora a Gestapo? Se isso chegar aos ouvidos do comandante...

– E um sujeito da sua espécie queria virar comandante... – Reineboth plantou-se repentinamente diante do subchefe de campo. – Daqui a pouco estaremos todos em trajes civis, isso se nos derem essa chance. E então, adeus à glória. Mas enquanto eu estiver usando o uniforme...

Ele calou-se; era provocação. Kluttig sentiu novamente sua inferioridade diante do jovem. O antigo proprietário de uma oficina de confecção tinha medo, apesar de seu uniforme de subchefe de campo.

– Certo, vamos com a Gestapo.

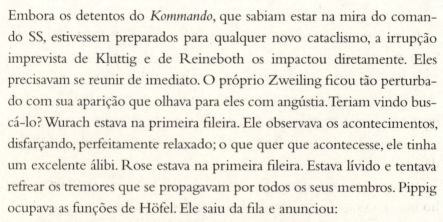

Embora os detentos do *Kommando*, que sabiam estar na mira do comando SS, estivessem preparados para qualquer novo cataclismo, a irrupção imprevista de Kluttig e de Reineboth os impactou diretamente. Eles precisavam se reunir de imediato. O próprio Zweiling ficou tão perturbado com sua aparição que olhava para eles com angústia. Teriam vindo buscá-lo? Wurach estava na primeira fileira. Ele observava os acontecimentos, disfarçando, perfeitamente relaxado; o que quer que acontecesse, ele tinha um excelente álibi. Rose estava na primeira fileira. Estava lívido e tentava refrear os tremores que se propagavam por todos os seus membros. Pippig ocupava as funções de Höfel. Ele saiu da fila e anunciou:

– *Kommando* do armazém de vestuário, em forma!

– É você o novo *Kapo*? – perguntou o inspetor-chefe, sem dar maior importância à resposta, e pôs-se a percorrer as fileiras, que olhava com atenção. Kluttig o seguia.

Na cabeça de Pippig, toda sorte de suposições vinha à superfície, para entender o motivo dessa visita ameaçadora. Será que Höfel... Ele afastou esse pensamento condenável de sua mente. Wurach? Zweiling? O olhar de Rudi perscrutou o rosto de Zweiling, como se pudesse descobrir a ligação com a visita em curso.

Mas o SS estava tão rígido quanto os internos.

Percorrendo as fileiras, Reineboth memorizava cada um dos prisioneiros que ele queria tirar dali. Em meio ao medo desses rostos imóveis, o silêncio macabro da sala, só se ouvia a batida de suas botas: clac... clac... clac... Sempre mudo, o inspetor-chefe saboreava seu poder. Sua boca exprimia o gozo que sentia. *Esses sujeitos borram as calças quando nos veem. Se eles soubessem que também estamos com o rabo quente...* pensava cinicamente. E Pippig pensava: *Vocês imaginam que estamos com medo porque estamos em posição de sentido e não dizemos nada? Não somos tão inocentes. Vocês estão com o rabo quente. E você não vai fanfarronar por muito tempo, os polegares em sua abotoadeira, viu! Filho da puta...*

A sétima fileira, no nível da janela do meio...

Clac... clac... clac...

Reineboth parou diante de Rose. O medo iluminava seu olhar. Seria ele que procuravam?

Reineboth puxou Rose da fila, pegando-o pelo casaco.

— Você é um homem maduro, um homem razoável, não é? Como é que pode se deixar embarcar nessas histórias tão estúpidas?

— Senhor inspetor-chefe... eu não... eu não sei de nada... nadinha de nada...

Reineboth tinha a sensação reconfortante de ter em seu poder esse homem consumido pelo medo. Era ele, o homem certo!

— Se você fez ou se você sabe alguma coisa, vamos acabar descobrindo. — Reineboth dizia isso com uma gentileza impregnada de seu habitual cinismo. Ele puxou Rose para si, e colocou-o de lado. O escolhido estava morto de medo. — Senhor inspetor-chefe... eu não tenho realmente nada...

Mais uma palavra, e eu pulo na garganta dele, pensava Pippig. Repentinamente, Reineboth virou-se para Rose, e berrou:

— Porco! Você vai fechar essa matraca? — Isso teve o efeito de uma detonação. Tática! Nada mais do que uma fria tática de intimidação, e o inspetor-chefe ficou extasiado ao perceber seu efeito. Reineboth fez um sinal ao seguinte, para que viesse se postar ao lado de Rose. Era Pippig. Ele saiu da fila, colocou-se ao lado de Rose e, aproveitando um instante de distração dos SS, deu-lhe uma cotovelada. Era um golpe em que pulsava sua ira.

―――――◦◦◦―――――

Krämer apareceu no bloco 61, sem avisar.

Zidowski quis jogar rapidamente um cobertor sobre o menino sentado no chão, atrás do beliche, para tirá-lo da vista do decano. Mas Krämer fez-lhe um sinal:

— Pode deixar, estou sabendo.

Um mensageiro tinha trazido para ele uma garrafa de leite e alguns biscoitos, a pedido de Riomand. Ele retirou a comida do bolso para entregar ao garoto.

Um súbito pudor o impediu e ele a entregou a Zidkowski.

— Até que enfim! — O polonês aceitou esse tesouro com gratidão. Via-se a alegria transparecer entre as inúmeras rugas de seu rosto. Ele escondeu tudo na roupa de cama.

Krämer aproximou-se da criança. O menino ergueu para aquele homem grande de ar grave seus olhos de veludo, os olhos de um belo e jovem animal, que mais sabia sobre os milenares mistérios da vida do que um ser humano.

Krämer pensou entrever pensamentos já maduros por trás daquele rosto infantil, e isso o perturbou.

Ele percorreu a sala com o olhar; uma parte dela tinha sido adaptada para sala de cuidados. Ali só havia uma simples mesa, algumas cadeiras, garrafas em uma estante, tubos de pomada, algumas facas e tesouras para as faixas. O estritamente necessário para tratar dos ferimentos dos pacientes.

– Onde você esconde o garoto, em caso de perigo? – perguntou em tom autoritário.

O polonês sacudiu a cabeça sorrindo, com ar tranquilizador.

– Aqui, sem perigo. Eles não vir aqui. Nem médico nem SS. E se vir? Enfiar criança debaixo cama, hop, hop!

Ele riu. Foi demais para o decano:

– Sem perigo? Meu Deus! Você não tem noção? Eles acabam de prender metade do *Kommando* do armazém de vestuário! Estão procurando a criança! Basta darem um tranco em um deles para descobrirem onde fica o esconderijo. Então, eles vêm para cá e fuçam em todos os cantos! E aí, o que vai acontecer? Hein?

Zidkowski, profundamente abalado por essas palavras, sucumbiu ao nervosismo. Ele abraçou a criança, apertou-a contra o corpo para protegê-la, e olhou em volta, inquieto.

– Onde, então? – disse, sob o efeito de uma profunda angústia.

– Sim! Onde, então? – explodiu Krämer. Segurança! Vocês deveriam ter tratado disso mais cedo! Essa criança não é um brinquedo, caramba! O polonês mal ouviu as reclamações de Krämer, seus olhos estavam à procura de um esconderijo. Estava fora de questão colocá-lo entre os doentes. Só tinha sobrado a sala onde estavam. Mas onde haveria um esconderijo seguro o suficiente?

Com um rápido olhar, Zidkowski percorria o menor recanto, até as escoras de madeira do telhado do barracão.

– E então? Achou? – disse Krämer com impaciência. O polonês deu de ombros. De repente, teve uma ideia. Ele colocou a criança em cima da cama e foi à primeira parte da sala. Em um canto havia uma grande cuba redonda de zinco.

Ele examinou o recipiente, pensando muito rapidamente e disse a Krämer, que o seguira:

– Aí dentro...

Ele ergueu a tampa.

– Você enlouqueceu? – retorquiu Krämer, apavorado, ao ver que a cuba estava cheia até a metade de velhas bandagens sujas de sangue.

Mas o polonês tinha recuperado o controle. Ele sorriu novamente, fez sinal a Krämer para que prestasse atenção ao que iria se passar, e chamou dois ajudantes ocupados na sala principal.

O decano ouviu Zidkowski transmitir instruções aos compatriotas em sua língua natal e com muitos gestos. Eles as executaram: um deles retirou os repugnantes curativos descartados da cuba, e o outro voltou com uma escova e um pano.

– Rápido, uma tigela!

Eles a encheram com produto desinfetante, antes de esfregar o interior da cuba. Enquanto isso, Zidkowski pegara a tampa de metal, e batia em sua borda com um martelo. Assim encolhida, podia ser afundada até a metade do recipiente cônico, no qual ficaria travada.

O decano do bloco 61 recolocou então as bandagens usadas que transbordavam da cuba, de tal maneira que parecia que estava cheia.

Ali estava o esconderijo em caso de perigo!

Conforme eram conhecidos os SS, eles procurariam no menor cantinho, mas contornariam prudentemente a cuba e seu conteúdo infecto. Krämer concordou também, e Zidkowski só precisou garantir que um de seus homens permaneceria sempre nas proximidades do garoto; quando os SS se aproximassem, dentro de um minuto...

– Você está vendo – festejou o polonês, entusiasmado por seu achado –, os curativos! Criança dentro da cuba, a tampa, os curativos! *Dobrze*.

Ele olhava impacientemente para o decano, aguardando sua aprovação. Krämer, resignado, baixou os olhos. De qualquer forma, não havia possibilidade melhor. Todo o resto era uma simples questão de sorte. Mas que não entornassem a cuba, e exigissem que fosse esvaziada – Krämer olhou para os três poloneses em volta dele –, senão morreria o menino e, com ele, esses três bravos.

De seu ser irradiava o silêncio com o qual marchariam para a morte. Três pares de olhos estavam fixados nele. Três infelizes poloneses estavam ali, arrancados de sua terra natal. Ele mal sabia seus nomes, nada sabia sobre eles. Seus uniformes cinza-azulados riscados eram grandes demais para eles. Os pelos de suas barbas cresciam como se fossem musgo, como nos sulcos de um campo árido. De fato, as privações tornavam salientes os ossos de seus rostos; mas seus olhos faiscavam, a única coisa indestrutível nos rostos emagrecidos daqueles homens. Nem a morte, nem as privações puderam apagar a luz no fundo daqueles olhos. Ela era viva, cintilante, mesmo das profundezas de seu aviltamento. Somente um disparo à queima-roupa de uma daquelas bestas ferozes poderia aniquilar para sempre essa faísca. E essa luz que se apagaria seria idêntica à de uma estrela que morre; as trevas da morte serão o suave sudário que envolve a beleza eterna.

Evidentemente, não era precisamente nisso que Krämer estava pensando, mas era o que ele sentia nas profundezas de seu coração.

Zidkowski lhe fez um sinal de cabeça amigável. Mesmo esse simples cumprimento ficou tenso como o arco indestrutível de uma ponte.

Krämer foi até a cama. Com suas mãos tímidas, acariciou a cabeça da criança, e não disse nada. *Coitadinho do bichinho...*, pensou. E ele se lembrou de sua caixa com a tampa furada outrora, quando era da altura de um gafanhoto. Como seu coração estava pesado! Ele fizera todo o possível para a criança. Mas quanto faltava ainda a ser cumprido! Esse menino não segurava, com suas mãos inocentes, o tênue fio do qual tudo dependia?

Pensativo, Krämer olhou para o pequeno ser. Por ele, Höfel e Kropinski tinham ido parar no *bunker*, dez homens do armazém de vestuário haviam sido presos por sua culpa. Milhares de combatentes decididos, desconhecidos e ignorados estavam à mercê de um perigo constante, e agora eram três miseráveis poloneses que estavam em volta dele, para protegê-lo com suas mãos nuas.

Que emaranhados e entrelaçamentos do destino. Em que labirinto infestado de animais ferozes, bocarra grande aberta, a humanidade tinha de abrir caminho! A cada instante, era esperado ser engolido por uma dessas grandes bocarras abertas; o perigo estava à espreita por todos os lados... Não, não era assim que isso devia ser considerado! Mas de forma totalmente diferente! A quantidade crescente de homens dispostos a cuidar do garoto não era uma avalanche prestes a engolfá-los a todos, era uma teia sendo tecida e estendida para protegê-los.

A partir da perseverança de Höfel e Kropinski, passando pela fidelidade de Pippig, até esses homens simples que traziam sua ajuda, os fios se atavam. Quanto mais fios eram puxados, mas a teia se esticava e se tornava impenetrável.

Era assim, e não de outra forma! Krämer inspirou profundamente. Ele estendeu a mão para Zidkowski.

– Vamos lá, rapaz – resmungou com rude cordialidade. – Isso tudo logo vai estourar no focinho deles.

Zidkowski não tinha nenhuma dúvida disso.

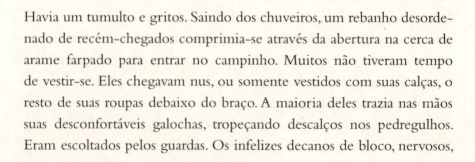

Havia um tumulto e gritos. Saindo dos chuveiros, um rebanho desordenado de recém-chegados comprimia-se através da abertura na cerca de arame farpado para entrar no campinho. Muitos não tiveram tempo de vestir-se. Eles chegavam nus, ou somente vestidos com suas calças, o resto de suas roupas debaixo do braço. A maioria deles trazia nas mãos suas desconfortáveis galochas, tropeçando descalços nos pedregulhos. Eram escoltados pelos guardas. Os infelizes decanos de bloco, nervosos, os recebiam e não sabiam como ajeitar essa correnteza humana em seus estábulos completamente lotados. Exaustos por marchas forçadas de várias semanas, desnorteados pelo efeito produzido por esse novo ambiente, eles se tornavam a causa da ansiedade geral. Eram empurrados de lá para cá, formando novos grupos.

Os decanos queriam se preocupar o mínimo possível com os recém-chegados. Então, como colocar ordem nessa bagunça? Krämer, que acabara de deixar Zidkowski, penava para conseguir passagem e se isolava para escapar aos protestos. De maneira firme e sem levar em conta a lotação de cada um dos blocos, ele dividiu os deportados. Queria livrar-se daquilo o mais rápido possível, os decanos de bloco que se virassem para se organizar.

Essa correnteza de homens que fluía pela entrada do campo devia ser evacuada para não formar engarrafamentos. Resmungando e de mau humor, os decanos tiveram então que voltar aos seus barracões acompanhados dos prisioneiros que lhes haviam sido atribuídos, provocando, uma vez ultrapassada a porta, novas brigas, novas vociferações e gritarias, em razão da falta de espaço. No interior dos estábulos, um zumbido frenético ocorria, como se tivessem dado uma machadada em um tronco que abrigava uma colmeia.

Calejados com a experiência, os "antigos" pularam em seus beliches de três níveis, segurando firmemente seus lugares para defendê-los com unhas e dentes dos recém-chegados. Exaustos por uma balbúrdia babilônica, mas permanecendo surdos e indiferentes aos gritos e berros dos internos furiosos, os responsáveis de dormitório os empurravam cada vez mais para onde podiam, esmagando ainda mais os "antigos". Mas poucos prisioneiros puderam finalmente beneficiar-se de um lugar para deitar. O excedente foi empurrado e amontoado na sala estreita que parecia uma gaiola de gado, no piso rugoso do qual pulavam pulgas apavoradas.

Kluttig havia entregue pessoalmente seus prisioneiros à Gestapo de Weimar, enquanto Reineboth aguardava seu retorno, fervendo de impaciência. À sua chegada, eles se recolheram juntos no escritório do inspetor-chefe, que lhe entregou a lista trazida por Zweiling. Kluttig leu freneticamente os nomes e suspirou de alívio:

— Enfim algo concreto! Os nomes batem?

Reineboth considerou esse ceticismo uma afronta.

— Cada um dos que constam aqui poderia pertencer à organização. E então? O que mais você quer? Não temos tempo de discutir! — Ele ia e vinha, com ar ansioso. — Você ouviu o último boletim de informações? Eles estão marchando para Kassel. De Kassel, pode-se atingir Eisenach com uma catapulta. Você sabe o que isso significa? — Deu uma risada nervosa. — Contente-se com o que posso lhe oferecer.

Kluttig percebeu a censura que havia nas palavras do inspetor-chefe. Se *ele* já estava perdendo as estribeiras...

Kluttig percorreu novamente a lista. O nome de Krämer constava bem no alto. A ele seguiam-se os nomes de prisioneiros trazidos há muitos anos, bem conhecidos no campo. Ele refletiu; mesmo que a ofensiva tivesse sucesso para apenas metade dos nomes da lista, isso permitiria penetrar no coração da organização. Dali a alguns dias, a linha de frente decidiria o destino do campo! Realmente não era hora de raciocinar. Eles precisavam agir agora!

Kluttig colocou cuidadosamente a preciosa lista em seu bolso. Seus lábios apertados relaxaram, para dar lugar a uma careta de ódio.

— Com isso, vamos botar pimenta na bunda do diplomata! E se ele não morder a isca, vou arrastá-lo para a corte marcial até a última instância. — Ele se deixou cair em uma cadeira, zombando. — A gente esticou uma bela rede, o que é que você acha? Esses sujeitos da Gestapo, em Weimar, vão retorcê-los até que digam onde está a criança, e vão achá-la. Pode confiar neles. Esse é o nosso ataque de flanco. – Em seguida bateu no bolso onde se encontrava a lista. – E isto aqui, nosso ataque de frente. Mas – prosseguiu, olhando para o inspetor-chefe –, o que vamos fazer deles?

– Que sejam mortos! – gritou Reineboth, interrompendo o ansioso vaivém de Kluttig. – O que você quer que a gente faça com eles? A menos que queira separar o joio do trigo? Na pedreira, a gente mata toda essa cambada.

Com gesto embaraçado, Kluttig abriu o colarinho do uniforme. Reineboth percebeu.

– Você está se mijando novamente diante do nosso diplomata, né? Quando abrimos a garrafa de vinho, temos de bebê-lo. Posso ajudar você a jogar uma rede, mas só você pode recolhê-la, é assunto seu. É *você* o subchefe de campo, não eu.

Kluttig, embora refletindo intensamente, lançou um olhar vazio ao jovem, para finalmente concordar.

– Bom, você tem razão. É assunto meu. – Ele se levantou. – E Höfel? O que você acha? Nós ainda precisamos dele? Os outros são suficientes, não?

– Deixe o Höfel de lado, com o polaco – intimou o inspetor-chefe. – Eles não vão escapar. Deixe o Mandrill se divertir mais um pouco com eles, talvez ele ainda consiga lhes tirar alguma coisa. Ele poderá matá-los no último dia. Eles já estão riscados das listas...

—◦○◦—

A intervenção audaciosa de Förste fez com que a febre do torturado cedesse. Embora Mandrill mantivesse a cela fechada a chave, o responsável pela faxina sempre conseguia entrar, graças às suas maneiras calmas e decididas. Informando seu carrasco que o simples efeito de um pano úmido não manteria Höfel com vida, e que ele precisava também alimentar o moribundo, Förste conseguia superar o descontentamento de Mandrill, e trazer pratos quentes para Höfel. O faxineiro se esgueirava na cela como uma sombra, refrescava a testa ardente do febril, fazia-o engolir uma bebida quente, enquanto Mandrill ficava em pé, na soleira da porta.

Kropinski estava encolhido em um canto, não entendendo o milagre que acontecia debaixo de seus olhos. Mandrill só poupava seu prisioneiro para, assim que estivesse recuperado de seus suplícios, ele estivesse novamente utilizável. Assim, quando percebeu que os olhos de Höfel não estavam mais tão baços, proibiu qualquer assistência suplementar.

A cela foi novamente interditada a Förste. Mas ele tinha conseguido arrancar o moribundo das garras da morte. Surpreendentemente, Mandrill tinha deixado o catre no local.

Kropinski ficou imóvel, escondido em seu canto, após o torturador sair da cela; ele tinha tanto medo dele, que não ousava aproximar-se de Höfel, que jazia todo esticado, rígido. Ele respirava calmamente, de boca aberta. Höfel engoliu, sua garganta estava seca; ele murmurou:

— Marian…

— Sim?

— Faz quanto… — Os dedos de Höfel arranhavam nervosamente seu catre. — Faz quanto tempo que estamos aqui?

Nada se mexia. Somente depois de um momento, veio a resposta:

— Cinco dias, meu irmão…

Resposta que ficou muito tempo suspensa no silêncio e na quietude da prisão esquecida. O olhar de Höfel subia para o teto, como a chama imóvel de uma vela silenciosa.

— Cinco dias…

Höfel começou a piscar os olhos, e a chama vacilou como sob efeito de uma correnteza de ar.

— Ei! Marian…

— Sim?

— Será que…Você está me ouvindo?

— Sim.

— Será que… eu disse alguma coisa? — Ele sentia um nó na garganta.

— Não, irmão...
— Nada mesmo?
— Não...Você só gritar.
—Verdade?
— Sim.
Höfel fechou os olhos.
— E você? O que você fez?
— Eu também...
— Gritou?
— Sim.
Silêncio. Nada mais foi dito.

Do lado de fora, um mensageiro atravessava a praça de chamada. Ele procurava Krämer e não conseguia encontrá-lo, e perguntava a todos:
— Onde ele se enfiou?
Ele correu até o campinho, chafurdando na lama que cobria os pedregulhos, até finalmente descobrir o decano.
— Walter!
Krämer sentiu que aquilo não era nada bom. Ele levou o mensageiro para o canto.
— O que foi?
O rapaz recuperou o fôlego.
— Um telegrama! Acabo de descobri-lo. – O medo irradiava de seu olhar. – Evacuação!
— De verdade? – disse Krämer, tomado de pânico. Um medo repentino o privou de todos os seus recursos. Imerso em pensamentos sombrios, ele olhou o rosto apavorado do rapaz. Evacuação; uma única palavra para a qual se dirigiam todos os temores dos meses passados.
Os inúmeros perigos que nasceram com a presença da criança

transformavam-se em um perigo ainda maior. De repente, o fim havia chegado.

– E agora? – perguntou o mensageiro. Krämer fez uma careta nervosa.

– Aguardar – retorquiu, pois não sabia o que dizer, e descobriu então que não sabia como encarar esse desfecho.

Aguardar era a última coisa a ser feita. Um desejo insensato nasceu dentro dele; colocar o apito nos lábios, correr por entre os barracões e, com sopros fortes, convocar todo o campo para um levante:

– Evacuação! Evacuação!

Para sobrepujar sua emoção, ele perguntou:

– Você tem informações mais precisas?

O rapaz chacoalhou a cabeça.

– Eu só queria avisar você. Lá em cima, já estão falando disso.

Krämer fungou e colocou as mãos nos bolsos de seu casaco. Pronto, o que tinha de acontecer estava acontecendo. Mas tudo parecia tão irreal, tão repentino, que a fria reserva de Krämer desmilinguiu-se. Apenas uma semana atrás, ele dizia a Schüpp:

– Daqui a quinze dias, estaremos livres... ou mortos...

Que frase sem sentido tinha sido aquela! Eis que a realidade batia de frente contra ele!

Um arrepio dominou o decano dos pés à cabeça. E o que seria de Höfel? E de Kropinski? E dos dez internos do armazém de vestuário? Pippig! O menino! O que seria de todos eles?

———◦◦◦———

Os prisioneiros estavam trancados na prisão do Marstall, um prédio reservado ao uso pessoal da Gestapo.

Rochus Gay, chefe do serviço de informações da SS em Weimar, havia conduzido Kluttig ao seu escritório, no primeiro andar do prédio, do lado da rua. O mobiliário díspar dessa sala triste e fria era composto de algumas cadeiras, uma mesa, uma máquina de escrever e um horrível armário de correr. Uma miserável planta em um vaso, moribunda, vegetava na beirada da janela. Retângulos claros no papel de parede puído mostravam delicados motivos florais que o sol não conseguira amarelar.

Kluttig deixara-se cair sobre a cadeira próximo à máquina de escrever. Gay encontrava-se no meio da sala, com o charuto plantado nos lábios e a cabeça encolhida entre seus largos ombros. Seu terno usado, vestido de forma descontraída, flutuava ao redor de sua robusta constituição. Ele tinha as mãos nos bolsos de uma calça plissada. Sua gravata torta pendia sobre o paletó, distendida pelos nós cotidianos. Com voz rouca, ele grunhiu para o subchefe de campo:

— Eu gostaria muito de saber o que vocês fazem lá em cima, na sua montanha! Vocês acham que nós somos o Papai Noel? Nós devemos encontrar um de seus moleques? Um judeu? Não somos suas babás! — Ele mostrou os dentes, deixando entrever seu charuto mastigado. — Eu gostaria de ter essas preocupações...

Kluttig tentou explicar os prós e os contras da situação. O perigoso avanço do *front* não permitia nenhum prazo para descobrir os mistérios da organização clandestina...

Gay fez um gesto impaciente com os braços, ou melhor, com os cotovelos, suas mãos continuando afundadas nos bolsos.

— E no último minuto, você vem nos ver, todo cagado!

— Faz muito tempo que estamos procurando... — começou Kluttig, tentando justificar-se.

— Cambada de idiotas! — disparou Gay cheio de arrogância. — Durante anos vocês ficaram lá em cima, com a bunda bem quentinha, curtindo numa boa. Pensando que eram deuses! — Ele interrompeu as fracas tentativas do subchefe de campo de se defender. — Não me venha com besteiras! Você não é melhor do que os outros: um palhaço! — Seu charuto dançava na ponta de sua língua. — Vocês se divertiram muito, né? Em sauuudaçãoooo!

Coooobrir! Seeentido! Quanto mais esses patifes rastejaram aos seus pés, mais vocês pensaram: nós somos seus mestres! Tapados demais para observar como tinham prazer em se humilhar diante de vocês! Assim, eles podiam se esconder em seus buracos de rato. E agora, o que é que a gente faz?

Acabrunhado, Kluttig parecia um aluno sendo repreendido.

– Se ao menos vocês tivessem se contentado, durante todo esse tempo, em ser somente depreciativos, eu não teria nada para dizer – prosseguiu Gay. – Mas vocês foram gulosos, se embebedaram, treparam... vocês curtiram demais! E agora, quando está na hora de se mandar, de repente, vocês percebem que os comunas... – Ele se interrompeu, notando, com ar chateado, a ponta de seu charuto apagado.

Kluttig, que achava essas reclamações injustificadas, procurou se justificar.

– Eu lhe dou minha palavra de honra de que fiz tudo para...

Gay reacendeu seu charuto e franziu os olhos para se proteger da fumaça. Ele escutou com ar aborrecido o que Kluttig tinha a lhe dizer.

– Agora, me explique o que eu devo fazer com esse bando de canalhas que você me trouxe.

Aliviado em ver que seu interlocutor finalmente queria chegar ao ponto, o subchefe de campo contou toda a história, sem omitir nenhum detalhe, enquanto o outro ia e vinha na sala, de cabeça baixa, aparentemente pouco interessado; no entanto, ele ouvia atentamente e arquitetava planos.

Parecia mesmo haver uma ligação entre o garoto e os comunistas, e a opinião de Kluttig sobre Pippig e Rose parecia judiciosa. Segundo ambos, um parecia corajoso, e o outro, covarde. No íntimo de Gay nasceu a febre do caçador. Enquanto deixava Kluttig falar, ele refletia sobre a tática mais apropriada.

Rose e Pippig! Eram eles que deviam ser interrogados com as pinças, técnica rotineira e comprovada para fazer com que os recalcitrantes falassem.

– Não temos mais muito tempo, o *front* está se aproximando – concluiu o chefe de campo, que se levantou e impediu a passagem de Gay.

Interrompido em suas reflexões, ele olhou para Kluttig, cujo rosto refletia toda a urgência da situação. Nem por isso ficou perturbado, pois via ali uma oportunidade para trazer à tona a organização clandestina. Ele tinha muitas vezes tido ocasião de constatar que o homem, sendo obrigado a escolher entre a vida e a morte, se decide no último momento pela vida; ele ficava fraco, e revelava os segredos que tão obstinadamente havia preservado até então. Esses dez sujeitos que Kluttig havia trazido provavelmente eram prisioneiros havia longos anos. Eles próprios deviam estar sabendo que o fim estava próximo. Ele piscou os olhos para ter mais clareza em seus pensamentos.

Quem, tão próximo do fim, arriscaria sua vida, se lhe era oferecida a oportunidade de salvá-la? Gay fez rolar seu charuto e, com um gesto impaciente de mão, cortou o resto das explicações de Kluttig.

– Chega, já sei o suficiente.

Pouco depois da saída de Kluttig, ele foi até a prisão. Apesar da lotação de efetivos, ele mandou esvaziar uma cela, e comunicou ao carcereiro a lista dos internos provenientes de Buchenwald, com a ordem de tomar seus cadastros e de reparti-los em diferentes celas.

Eles deviam ser "misturados". No entanto, ele ordenou que Rose e Pippig fossem trancados juntos, na cela que mandara liberar.

– Mas sem que isso seja notado, entendeu? Deve parecer coisa do acaso! Eles não devem perceber que foram unidos de propósito! Foi assim que Rose e Pippig foram colocados na mesma cela, a de número 16, sem mesmo supor que esta era a primeira etapa do interrogatório vindouro.

Rose estava acabado. Sentou-se sobre o único banquinho, todo encolhido, esfregando nervosamente suas mãos entre os joelhos, com o olhar perdido. Seu rosto estava lívido, e o nervosismo dava um nó em suas tripas.

Pippig olhou por toda a sala fria e deu um tapa de encorajamento nos ombros de Rose.

– Reaja, pelo amor de Deus!

O outro respirava com dificuldade, e soltou por entre os lábios que tremiam:

– Seu desgraçado...

Estupefato, Pippig olhou para Rose, cujo busto começava a arfar, de tão grande que era seu suplício.

– Seu desgraçado... se eu morrer a dois dedos do final, vai ser por sua culpa!

Pippig percebeu o quanto ele estava descontrolado.

– Mas August...

Sem nenhum aviso, Rose pulou em cima de Pippig e o agarrou. O pequeno homem se libertou do abraço, mas o outro não se entregou, avançando contra ele. Seguiu-se então uma luta furiosa. Pippig conseguiu assumir o controle. O banquinho caiu com grande barulho; a porta da cela foi aberta e o carcereiro entrou.

– E então? O que é que está acontecendo? – Ele separou os dois prisioneiros. – Vocês estão a fim de se matar, ou o quê? Já não basta estarem aqui? Recomponham-se e fiquem felizes de terem uma cela só para vocês dois, e de não estarem amontoados em quinze, como nas demais.

O velho carcereiro logo viu qual dos dois havia perdido o controle, e sentou Rose no banquinho.

– Vamos, acalme-se.

Ele virou-se para Pippig, que abotoava seu casaco, arrancado no corpo a corpo.

– Vocês só estão piorando as coisas.

Pippig não ficou indiferente ao lado humano dessas palavras, e fez um sinal de cabeça ao velhote. Ele saiu da cela, deixando-os a sós.

Rose ficara sentado no banquinho. Ele gemia, abalado e morto de medo:

– Eu não tenho nada a ver com isso. Isso não me diz respeito. Eu fiz meu trabalho, nada mais. Quero voltar para casa, não quero morrer tão perto do final.

– É verdade, August, você não tem nada a ver com o menino – disse Pippig, compassivo.

– Eu não sei de nada sobre o menino! Nadinha de nada, absolutamente nada! – berrou Rose, com as mãos tremendo.

– Então está tudo bem – retorquiu Pippig secamente, aborrecido de súbito com o medo do outro. Ele se apoiou contra a parede e olhou para as costas encolhidas de Rose, e para a sua cabeça balouçante que deixava aparecer, entre os cabelos cortados curtos, a calvície parecendo tonsura.

Pippig sentiu que não ia poder contar com Rose no decorrer das duras provas que os aguardavam. Percebeu então, para sua grande surpresa, o quanto o conhecia mal. Ele teria sido internado por ter continuado a pagar suas contribuições ao partido. Mas Pippig não sabia nada além disso. Rose, com o zelo teimoso de um empregado mal remunerado, havia cumprido as tarefas administrativas do *Kommando* e, em vez do uniforme riscado dos prisioneiros, ele poderia ter usado o terno puído de lã penteada de um pequeno funcionário público. Em razão de seu permanente receio de ser apanhado, Rose sempre fora objeto de zombarias. Ninguém nunca o levara a sério. Embora fizesse parte do *Kommando*, e nunca tivesse dado margem a que desconfiassem dele, para os outros não passava de um ser à parte.

Pippig olhava intensamente para essas costas que lhe pareciam detestáveis: era a traição em pessoa que via sentada ao seu lado!

Mas Pippig afastou de imediato essa desconfiança que se havia imposto a ele: no fundo, Rose não era um mau sujeito. Ele tinha medo, era isso. Sim, ele sentia medo.

Pippig afastou-se da parede e foi até Rose.

– Você não é um mau sujeito, August.

O outro não respondeu. Ele ruminava. Pippig hesitou um instante, então se sentou, decidido, no chão ao lado do banquinho.

– Escute, August! Não se preocupe por causa do menino. Seja como for, você não sabe de nada.

– Mas mesmo assim, eu sei! – gritou Rose.

– Não! – prosseguiu Pippig. – Você não sabe de nada! *Nada de nada!* E se você não sabe de nada, não pode contar nada! – Isso produzia um certo efeito sobre Rose, que se calou a contragosto. Pippig ficou de joelhos. – Você ouviu? Eu também não, não sei de nada. E ninguém sabe de nada. E se *nós* não sabemos de nada... Está vendo, August... – Ele não respondeu. Levado por sua paixão, Pippig se aproximou bem dele. – Bom Deus! August! Você quer ser o único...? Mas você é dos nossos! Não pense no menino! Pense em nós todos! Talvez Zweiling tenha nos denunciado. Ou talvez esse delator do Wurach? Escute, August! Você não é um delator!

Tanta pressão fazia Rose ofegar. Os traços de seu rosto amarrado estavam retorcidos pela dor, seu pomo de adão subia e descia.

– Não quero morrer no último minuto, não quero morrer...

Pippig pulou e xingou:

– Puta que o pariu! – Ele chacoalhou violentamente o outro pelos ombros. – August! Porra! Você acredita mesmo que cinco minutos antes do fim eles ainda vão fazer cagada? Eles não são tão idiotas. Eles vão salvar a própria pele! É a nossa grande chance! Nós só precisamos ficar unidos!

– Unidos! – cuspiu Rose. – Eles vão nos massacrar e a gente vai contar nossos miúdos!

Pippig se afastou. Ele enfiou as mãos nos bolsos e percorreu a cela a passos firmes.

– A gente tem de se preparar para levar alguns tapas no focinho, sim, se acontecer...

A porta da prisão se abriu e o carcereiro apareceu.

– Pippig! Interrogatório!

Pippig deu meia-volta sobressaltado, olhou para o velho funcionário todo devotado à sua triste tarefa.

Pippig deu de ombros com ar indiferente e pôs-se em marcha. Na soleira, ele se virou mais uma vez para Rose e disparou, risonho:

– Ei, August! Pepino? Com Pippig, sem pepino!

Rose ficou contemplando a porta que se fechara sobre Pippig.

No mesmo momento, Bochow estava em companhia de Bogorski. O suboficial tinha ido embora dos chuveiros com os últimos recém-chegados. Os prisioneiros do *Kommando* limpavam o local.

– Começou, Leonid!

Bochow deixou-se cair pesadamente em um banquinho.

– Não sei nada muito específico, mas Krämer me disse que eles querem evacuar.

Essa notícia não pareceu produzir um grande efeito sobre Bogorski. A menos que fosse uma postura diante de Bochow. Ele se levantou, olhou para o chão aos seus pés, e então olhou para o russo.

– E daí?

Sua pergunta não expressava nenhuma perplexidade, mas dizia respeito ao destino de cinquenta mil homens. Dizia respeito a todos os planos debatidos sem cessar durante meses a respeito desse momento que parecia finalmente ter chegado. Deveriam deixar levar a cabo a evacuação, e enviar assim cinquenta mil homens para uma morte hedionda? Ou deveriam...

Bogorski abriu a gaveta da mesa e pegou um mapa da Alemanha, que abriu diante de si e fez sinal a Bochow para se aproximar.

Seu dedo seguiu o curso do Oder e parou em Küstrin.

– Aqui Exército Vermelho. – Ele apontou o dedo para um ponto preciso. – Berlim! – Havia uma curta distância até ali, e ele se pôs a comparar o *front* oeste com o do leste. A oeste, a linha do *front* ia de Paderborn a Wildungen, Treysa, Hersfeld, Fulda. Sem nenhuma dúvida, o avanço prosseguia na Turíngia, passando por Kassel, Eisenach, Erfurt. O russo logo apoiou seu dedo em outro ponto do mapa. – Weimar... – e em seguida, completou: – Buchenwald!

Assim, a partir do oeste, a estrada para Berlim era muito mais longa do que pelo leste. Aqueles que fizessem cair Berlim levariam a vitória sobre a Alemanha de Hitler.

– Mas americanos e ingleses, capitalistas, deixar vitória para União Soviética? Não.

O russo trouxe com suas grandes mãos os *fronts* do leste e do oeste no mapa para Berlim, o centro.

– Por isso americanos ir muito rápido, porque eles ter ainda grande caminho até Berlim e não ter muito tempo.

Bochow fez sinal com a cabeça de que estava entendendo. Bogorski tentava expressar, em seu alemão capenga, que os americanos iam fazer de tudo para chegar a Berlim ao mesmo tempo que o Exército Vermelho. Então, deviam contar com um avanço rápido na Turíngia; era uma corrida contra o relógio. Quem seria mais rápido? Os americanos ou os fascistas e sua evacuação?

– E nós estamos bem no meio – sorriu Bochow com amargura, antes de suspirar. – Tudo acontece ao mesmo tempo! Esta noite ainda, vamos reunir o CIC a fim de saber o que devemos fazer; não podemos decidir somente entre nós dois.

Bochow voltou a sentar-se no banquinho e expressou seus pensamentos em voz alta:

– Eis que chega uma pobre coisinha no campo... Sim, sim, Leonid, eu sei... não é o que eu quero dizer. Mas pense um pouco: primeiro, Höfel e Kropinski acabam no *bunker. Por causa dele!* Nós precisamos paralisar toda a organização. *Por causa dele!* Em seguida, eles pegam dez homens no armazém de vestuário, para conduzi-los à Gestapo. *Por causa dele!* É desesperador!

Bogorski ouvia sem dizer uma palavra, ele deixava Bochow desabafar.

– Tudo depende desse garoto, Leonid, tudo! Enquanto eles não o encontrarem, Höfel permanecerá forte, e Kropinski também, e os dez homens do *Kommando*. Mas e se o encontrarem...? Bom Deus! Você bem sabe como acontece. É pura lógica! É por causa do garoto que Höfel fica de bico calado. Mas que eles lhe digam: pronto, está com a gente, então desembucha! Eu estou dizendo, aí ele desaba. E depois? Hein, e depois?

Bochow colocou as mãos nas têmporas.

– Gente demais saber sobre criança. Esse ser o perigo! Não poder mais mudar nada – disse, cansado. – Nós estar enrolados, e dever fazer o melhor.

Bochow abotoou seu casaco, havia dado novamente a volta por cima.

– Fique sabendo que estou convocando o CIC hoje à noite.

Na hora de sair, parou um instante e disse, com resignação:

– Isso também ficou perigoso. Mas devemos ir adiante. – Apertaram-se as mãos sem uma palavra.

Muito tempo depois de sua saída, Bogorski ainda procurava uma solução. Gente demais sabia a respeito do garoto. Esse era o verdadeiro perigo! A corrente daqueles que estavam a par levavam até Zidkowski. Essa corrente tinha de ser rompida. Tratava-se de proteger os camaradas de si mesmos. *Romper essa corrente*, pensava, *mas como?*

<hr />

Fazia uma hora que Pippig tinha ido embora e Rose continuava sentado no banquinho. Quanto tempo ainda, até chegar a sua vez?

– Rose! Interrogatório!

Um medo feroz o acometeu. Rose já se via diante do homem da Gestapo.

– Senhor comissário, eu sou totalmente inocente, eu só fiz o meu trabalho. Nada mais.

O interrogatório lhe pareceu agradável:

– Desde quando você está no campo?

– Há oito anos, senhor comissário.

– Oito anos! Tsssss... Como você conseguiu aguentar?

– Foi uma época desagradável. – Rose apreciou a pergunta. – Sabe, senhor comissário, quando cheguei aqui, há oito anos, o campo não tinha nada a ver com o que é hoje. Antigamente, nas prisões da polícia, quando ouvi o nome "Buchenwald", isso me soou como... sei lá, mas imaginei que ia chegar a um belo campo pequeno, bem limpinho, onde seria reeducado por membros do Partido Nazista...e que, depois de alguns meses, eu voltaria para casa...

Sua voz foi sumindo e Rose olhou no vazio. A chegada à estação de Weimar, oito anos atrás, voltava à sua memória. Depois de terem sido desembarcados do vagão de animais fretado para o comboio, os prisioneiros foram recebidos por uma escolta da SS.

Detalhes voltavam. Rose via novamente as pessoas em pé na plataforma, olhando de longe o espetáculo. Hostis e silenciosos. Tão hostis e silenciosos quanto os SS. Eles usavam uniformes estranhos, cinza--esverdeados. Capacetes, fuzis e uma caveira em um brasão preto. Não passavam de garotões, não tinham mais que dezoito anos; e, no entanto, tinham um jeito inquietante e perigoso.

Eles embarcaram na carreta de um caminhão. Em cada extremidade dos bancos dispostos na plataforma, os SS sentaram, seus fuzis entre os joelhos. O chefe da escolta escalou a grade lateral do veículo e disse em tom ameaçador:

– Proibido falar. O primeiro que abrir a boca leva uma porrada no focinho. Tiro sem aviso em caso de evasão. Andando!

O veículo subiu a montanha e, quando parou, a escolta até então silenciosa transformou-se em matilha selvagem e uivante. As grades laterais foram abaixadas a golpes, os SS pularam de seus lugares e descarregaram os prisioneiros do caminhão com gritos altos e fortes coronhadas, para fazê-los entrar no barracão diante do qual estavam estacionados.

Rose via novamente o longo corredor escuro, com suas inúmeras portas. SS corriam por toda parte, suas botas estalavam no assoalho oco. Os prisioneiros eram enfileirados, face contra a parede, mãos atrás da cabeça. Às suas costas, eles faziam a festa, militares brutais. Por vezes, um dos SS apressados parava. "Olha só esse molengão!", "Endireite-se, porco!". E, sem avisar, um pontapé na bunda, um soco na cabeça o fazia bater contra a parede.

As imagens se apagaram. Sentado no banquinho, Rose tinha a mente vazia. Aos poucos, ele voltou a mergulhar em suas lembranças, vivas e frescas como no primeiro dia.

A noite havia caído quando os prisioneiros finalmente foram conduzidos do departamento político para o campo. Rose via a si mesmo caminhando, no meio de uma tropa de prisioneiros, por um caminho de terra encharcado, para um destino desconhecido. Um suboficial os seguia. Surgiram torres de observação, que pareciam precários abrigos para caçadores. Também havia uma cerca, feita de pequenos postes descascados, unidos por arame farpado, esticado como as linhas de uma partitura. Uma sentinela saiu de uma casinha, usando capacete, seu longo capote chegava aos pés. Uma porta vacilante, tão primária quanto a cerca, rangia em suas dobradiças enferrujadas. Uma longa extensão estirava-se diante deles. Não havia ninguém na escuridão. Distinguiam-se as altas silhuetas de algumas árvores, cujos galhos se estendiam nas trevas encharcadas, como braços esticados, bem como a luz tremeluzente e irregular dos postes de iluminação. Nos círculos de luz avermelhada desenhados pelas lâmpadas, brilhava a garoa. A lama reluzia de sujeira. Tocos negros se elevavam do solo, alguns barracos de madeira... Uma paisagem fantasmagórica, rígida e morta.

– Acelerem o passo, bando de cães!

Com as pernas das calças levantadas e acotovelando-se, eles pulavam na lama que chegava aos tornozelos. Tropeçavam nas pedras escondidas, escorregavam em buracos, perdiam o equilíbrio, esticavam os braços para frente para se proteger.

– Acelerem o passo, porra!

– Era assim outrora, senhor comissário. Como o senhor acha que a gente vivia no começo? Não havia banho, só um pouco de água para a cozinha. Nossas roupas nunca estavam secas. Elas estavam molhadas à noite quando as retirávamos, umedecidas à aurora quando a gente as vestia... diretamente, saindo da cama ainda quente, senhor comissário... Todos tinham diarreia. Atrás dos barracões, havia as latrinas que fediam, fossas com uma viga por cima. Sem papel para limpar a bunda. Ninguém ligava. Se a gente tinha comida suficiente? Se o senhor soubesse, senhor comissário! Preciso descrever para o senhor direitinho, senão não vai entender nada...

Em vez de "descrever", Rose voltou a mergulhar em suas meditações, encolhendo-se nessas imagens do passado. Às quatro horas da madrugada, ouviam-se os apitos do decano do bloco. Os responsáveis berravam nos dormitórios:

– De pé!

Do lado de fora, ainda era noite. À luz embaçada das lâmpadas, o barro faiscava como um lago, ele escorria do cume da montanha entre os barracões como uma pasta mole. A neblina envolvia o local. As roupas estavam geladas e rígidas, os sapatos úmidos, duros como pedra. Adeus, noite e sono! Lá fora começava um novo dia. Na grande sala do barracão, engolia-se uma xícara de café bem fraco, antes de encarar a umidade e o frio. Muitas vezes, essa espécie de café era o único alimento do dia.

– Sim, sim, senhor comissário – gemia Rose, abatido pela violência de suas lembranças. – O quinhão de pão diário, a gente o recebia na véspera à noite, e geralmente o engolíamos junto com a sopa.

Do lado de fora, o decano de bloco tocava o apito.

– Reunir para a chamada! – Sair do barracão, no barro e no lodo.

– Direita-volver! Em freeente, marche!

Splash, *splash*! Direita, esquerda... direita, esquerda.

Quando chegávamos ao topo, estávamos novamente encharcados até os ossos. Os projetores nos ofuscavam, devoravam nossos olhos... Em seguida, a matilha dos chefes de bloco se espalhava entre nós para nos contar. O senhor precisava ver a lama salpicar sob seus passos... mas eles usavam botas. A chamada não acabava nunca! Lá em cima, algo não colava. Está faltando mais um! Puta merda!

– Responsáveis de dormitório, para os bosques. Procurar o fujão! – ouvíamos gritar pelo alto-falante. Eles se apressavam, então, de todos os blocos, acompanhados do decano de campo. Não, não, não era o Krämer; ele ainda não estava na jogada, na época. O decano de campo de então era um triângulo verde, um preso comum, morto já faz tempo, aquele cão. E nós ficávamos em pé, esperando que encontrassem os fugitivos. Ficar em pé e olhar para a frente. Ficar em pé e dormir em pé. Isso durava uma ou duas horas. Para onde escapuliu esse sujeito? Será que escorregou nas latrinas e morreu afogado na bosta? Saúde e bom apetite! Afinal, poderia se passar um bom tempo antes que o pescassem, com a ajuda de suas longas fisgas...

Talvez tenha roubado pão, ficado com medo e se enforcado no bosque. O senhor está pensando: por causa de um pedaço de pão tão pequeno? O senhor não tem a menor ideia. Agora, encontrar alguém no meio de tantas árvores...

Duas horas, três horas.

A chuva nos encharca, encolhemos cada vez mais as cabeças nos ombros e parecemos cada vez mais como marabus da África. O dia nasce lentamente. Estamos em pé, olhamos para a frente, e dormimos. A fome torce ferozmente nossas entranhas. E tem aqueles que não aguentam mais ficar em pé. Eles começam a balançar, caem de joelhos, são levantados por seus vizinhos, e ficam suspensos a eles como sacos. Há os que pura e simplesmente desabam, e então, são colocados ao lado de um bloco de prisioneiros, seus casacos enrolados sob a nuca, para não ficarem totalmente deitados sobre o barro.

Faz tempo que os projetores estão apagados.

Às vezes, um chefe de bloco chega lá de cima, em grandes passadas, para passar entre as fileiras. "Cuidado!", murmura ele, de bloco em bloco. Os ossos erguem-se, posição de sentido, olhar para quem está na frente, coluna ereta... Mas assim que vai embora, os corpos relaxam.

Finalmente apitam lá de trás. A vida recomeça entre as fileiras. Encontraram-no! Os membros entorpecidos voltam a se mexer. Os pés são retirados devagar da lama. Salpicando e espirrando.

Tem até um que perdeu seu calçado. Saltitando sobre uma perna, ele fuça no lodo e nas expectorações bronquiais para recuperar o sapato perdido. Em seguida, o esvazia – o lodo cai no chão com o ruído de bosta de vaca.

A matilha correndo volta do bosque. O decano do campo à frente dos demais. Deus seja louvado, eles o encontraram! Arrastam-no pelas pernas em cima das pedras e das rocas. A cabeça salta e quica como uma bola nos obstáculos. Será que ainda está vivo? Em seguida, ao chegar lá em cima, eles o jogam aos pés do inspetor-chefe como lebre recém-caçada. Dessa vez, todo mundo está presente.

– *Kommandos* de serviço, reunir!

Ah! Finalmente! Mas também tinha uma vantagem ficar em pé. Algumas horas de trabalho a menos. Em seguida, vamos, fora do campo. Cantando.

No vilarejo do bosque,
Onde cai a luz,
Tem uma casinha de madeira
Onde está minha velha mãe...
Ou: *Oh! Minha bela Sauerland*
Tão conhecido no vasto mundo
Tanta gente gostaria de te ver,
Que vem de perto e de longe...

Rose escarneceu. Ele poderia ficar horas inteiras lembrando de como era naquele tempo.

– Trabalhei no *Kommando* da água e das canalizações de Weimar. Ai, ai, ai... que vida, aquela! – Ele estalou a língua. – A gente cavava uma trincheira que descia da montanha. Quatro metros de largura por quatro metros de profundidade.

Nós devíamos encher a trincheira, era o nosso trabalho. Não parece nada! Mas o senhor não tem ideia! A terra escavada estava congelada. Precisava ser rompida a golpes de picareta. Ai, ai, ai... o aço que machucava nossas mãos. Primeiro as bolhas, em seguida, a carne viva. E a gente recomeçava! Cavar, padejar, cavar, padejar. As costas? Pareciam estar sendo furadas por lâminas de foice. Curativos nas feridas? Tá brincando? Em Buchenwald só tem gente saudável ou mortos! E lá você batia as botas em um instante. O que você está pensando?! Quando o suboficial pega no seu pé, então é por sua vida que você cava! A cinco metros de você tem sentinelas, jovens que se apoquentam e tremem de frio, enquanto você tem suor e chuva no focinho, a ponto de não enxergar nada! Mas fica pior ainda! Essa porra de caganeira! Você gostaria de baixar as calças para cagar aí onde você está... Proibido! Você tem que pedir à sentinela para ir ao bosque. Ha, ha, ha! Ao bosque... O que significa ir para o outro lado do piquete de guarda, e quem vai para lá, é fuzilado por evasão. Vai tentar cagar depois disso... Você fica com a pança a ponto de explodir! No último minuto, quando você vai se borrar, você já não liga mais. A vontade de cagar vence o medo de morrer. Você solta a picareta, tropeça no monte de terra até a sentinela, as costas dilaceradas por lâminas de foice, e você solta o seu lero-lero: "Prisioneiro pede autorização para passar...".

E se você se agachar perto demais, então ele pula em cima de você e dá coronhadas nos seus rins: "Porco! Você quer desembalar sua bosta no meu nariz?". Mas, se você se afastar um metro a mais, ele é bem capaz de pegar sua carabina...

Exausto, Rose jogou a cabeça para trás. Isso lhe fez bem durante um certo tempo, mas pouco, porque logo o sangue não fluía mais.

Ele saltou e começou a gesticular:

– Preciso lhe explicar tudo, senhor comissário! O senhor deve saber tudo o que eu sofri! Quem sabe o que o senhor quer fazer com o Pippig! Não tenho nada a ver com o garoto! Nada mesmo! Por favor...

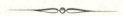

Rose não disse mais nada. O tilintar das chaves na porta da cela o surpreendeu. O carcereiro entrou, puxando um pacote inerte: era Pippig!

– Pegue-o – rosnou o carcereiro para Rose, que dava a impressão de querer sumir no canto mais afastado da cela. No entanto, Rose obedeceu. Ele pegou Pippig por baixo dos braços, enquanto o carcereiro abaixava o catre. Em seguida, ele saiu da cela com a jarra vazia e a trouxa cheia, e jogou um pedaço de pano para Rose.

– Veja por si mesmo o que é preciso fazer. – E os deixou sós.

Pippig jazia de olhos fechados. Um deles estava inchado. Um fio de sangue seco escorria da orelha até a garganta. Nariz e boca estavam ensanguentados. Casaco e camisa rasgados, os trajes em pedaços.

A mão de Rose tremia ao manipular o pano. Ele se curvou por cima do outro, levado por uma curiosidade mórbida. Suas sobrancelhas tremelicavam. O rosto desfigurado mostrava uma careta, supostamente um sorriso. Rose percebeu isso com espanto. Então, Pippig começou a falar devagar, mas com voz surpreendentemente clara:

– Enxuga meu rosto... – Com as mãos agitadas, Rose umedeceu o pano e esfregou o rosto de Pippig.

Pippig ergueu seus braços pesados como chumbo, e levantou o que sobrara de sua camisa sobre seu peito. Foi só então que Rose percebeu as grandes manchas redondas de carne queimada. Queimaduras! Pippig sentiu o olhar de Rose fixado nele, através de seus olhos semicerrados.

– Com um charuto – disse simplesmente e, em seguida, após um longo minuto: – Ponha o pano sobre mim, bem molhado.

Pippig gemeu com o contato da água. Ele inspirou profundamente e disse:

– Alguma coisa para beber, depressa!

Rose varreu a cela com os olhos, e descobriu no nicho da parede uma caneca de alumínio, que encheu. Ele sustentava Pippig com os braços sob as suas costas; o torturado esvaziou a caneca de uma golada. Parecia pensar: *pronto, já passou*. Ele descansou sua cabeça e seus traços relaxaram.

Pippig só conseguia abrir metade do olho que não estava danificado. Como se fosse a coisa mais importante, ele começou a apalpar sua boca. Faltavam alguns dentes, outros balançavam... Pippig fez um gesto com a mão, que significava: *não vamos criar caso*. Ele retirou o pano do seu peito e o estendeu para Rose:

– Mais água!

Ele parecia recuperar as forças. Após algum tempo, disse distintamente:

– Não esquente a cabeça, ele não vai fazer isso com você. Agora eu sei como acontece. – Ele tropeçava nas palavras, precisava se acostumar com os buracos causados pelos dentes ausentes. – Não é por acaso que estamos na mesma cela. Eles pensaram, eles são espertos. Mas nós também. Escuta, August! – Ergueu-se com dificuldades, afastou a mão caridosa de Rose, e retomou o fôlego. – Escuta, August, é importante! Esse brutamontes não me espancou porque eu não falei nada, ele sabe que não vai conseguir tirar nada de mim, e sim porque... Escuta bem, esse é o método deles... – Falar custava-lhe um esforço considerável, ele respirava com dificuldade.

– Não se agite – rogou Rose. Pippig tentou sorrir.

– Não estou me agitando... – Ele se calou e saboreou o alívio da água fria em seus ferimentos. – Isso é bom – suspirou. Foi obrigado a deitar-se de costas, e ficou um instante sem dizer nada. Rose fez uma pergunta em tom indeciso.

– Por que... por que ele não vai fazer... não vai fazer isso comigo? Ele disse isso para você? – Pippig não respondeu. Que pergunta lamentável!

– Estúpido... – Rose sentiu vergonha e olhou para o chão. Pippig recomeçou: – Esse brutamontes sabe que você tem... um caráter fraco. É por isso que nos trancou juntos. Você deve sentir medo só de olhar para mim. É isso que ele quer. Em seguida, e nisso você pode confiar nele, ele tenta com você, mas não de forma brutal. E se você não quiser levar no focinho, vai ter de ser muito esperto.

– O que eu tenho de fazer, então? – O rosto de Rose se contorceu de forma abominável.

– Você tem de se calar, só isso.

Rose engoliu em seco.

– Você não sabe de nada mesmo, então você insiste nisso. E mesmo que batam um pouco em você. Caramba, você vai conseguir aguentar!

As dores estavam ficando insuportáveis. Pippig gemia, balançava a cabeça para a frente e para trás. Ele estava terrivelmente só em seu desespero.

– Vamos, me dê mais de beber – reclamou, apoiando-se nos cotovelos, enquanto o outro, com mão trêmula, levava o copo aos seus lábios. Exausto, ele desvaneceu novamente. Rose via em seu semblante o quanto ele lutava contra a dor, e foi acometido de uma vergonha repentina. Ele disse baixinho, como que para si mesmo:

– Tá bom Rudi, tá bom. Eu não sei de nada...

– Tá vendo! Tá vendo! – regozijou-se Pippig, trazido de volta à vida. – E você não tem de falar mais nada. Não seja tagarela, August, entendido? Se esse asno descobrir que você sabe qualquer coisa, então ele vai sangrar você como um porco, sacou? Mas se você calar o bico, entende... Já o fiz entender que você não sabia nada de tudo isso.

– Você assumiu tudo?

– Você está maluco? – disse Pippig, como se estivesse curado. – Eu disse a ele que ninguém sabia de nada, e principalmente você, porque você é... um notório cretino... – Ele estava no limite de suas forças. Ele se endireitou e seus músculos estavam como que amolecidos pela dor. Rose olhava para a frente com ar envergonhado. Era isso que pensavam dele. Pippig não tinha pedido, não tinha suplicado, para que ele fosse corajoso e valente. *Porque você é um notório cretino...*

De cabeça baixa, Rose encolhia-se, corroído pela vergonha.

Depois de Pippig, Gay mandara trazer outros prisioneiros do campo de Buchenwald. Mas não para submetê-los a interrogatório. Somente para apressá-los. Suas perguntas dependiam, na realidade, da impressão que lhe causava o homem diante dele, e ele não demorou para perceber o quanto estavam todos unidos como irmãos: ninguém sabia nadinha de nada.

Tudo bem, pensou Gay, *vamos deixar isso por enquanto. Em breve, vocês vão começar a cantar como rouxinóis.*

Por ora, sua atenção se concentrava em Rose, para quem ele tinha tão maravilhosamente arrumado Pippig. A tarde já estava bem adiantada quando ele mandou convocá-lo.

– Sente-se, por favor. Rose é seu nome, não é?

– Sim. O homem da Gestapo acendeu um charuto e colocou lentamente o fósforo no cinzeiro. Ele começou com um suspiro cheio de solicitude:

– Você se meteu em uma história bem complicada. Ai, ai! Desde quando você está aqui?

– Há oito anos – respondeu Rose, atônito que a entrevista tivesse começado como ele havia imaginado em seus devaneios. Gay sacudiu a cabeça, desolado.

– Oito anos! Realmente... Eu nunca teria aguentado o tranco.

Como aquilo era preocupante, em sua cabeça! Rose não respondeu nada; abatido pelo medo, ele só queria uma coisa: não deixar o brutamontes nervoso, senão iria apanhar.

Mas Gay não parecia estar decidido. Ele sugou seu charuto e o prisioneiro olhou para a ponta incandescente. Foi assim que esse nojento queimou Pippig... Gay estirou-se sobre a cadeira, cruzou os braços sobre o peito e olhou para Rose com simpatia.

– Vocês, em Buchenwald, são uns tipos bem estranhos. Vocês se deixam espancar por causa de um moleque. Se querem calar o bico, têm de ser responsáveis. Se a gente espanca vocês e vocês acabam falando, então não devem se surpreender por não mais serem considerados como seres sensatos. – Gay inclinou-se sobre Rose. – O Pippig é um bravo! Com certeza! Tem todo o meu respeito! Ele poderia ter dito imediatamente: "Senhor comissário, nós encontramos um moleque". Então, não haveria problemas. Mas não! Foi preciso trabalhar no corpo dele, antes que ele desembuchasse. E o que ele é? Por acaso isso é ser um homem razoável? – Gay voltou para o fundo de sua cadeira e disse casualmente: – Deus seja louvado! Seus outros camaradas foram mais espertos e confessaram imediatamente. E o que o Pippig ganhou com isso?

Rose se encolhia na cadeira e o homem da Gestapo sentia que sua tática iria funcionar. Ele se levantou e percorreu a sala soliloquiando.

– O que vocês fazem, lá em cima no campo, não dou a mínima. Tenho outros problemas. Seu Kluttig não passa de um burocrata. Ele corre para mim e junta as mãos: "Me ajude! Tem um pequeno judeu que entrou no campo, ele não está registrado, o registro de prisioneiros não está mais em dia!" – disse Gay com ar depreciativo. – Qual a importância que isso tem! Daqui a alguns dias, os ianques vão estar aqui, e a gente vai ter de se mandar. *Nós*, não *vocês*! Agora imagine esse cretino do Pippig! Tão próximo do objetivo, arriscar sua vida por uma bagatela dessas? Eu poderia tê-lo transformado em presunto. O que você pensa disso, hein?

O pavor invadia Rose. O que esse brutamontes explicava ia muito além do "método suave". Ele parecia saber de muita coisa. Será que Pippig tinha falado e escondera dele? E os outros, o que sabiam...? Antes que ele pudesse coordenar suas ideias, o brutamontes graduado estancou diante dele e lhe deu um tapa encorajador nos ombros.

— O que você pensa disso? — Rose ficou sentado, imóvel, com a cabeça inclinada para a frente.

— Não tenho nada a ver com tudo isso — disse em voz baixa.

— Isso eu já sei! Pippig me disse tudo — apressou-se em dizer Gay, com segurança. — Onde, pelo amor de Deus, vocês esconderam esse maldito moleque? — Rose não disse nada. Gay tamborilava contra o vidro da janela. Em um átimo, ele se decidiu e caminhou até o prisioneiro. Sem hostilidade, mas com uma forte empunhadura, agarrou-o pelo casaco e o ergueu. Ele percebeu estar no caminho certo ao constatar o quanto Rose nem tentava se defender. Ele tirou o charuto da boca, deixou cair as cinzas e, como quem não quer nada, o fez passar sob o nariz de Rose. Rose sentiu em sua carne todo o calor escaldante.

Gay acrescentou com voz paternal:

—Vamos lá, seja razoável, meu velho.

Rose encarou o olhar do brutamontes, que brilhava como que para anunciar um grande perigo. Ele engoliu em seco e sentiu que o outro relaxava sua pegada. Gay segurou o prisioneiro pelos ombros.

— Não tenho a menor vontade de submetê-lo à mesma coisa que o Pippig. Não gosto de fazer isso. Mas, se você me obrigar... Rose! Porra! Só estou cumprindo meu dever!

Se ele perceber que estou sabendo...

Rose não deixava de olhar para o homem raivoso.

— Então, onde vocês esconderam esse maldito moleque? — O olhar de Rose vacilou. Ele juntou toda a sua coragem.

— Eu não sei — balbuciou, pronto para ser espancado. Mas o outro se contentou em suspirar e levantar os braços com ar desolado.

— Bom. Lamento por você. Volte para sua cela e fale com Pippig. Mas vou ter de fazê-lo voltar esta noite...

Já estava escuro quando o carcereiro acompanhou Rose até a cela. Pippig estava ardendo em febre, jazendo desmaiado. O carcereiro colocou o pano molhado na testa e resmungou, saindo:

— Não faça bobagens, já basta um.

Rose sentou-se no banquinho. Toda a miséria do mundo estava contida naquela cela. Rose bem que gostaria de dizer alguma coisa.

— Rudi...

Ele não deu sinal de que iria se mexer, seu fôlego estava ardente e rouco.

— Rudi...

Rose o sacudiu pelo ombro.

Ele gemeu. Rose afastou-se. Pequeno e encolhido, ele ficou no banquinho. Eis que, novamente, estava abandonado por todos!

O cheiro ardente do charuto o invadia novamente, e ele sentia ainda o perigoso aperto do brutamontes. O frio da cela arrepiava sua pele.

Sob a grade, a lâmpada do teto tremeluzia fracamente.

Em breve seria noite...

A chamada da noite tinha sido feita rapidamente, porque o comandante tinha reunido todo o seu Estado-maior. Kluttig não estava lá. Weisangk, bêbado como sempre, o havia substituído para fazer a chamada. Reineboth postou-se diante do segundo subchefe de campo e fez seu relatório.

Em seguida: "Dispersar!". Hoje, tinha sido muito rápido. Havia alguma coisa no ar. Aqueles milhares de homens sabiam disso! Os boatos de evacuação haviam se dissipado na atmosfera como um gás. Quanto à dispersão dos blocos, tinha acontecido como de costume. Um por um, deram meia-volta e desceram a passo de ganso a praça de chamada. Como sempre, houve empurrões e congestionamento na entrada das ruas que passavam entre os barracões. Como sempre, as fileiras se desagregaram, e cada um apressou-se o quanto pôde para voltar.

Somente por detalhes percebia-se que algo estava diferente. Inspetor-chefe, subchefe de campo e chefes de bloco não esperaram que a praça estivesse vazia para desaparecer rapidamente pela grade. As sentinelas que, indiferentes, costumavam vaguear no alto da torre central, estavam ao lado de suas metralhadoras, a cabeça encolhida no colarinho levantado de seus capotes para se proteger do vento gelado daquele mês de março, que soprava no alto da torre, e observavam os blocos deixarem a praça.

Logo depois da chamada, os prisioneiros designados para o serviço dos SS saíram dos diferentes prédios fora dos limites do arame farpado para voltar ao campo; eles, que normalmente tinham tanto a fazer. Sim, algo estava no ar!

Nos blocos reinava a barulheira de sempre. Juntavam-se em volta dos caldeirões de sopa; impassíveis, como sempre, os responsáveis de dormitório distribuíam a magra ração. As tigelas batiam. Como sempre, os homens se apertavam nos bancos, de ambos os lados da mesa comprida, cotovelo contra cotovelo, de forma que cada movimento era uma façanha, e agitavam as colheres. Como sempre, uma vez a refeição engolida, eles se queixaram da reduzida ração de pão do dia seguinte. E, no entanto, algo estava diferente.

As conversas, até então totalmente dispersas, iam dessa vez na mesma direção, milhares de cérebros se juntavam, milhares de pensamentos se reuniam para formar uma única coluna que marchava para o desfecho final, brandindo as bandeiras da esperança e do otimismo, atravessando com intenso fulgor aquele muro de cerração!

Em todos os blocos, somente havia *uma* conversa: a evacuação! Vários prisioneiros, cujos anos de cativeiro haviam roubado a fé no porvir, viam agora chegar o fim — o *seu* fim. Mas o que ia acontecer? A liberdade ou a morte? Navegava-se a olho nu. Os acontecimentos não se desenrolavam de maneira previsível, eles se balançavam, se mesclavam, se entrelaçavam. A liberdade ou a morte? Quem poderia saber?

Em todos os blocos, só se falava nisso. O campo podia ser aniquilado no último, no derradeiro minuto. Eles tinham tudo de que precisavam! Bombas, gases, aeronaves! Uma ligação do comandante para o aeroporto vizinho... e meia hora mais tarde, não haveria mais campo de concentração de Buchenwald, mas tão - somente um deserto fumegante. O sonho acabou, camarada! E pensar que durante dez anos você esperou por outra coisa! Ninguém quer morrer tão próximo do fim! Maldição! Mas *que* fim? Se ao menos alguém soubesse! Repentinamente, muitos perceberam que a carapaça que cobrira seu peito durante todos esses anos era incapaz de impor silêncio aos seus corações. Muitos perceberam que a única coisa que fizeram foi imaginar essa adaptação à morte, por causa de todos esses anos, essa morte postada atrás deles como uma sentinela com um fuzil, que fora uma ilusão imaginar-se superior a ela.

Um espectro inquietante ria de suas desgraças: quem ri por último ri melhor!

O que palpita por baixo dessa carapaça, camarada, não é tão invencível... Sim, sim, até agora você repeliu a morte com um peteleco. Mas não esqueça, você que é tão superior, que era uma morte totalmente diferente que você repelia assim... era a *sua* morte, e ela pertencia ao campo, assim como você!

Mas *a* morte que zomba no exterior, *essa aí*, você não vai poder afastar assim! É a mais manhosa, a mais infame! É a morte cínica, que segura uma coroa de flores debaixo do seu nariz enquanto você agoniza. E que flores: casas, ruas, pessoas, uma aldeia, um acre de floresta, uma cidade, carros, ciclistas, uma mulher, uma cama, um quarto com móveis verdadeiros e cortinas nas janelas, criancinhas...

Um mundo real, cheio de belezas, eis o que ela segura debaixo do seu nariz: respire isso, sinta como cheira bem... não diga nada, camarada! Ninguém quer morrer nesse instante, embora estivesse preparado para morrer antes.

E assim é: a morte dentro do campo era sua companheira, a morte além do arame farpado é sua inimiga!

A morte tinha se infiltrado no meio das fofocas, em volta dos homens reunidos dentro dos barracões. Ela também havia se esgueirado para dentro da pequena assembleia sob os alicerces do barracão da enfermaria, tinha descido pelo alçapão, tinha tropeçado nas pedras até o fundo, ali onde queimava a vela; todos sabiam, Bogorski, Bochow, Riomand, Pribula, Kodiczek, Van Dalen, todos sabiam que ela era sua hóspede silenciosa.

Bochow fizera seu relatório sobre a situação. A detenção dos dez homens do armazém de vestuário, a ameaça de evacuação, o avanço das tropas na Turíngia, a possibilidade de os acontecimentos se acelerarem. Riomand completou o relato. Ele ouvira falar da reunião na casa do comandante, e não havia dúvidas quanto à ordem do dia. O impetuoso Pribula queria impedir a evacuação pela força. Ele exigiu que fossem acionados os grupos de Resistência e distribuídas as armas.

— Você está maluco? — insurgiu-se Bogorski em polonês.

Três mil SS ainda estavam estacionados nas casernas, segundo Köhn, que estava quase todos os dias "fora" com o pelotão sanitário. Kassel, onde se observavam movimentos do *front*, era próximo, mas ainda muito longe. A cada dia podia haver novidades, cada dia era tempo ganho. E precisamente porque a incerteza e a liberação ainda estavam à mercê das ondas tumultuosas, não se deveria nunca tomar uma decisão apressada. Era preciso manter a velha tática de esperar e, em caso de evacuação, postergar e atrasar os comboios, de forma a salvar o máximo possível de vidas.

Eles sabiam, no entanto, que a hora decisiva se aproximava e o cerco se apertava. O que deveria então acontecer, foi Bochow quem anunciou, com profunda gravidade:

— ...o que vai acontecer, camaradas, vai decidir nossa vida ou nossa morte. E nós precisamos viver! Eu não gosto de longos discursos, e vou dizer uma única vez: aqueles a quem o campo de concentração outorgar a vida por trás do seu arame farpado, esses formarão a vanguarda de um mundo mais justo! Nós não sabemos o que vai acontecer. Não importa a forma que esse novo mundo assumirá, ele será mais justo; ou então, teremos de perder a esperança na inteligência humana. Não somos estrume, não somos mártires, não somos vítimas. Somos os mensageiros de um dever maior!

Como que envergonhado por sua ênfase, ele se calou subitamente, permanecendo assim. Bogorski endereçou a ele um olhar caloroso. Seca e friamente, como de hábito, Bochow prosseguiu:

– Tem mais uma coisa sobre a qual precisamos falar, camaradas: o menino. Isso não pode continuar assim! Não quero apedrejar Höfel, mas a criança representa um perigo cada vez maior. Kluttig está à procura dele como um demônio. É a nós que ele quer achar. Lógico, ele está no escuro, não temos nada a ver com o menino. Mas quanto ao Höfel...

Bochow lançou um olhar a Bogorski, como se esperasse protestos de sua parte. Mas o russo ficou mudo. Bochow continuou, então

– É só com Höfel que ele vai encontrar uma brecha. Eu sei, camaradas, que ele está aguentando com coragem, tenho certeza. E isso nos dá uma trégua. Mas confiança é uma coisa, prudência é outra. Se pegarem o garoto... O que vai ser das forças de Höfel? E o perigo não vem só do Höfel; gente demais está a par da história. Por isso, é preciso devolver a criança do Zidkowski e ele não pode saber para onde nós vamos levá-lo. Assim, a corrente será rompida. E onde colocar esse garoto? Já pensei nisso: aqui, no nosso esconderijo.

A proposta parecia monstruosa, todos se opuseram a ela. Somente Bogorski manteve silêncio. Bochow não se deixou desconcertar.

– Calma, camaradas! – Em poucas palavras, ele explicou sua proposta. Tinham de preparar para o menino um ninho acolhedor em um canto do buraco.

Várias vezes por dia, um camarada de confiança levaria a ele suas refeições – respeitando todos os protocolos de segurança, claro. Bochow acrescentou que o garoto estava acostumado a ficar escondido.

Van Dalen sacudiu a cabeça com ar cético.

– Você rompe a corrente para soldá-la em outra parte.

O sangue de Bochow batia em suas têmporas.

– Que outra alternativa? – detonou. – Não vamos querer matá-lo! Faça outra proposta, senhor sabe-tudo! – Van Dalen deu de ombros; assim como os outros, ele não tinha uma ideia melhor. Bogorski sorriu. Ele pareceu se render à decisão de Bochow.

– Corrente romper-se em Zidkowski? Hein? Então! Nada conduzir para nova corrente. Hein?

Eles se calaram. Talvez fosse melhor assim. Até mesmo Bochow percebia que não passava de um mal menor.

– Com exceção de Pippig e Kropinski, que não estão mais aqui, Zidkowski só conhece Krämer entre os que sabem da criança. Portanto, é ele quem deve ir buscar a criança. – Ninguém parecia de acordo. – Qualquer um, menos Krämer! – protestaram em coro.

– Silêncio, camaradas! – disse Bochow bruscamente. – Eu sei o que estou fazendo! É certo que os elos da corrente não poderão ser unidos no nível do Krämer, no caso de... no caso de Zidkowski falar. Eu não acredito, mas...

– Bom assim – disse repentinamente Bogorski. – Nós fazer caminha criança, e Krämer trazer ela aqui. *Carascho*! Não discutir muito, camaradas, não ter tempo. Quando Krämer trazer criança?

Pronunciando-se a favor do plano de Bochow, o russo impedira qualquer recriminação. Bochow estava feliz. Ele respondeu:

– Hoje não, é muito tarde. Eu preparo tudo amanhã.

Schwahl convocara Kluttig ao seu escritório. Ele temia o confronto com o subchefe de campo, na reunião iminente. Sobre a mesa encontrava-se o telegrama de Himmler ordenando a evacuação do campo.

A evacuação fora deixada à apreciação do comandante do campo.

Uma ordem que provocava uma onda de pânico. Salve-se quem puder! Schwahl tinha total liberdade. O único que podia impedi-lo de manobrar com esperteza era aquele fanático do Kluttig; por isso, Schwahl ia ter de resolver suas diferenças com ele.

Embora a Schwahl repugnasse ficar frente a frente com o subchefe de campo, ele estava decidido a encará-lo, confiando em sua habilidade diplomática. Kluttig entrou no escritório do comandante, arvorando uma postura toda militar.

Schwahl o acolheu com uma reprimenda jovial:

— Então, meu caro, o que anda aprontando pelas minhas costas?

Kluttig ouviu com atenção. Apesar do tom auspicioso do outro, ele adotou uma postura belicosa, irritado:

— Eu assumo total responsabilidade sobre o que estou fazendo!

— Blá, blá, blá… responsabilidade…Você colocou todo o campo em polvorosa. Não é hora de bagunçar tudo. — Kluttig pôs os punhos na cintura. Um gesto perigoso! Schwahl retirou-se prudentemente atrás da mesa. — Por que você está causando tamanho alvoroço por causa de um miserável judeu?

Os olhos de Kluttig estavam cheios de veneno e sua mandíbula se cerrava. Ele deu um passo em direção à mesa.

— Escuta aqui, comandante, nós não somos amigos e nunca fomos. Todo esse lero-lero logo chega ao seu final. Nós estamos a sós e sem testemunhas. Então, um conselho: não procure sarna para se coçar.

O rosto do comandante crispou-se. Por um instante, ele foi tentado a aceitar o desafio, mas conteve-se.

— Bom — respondeu ele, antes de deixar a proteção oferecida pela mesa e andar pela sala, de um lado para o outro. — Nós estamos sós e sem testemunhas. Então falemos de homem para homem. Você acha que eu sou um covarde pronto para me vender aos ianques. Errado, meu caro! Não sou um fanático como você, mas um político realista… Perfeitamente, um político realista — prosseguiu ele, girando em volta de Kluttig, que queria falar.

Schwahl pegou o telegrama e o mostrou como se fosse um tribuno.

– Evacuação! Ordem de um oficial da SS! Você quer se opor a ela? – perguntou, espiando a reação do outro.

A resposta de Kluttig teria sido um motim; portanto, ele se calou obstinadamente.

Schwahl aproveitou a vantagem.

– As modalidades da evacuação são deixadas à apreciação do comandante. E então? O comandante sou eu mesmo, não? – Kluttig se manteve calado, e o outro prosseguia. – Cá entre nós, subchefe de campo, quem pode ainda nos ajudar? O *Führer*? A SS? – resmungou Schwahl. – Estamos fritos. O tempo dos valentes acabou. Acabou! – repetiu insistentemente. – Precisamos salvar nossa pele.

Kluttig fervia, mas Schwahl continuava falando.

– A gente cai fora deixando carroças de cadáveres, então teremos com certeza a honra de ter sido fiéis até a morte, mas... o que ganhamos com isso?

– Covarde! – gritou Kluttig.

O comandante deu um sorriso indulgente.

– Eu prezo pela minha pele. Se tivéssemos ganhado a guerra, então eu teria organizado um belo jogo de massacre, e com prazer ainda. Infelizmente, cá entre nós, nós a perdemos, essa guerra; e isso muda a mão.

– Não entro nesse conluio – engasgou-se Kluttig de raiva. – Está ouvindo, comandante? Não entro nesse conluio! O senhor sai pela tangente miseravelmente, o senhor... o senhor...

Sua voz era aguda como o sopro de uma corneta, mas dessa vez não surtiu efeito; Schwahl endireitou-se, estufou o peito e cruzou os braços no peito.

– Ahá! Você está novamente a ponto de bater a porta atrás de si. Meu caro, guarde esse tipo de bravura para o microfone. Não estamos no Ministério da Propaganda aqui, mas no Ettersberg, e temos o *front* debaixo do nariz. Que as detonações estourem, então elas vão estourar também na frente.

– Mas que estourem, porra! – gritou Kluttig.

– E sobre quem? Sobre os americanos? Não seja ridículo.

Kluttig passou diante dele a largos passos e atirou-se numa das maciças poltronas de couro da mesa de conferência; ele espumava de raiva. O comandante observava seu contraditor.

– Mas o que você quer, no fundo? – disse ele depois de um momento. – Você quer arrasar o campo. Em seguida, quer encontrar os cabeças da organização comunista, e eis que você está no rastro de uma porcaria de um moleque judeu, e vai fazendo prisioneiros a torto e a direito. Você sucumbiu aos nervos, só isso.

– Eu sei perfeitamente o que eu quero! – gritou Kluttig. Com dedos trêmulos, ele exibiu a lista de seu bolso e a entregou ao seu superior. – Aí está!

Ele olhou o pedaço de papel.

– O que é isso?

– O mentor da organização – declarou Kluttig com impacto.

Schwahl franziu o cenho.

– É muito interessante... – Podia expressar tanto surpresa quanto ironia. Ele leu atentamente os nomes.

– Até que são muitas cabeças. Como você as encontrou? – Caçando o judeuzinho! – retorquiu o outro em tom cínico. Schwahl não deu o braço a torcer.

– E o que você quer fazer com todas essas cabeças?

– Fazê-las cair, comandante!

– Bom, bom – limitou-se a dizer o comandante. Ele cruzou as mãos nas costas e perambulou. Kluttig aguardava: a sorte estava lançada. A trégua durou muito tempo. Schwahl refletia intensamente. Enfim, ele pareceu ter tomado uma decisão. Parou diante de Kluttig, e os dois se mediram um ao outro.

– Ouça bem, subchefe de campo. Não estou de acordo com o que está fazendo. Não! Não me interrompa. Você precisa me ouvir. O que foi feito, está feito, e em tais proporções que eu não posso voltar atrás sem revelar nossos pontos fracos a todo o campo...

– Nossos pontos fracos? – protestou Kluttig.

– Sim – respondeu Schwahl rapidamente, tendo a certeza, no mesmo instante, de ser mais inteligente que seu rival. Ele largou Kluttig consigo mesmo e pôs-se a dar voltas na mesa, o que fazia regularmente quando tinha algo importante a dizer. – Falemos de outra coisa. A ordem de Himmler realmente chegou e será executada. Vamos evacuar o campo. Estamos somente nós dois, Kluttig, e vou lhe falar sinceramente. O que vai acontecer, nós não sabemos. Talvez chegue o dia em que vou ter de prestar contas a Himmler; é por isso que obedeço às ordens. Mas talvez seja para os americanos que eu serei obrigado a prestar contas! Eu! Você! Todos! – Ele ficou em pé atrás da mesa.

– Não tenho medo disso! – cortou Kluttig, erguendo o queixo.

– Eu sei – respondeu o comandante, e não se podia ler em seu rosto se se tratava de ironia ou não. Ele passou na frente da mesa e estancou diante de Kluttig, com as mãos na cintura.

– Eu estou no seu caminho. E se dependesse só de você, eu já seria comandante na eternidade faz tempo. Mas não é tão simples assim de me...

Ele simulou o gesto de um estrangulamento, deu alguns passos com ar dramático e, sem avisar, virou-se para seu subordinado:

– Também não é tão simples assim de o... – E fez novamente o gesto.

Kluttig estava totalmente desarmado diante dessa sinceridade. O outro tirava proveito disso.

– É por isso, eu creio, que a coragem e a inteligência não devem brigar, mas... Você entende...?

– Quer dizer que eu estou autorizado...

Schwahl precipitou-se pela brecha que tinha aberto. Com passo decidido, ele avançou sobre Kluttig e bateu de leve em seu peito.

– Melhor do que isso! Eu lhe *ordeno* que acabe com a organização.

Kluttig não sabia mais o que pensar. Ele encarou o comandante, e uma luz de desconfiança atravessava seus grossos óculos. Schwahl percebeu, como se lesse sua mente.

– Não, não, meu caro – disse ele –, não há segundas intenções. E não vá pensar que estou capitulando diante de você. Minha ordem decorre pura e simplesmente da presente situação. Não tenho a intenção de criar dificuldades, e quero que assim seja da sua parte. Dar e receber. Está claro?

Schwahl percorreu novamente a lista. Longa e atentamente para em seguida perguntar:

– Você tem a convicção de ter aqui a cabeça pensante da organização...

– Sem dúvida! – retorquiu o subchefe de campo, como que a afastar suas próprias incertezas. O comandante foi até a escrivaninha, pegou sua caneta e riscou um dos nomes antes de entregar a lista a Kluttig.

– Fuzile-os! Imediatamente e com toda a discrição.

Kluttig, imaginando que o comandante só havia assinado a lista, pegou-a e percebeu que ele riscara o nome de Krämer.

– Comandante... – começou.

– Eu ainda preciso desse sujeito – interrompeu-o Schwahl, deixando claro que não aceitaria ser contrariado, e erguendo os ombros com ar indiferente. – Pois é, meu caro, é assim. Faz anos que nos desinteressamos da administração concentracionária e que a confiamos aos prisioneiros. Tanto é assim que dependemos deles. Sem um decano experiente no assunto, eu não posso levar a cabo a evacuação!

– Mas, comandante, Krämer, é o mais importante...

– Uma espécie de general, certo? – sorriu Schwahl com ar entendido. – Ora, por favor. Bem melhor para nós. Como fazer para colocar um general em xeque-mate? Retirando-lhe todos os seus oficiais. Fuzile todos os demais e o seu Krämer vai comer na minha mão. Deu para entender? – Schwahl, todo cheio de sua própria inteligência, deu um tapinha protetor no ombro de seu subchefe de campo. – Se isso lhe agradar, depois você poderá matar Krämer com uma bala na nuca por último. Mas por enquanto, eu ainda preciso dele.

Kluttig não teve escolha, senão dar-se por satisfeito.

Quando da reunião do Estado-maior, Kluttig, sentado num canto da sala, tinha a desagradável sensação de ter sido enganado pelo esperto comandante. Como se o outro tivesse mostrado uma isca, sobre a qual ele se jogara. Ele o olhava com desconfiança. Como seus modos eram orgulhosos! Perambulava, pontificando, com o telegrama de Himmler em mãos. "A ordem é clara, e será evidentemente obedecida!" Com olhar incisivo, Kluttig observava o efeito produzido pelas palavras do comandante no rosto dos demais. Não longe da escrivaninha de Schwahl, estava sentado Weisangk, olhar no vazio e olhos baços. Com certeza, ele sentia falta da sua aguardente; o comandante mostrava-se bastante mesquinho nesse quesito, no decorrer dessas reuniões.

O segundo subchefe Kamloth, comandante das tropas SS, estava no meio da sala, com uma perna esticada e as mãos juntas. Na mesa de conferência estavam o chefe da mão de obra, o chefe da administração e o oficial de ordenança do comandante. Os diferentes chefes de bloco, em razão de suas responsabilidades menores, encontravam-se atrás dos oficiais. Reineboth julgara melhor, em conformidade ao seu grau inferior, ficar com esse segundo círculo.

O olhar de Kluttig passava de um para outro. Todos os rostos mostravam submissão e aprovação com relação ao comandante. Que bando de covardes! Pareciam considerar a ordem de Himmler como uma chance de escapar sem danos, de braços dados. Mesmo Reineboth parecia aliviado.

Ninguém prestava atenção a Kluttig, como se estivessem ligados contra ele. Eles se contentavam em escutar o comandante, em silêncio religioso.

– A nós cabe decidir o momento da evacuação, em função da progressão do *front*. – Schwahl, majestoso, aproximou-se do mapa mural e varreu com a mão o sul da Alemanha. – Só o que podemos esperar é ir nessa direção.

Weisangk resmungou. Com gesto teatral, o comandante abriu os braços.

– Não há outras saídas possíveis...

Kluttig fervia por dentro. Ele estava atormentado pela vontade de pular e de se rebelar, mas a aprovação comum de seus pares o dissuadiu. O comandante posicionou-se no centro da sala e, como que para desafiar Kluttig, anunciou:

– Evidentemente, há uma organização clandestina no campo. Não somos estúpidos o bastante para não levá-la em conta. Mas isso é somente uma parte de um todo. – Ele virou-se para Kamloth. – O senhor acredita, segundo subchefe, que essa organização possa ser uma ameaça para suas tropas? – O homem respondeu com uma risada depreciativa, e o comandante prosseguiu rapidamente. – Concordo com você. Algumas salvas de tiros contra o campo e qualquer tentativa de Resistência será abafada. E não hesitarei em recorrer a tal ato extremo, se for necessário. – Ele fez uma longa pausa, cruzou as mãos nas costas e começou a dar voltas ao redor de sua mesa. Então, recomeçou:

– Mas não é disso que se trata, por enquanto. Senhores, eu sou responsável pela segurança de todos. Não somente no momento presente, mas também no futuro. – Ele disse isso com uma entonação bem particular, certo da adesão de todos, pois conhecia seus homens. – Sim, no futuro também – repetiu. – Vocês me entendem.

Ninguém se manifestou, todos se escondiam atrás de seu silêncio. Para Schwahl, era o momento decisivo. Ele declarou em tom triunfante:

– Agradeçamos a energia do subchefe de campo Kluttig, que conseguiu sozinho – sim, sozinho –, no último minuto, desentocar os instigadores da organização secreta do campo. Ele nos prestou um serviço inestimável. Eu ordenei a ele que os conspiradores sejam fuzilados e tenho certeza de que ele cumprirá essa missão com sutileza e inteligência.

– E o que vai acontecer em seguida? – perguntou Kamloth, até então silencioso.

– Executar a ordem do líder da SS – retorquiu Schwahl, desconcertado. Ele franziu o cenho.

– Himmler? Besteira! Para dar ordens com o próprio rabo em segurança tem um monte de gente. Mas vou ter de suar com toda essa ralé? Matar a todos, até o último desses bundões. Essa é a minha meta.

– E os americanos? – perguntou o comandante, preocupado.

– Pare de falar asneiras, Schwahl! – gritou Kamloth, colocando as mãos no bolso com um gesto cansado. – Antes que eles cheguem aqui, já terei acabado com tudo, e estarei do outro lado das montanhas há muito tempo. – Ele deu uma sonora gargalhada. O comandante empalideceu, suas bochechas tremiam.

De repente, gritou, histérico:

– Em nome do líder da SS, vocês devem me obedecer! Quem comanda?

– Quem comanda a tropa? O senhor ou eu? – retorquiu Kamloth de pronto.

Kluttig saltou. Em alguns passos, estava ao lado do segundo subchefe, junto ao qual ele procurava um apoio. Ele estava tão irritado que havia perdido a fala; só o que ele conseguia fazer era olhar para Schwahl, pálido. Os demais também tinham-se levantado, impressionando o comandante. Mas ele cortou o momento:

– Um complô? Uma conjuração?

Kamloth não entrou no jogo, e respondeu:

– Pare de dizer bobagens. Conjuração? O cacete! Eu não quero ficar arrastando esse bando de ratos. A pólvora é que vai falar! – Ele sentou-se em uma das poltronas de couro da mesa de reunião e acendeu um cigarro. Protegido pela aliança de seus camaradas, Kluttig se recompôs.

– A pólvora! Também é o que eu penso – gritou ele, em seguida se juntou a Kamloth, em desafio.

O incidente os tirou a todos de seu mutismo e foi um grande pânico.

Eles falavam e gesticulavam ardentemente, como selvagens. Sem prestar atenção a Schwahl, seu comandante, os chefes de bloco mais duros tomaram partido de Kamloth.

Wittig, o oficial de ordenança do comandante, berrava com eles, eles berravam de volta. Quepes caíam, braços faziam movimentos de luta. Toda a noção de hierarquia, normalmente respeitada com escrúpulos, tinha desaparecido. Wittig postou-se diante de Schwahl para protegê-lo e gritou, no meio da bagunça:

— O comandante ordena que vocês se calem!

O tumulto cessou na hora.

Alguns chefes de bloco assumiram a posição de sentido diante de Schwahl, para sua própria surpresa. O único que não tinha participado do tumulto era Reineboth. Embora a reviravolta precipitada da situação tivesse atraído muito sua atenção, curioso em saber quem iria ganhar, ele conseguira se controlar de forma admirável. Por ora, o comandante parecia novamente estar em vantagem.

Weisangk, aproveitando o silêncio, bateu com o punho na mesa e gritou irado:

— Disciplina! O que Schwahl diz deve ser respeitado! Ele é nosso comandante, somente ele! Ninguém o ouve! — Ninguém prestou muita atenção ao que ele dizia. Reineboth fechou os olhos: e agora, o que ia acontecer?

Kamloth esmagou o resto do cigarro e levantou-se. Ele não era, de forma alguma, partidário de semear a cizânia, como tinha feito. Ele havia solapado a superioridade hierárquica do oficial mais graduado. Suas divergências de ponto de vista não decorriam de considerações políticas, mas do simples desejo de salvar a pele. E, no caso, arrastar atrás de si um grupo de prisioneiros representava um perigo. Por que deveria se preocupar com os americanos? De qualquer forma, eles seriam os próximos. Ele não entendia o comandante. Ele não tinha a menor intenção de minar sua autoridade. Mas para que se atrapalhar durante a retirada, se existia uma solução? Que coisa melhor do que fuzilar todos os que estavam do outro lado do arame farpado, embarcar nos caminhões, e...

– O senhor bem viu o que todos pensam! – disparou para Schwahl. – Por que se recusa a atirar?

O comandante, em um beco sem saída, retirou-se atrás da mesa.

– Quem disse que eu não quero atirar? Se necessário, o acampamento explode em menos de meia hora!

– Então exploda-o! – gritou Kluttig. – Depois de nós, o dilúvio! Nenhum desses cães comunistas deve escapar vivo após nossa partida!

Os chefes de bloco recomeçaram o tumulto.

–Vamos massacrar esses canalhas! – gritavam eles. Aquela tempestade de protestos ameaçava jogar por terra os planos de Schwahl, tão cuidadosamente pensados.

Em grandes passadas, ele dirigiu-se à multidão.

– Eu ordeno que vocês se calem! – A violência de sua ordem fez efeito. O comandante constatou, com satisfação, que eles ainda lhe obedeciam. O silêncio imediato devolveu-lhe a segurança e, como um raio, ele verificou que precisava reforçar sua autoridade abalada, através de medidas impactantes. Preparado para o contra-ataque, pôs os punhos na cintura e varreu a assembleia com olhar irritado. Que prazer falar com aqueles homens empertigados! Ele reiterou o que acabara de dizer:

– Quem disse que eu *não* quero atirar? – Era um tiro de carabina apontado para um alvo; mas o comandante não parecia ter acertado na mosca.

Kluttig reagiu na hora.

– Comandante! – Sua entonação era excessivamente dura. Schwahl contornou Kamloth e eles se encararam por um momento.

– O senhor me dá sua palavra de oficial?

– Eu lhe dou mesmo minha palavra de honra! – respondeu o comandante em tom tão seco quanto o de seu subalterno. Era um verdadeiro duelo; Schwahl, pela reação da assembleia, soube que tinha acertado em cheio.

Cuidado! Fiquemos vigilantes, pensava Reineboth. *Nosso diplomata está enrascado, mas, por enquanto, ele ganhou.*

— Voltem para os seus lugares.

O comandante esperou até que a calma inicial voltasse.

Até Kamloth tinha se sentado novamente.

O comandante saboreava essa calmaria que dependia das palavras que saíssem de seus lábios. Ele tinha conseguido. Era novamente o comandante do campo, o mais graduado. Estava em pé, ao lado de Weisangk, que se esticou todo em sua cadeira, com os braços abertos, e pôs todo o seu orgulho no sorriso de fidelidade que dirigiu a seu comandante.

Schwahl passou por detrás da escrivaninha.

— Eu vou informá-los agora sobre o conteúdo do telegrama do líder da SS: "Considerando o avanço na Turíngia do terceiro Exército americano, do general Patton, eu ordeno que se faça a evacuação do campo de concentração de Buchenwald, sob minhas ordens. As modalidades dessa evacuação ficam a cargo do comando do campo de concentração de Buchenwald. Concedo a seu comandante plenos poderes sobre o conjunto das forças à sua disposição. Fidelidade ao *Führer*. *Heil Hitler*. Líder SS Himmler."

Que efeito a leitura daquelas linhas tinha produzido! Schwahl ergueu o queixo. Ele tinha a impressão de ter falado com a voz de Himmler. Kamloth olhava fixamente para a ponta de suas botas. Weisangk, com os punhos cerrados sobre as coxas, tinha se inclinado para a frente. As lágrimas faziam seus olhos de buldogue faiscar. *Ora, vamos, eles zombaram de mim.* Seu público, aqueles homens diante dele, estava irreconhecível, e o comandante se aproveitou do efeito produzido.

— O campo será evacuado em ondas. Quinze mil homens por dia. Primeiro os judeus. Rumo a Hof, Nuremberg, Munique. O segundo subchefe Kamloth se ocupará do acompanhamento.

— E o que minhas tropas vão fazer quando tiverem chegado a Munique com essa gentalha? – perguntou Kamloth. Schwahl deu um sorriso amarelo.

— O número de prisioneiros que chegar a Munique, bom... isso é assunto de vocês. Eu só quero uma coisa: não deixar nem um único cadáver no campo.

— Ha! Ha! Entendi – zombou Kamloth. – Você quer dar uma de gostoso na frente dos ianques e deixar o serviço sujo para mim.

— Não, você não entendeu nada mesmo, segundo subchefe – retorquiu Schwahl. – O número de prisioneiros que morrerão daqui até Munique é algo que você não vai poder controlar. Seja como for, eu não estou lhe dando ordem de matar um único deles; golpe de misericórdia não é assassinato, mas sim ato de humanidade.

— Hábil. Muito hábil – admitiu Kamloth, cruzando os braços sobre o peito.

— Você bem que gostaria de brincar com o seu gatilho, segundo subchefe – observou amavelmente o comandante.

— Pode contar com isso – ironizou Kamloth. Os dois estavam finalmente de acordo.

— No que diz respeito à hora de partida, eu lhe transmitirei minhas instruções posteriormente. A partir de hoje, o comando e as tropas devem se colocar em nível de alerta máximo. Todas as autorizações estão suspensas! – Schwahl apoiou os punhos sobre os quadris. Arrumou os ombros e curvou as costas. Ele adotou então um tom mais íntimo e se dirigiu a seu público:

— Senhores, só o que posso aconselhar a todos é que tenham tudo organizado e que preparem suas famílias para uma partida.

<hr>

O carrasco tinha trazido para Rose um colchão de palha e um cobertor, para passar a noite. Pippig, cujo estado se tornava mais grave a cada hora, ocupava a única cama de campanha da cela. Enquanto Rose conseguia conversar com seu camarada, havia nele esperança e confiança; por ora, Pippig não respondia mais, seu corpo ardia em febre e Rose tinha desabado sobre o colchão improvisado, em um canto da cela. Dava pena de ver. Ele esperava pelo interrogatório noturno. O medo tinha se instalado ao seu lado, e se tornado um duplo dele.

No *Kommando*, a transferência do menino para o bloco 61 não tinha podido permanecer completamente em segredo. As conversas dos outros tinham chegado até Rose, mesmo que ele não quisesse. Saber disso o torturava de modo tão desagradável que ele gostaria de ter tampado as orelhas. Mas era tarde demais. Agora, estava ali, sentado, com aquele fardo que ele preferia não ter de carregar.

A noite estava clara. No teto da cela nua recortavam-se as sombras das barras do postigo, como se fosse dedos de uma mão aberta. Rose não conseguia se deitar para dormir. A qualquer minuto, alguém poderia vir buscá-lo.

Ele estava em estado de alerta. Do lado de fora, um silêncio de morte, e um frio de rachar do lado de dentro, na cela escura.

– Rudi...

Ele não obteve nenhuma resposta.

– Rudi... – Rose ouviu seu próprio chamado. De repente, ele se levantou e caminhou na direção de Pippig na ponta dos pés. Suas pernas estavam tortas. Sua cabeça tinha escorregado para fora do travesseiro.

E se ele morrer? Rose engoliu em seco.

– Rudi...

Rose não aguentou mais. Ele quis gritar, mas estava com medo, muito medo. Era um medroso. Ele pensou em bater com os punhos contra a porta, mas não tinha coragem. Era um covarde. Assim, contentou-se em tapar a boca com as mãos e agachar-se.

Bem na hora em que decidiu deslizar de volta ao seu colchão, ele se deteve, ficando imóvel. O barulho de uma chave ressoou no silêncio. A porta se abriu e um facho brilhante de luz o cegou, pousando de modo impiedoso sobre o rosto de Rose. Um jovem SA da guarda noturna entrou.

– Para fora! Com um tranco, ele empurrou Rose para fora da cela. Um Rose mergulhado no desespero.

<hr>

No mesmo instante, uma silhueta sombria se desenhava contra um dos compartimentos do curral SS, situado ao norte do campo. Tratava-se de um lote de terras sem cultivo, com umas poucas árvores remanescentes do que tinha um dia sido uma floresta. Na frente, havia as construções da enfermaria dos prisioneiros e, do outro lado, cortado pelo que se havia convencionado chamar de caminho da enfermaria, o campinho.

A silhueta permaneceu imóvel por um bom tempo, escondida pelo compartimento. Ela parecia estar espiando. Não muito longe do curral passava a cerca eletrificada, de arame farpado, que cingia o campo. A extremidade recurvada de pilares de concreto da cerca brilhava, por causa das lâmpadas vermelhas. As sentinelas vigiavam, no alto dos miradores. Manifestamente, eles eram o alvo da atenção da silhueta imóvel, que não tirava os olhos deles. Ela parecia ter a visão de uma ave de rapina noturna. Os canhões negros das metralhadoras se recortavam acima do parapeito das torres. A silhueta não se mexia. Os guardas, dentro de seus capotes, percorriam o campo com os olhos. Às vezes, estalavam tábuas quando relaxavam as pernas, andando de um lado para o outro. De repente, a silhueta se retraiu e, silenciosa como uma sombra, correu na direção de um toco. Agachou-se, olhou para todos os lados, já se preparando para a corrida rumo ao toco seguinte. Na hora certa, alguns pulos seriam suficientes para conseguir, e sem fazer o menor barulho. A silhueta não estava usando sapatos, só meias. Um prisioneiro. Ele se movimentava com a agilidade de um acrobata. Apoiado contra uma árvore, esperava a cada vez o momento propício. Ainda faltava o mais arriscado: atravessar o amplo trecho do caminho da enfermaria. Ele hesitou por muito tempo, perscrutando as torres de vigia e os arredores.

Em seguida, ele se curvou e, rápido como o vento, atravessou o caminho; quando chegou do outro lado, jogou-se no chão entre as árvores e os tocos. Sem um gesto, ele esperou, colado ao chão de terra, durante um bom tempo. E depois, de árvore em árvore, chegou ao campinho. Com cuidado, levantou o fio inferior da cerca e passou por baixo. A essa altura, já estava suficientemente longe dos miradores para deslizar com uma certa segurança entre as latrinas atrás dos barracões, entre os dejetos e as imundícies espalhadas pelo chão, até o bloco 61. Colado à parede do barracão, ele acionou a maçaneta da porta milímetro a milímetro. E então abriu, até poder deslizar para dentro do barracão.

O vento tinha diminuído de intensidade, por isso ele não se preocupou em fechar a porta atrás de si. E ficou assim por um momento, tempo suficiente para se acostumar à escuridão que o cercava. Logo se localizou. O depósito estava lá no fundo. Ele foi até lá. A porta só estava encostada. Ele entrou com facilidade. Zidkowski dormia sobre o estrado, e seus três assistentes, no chão. Ele roncava, com o menino. O prisioneiro passou discretamente entre os três assistentes adormecidos, calculando cada passo, até chegar ao decano. Passou então delicadamente a mão sobre o garoto e o ergueu. Passou a tomar o dobro de cuidado, tanto cuidado que conseguiu não acordar a criança. Saiu do depósito e do barracão com passos de veludo, apertando seu fardo contra o peito. Novamente, nem fechou a porta atrás de si.

Do lado de fora, parou um instante para pensar. Ele precisava acordar o garoto, para que ele não acordasse assustado e se pusesse a gemer ou gritar. Ele o acariciou suavemente. O menino abriu um olho. O homem tapou rapidamente a boca do menino com a mão e falou com ele em polonês, tranquilizando-o. Embalou-o e apertou-o contra o peito com ternura. Levando em consideração o caráter extraordinário da situação na qual se encontravam, o menino pressentiu o perigo e não fez o menor barulho.

As palavras em polonês, carregadas de um forte sotaque russo, fizeram efeito. Ele passou os bracinhos em volta do pescoço do prisioneiro, como o homem lhe havia dito para fazer, e se pendurou ali com força. O prisioneiro apertou ainda mais a criança contra si, curvou-se e começou a fazer o caminho de volta.

<hr>

Rose voltou para a cela depois de cerca de uma hora, ainda mais abatido do que quando tinha saído dela. O SA observava a cara miserável do outro, com ar zombeteiro.

Sem se ocupar de Pippig, Rose desabou sobre seu colchão, enrolou-se no cobertor, assolado por um sentimento de asco.

<hr>

Kluttig acordou com um sobressalto, com o som estridente da campainha do telefone ao lado da cama. Era Gay. Ainda meio adormecido, ele ouviu a voz estridente do oficial da Gestapo:

— Muito bem, bom dia, cambada de idiotas aí de cima! Tratem de ir buscar o moleque no bloco 61 do campinho.

De repente, Kluttig estava completamente acordado.

— Caramba, Gay! Como você descobriu?

— Com um pouco de inteligência — crepitou a voz do outro lado da linha, antes de desligar.

Kluttig sentou-se na beirada da cama, olhou o vazio, passou a mão pelo casaco do pijama e arranhou nervosamente as axilas. Era hora de agir. Enfiou o uniforme com pressa e correu na direção do depósito. Disse aos guardas na grade que informassem às sentinelas, no alto das torres de vigia, que iria entrar no campo; levou com ele um chefe de bloco, com umas poucas palavras o pôs a par da situação e correu para o bloco 61. Enfurnou-se depósito adentro, acendeu sua lanterna e gritou:

– Aí dentro, todo mundo em pé!

Os poloneses acordaram com dificuldade e desceram dos estrados. Instintivamente, Zidkowski jogou o cobertor em cima da cama diante da qual ele estava em pé.

Mas Kluttig notou a manobra do prisioneiro e arrancou o cobertor, com a ponta da lanterna. Com horror, o decano e seus assistentes olharam para a cama – vazia. Kluttig estava a léguas de entender a reação dos poloneses. Ele vasculhou o aposento freneticamente, revirou a grandes chutes os colchões de palha dos que cuidavam dos doentes. Por medo de ser contaminado, não se atrevia a tocar em nada com as mãos. Ele fuçava e revirava cada canto, primeiro com o olhar, depois com a ponta das botas; não encontrou nada, arrastou os poloneses até a sala dos doentes e rasgou as trevas com a lanterna, latindo:

– Todo mundo em pé!

Os doentes leves se mexeram, assustados, e os mais graves deram um jeito de se virar, em seus colchões.

O chefe de campo pôs o foco de luz da lanterna sobre o rosto do decano.

– Você entende alemão, cachorro maldito?

– Um pouco – aquiesceu o outro.

– Todo mundo em pé! Vamos, diga isso a eles! – bradou Kluttig, fazendo amplos gestos com os braços. Zidkowski transmitiu a ordem em polonês. Os doentes desceram dos beliches e ficaram em pé. Os que não eram poloneses também entenderam o que se queria deles. Kluttig iluminava uma a uma as camas.

– E aqueles ali? O que é que estão fazendo? – ganiu com violência o chefe de bloco, apontando para os colchões.

Zidkowski ergueu os braços:

– Eles mortos ou quase…

Kluttig, ignorando em sua precipitação por onde prosseguir as buscas, gritou para o polonês:

– Que droga! Expulse esses lixo daí!

E com um chute ele tirou do colchão de palha um homem que estava a seus pés. Os poloneses trataram então de erguer dos colchões os doentes mais graves e empilhá-los, porque faltava lugar.

Kluttig se apressava sobre os colchões de palha liberados e os virava com o calcanhar. Mas buscava em vão.

Aos berros, ele levou o decano e seus assistentes ao depósito:

– O que foi que vocês fizeram do fedelho? Hein? Vocês o mandaram para outro lugar? Para onde? – Frente àquela fúria toda, os poloneses recuavam. Zidkowski, ainda surpreso pelo inexplicável desaparecimento do garoto, balbuciava:

– Que criança? Onde criança? – Sem mostrar medo nem de Kluttig nem do chefe de bloco, ele arrancou o cobertor e o colchão do estrado. – Onde crrriança? – gritava, olhando com desespero para todo o aposento.

Kluttig desistiu. Sufocando de raiva, ele deu um chute no decano, antes de sair apressadamente do bloco de quarentena, seguido do chefe de bloco.

Assim que puderam ver um ao outro na escurdião, os quatro poloneses se reuniram. Eles puseram ordem na sala com agilidade, mandaram os menos doentes se deitarem novamente e recolocaram os mais graves em seus colchões. Depois que tudo isso tinha sido feito, não sabiam o que dizer. Onde diabos podia estar o menino? Que milagre era aquele? Naquela noite, ainda, Zidkowski mantivera o garoto junto dele, e agora ele havia sumido!

Era impossível que ele tivesse saído dos barracões, aquilo só podia ser uma intervenção divina. Frente a frente, os quatro homens não sabiam o que dizer, não tinham a menor explicação para aquilo. Zidkowski caiu de joelhos, juntando as mãos, abaixou a cabeça e fechou os olhos.

– Santa Virgem Maria...

Os três assistentes rezaram com ele.

Tão depressa quanto tinha ido para o campo, Kluttig saiu dele e voltou para casa, onde ligou na mesma hora para Gay, que havia retornado a seu apartamento particular do Marstall. Ele ainda não tinha se deitado. Ocupado em preparar sua retirada, ele arrumava e classificava documentos em seu escritório – queimava papéis, dossiês e relatórios. Foi quando recebeu o telefonema de Kluttig, que ao ligar pedira para ser direcionado para os aposentos privados do outro.

– E então? Quais são as novidades? – gritou o homem da Gestapo. – Encontrou alguma coisa? – A ira tomava conta dele.

– Grandisíssimo bando de desgraçados! Malditos sejam! – E bateu violentamente com o fone, ao desligar.

Pippig se moveu. Ele esticou as pernas. Esse breve momento de despertar fez bem a ele, ao menos até que sua consciência o fizesse entender onde estava e o que tinha acontecido. Mas rapidamente as dores se manifestaram, queimando seu corpo inteiro. E ameaçavam mergulhá-lo novamente no delírio da febre, por isso Pippig reunia todas as suas forças em uma luta silenciosa, a fim de conservar a clareza de juízo. Ele sabia que o fim estava próximo.

Pippig concentrou-se em sua capacidade de refletir. Ele ainda conseguia pensar, ao menos era a impressão que tinha; e pensar direito. Mas tudo parecia estar de ponta-cabeça, revirado, incoerente. Sua boca estava seca como se fosse papelão. Mas isso era só uma consequência de seu estado físico desastroso, e ele nem sentia necessidade de refrescar-se. Ele continuou ali por muito tempo ainda, sem se mexer, só atento a suas mazelas. O animal que o tinha torturado havia distribuído sem dó uma chuva de chutes em suas costas e na região lombar, quando ele estava caído no chão. Seus rins deviam ter sido bem prejudicados, porque era lá que a dor era mais intensa. Será que se pode morrer por ter os rins destruídos? Pippig se perguntava isso. Esse pensamento sombrio, e outros mais, não saíam de sua cabeça. *Que chance eu tenho ainda... as pistolas... a tempo... um dia depois e...*

Ele gemeu. De repente, lembrou-se de Rose. Ele não tinha sido levado para ser interrogado? Havia um fio de luz na cela, disso ele tinha certeza. Ele ouvira uma voz. E depois o silêncio, um silêncio de chumbo. Pippig teve medo. Quanto tempo teria se passado? A escuridão da cela, impenetrável e inerte, o envolvia por inteiro. Onde estaria Rose? O que teria acontecido? Pippig sentiu que ia desmaiar, como se olhasse através de um vidro molhado, sem conseguir ver nada nitidamente. Sentia uma angústia que o queimava e o oprimia.

– August!

Um grito atroz, para Pippig, como um eco; e, no entanto, aquilo não tinha sido nada, nada além de um sopro exalado por sua boca pastosa.

Rose, em um estado nebuloso entre o sono e a vigília, sentou-se sobressaltado, bem ereto, olhando para ter certeza, cheio de medo. Ele queria se certificar de ter realmente ouvido um grito. Talvez fosse só um sonho. Mas então, de novo, ele ouviu seu nome sendo dito por uma voz fraca e rouca, como se cada letra fosse uma migalha. Com um pulo, ele foi até a cabeceira de Pippig, que sentiu algo vivo perto dele. Ele tentava ajustar a vista, para penetrar a bruma que o envolvia. Mas não conseguiu. O eco ampliava a névoa ao infinito e lhe devolvia as palavras que queria dizer. Pippig não conseguia produzir o menor som. Seria por causa do sangue que fluía nele, ou por causa do seu coração que palpitava? Sua respiração vacilou.

De repente, ouviu-se do lado de fora alguém correndo, o barulho se aproximava rapidamente. A chave tilintou na fechadura, a lâmpada no teto piscou e Gay entrou furiosamente na cela, passando pelo SA que tinha aberto a porta. Ele se jogou sobre Rose, que moeu de pancada, a socos – de tal modo que perdeu o equilíbrio.

– Lixo! Desgraçado! Você me enganou!

Ele sacudia Rose como se fosse um saco de batatas. Por trás das portas das celas vizinhas ouviam-se movimentos inquietos. Arrancados de seu sono por toda aquela gritaria, os outros oito prisioneiros do armazém de vestuário se comprimiam contra as portas. A fúria de Gay os agredia como uma punhalada. Ele sacudia Rose em todos os sentidos, gritava, batia, socava. Para se proteger, Rose, como se estivesse sendo atingido por uma avalanche, levou os braços à cabeça, gemendo:

– Eu contei tudo o que sabia. Por favor! Eu não sei mais nada!

– Quem estava sabendo? – gritou Gay, socando o prisioneiro em um canto da cela.

– Não bata mais, senhor! Pippig está sabendo, ele sabe tudo. Eu não tenho nada a ver com isso!

Cego de raiva, Gay derrubou Pippig do beliche. Seu corpo ficou no chão, imóvel. Aterrado de medo, Rose gritava pedindo ajuda.

O SA, com o cassetete de borracha na mão, atirou-se sobre Rose:

– Você vai fechar essa matraca?

Ainda aos berros, Gay voltou-se contra o prisioneiro jogado no chão, inerte. Ele atacava ao acaso, chutando onde sua bota acertasse.

– Fale, infeliz, ou eu vou massacrá-lo! – Ele estava fora de si e atacava o corpo do outro como um alucinado.

Mas a morte foi misericordiosa. Havia muito tempo já, ela tinha pousado sua mão tranquilizadora sobre aquele coração outrora tão radiante...

Nas celas vizinhas, os prisioneiros continuavam colados às portas. Eles ouviram alguém fechando uma porta e deram um pulo para trás, ao estalido de saltos de sapatos se aproximando. E depois sufocaram, perscrutando a escuridão com o olhar. Quando o glacial silêncio da noite finalmente voltou, nenhum deles disse uma única palavra. Mas seus pensamentos se agitavam.

Bem cedo, os decanos dos blocos se apressaram ao redor de Krämer, a quem repassaram a lista de seus efetivos para a chamada.

– O que aconteceu à noite, no campinho?

– Parece que Kluttig foi ao bloco 61...– É verdade que ele está procurando o garoto?

Bochow trouxe a lista dos efetivos para Runki, a fim de poder conversar com Krämer; ele entrou no círculo e tirou proveito, para obter mais informações junto com o decano.

– Então vá para o campinho e se informe sobre o que aconteceu. Krämer fez cara de quem não tinha entendido. No entanto, a inquietação e a incerteza cresciam nele, tanto quanto em Bochow; pois a rede esticada sobre Höfel e Kropinski, sobre Pippig e os outros prisioneiros, sobre os quatro pobres poloneses do bloco 61, sobre o CIC e a organização inteira, o que não era pouca coisa, tinha sido forçada mais uma vez naquela noite, e eles todos, protegidos por essa rede, precisavam se assegurar de que ela não tinha sido irremediavelmente rompida.

Naquela manhã, como de costume, as colunas se movimentaram até a praça de chamada. Como sempre, o quadrado imenso estava perfeito e, como de costume, o quadrado se deslocou, por ordem de Reineboth:

– *Kommandos* de trabalho, em seus lugares!

Agitados e desordenados, em grande número, mais ou menos de acordo com os *Kommandos*, alguns atravessavam a grade com o boné na mão, ladeados por SS armados, enquanto outros desciam a praça em direção ao campo, para ir às oficinas e aos prédios administrativos.

Porém, desde a véspera, um novo vento soprava sobre o topo da montanha, enchendo os pulmões de milhares de homens. Em algum lugar ao longe, muita coisa acontecia. Tanques se aproximavam, fazendo o solo tremer; aquelas hordas de homens, no topo da montanha, acreditavam sentir as vibrações anunciadoras de um terremoto. O que eles tinham superficialmente nos mapas sobres as paredes, como meros rabiscos, o que eles tinham ouvido nos alto-falantes sobre o *front*, o tipo de atividade difusa da qual eles eram deixados à parte, tudo isso se metamorfoseava bruscamente desde a véspera, quando os boatos sobre a evacuação se espalharam pelo campo, em uma realidade à qual eles estavam diretamente ligados.

Kluttig, Reineboth, o chefe de mão de obra e uma matilha de chefes de bloco estavam todos nas proximidades da grade de ferro forjado, com as pernas afastadas, os punhos sobre a cintura ou nas costas, olhando desfilar sem palavras os barulhinhos dos *Kommandos* de trabalho que saíam do campo. Liam-se em seus olhares inquisidores, que varriam as cabeças raspadas, pensamentos bem misteriosos.

Os *Kommandos* passaram um atrás do outro, boné na mão, os braços ao longo do corpo, o olhar fixo à frente, ao passo da marcha.

Oh! Buchenwald, sem queixas e sem riso,
Qualquer que seja seu destino,
Nós queremos dizer sim à vida,
Pela liberdade de amanhã...

Como de costume, quando os *Kommandos* saíam para o trabalho, as notas do canto dos prisioneiros planavam por cima das cabeças, brandidas como um símbolo invisível.

Antes que o último grupo passasse à sua frente, Kluttig retirou-se com Reineboth, rumo ao seu escritório. Não deixaram ninguém entrar. O subchefe de campo desabou sobre uma cadeira gemendo, e ruminou seu fracasso da noite anterior.

— Essa gentalha deve ter me visto entrando no campo — disse, austero. — Por acaso eu posso ficar invisível? — Reineboth pôs o registro de chamada em cima da mesa.

— Também é possível que eles tenham contado umas tantas imbecilidades ao tal Gay, e que nunca tenha havido nada no bloco 61.

– Que me aconselhou a ver a Gestapo? – ganiu o chefe do campo, balançando o corpo para a frente.

– Eu também não disse que eles iam passar entre si o garoto como uma batata quente e que você iria girar em círculos, como um boçal? – defendeu-se Reineboth, antes de acender um cigarro. – Acabe com esses desgraçados da lista, como Schwahl ordenou que você fizesse. Pelo menos, é algo concreto!

– Esse bunda-mole me enganou – reclamou Kluttig. – Eu só o ajudaria sumindo com esses porcos, e eles não se entregariam.

– O que não é nada idiota da parte dele – observou o inspetor-chefe, aproximando-se do mapa. Ele o observou com concentração, tirou a tachinha de cabeça colorida espetada sobre Treysa e a enfiou sobre Hersfeld. Como de costume, ele passou os polegares sob a abotoadura e tamborilou os botões, com ar sonhador.

Depois virou-se para Kluttig e o olhou. Ele o tinha observado mudando a tachinha de lugar. Reineboth sentou-se descontraidamente atrás da escrivaninha, com as pernas afastadas e os braços sobre a mesa.

– Veja, eu acredito que nosso diplomata não está completamente errado…

Kluttig ergueu a cabeça tão bruscamente que sentiu uma dor na nuca. Ele levantou para ir se plantar na frente do inspetor-chefe.

– Você quer dizer que…

Olharam fixamente um para o outro.

– Ha! Ha! – escarneceu Kluttig. – Aí está nosso segundo diplomata…

Reineboth esboçou um sorriso de desdém. Kluttig grunhiu:

– E quem é que, agora há pouco, se fazia de corajoso: "enquanto eu vestir esse uniforme…"?

– Sim… por quanto tempo ainda… – respondeu Reineboth.

Com cara de mau, o subchefe de campo pôs o queixo para a frente. Os reflexos se acentuaram sobre o vidro de seus óculos.

— Se eu estou entendendo bem, o falso valente de agora há pouco agora também me abandona. — Ele bateu com o punho sobre a mesa. — Eu serei quem sou, até a morte!

O inspetor-chefe esmagou o cigarro no cinzeiro e levantou-se, com elegância e sutileza.

— Eu também, subchefe de campo. Só que…— Ele franziu as sobrancelhas, com ar de quem refletia. — Somente sob algumas condições. — Pôs o dedo sobre o mapa. — Hersfeld, Erfurt, Weimar… — e dirigiu a Kluttig um sorriso cínico. — Hoje é dia dois de abril. Quantos dias ainda temos? Tudo isso? — Ele esticou seus dez dedos debaixo do nariz do subchefe de campo, como um ilusionista. — Ou assim? — E fechou a mão direita. — Ou apenas isso? — E um por um, ele fechou os dedos da mão direita. — Aprender inglês e ficar à espreita — recomendou novamente.

— Seu vira-casaca! — silvou Kluttig.

Reineboth riu; ele não se sentia nem um pouco ofendido. Percebendo que estava sozinho, Kluttig chiou:

— Então só sobramos Kamloth e eu.

— Kamloth? — zombou o inspetor-chefe, inclinando a cabeça para o lado, como que manifestando seu ceticismo. — Não conte com ele. Ele quer acabar com essa história.

— Então vou ficar só! — bradou Kluttig, como que para expulsar sua impotência.

— Para quê? — perguntou Reineboth, sinalizando não entender o que o outro queria dizer. — Você quer ficar aqui?

— Faz semanas que estou atrás desse bando, e agora que eu tenho uma pista, preciso abandoná-la? — Ele tirou a lista do bolso e foi até o microfone.

— O que você pretende?

— Vou mandar baterem continência — disse ele agitando a lista. — E depois é levá-los até a pedreira e fuzilá-los.

— Na frente de todo mundo? Trezentos prisioneiros trabalham na pedreira, santo Deus!

– E daí?! – gritou Kluttig.

– Ordem a ser executada com sutileza e inteligência, senhor subchefe de campo. – O inspetor-chefe arrancou a lista das mãos dele.

– Como é? – berrou Kluttig. – Eu tenho que fazer isso com cuidado e sem barulho, por acaso…

– Não dessa maneira – retorquiu Reineboth, imbuído de sua superioridade. – É preciso fazer oficialmente. A lista vai chegar à secretaria, em caráter oficial, entendeu, senhor subchefe de campo? Todos os prisioneiros nomeados deverão se apresentar na manhã seguinte, em frente ao painel 2. – Reineboth piscou um olho. – Liberação, *you understand, mister*? País natal. Carro, escolta, floresta, salvação – fim. – Ele enfiou a lista no registro de chamada.

– Com sutileza e inteligência, é o que disse o nosso diplomata.

Como de costume, Kluttig foi obrigado a reconhecer que não conseguia fazer face à inteligência de seu cadete. O que admitiu com um comentário amargo:

–Veja só, agora o diplomata é você.

– Pelo contrário – contradisse Reineboth, com um tom inexpressivo. – Mas desde ontem, fiquei um pouco mais inteligente.

O telefone soou.

Queriam falar com Kluttig. Reineboth passou-lhe o receptor. Era Gay. De pé, ao lado do subchefe de campo, o inspetor-chefe podia escutar o que dizia o homem da Gestapo, de tão alto que o outro falava.

Gay não queria ter mais nada a ver com aquela história de criança.

Um dos desgraçados tinha morrido essa noite sob seus golpes.

Quanto aos outros, ele não queria mais vê-los.

Kluttig balbuciou.

Reineboth tomou dele o receptor e respondeu.

– Entendido, camarada Gay! Nós vamos procurá-los, esses lixos. Eu mando um caminhão. Claro, nós levaremos também o cadáver; ele vai para o forno. – E desligou. – Ei-los novamente todos reunidos. Só falta o

Höfel e o outro polaco. A menos que você os tenha esquecido?

– De que eles podem nos servir?

Reineboth abriu a porta do corredor e mugiu:

– Primeiro oficial Mandrak, convocado! – Sua ordem foi transmitida pelos homens da facção.

Reineboth estendeu a cigarreira a Mandrill, quando este entrou.

– Será que você acredita realmente que ainda pode arrancar alguma coisa de Höfel e do polonês?

O carrasco pegou um cigarro e o pôs atrás da orelha.

Tudo o que seu rosto exprimia era indiferença.

Ele respondeu, com ar aborrecido:

– Não posso fazer nada senão esfriá-los.

– De acordo. Já não precisamos mais deles. Faça o que achar melhor. Divirta-se!

A boca anêmica de Mandrill exprimiu uma careta de prazer.

<hr>

Zidkowski estava sempre perturbado. Ele jurou a Krämer, que tinha ido vê-lo, que o menino estava com ele, que ele o tinha sentido nas costas. Para mostrar ao decano o milagre que tinha acontecido, ele retirou o cobertor da cama.

– Kluttig puxou o cobertor, e de repente, nada de criança. – A emoção fazia seus lábios tremerem, seus olhos imploravam. – Onde foi parar o menino?

Krämer soltou um suspiro de constrangimento.

– Ah! Se eu soubesse... Talvez ele tenha se espremido em algum lugar? Você revirou tudo?

– Tudo!

Pensativo, o decano mordeu o lábio superior.

– Alguém apareceu? Ou alguém do seu bloco entrou pela salinha, sem motivo aparente?

Zidkowski negou com a cabeça.

Krämer não sabia mais que perguntas fazer. Ele mesmo não conseguia explicar o desaparecimento do menino. Ele pressupunha que o CIC... Mas essa suposição não tinha cabimento, pois, se assim fosse, Bochow teria ficado sabendo, e não teria pedido com tanta insistência que ele fosse procurar o garoto.

Bochow não ficou menos surpreso quando Krämer foi à sua tenda para lhe dizer que não tinha achado nada. A criança tinha evaporado, não havia dúvida. Mas quem teria cumprido a missão?

O que preocupava Bochow não era tanto o enigma do desaparecimento do menino, mas sim o fato que isso tivesse acontecido sem que o CIC tivesse sido informado. Só podia ser algum camarada da organização. Mas quem? O impetuoso Pribula? O imperturbável Van Dalen? Ou o lúcido Bogorski? Que um dos camaradas tivesse encontrado um esconderijo melhor que o buraco nas fundações, assim mesmo era preciso informar o CIC. Ações arbitrárias constituíam uma quebra da disciplina, e Bochow não compartilhava completamente da satisfação do decano quanto à derrota de Kluttig.

— Como ele sabe que o garoto está no bloco 61? — perguntou Bochow, em tom imperioso.

— Ele *estava* lá! — respondeu Krämer, os olhos cheios de malícia, em sua coroa de rugas. Você reclama por causa de uma quebra de disciplina? Seria melhor ficar feliz porque esse incógnito sentiu o vento mudar. O que teria acontecido se Kluttig tivesse posto as mãos no fedelho...? — *Não gosto nem de pensar*, exprimia o gesto que ele fez com a mão, e deleitando-se com o desapontamento de Bochow, deu de ombros. — Agora, mais ninguém sabe onde a criança está. Isso é bom? — perguntou ele ao mudo e sombrio Bochow, respondendo em seguida: — Evidentemente isso é bom.

Bochow olhou para Krämer, cujo rosto irradiava alegria com a ideia do fracasso doloroso do subchefe de campo.

Mas não se tratava somente da criança. Caramba! Mas da corrente quebrada! Bochow cerreou os dentes. Quem, a não ser Bogorski, a teria rompido? Essa dúvida ressurgia constantemente, e ele não tinha o menor indício. Podia ter sido qualquer um, também. E se fosse o próprio Bochow que tivesse agido dessa forma? Pensando assim, ele se sentia como se estivesse dentro de um espelho. Com quem ele deveria falar? Com ninguém! Só o que poderia fazer era guardar aquele segredo em seu coração, protegê-lo solidamente, nas profundezas do silêncio.

Quebra da disciplina?

Sim, sem dúvida!

No entanto, o amargor que Bochow sentia se transformou, e ele percebeu que o gesto desse desconhecido silencioso era belo e bom, profundamente humano. E deu-se conta de que aquele desconhecido silencioso tinha estendido uma mão protetora por cima das cabeças deles. E percebeu também que era seu dever ultrapassar a disciplina. Afinal, quando é necessário escolher entre dois deveres, é o mais nobre e o mais urgente que deve se impor.

Bochow respirou profundamente. Ele pôs as mãos nos bolsos e ficou um longo tempo ainda ali, meditando em frente à porta. Depois voltou lentamente ao barracão.

<hr />

Ao ver Mandrill ir até Reineboth, Förste se preocupou. E se fosse alguma coisa ligada aos dois protegidos? Ele se dirigiu até a cela deles e olhou pelo postigo. De pé, com a cabeça virada em direção à porta, nenhum dos dois prisioneiros se mexia. Mesmo se Höfel tivesse recuperado as forças a ponto de poder se erguer, dava para ver a que ponto sofria as penas da tortura. Parecia que, a cada instante, ele gastava uma impressionante energia física e moral para permanecer ereto. Förste se deu conta disso pelo leve balanço daquele corpo. Mandrill tinha dificultado ainda mais a situação espalhando pó colorido ao redor dos pés deles. Isso denunciaria aquele que se mexesse! Então, batia cegamente nos dois coitados; e, o que era mais terrível, privava-os de comida.

Förste fechou o postigo. Ele sabia que os dois prisioneiros, assim que tivessem certeza de não estarem sendo observados, se apoiariam prudentemente um contra o outro para se sustentar. Ele não podia nem lhes dirigir uma palavra de encorajamento, pois havia SS aplicando penas em celas do outro lado do corredor. Förste deveria ser cuidadoso.

O que tinham dito no escritório de Reineboth?

Desconfiado, Förste vigiou os acontecimentos bem como os gestos de Mandrill, quando ele voltou. Ele foi até sua escrivaninha, onde ficou por um momento. Em silêncio, Förste esperou o retorno de Mandrill para varrer o corredor do *bunker*; dessa maneira, era mais fácil observá-lo. Por ora, limitava-se a varrer os arredores da cela de Höfel. O torturador saiu, carregando duas grandes cordas que acabavam em nós corrediços.

O coração de Förste gelou. Apresentando uma impassibilidade como fachada, mas muito atento ao que estava acontecendo, ele cumpria sua obrigação.

Mandrill tinha entrado na cela. Varrendo, Förste estava à espreita. Mandrill girou ao redor dos dois prisioneiros e assegurou-se de que não havia marcas sobre o pó. Não encontrou nada.

Fazendo estalar as cordas sobre o couro de suas botas, ele continuou a rodar ao redor dos dois prisioneiros e se plantou de repente em frente a eles. O horror apareceu na expressão de Kropinski. Seus olhos estavam dilatados, e ele não parava de engolir saliva. Mandrill examinou o rosto do polonês com o interesse frio de um especialista. Höfel estava lívido. A pulsação em suas têmporas o queimava e picava, no ponto em que o grampo tinha sido fixado. Seus joelhos ameaçavam ceder; ele tinha visto as cordas.

Sobre sua testa, escrito com uma mão implacável, o sinistro anúncio de uma morte iminente: *Agora eu vou morrer!* E Höfel tremia, sob o efeito desse frio cortante que tinha se instalado na cela com o carcereiro.

Mandrill observou Höfel, sem uma palavra, durante um bom período. *Ele vai deixar que lhe passem a corda no pescoço?*, pensou. Sem prévio aviso, ele se pôs a falar. Suas palavras eram mais do que estranhas.

– Hitler – disse – é um belo de um desgraçado. Ele acabou com a nossa guerra. Em alguns dias, os ianques estarão aí. – Ele riu para si mesmo, sem deixar transparecer. – O que vocês acham dos americanos… não se preocupem: eu vou matar vocês todos aqui, neste *bunker*. E vocês vão ser os últimos.

Ele tinha a impressão de ter ido longe demais. Sem dizer mais nada, passou-lhes o nó ao redor da cabeça e apertou firmemente, como se aperta uma gravata.

–Vocês vão mantê-lo ao redor do pescoço, até o fim. Cinco minutos antes de sumir, eu apareço e… crac! – silvou ele entredentes, somando o gesto à palavra. Calou-se de novo e os mediu com a corda. Mas sentia necessidade de falar mais.

– Se vocês pensarem em se enforcar antes que eu o faça, aí eu vou chutar o seu corpo na viagem de trem! Querendo me privar do meu último prazer… – não disse mais nada.

Ele saiu da cela, tão inquietante quanto quando tinha entrado. Uma vez do lado de fora, pegou o cigarro que tinha colocado atrás da orelha e o acendeu. Ele olhou para Förste com um ar distraído e depois foi para o escritório.

Förste empurrou o monte de poeira com a pá e a jogou em uma caixa posta em um dos cantos do corredor.

Os sentidos dos dois prisioneiros ficaram letárgicos por um bom tempo, depois do terrível teste pelo qual passaram. Höfel sentiu que, lentamente, seu sangue voltava a circular; o atroz pensamento que tinha paralisado todas as suas funções vitais evaporava-se e desaparecia pouco a pouco. Ele estava novamente consciente de poder respirar, e aspirou gulosamente o ar pestilento da cela como se fosse uma brisa marinha.

– Irmão… – sussurrou Kropinski, parado atrás do *Kapo*.

Essa palavra pronunciada fracamente abriu caminho até o coração de Höfel; incapaz de responder, ele estendeu a mão atrás das costas e o polonês a pegou. Esse sentimento de estarem vivos os reaquecia, passava de um ao outro e o silêncio deles era mais cheio de sentido do que qualquer palavra.

<hr />

Ao meio-dia, Reineboth convocou o *Kapo* da secretaria dos prisioneiros pelos alto-falantes do campo. Ele repassou-lhe a lista.

— Esses trouxas devem se apresentar amanhã cedo debaixo do painel 2. Limpos e brilhando da cabeça aos pés, entendido? Que não reclamem de nós por enviarmos homens sujos para casa.

Libertações?

Fazia anos que nenhum prisioneiro político era liberado. De volta à secretaria, o *Kapo* estudou a lista. Ela continha quarenta e seis nomes; decanos de blocos, *Kapos* e outros funcionários do campo que se encontravam ali havia anos, prisioneiros de confiança e conhecidos no campo. Havia inclusive seu nome e o do segundo decano do campo, Pröll.

Alguma coisa estava estranha, não batia.

O *Kapo* foi ao escritório de Krämer, onde também estava Pröll. O decano foi tomado por uma risada malvada, depois de ter tomado conhecimento da lista.

— Libertações? Toda uma leva, e logo antes da evacuação? Um golpe baixo, é disso que se trata — vociferou ele. — Uma maldita armadilha!

— Eu devo escrever o aviso para o painel 2. O que é que eu faço? — inquiriu o *Kapo*.

— E se eles quiserem nos matar? — perguntou Pröll, em quem nascia um pressentimento.

Ele lançou um olhar cheio de significado a Krämer, que não quis assentir, mesmo tendo o mesmo pensamento.

– Esperar – disse em tom neutro. – Você não faça nada antes de receber minhas ordens. Leia para mim os nomes da lista em voz alta, para que eu possa registrá-los.

Apesar da emoção atingindo o ápice, sua mão não tremeu. Ele soube na hora, e não precisava de nenhuma prova: aqueles quarenta e seis seriam fuzilados. Mas por que ele mesmo não constava da lista, se parecia ser a cabeça dirigente, aos olhos do pessoal lá de cima? Será que esses quarenta e seis prisioneiros pertenciam ao CIC? Bochow devia estar ciente, era preciso falar com ele de imediato. Ele o encontrou em seu bloco. O que era bem conveniente; os responsáveis de dormitórios estavam indo para a cozinha, levando as marmitas vazias, e na frente de Runki não havia necessidade de dissimular.

– Eu gostaria de inspecionar seus beliches – disse Krämer. – Acompanhe-me ao dormitório, Herbert. – Um pretexto, no caso de o chefe de bloco aparecer sem avisar ninguém; aquilo explicaria a presença de Krämer. Com algumas palavras, Krämer fez Bochow ficar por dentro da história e lhe passou a lista. Bochow a leu sem dizer uma única palavra.

– Tem algum dos seus nela? – perguntou Krämer.

– Nenhum – respondeu o outro, negando com a cabeça.

– Bom – respondeu o decano, aliviado. Eles foram lentamente até o fundo do dormitório, e Krämer examinou os beliches.

– E agora? Eles vão ser eliminados, com certeza.

Krämer ajustou uma coberta. Bochow prendia a respiração. Novamente, soldava-se um novo elo, na longa corrente dos perigos. Quem tinha delatado os quarenta e seis prisioneiros? De onde vinha isso? Kluttig? Reineboth? Zweiling?

A menos que se tratasse daquela ovelha negra do armazém de vestuário...

– E agora? Vamos, diga alguma coisa – pressionou Krämer.

Eles não se mexiam.

– Sim... e agora? – suspirou Bochow. O pedaço de papel nas mãos exigia que tomassem uma decisão; uma decisão provavelmente inédita em todos esses anos de confinamento, em um lapso de tempo muito curto. Amanhã pela manhã já seria tarde demais. Ele tinha de falar com os camaradas do CIC. Mas, como avisá-los? Precisavam se reunir. E não debaixo das fundações, aonde só se podia ir quando caísse a noite.

Bochow coçou a testa, inundado por todas essas questões.

— Eu tenho que falar aos camaradas, já, imediatamente — disse ele. — Nós temos que aproveitar o alerta aéreo, senão estamos danados.

Nas últimas semanas, quando batia meio-dia — nem antes, nem depois —, esquadrilhas de bombardeiros americanos sobrevoavam o campo em direção à Turíngia, à Saxônia ou a Brandemburgo. Podia-se ajustar os relógios pela hora em que passavam, tamanha sua pontualidade. Com o céu limpo, os enxames faiscavam como uma nuvem de pássaros; só seu zumbido metálico anunciava o quanto eram perigosos. Todos os dias, o alerta disparava. Os *Kommandos* de trabalho tinham adquirido o costume de voltar para dentro do campo correndo; as sirenes ainda berravam quando eles atravessavam a praça de chamada. E alguns minutos depois, o campo parecia abandonado. Apenas as sentinelas, encarapitadas no topo de suas torres de vigia, ficavam do lado de fora, a perscrutar os céus. Somente algumas horas mais tarde é que sirenes tocavam anunciando o fim do alerta, e seu ruído estridente ressoava como uma explosão de riso. Ufa! Uma vez mais, tudo tinha corrido bem!

E então, o campo retomava a vida.

Bochow parecia ter tomado uma decisão. Ele olhou para Krämer.

— Você precisa me ajudar. Normalmente, eu não tenho o direito de revelar o nome dos nossos camaradas, mas… será que ainda tenho escolha?

Krämer percebeu a que ponto isso era duro para Bochow.

— Não se preocupe. Vou esquecê-los daqui a pouco. Eu entendo, e os camaradas também! É uma questão de vida ou morte. Bochow concordou com o chefe, agradecido.

— Então ouça. Eu vou correr agora até a enfermaria para falar com o

Kapo. Ele está por dentro. Ele deve nos liberar uma sala onde ninguém vai nos atrapalhar, eu digo onde... mais tarde... e você deve... para mim... você vê em que situação estamos... então, você deve ir às duchas por mim... eu não posso ser visto.

– Droga! Me diz, quem devo avisar?

– Bogorski – respondeu Bochow em voz baixa. – Durante o alarme, ele não deve ficar no barracão, mas sim vir à enfermaria.

– Combinado – aprovou Krämer.

– Como fazer para que eu diga a você em qual sala vai ser? – ponderou Bochow antes de continuar. – Em dez minutos, nós nos encontraremos na rua da enfermaria, no nível da minha fileira de barracões.

Krämer concordou.

Era preciso desistir de contatar Riomand, que estava "lá fora" durante os alarmes. Seria fácil informar Van Dalen, e quanto a Kodiczek e Pribula, eles poderiam recolhê-los no caminho.

O decano chegava à direção de Bochow quando este, retornando da enfermaria, voltava ao seu barracão. Eles diminuíram o passo e fizeram uma rápida saudação.

– OP 2 – disse Bochow fugazmente. Krämer concordou, e os dois se separaram. OP 2 era a segunda sala de operação. Como ela ficava no nível superior do anexo construído havia anos, ninguém iria até lá durante um alerta.

Pontuais, quase no minuto certo, as sirenes soaram. O tumulto de costume se espalhou sobre a praça de chamada e pelas vielas, percorrendo os blocos.

Em seu posto, Bochow vigiava a chegada de Kodiczek e Pribula. Ele os viu juntos, chegando aos barracões.

–Venham comigo! – murmurou Bochow.

– O que acontece?

–Venham – reiterou Bochow antes de ir embora.

Antes indo na direção oposta, agora eles seguiam Bochow, que desceu a rua da enfermaria entre as multidões de prisioneiros.

Nunca antes os camaradas do CIC tinham se reunido em uma situação tão tensa.

Glogau tinha caído! De um lado ao outro de Tecklenburg, violentos combates ocorriam na floresta de Teutoburgo. Os Aliados tinham conseguido uma profunda investida na direção de Herford. Nos arredores de Warburg e ao longo do Werra, eles deviam ter atingido o norte de Eisenach... Se essas notícias do *front*, trazidas por Kodiczek e Pribula, fossem comprovadas, então não haveria mais dúvida; o fuzilamento dos quarenta e seis prisioneiros confirmava efetivamente a premissa da evacuação. Ela poderia começar a qualquer instante!

De repente, as sirenes berraram de novo; um outro alerta. Os camaradas, reunidos em um canto da sala de operação, aguçaram os ouvidos. O canto sonoro dos motores se alongou por cima do campo silencioso. Dessa vez, devia se tratar de um ataque de grande envergadura. Nenhum deles falou.

Bogorski observava suas faces fechadas e paralisadas. Bochow, com a cabeça entre os punhos, olhava para a frente. A cabeça de Van Dalen descansava contra a parede; seus pensamentos dançavam sobre seu rosto, como pequenos vagalumes.

O olhar duro de Pribula estava fixo, e sua boca, apertada. Kodiczek cruzou o olhar errante do russo e ele fechou os olhos. O que se escondia nesse silêncio geral? Bogorski se virou para Bochow: ele também estava calado.

O zumbido da esquadrilha desapareceu ao longe. Em algum lugar, entre as casas, sobre as cidades, o ar rasgado pelas explosões das bombas trazia de volta o barulho das ferragens, crepitava, as chamas das brasas incandescentes lambiam o céu, muros degolados, detritos estourados caíam sobre o chão em um dilúvio de granizo.

Em algum lugar, o horror despencava em cascata entre aquelas pessoas abaladas, entre seus gritos, em algum lugar longe do campo.

Mas aqui, abrigado pelos muros protetores dos barracões, no canto de uma sala de operação, um pequeno grupo de homens tinha se reunido; o destino tinha jogado entre eles e os cinquenta mil outros prisioneiros um punhado de homens, quarenta e seis ao todo, para testar esses cinco que ali se reuniam, como o diabo teria feito com Jesus sobre a montanha. E se amanhã aqueles quarenta e seis morressem, aí...

Bogorski não esperou que um deles tomasse a palavra, quebrou o silêncio e disse em voz alta o que todos pensavam baixinho:

– Se eles os fuzilarem, é porque acreditam estar fuzilando o CIC. Então – continuou –, os fascistas acreditarão ter decapitado a organização e conseguido total liberdade para seguir com a evacuação. Mas, camaradas, nós ainda estamos aqui! E a organização ainda não caiu. Nós podemos salvar muitas vidas, muitas mesmo, graças ao sacrifício dos quarenta e seis, por nós e pelos outros cinquenta mil. Não está bom assim?

Van Dalen franziu as sobrancelhas. Kodiczek olhou para o chão, Pribula praguejou, incapaz de ficar sem dizer nada. Como ele não podia se levantar, para não ser visto pela janela, agitava-se em seu lugar.

– Não – apressou-se em dizer Bochow, olhando bem nos olhos do russo. Esse "não" tinha penetrado no coração dos quatro outros. Pribula queria dizer muita coisa, mas ele só conseguia repetir o "não" em polonês:

– *Nie! Nie! Nie!* – silvou ele de modo ensurdecedor. Bogorski apoiou-se contra a parede e fechou os olhos, aliviado. Bochow passou para outro assunto.

– Quanto ao menino, camaradas, o pesar se instalou entre nós. Agora, o garoto desapareceu sem deixar rastros. Quem o levou? Só pode ter sido um de nós. Ele é polonês. Foi você, Josef? – perguntou a Pribula. O jovem ergueu os braços ao céu.

– Eu? Eu não saber onde ele estar.

– Foi você, Leonid?

O russo abriu os olhos e respondeu em tom categórico:

– Eu não pegar criança.

Van Dalen e Kodiczek também negaram. Cada um dizia a verdade,

Bochow tinha certeza disso. Então, logicamente as suspeitas recaíram sobre Riomand, que estava ausente. Porém, todos, incluindo Bochow, acreditavam que não poderia ter sido o francês. Resignado, ele levantou a mão.

– Bem... talvez o Krämer. Que o menino fique escondido onde quiser, onde o tiverem colocado... ele partiu, desapareceu, evaporou. Eu tenho que lhes dizer uma coisa. – Ele pôs a mão sobre o peito. – Eu mudei muito. Meu coração, camaradas... – Era difícil fazer aquela confissão. – Quando me trancaram aqui, eu deixei meu coração na entrada, como uma coisa inútil e perigosa da qual eu não iria precisar. Ter um coração nos torna apenas fracos e frágeis. É o que eu acreditava. E eu não queria perdoar o Höfel por ter... – Ele parou e pensou. – Eu sou o representante dos camaradas alemães do CIC, eu sou igualmente o responsável militar dos grupos de Resistência internacionais. Vocês me honraram me concedendo essa função. Eu sou um bom camarada, não é? Não! Eu sou um camarada ruim!

Ele ergueu as mãos diante dos outros, para impedir qualquer forma de protesto.

– Tenho de lhes contar. Vocês precisam saber! Vocês precisam saber que eu era orgulhoso. Convencido da superioridade da minha inteligência. Sinistro, duro, desumano, isso é o que eu era! Desde a chegada do menino no campo, desde que tantos prisioneiros fizeram uma barreira com os corações ao redor desse pequeno ser para preservá-lo... Höfel, Kropinski, Walter Krämer, Pippig e seus camaradas, os cuidadores poloneses do 61, vocês, o tal desconhecido... Desde todos esses eventos, camaradas, desde que eu constatei que nem Kluttig nem Reineboth conseguiram fazer cair esse muro, eu entendi que eu era um camarada ruim, e sei a que ponto nós somos fortes apesar das nossas humilhações, eu sei que Höfel e Kropinski são mais fortes do que a morte.

A confissão de Bochow tinha terminado. Todos se calaram, profundamente afetados; a cabeça de Bogorski tinha caído sobre o peito, estava sentado ali como se dormisse. Pribula, com o coração emocionado, rastejou de joelhos até Bochow. Ele o abraçou e chorou em seu ombro. Bochow apertou o jovem polonês contra o peito.

Do lado de fora reinava um silêncio de morte. E ainda o alerta.

Bochow se desfez do abraço de Pribula e ficou novamente frio e cauteloso.

— Nós devemos tomar uma decisão – anunciou. – Antes de qualquer coisa, precisamos pensar. Há alguma possibilidade de salvar esses quarenta e seis irmãos? Leonid, você acha que nós podemos fazer alguma coisa, não é?

Ele levantou a cabeça.

— Eu ter dito isso – respondeu apenas. – Mas precisar descer muito profundamente nos corações para encontrar o resto de coragem e humanidade. Camaradas não dever morrer! Viver! Ou morrer com nós. Eu achar isso.

Van Dalen aquiesceu:

— Eu também pensei nisso. Se eles morrerem, aí... – Ele não terminou sua frase, acenou em direção a Bogorski e continuou, resoluto: – Nós os colocamos no assoalho do CIC! Desaparecemos com eles! Podemos pôr vários deles na enfermaria. Os outros, nós escondemos no campo. Tem lugar de sobra.

— E aí? O que acontece depois? – perguntou Kodiczek. Não por medo, mas porque ele estava realmente preocupado. Pribula entendeu aquilo muito mal.

— Você ser um covarde? – gritou.

Bochow passou os braços ao redor dos ombros de Pribula.

— Jovem camarada, somos uns covardes por sermos precavidos? Sim, camaradas, esses quarenta e seis aí estão todos sob a proteção do CIC! Nós não vamos entregá-los!

— Eu trago dez para a enfermaria – prometeu Van Dalen. – Nós daremos a eles uma injeção, para que tenham febre. Assim, vão passar despercebidos entre os doentes.

– E por que não escondemos todos debaixo das fundações? – perguntou Kodiczek. – Tem lugar de sobra.

– *Niet* – discordou Bogorski. – Quando areia em monte, fácil pegar com pá. Quando espalha, invisível. – Ele queria que escondessem apenas dois prisioneiros na enfermaria e que os outros fossem distribuídos pelo campo.

– E se eles acabarem encontrando algum? – perguntou Kodiczek. Devemos abandoná-lo à própria sorte? – A pergunta lhes caiu em cima como um rochedo pesado. – Não entregamos nenhum – disse Bochow abruptamente. – Até agora, nós conseguimos contornar todos os perigos. Perfeito! Nós nos tornamos mestres na arte de contornar o perigo com malícia e esperteza, junto com a sorte e o acaso. Eis o nosso cotidiano há anos. Nós soubemos proteger e defender nossa humanidade com a sagacidade do felino, nós soubemos enterrar no fundo dos nossos corações o que nos torna humanos. Foi assim, camaradas, não foi? Hoje percorreremos os últimos metros desse caminho escarpado. Viver livres ou morrer! Não há mais escapatória. Dessa sala, nós não sairemos como *prisioneiros*! A partir de agora, é como *homens* que queremos viver! A partir de agora e até o final do caminho!

– O *prisioneiro* tinha o direito de contornar o perigo. Mas o *homem* tem *apenas um* caminho; aquele que conduz ao seu coração. É nossa vontade e nosso orgulho. Eu sei o que digo, camaradas! Que eles encontrem apenas um, aí teremos que defendê-lo e se necessário, com armas! Essa é a minha resolução! E em seguida começará o levante. Viver livres ou morrer! Desde Spartacus, a história nos deu em vários episódios provas do orgulho e da grandeza humana. Então?

Bochow estendeu a mão.

Em um silêncio religioso, todos os outros puseram as deles sobre a sua, os olhares desses homens se cruzaram e seus rostos acenderam essa vontade de viver, um luar apagado fazia tempo.

Ficou decidido colocar os grupos de Resistência em estado de alerta nível 2, preparar plantões de guarda nos blocos, que os esconderijos de armas seriam dali em diante vigiados pelos homens da guarda do campo e que, até o fim do dia, encontrariam e prepaririam os abrigos para os quarenta e seis homens. Contando a partir daquele momento, toda a organização clandestina deveria ficar em alerta, certamente no maior segredo, mas preparada para se rebelar a qualquer momento. Ficou igualmente decidido engajar em combate apenas em caso de absoluta necessidade. A evacuação deveria ser adiada, para salvar o maior número possível de prisioneiros.

— Eu tenho uma última proposta a lhes fazer – disse Bochow. – Centralizarmos nossas ordens e instruções na pessoa de Walter Krämer. Todos os fios da trama passam por suas mãos. É de se esperar que a evacuação iminente transforme a organização do campo, podendo até mesmo destruí-la completamente. Assim, eu, que sou o único do CIC a estar em relação direta com o Krämer, pode ser que eu tenha mais liberdade de movimento. Os camaradas concordaram com a sugestão.

⸺◦⸺

Krämer tinha esperado o fim do alerta com inquietação. A sirene só parou após duas horas, e ele se apressou, no caminho da enfermaria, para encontrar Bochow.

— Então? – perguntou quando o encontrou. Os dois seguiram juntos, falando baixo, com ar tranquilo.

— Daqui até a noite, temos que fazer sumir os quarenta e seis. Nenhum deles deve se apresentar debaixo do painel 2.

O decano não esperava outra coisa.

— Eles irão aonde? – contentou-se em perguntar.

— A qualquer lugar onde encontrarem um abrigo seguro – respondeu Bochow. – Nos porões de carvão das duchas, nos porões de batata da cozinha, atrás de uma caixa ou de uma telha de prancha! No carvão! Nas batatas! E debaixo dos barracões, nas fundações. Nos canos de esgoto das águas usadas, agachados. Nos estábulos do campinho, com cadastros falsos e vestindo os mesmos trapos que os outros prisioneiros. – Ele fez um gesto largo. – Em qualquer canto! Você entende? Depois da chamada, à noite, tudo estará pronto. Aqueles entre os quarenta e seis que puderem se resolver sozinhos, que o façam.

Krämer ouviu em silêncio. Ele assoprou ruidosamente. Não era um trabalho simples.

– E se eles encontrarem algum deles? – perguntou, preocupado.

– Ouça, Walter... – recomeçou Bochow, com uma voz apenas audível. Krämer acolheu a decisão com profunda gravidade. Ele não ficou espantado, pois ela só confirmava a importância da decisão.

Quando Bochow lhe anunciou que, a partir de agora, ele seria a única ligação entre o CIC e o campo, ele limitou-se a aprovar. Eles voltaram a caminhar.

– Foi você que escondeu a criança? – perguntou Bochow bruscamente. – Me diga se foi você. Essa pergunta espantou o decano. Ele pensava, na verdade, que o CIC é que estava por detrás daquele sumiço.

– Não – respondeu. – Com toda a honestidade. Eu teria dito a você anteriormente.

Bochow não tinha outra escolha senão acreditar.

– Por quê? – perguntou Krämer, em quem a pergunta do outro produzia agora efeito. – Você não sabe mesmo onde está o menino?

Bochow negou com a cabeça, e sorriu com ar covarde.

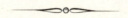

No início da noite, uma hora antes da chamada, aconteceu um evento inesperado. A voz frouxa de Reineboth estourou nos alto-falantes do campo inteiro:

– Aos decanos do campo! Apresentem-se à torre com todos os decanos de bloco. Agora!

Um bom número de decanos estava reunido no escritório de Krämer quando veio o anúncio. Krämer os tinha chamado para discutir com eles de que maneira a dissimular os quarenta e seis condenados. Runki, que figurava na lista, encontrava-se em seu barracão, debaixo do púlpito, arrancando pranchas do solo junto com Bochow para criar um abrigo.

Com o anúncio do inspetor-chefe, eles prestaram atenção. Em todo canto, prisioneiros prestavam atenção; nos barracões, nas oficinas…

O anúncio se repetiu.

Acelerando para fora do barracão, os decanos se apressaram rumo à secretaria, na frente da escrivaninha de Krämer, cercados por prisioneiros curiosos. O que estava acontecendo? Por que os decanos precisavam ir à torre? Evacuação? Hoje? Agora? Amanhã?

Krämer saiu, acompanhado dos outros decanos. Eles formaram fileiras.

– Camaradas – gritou Krämer –, silêncio, ordem e disciplina, como sempre, entendido?

Kluttig, de pé em frente à janela de Reineboth, viu a coluna aparecer na praça de chamada.

– Animais de circo!

– Tato e diplomacia – bradou Reineboth.

Kluttig saiu de seu posto de observação, qualificando de "o maior dos desgraçados" o comandante pela iniciativa que trazia os decanos caminhando até a torre.

– O maior desgraçado – enfatizou Reineboth, esboçando uma careta desprezível.

– Não conte comigo para escutar essas besteiras – apitou Kluttig, virando-se para trás.

– Mas ele não quer você! Você apenas o perturba – gargalhou o inspetor-chefe, em um acesso de ódio. – Cada um com a sua parte. Amanhã de manhã, poderemos rir. – Ele dobrou o indicador, como que apertando um gatilho.

Kluttig bateu raivosamente a porta atrás de si.

Os decanos de bloco esperavam junto à torre. Ninguém aparecia, nem mesmo Reineboth. Krämer olhava o caminho que se estendia à frente do portão de ferro forjado. Ele viu Kluttig chegar em passadas largas e desaparecer atrás dos prédios do *Kommando*. No posto, o chefe de bloco em guarda vigiava os arredores.

Um caminhão chegou e parou junto à porta. Alguns SS pularam do veículo, seguidos por prisioneiros. Krämer arregalou os olhos. Os decanos de bloco olhavam a cena com ansiedade...

O coração de Krämer pôs-se a bater sem parar. Eram os prisioneiros do armazém de vestuário que estavam mantidos em detenção à parte. Eles foram recebidos pelo chefe de bloco da facção. Reineboth apareceu para recepcionar os prisioneiros. Schwahl, acompanhado de Weisangk e de Wittig, seu superior, saiu naquele momento de onde estava para dirigir-se à torre. Reineboth não tinha mais tempo de cuidar dos prisioneiros, ele os fez alinharem-se contra a parede e foi ao encontro do comandante.

Schwahl parou na frente dos prisioneiros.

– O que é isso?

– Ordem do subchefe de campo, Kluttig! Nove prisioneiros e um morto, voltando da Gestapo de Weimar – anunciou Reineboth.

– Ah... – fez Schwahl, com ar interessado. Ele observou os prisioneiros a seus pés, enroscados em um cobertor.

Krämer sentiu seu coração parar; ele não via Pippig entre os que chegavam... E, no chão, um cadáver...

Schwahl falou aos prisioneiros com uma voz tão clara que os decanos de bloco puderam entender cada palavra.

– Agradeçam ao Criador terem caído nas *minhas* mãos. – Virou-se para Reineboth. – Soltem esses homens no campo! – O inspetor-chefe juntou os calcanhares. O chefe de bloco abriu a porta. Os prisioneiros passaram na frente de Krämer e dos decanos antes de chegarem à praça de chamada. Apenas o morto ficou na entrada.

Krämer, após esses eventos, estava com as ideias confusas. Quando o comandante passasse pela porta, Krämer seria obrigado a cumprir seu infeliz dever.

– Decanos! Atenção! Cobertura! – ordenou. – Descansaaaar! – ordenou o comandante com um sinal de mão.

Reineboth desapareceu, os polegares na abotoadeira e os dedos martelando os botões.

Schwahl deu alguns passos na praça e então parou. Pôs seus punhos na cintura, encheu o peito e levantou os ombros.

– Eu deixei os prisioneiros voltarem ao campo. Vocês viram? – Ele olhava para Krämer.

– Afirmativo! – respondeu o decano. – Não vai acontecer mais nada com eles. Vocês me entenderam?

– Afirmativo! – respondeu novamente.

Schwahl assumiu uma postura teatral frente a Weisangk e Wittig.

– Além disso, não acontecerá mais nada com vocês. Como comandante, eu lhes dou minha palavra de honra que o campo não será evacuado. Eu ficarei aqui até o fim. Se eu estiver vivo quando chegarem os Aliados, entregarei o campo a eles de acordo com as regras. – Ele marcou uma pausa e deixou correr seu olhar sobre o grupo. – Vocês me entenderam?

– Afirmativo! – murmuraram em coro os decanos, com uma voz surda que produziu o barulho estufado de um saco que cai no chão.

Schwahl girava em círculos, pontificando.

– Os emissários estrangeiros relataram que as condições de detenção em Buchenwald melhoraram desde que fui nomeado. Eu quero que essa notícia se torne pública. Quanto aos próximos dias, ninguém sabe como serão. Eu intimo vocês a repetirem aos prisioneiros dos seus blocos o que acabei de lhes dizer e, de acordo com a promessa que lhes fiz, conservar entre eles a calma e a disciplina, não importa o que aconteça. Eu recebi a ordem do líder da SS de enviar *Kommandos* de prisioneiros para retirar os escombros das cidades ao redor. Eles serão alimentados e alojados pela população, ficando em abrigos durante os bombardeios, e voltarão ao campo quando o trabalho tiver sido feito. – Ele se plantou em frente ao grupo de decanos, encarou cada um deles, parecendo ter terminado. – Decanos, separem-se!

No rosto de Krämer, nenhum músculo se mexeu enquanto ele assumia o comando da coluna.

– Cobertuuura! De vooooolta ao bloco! Caminhaaaar!

Ele seguiu o grupo. Sentia um enorme peso no peito. Lá em cima jazia Pippig...

Schwahl os observou ir embora. Saindo, ele virou-se para o inspetor-chefe.

– O que você achou?

– Eu admiro sua arte da diplomacia, comandante! – observou Reineboth, cumprimentando-o.

Schwahl ergueu o queixo. Weisangk, que seguia o comandante, deu um tapinha na barriga de Reineboth.

– Você é um tremendo de um homem, hein?

Reineboth gargalhou.

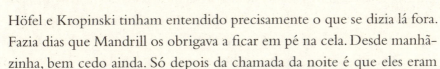

Höfel e Kropinski tinham entendido precisamente o que se dizia lá fora. Fazia dias que Mandrill os obrigava a ficar em pé na cela. Desde manhãzinha, bem cedo ainda. Só depois da chamada da noite é que eles eram autorizados a se deitar. Aí eles se embolavam um contra o outro sobre o solo de cimento glacial. Mas o frio noturno lhes arrancava o sono.

Abatidos por uma fome aguda e por seus membros maltratados, ficavam acordados até às cinco da manhã, quando Mandrill entrava na cela.

Então, começava no corredor e nas pias do *bunker* uma comoção infernal. Em menos de três minutos, todos os prisioneiros deviam tirar as roupas, lavar-se, vestir-se novamente, varrer as celas e esvaziar seus baldes com as necessidades. Como que possuídos por uma doença mental, os corpos tremiam, parecendo possuídos por um espírito demoníaco, e eles trombavam uns contra os outros. Sem barulho, mecanicamente. Só os tamancos batiam. No meio daqueles espectros desordenados estava Mandrill, chicote na mão, açoitando aqueles miseráveis quando entravam nas celas. Eles passavam as camisas pela cabeça com toda a pressa, pulavam para dentro das calças e, com as roupas enfiadas pela metade, começavam a limpeza. Que sorte a de Höfel e Kropinski, que não tinham de tomar parte daquele baile de bruxas! Eles não podiam nem se lavar nem esvaziar o balde, um antigo recipiente de geleia tosco, em um canto da cela. Como ele não tinha sido limpo já fazia uns dias, seu conteúdo se espalhava pelo chão e empesteava o lugar. Nessa hora, os dois já estavam de pé pelo resto do dia. Duas vezes já, Mandrill tinha mandado todos os prisioneiros saírem das celas para o corredor, para fazerem genuflexões e saltos. Höfel e Kropinski estavam enfraquecidos demais pelos seus tormentos para prestar atenção ao que acontecia lá fora. Os ruídos do corredor, as chicotadas de Mandrill e os gemidos chegavam até eles surdos e estufados. Seus sentidos não conseguiam nem mesmo perceber o ambiente mais próximo. Enquanto Mandrill tempesteava, eles tinham certeza de não serem observados pelo postigo. Sustinham-se mutuamente, ombro contra ombro. Mas, quando o silêncio retornava, eles precisavam se separar, e assim ficavam durante um bom tempo. Horas inteiras. Suas forças declinavam. A dor do esgotamento lhes entrava nas costas como lâminas de punhais. Höfel não parava de se ajeitar e fraquejar logo após, quase caindo.

Ele gemia para dentro, impotente, não tinha nem forças para pensar.

Kropinski, também muito debilitado, tentava consolá-lo.

– Daqui a pouco, a chamada. Poderemos dormir. Dormir bastante, totalmente à vontade. – Não produziu efeito; Höfel não parava de empalidecer.

– Eu vou desistir – gemeu. – Não aguento mais... não tem mais sentido...

Kropinski ficou com medo, implorou:

– Não, meu irmão, não. Mais um pouco, já já vem a chamada. – Höfel deixou escapar um grunhido de dor. A cabeça balançou sobre o peito, o sangue gelou em suas veias, o corpo tremeu e vacilou. E então o polonês sussurrou: – Você ouvir! Lá fora! Quem fala?

Höfel, saído do seu desespero, levantou a cabeça e ouviu as ordens. Era a voz de Krämer... Era a primeira vez que ele o ouvia desde a prisão. Arrancado do seio de seus companheiros de infortúnio, em um completo desamparo, Höfel aspirou o som familiar e apaziguante dessa voz. Cada palavra de Krämer o estimulava à vida com fervor.

Ele recobrava pouco a pouco seus sentidos. Escutava o comandante falar. Seus olhos se arregalaram.

– Marian?

– Sim?

– O campo não será evacuado. Ele será entregue aos...

– Verdade?

– Sim, escute!

Höfel estava sob tensão.

– Se for verdade – murmurou, excitado. – Se for verdade...

– Santa Maria, mãe de Deus – sussurrou Kropinski, cuja face se iluminou. – Então nós... nós talvez não morrer?

❧❧❧

Os decanos dos blocos discutiram por um bom tempo ainda, na frente da secretaria. O discurso singular do comandante os havia perturbado. Eles tinham opiniões opostas quanto à veracidade daquela declaração e erguiam a voz. Mesmo que nenhum dentre eles pudesse acreditar em promessas, prendiam-se, no entanto, à vaga esperança de que o fim próximo chegaria sem perigo – uma tendência bem humana. Talvez, afinal, o campo inteiro fosse entregue sem outra forma de processo aos americanos? Outros decanos desdenhavam essa credulidade; o comandante procurara apenas confundi-los. No meio daquela bagunça, um mero punhado de palavras de Krämer poderia ter apaziguado o tumulto.

Como aqueles que duvidavam, ele também se dava conta da demagogia de Schwahl, mas o conjunto dos decanos não era homogêneo, e dentre eles havia aqueles cujas orientações políticas e moralidade incitavam à prudência. Eis por que ele não podia falar, mesmo que a situação assim o exigisse.

De acordo com seu costume naquele tipo de situação, ele se manteve neutro.

– Esperemos, camaradas.

Dois chefes de bloco chegaram.

– O que está acontecendo?

Alguns prisioneiros, cuja curiosidade os havia empurrado a misturar-se ao grupo, esquivaram-se na hora. Krämer e os decanos os saudaram.

– Nós estávamos na torre. O comandante falou conosco – explicou Krämer.

– O campo será entregue aos americanos – gritaram outros. Os SS não tomaram parte da discussão.

– Dispersem-se! Rápido! Aos seus blocos! – ordenaram. Obedecendo às ordens, eles se retiraram.

***

Apático, Zweiling estava sentado à sua escrivaninha. Essa história de garoto judeu tinha lhe escapado. O inteligente Reineboth havia puxado o seu tapete. Höfel e Kropinski estavam no *bunker*. Pippig, com quem ele tinha algumas esperanças, tinha passado desta para melhor. Quanto ao restante do *Kommando*, desde que dez dentre eles tinham sido conduzidos a Weimar, todos ficavam rodeando-o, com caretas de desdém. Mas o que lhe era mais desagradável eram as manobras grosseiras de Wurach. Desde o primeiro dia, ele tinha tentado se misturar com o *Kommando*. Mas aqueles sujeitos eram dotados de um instinto bem afiado; claramente, haviam muito rapidamente farejado aquele elemento estrangeiro, e evitavam a ovelha negra, tomando cuidado para não deixá-lo se inteirar de nada. Desde que Wurach lhe entregara a lista dos quarenta e seis, a urgência aumentava a cada instante. Apenas uma hora atrás ele estivera em seu escritório.

— E então, senhor primeiro oficial, falou com o comandante?

— Não venha me ver tanto assim — repreendeu Zweiling. — Alguém vai acabar reparando. Ele fará alguma coisa por vocês na hora certa.

— Não temos muito tempo, senhor primeiro oficial. Eu não posso ficar no campo. Se eles perceberem alguma coisa em relação à lista, vão me eliminar.

Aquele homem era um verdadeiro fardo para Zweiling.

— O senhor precisa me ajudar, senhor primeiro oficial. Pois eu, eu o ajudei. Quanto à liberação, deu errado. Não acredito mais. A qualquer hora, isto aqui pode explodir. O senhor vai me deixar morrer?

Para livrar-se daquele ser irritante, Zweiling lhe tinha feito as promessas mais insensatas; ele sairia do campo e seria hospedado pela tropa. O outro ficou com um pé atrás, prendendo-se à ideia mesmo assim. Agora, fazia um bom tempo que Zweiling estava em seu escritório resmungando, com a boca arreganhada, a língua pendendo. A porta que ele tinha tomado o cuidado de manter aberta tinha se fechado. Ele não tinha como se livrar daquele uniforme. *Ir embora com eles, ser pego com eles, ser...*

Zweiling não estava em sua melhor forma...

Lá fora, barulho; agitação, ruídos. Ele deu um salto. Saiu como um raio do escritório e parou na soleira da porta, atônito. Aclamados alegremente pelos prisioneiros, aqueles que tinham sido enviados a Weimar estavam juntos ao longo balcão. Eram cumprimentados e abraçados. Mas quem mais fazia barulho era Wurach. Ele apertava cada mão e gritava mais forte que os outros:

— Formidável! É formidável, meus amigos, que estejam novamente aí!

Zweiling, com cara de derrota, se aproximou.

— De onde vocês vieram?

Os prisioneiros se calaram, envergonhados. Wurach fez-se porta-voz.

— A Gestapo os soltou, senhor primeiro oficial. — Zweiling não tinha forças para enfrentar aquele silêncio incômodo, mas se recompôs, fazendo um comentário insípido:

— Vocês estão de volta, então... vão se barbear. Vocês estão repugnantes.

Os prisioneiros não responderam. Não queriam compartilhar sua alegria com ele, teria sido no mínimo estranho.

Zweiling voltou para seu escritório. Durante um instante, ele ficou ouvindo o burburinho lá fora, mas não conseguia captar o que tinha levado àquela surpreendente liberação. De repente, teve uma ideia. Foi para o outro lado, onde eles tinham se reunido. Quando entrou, os homens bateram continência e se calaram. Zweiling se plantou em frente a Rose, que olhou para o primeiro oficial, tendo estampada no rosto aquela expressão de angústia mortal com a qual tinha vivido até então. O olhar de Zweiling percorreu o grupo mudo.

— Onde... onde está Pippig?

Todos baixaram o olhar. Apenas os olhos de Wurach iam e voltavam furtivamente. Zweiling virou-se para Rose.

— Hein? Cadê ele?

O rosto do prisioneiro metamorfoseou-se em uma careta atroz, de choro. Ele engoliu em seco várias vezes e abriu a boca para responder. Nesse momento, uma voz estourou no alto-falante. Era Reineboth.

– Dois carregadores de corpos com uma maca agora, na grade!

O rosto de Rose mudou de cor. Ele balbuciou:

– Senhor primeiro oficial... eu... o Pippig... ele...

– Dois carregadores de corpos com uma maca agora, na grade! – repetiu-se a ordem. Os prisioneiros levantaram os olhos para Zweiling. Ninguém soltou um pio. Rose engoliu a saliva. Zweiling parecia ter entendido. Ele esticou a língua.

– Como? – perguntou, com cara de espanto. E, como ninguém lhe respondeu: – Ah... bom...Ele deu de ombros e voltou para o escritório.

Os prisioneiros voltaram a se mexer, de maneira lenta e pesada, e Rose, que se mantinha imóvel, ainda em suplício, teve o sentimento que se afastavam dele.

– Eu... eu... não tenho nada a ver... – disse, reclamando.

Os outros não prestaram atenção a suas vãs justificativas e o deixaram no silêncio dos tormentos do desespero.

———⊸◦⊶———

Krämer e Pröll, na janela do escritório, olhavam em direção à torre. O sol poente inundava com sua luz púrpura o prédio estirado e desenhava grandes sombras.

Dois carregadores de cadáveres vestindo uniformes militares desbotados correram do crematório até a porta. Entre eles, a maca balançava. O chefe de bloco de guarda abriu a grade, e eles se apressaram para fora.

Krämer e Pröll esperaram em silêncio. Não muito tempo depois, os carregadores voltaram ao perímetro do campo. O cobertor de lã cinza pendia dos dois lados da maca.

Nada transparecia do rosto de Krämer. Quando os dois maqueiros se dirigiram ao crematório, ele descobriu a cabeça e apertou as mãos. Com o olhar, endereçou um último adeus.

Eles atravessaram lentamente a praça de chamada com seu fardo, precedidos pelas sombras que, vacilando, pareciam abrir a última parte do caminho que a morte ainda tinha de percorrer sobre esta terra.

Quando se estendeu sobre o campo a obscuridade precoce da noite, eles concretizaram o que tinha sido decidido ao meio-dia na sala de operação. A organização pôs mãos à obra rápida e furtivamente. Os homens de ligação transmitiram o recado aos líderes dos grupos de Resistência dentro dos blocos. Tudo de maneira discreta: algumas palavras, audíveis para todos e, entre elas, as instruções do CIC. Alerta nível 2! Nenhum membro dos grupos podia mais sair do barracão, todos tinham que ficar à espreita. Eles sabiam do que se tratava. Os decanos de blocos nas cocheiras do campinho tinham sido informados.

Entre os ocupantes do lugar já lotado, chegavam novos. Eles vinham da enfermaria. Köhn e os cuidadores tinham coberto seus rostos com bandanas, tornando-os assim irreconhecíveis. Fantasiados com seus trapos, nada os distinguia dos outros. Um punhado dos quarenta e seis homens tinha encontrado sozinho um esconderijo. Durante a tarde, Pröll tinha ido percorrer o campo. Ele se despediu momentaneamente de Krämer:

— Vá, meu caro, a coisa não vai demorar muito. Daqui a pouco nós viremos tirá-los daí…

Um secretário de bloco alemão e dois responsáveis de quartos poloneses de uma das cocheiras do campinho esperavam pelo vice-decano. Em uma parte de terreno ainda baldio, afastado dos barracões, Pröll tinha descoberto debaixo da calha um poço de acesso aos esgotos. Havia na proximidade um colchão rasgado, sujo de fezes, tirado de uma das cocheiras e esquecido desde então. Pröll tinha encontrado sem dúvida o esconderijo ideal. O secretário não quis saber de nada, mas o decano tinha firmemente decidido desaparecer lá embaixo e, na escuridão, seus cúmplices o esperavam. Eles abriram o poço e o desaparecimento de

Pröll foi questão de poucos minutos. O buraco vertical no qual ele desceu não tinha mais do que um metro e meio; era o duto de evacuação que drenava as águas usadas (servidas) até o recipiente de depósito. Pröll só conseguia caber ali dentro abrindo as pernas de cada lado das paredes do rego, com a cabeça para dentro, de modo que a tampa pudesse ser fechada. Os poloneses a cobriram com muita pressa, com pedras, depois jogaram o colchão por cima, antes de desaparecer rapidamente na cocheira. Agora Pröll estava por conta própria. Ele tinha o sentimento de estar perfeitamente em segurança, e procurava a posição mais confortável. Cada bolso de sua jaqueta continha uma ração de pão.

Entre suas pernas, o barulho das águas nauseabundas. Se não fosse o cheiro fétido, o ruído seria melodioso a seus ouvidos, como o canto de um riacho alegre. Em um acesso de humor macabro, Pröll fez consigo mesmo uma de suas piadinhas. *Para fazer cocô, o conforto é total*, observou, e ficou parado por um bom tempo.

Krämer tinha posto todo aquele esquema em ação e até mesmo ajudado a esconder alguns prisioneiros. Por sua iniciativa, Bogorski havia exigido dos prisioneiros do *Kommando* das duchas, durante a tarde, que preparassem um esconderijo no porão de carvão. Eles tinham cavado um buraco na montanha de carvão, que poderia conter uma jaula de madeira montada. Ali, de maneira correta e inteligente, os prisioneiros tinham camuflado um sistema para respirar, construído com a ajuda de um velho tubo de terracota. Um deles entrou na jaula, escondida debaixo de camadas e camadas de carvão. Era menos complicado nos porões das cozinhas. Bastava apenas dissimular uma grande caixa debaixo das batatas. A ventilação do porão permitia que se respirasse. Quando, mais tarde, Krämer fez sua ronda no campo para apitar o toque de recolher, tudo já tinha sido muito bem preparado; o conjunto de condenados tinha desaparecido. Esgotado mental e fisicamente, ele voltou ao bloco 3 da parte do campo reservada aos dirigentes, onde ficava sua cama. Os prisioneiros que o ocupavam ainda não haviam se deitado. Eles se reuniram com grande excitação ao redor do decano, que se deixou cair pesadamente sobre o banco à mesa.

— Funcionou? — questionou Wunderlich. Krämer não respondeu. Ele soltou os cadarços. Seu silêncio podia ser sintoma de mau humor. Mas os prisioneiros, que o conheciam bem, sabiam que era apenas a reação aos últimos eventos. Só depois de um tempo ele respondeu.

— Se nós aguentarmos amanhã...

O resto foi apenas um longo suspiro. Krämer empurrou seus sapatos para debaixo do banco. Wunderlich estava à sua frente.

— Se é verdade eu não sei, Walter, mas estão dizendo lá em cima que a evacuação começará amanhã...

O decano o olhou com ar interrogador. Ele deu de ombros. Nenhum dos homens ao redor disse nada. O que eles sentiam, guardavam no fundo de si mesmos. Além disso, como poderiam exprimir em palavras o inefável? Não era apenas a evacuação que os tornava mudos, mas o fato inimaginável de que os eventos iminentes anunciavam o fim. Quantos milhares de dias para que, em uma noite, subitamente, aquela descida ao inferno pudesse terminar? Como aquilo era impossível de expressar, a fala tornava-se inútil. Nem Krämer encontrou palavras suficientemente eloquentes.

— Tinha que acontecer um dia... — observou ele, simplesmente, levantando-se e tirando sua jaqueta. — Vamos dormir, é melhor... — concluiu, porque não tinha mais nada a dizer.

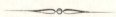

Naquela noite, Bochow ficou se virando na cama. Estava feito. Abaixo dele, nas fundações, estava Runki. Quanto aos outros, eles se abrigavam em vários outros lugares do campo. Aquilo era uma realidade irremediável. Da *sua* boca é que havia saído a decisão de se revoltar, com todas as suas consequências, uma decisão irrevogável! Ele fechou os olhos e ordenou ao sono que viesse, mas em vão. Ele se voltou para dentro de si mesmo. *Tenho medo? Será que estou tremendo? O que é isso? As mãos dos camaradas não estão unidas? Não era esse seu mais caro desejo? O mais caro!* Tratava-se de cinquenta mil homens e não de apenas alguns camaradas do CIC! Aquelas poucas mãos seriam suficientes para carregar a responsabilidade de todos? Ou milhares de dedos apontariam para ele, acusando-o de ser o responsável? *Você é o responsável! Só você! Foi da sua boca que veio essa decisão! A culpa é sua!...* Os pensamentos de Bochow formavam nós, mas ele se controlou. E disse a si mesmo que aquilo era uma inevitável necessidade para o bem de todos... de todos! Mas nem assim o sono chegava. A noite não queria cair sobre ele. Ela o ignorava, como uma silhueta negra silenciosa...

❧

Era dia 4 de abril de 1945, uma quarta-feira que amanhecia. A porta do bloco 3 se abriu, Krämer saiu. O ar estava pesado e úmido. Chuviscava. As horas matinais penavam a se desfazer das trevas da noite. As torres de vigia erguiam-se eretas. As lâmpadas vermelhas dos arames farpados brilhavam discretamente, como olhos de bichos escondidos. Larga e deserta, a praça de chamada se estendia. Do topo se destacava a torre, flanqueada por suas duas asas. As árvores do que havia sobrado da floresta ao redor do campo erguiam seus cumes negros na obscuridade, entre a noite e o dia. Krämer, em um transe de frio, levantou a gola de seu casaco e tirou o apito do bolso. *Vamos,* pensou, *que esse dia comece.*

Os sons estridentes rasgaram o silêncio. Krämer atravessou o campo. Os prisioneiros da cozinha, que precisavam se levantar ainda mais cedo, prepararam os caldeirões de café, escutando o sinal. Nos blocos já havia movimento. De torso nu, os prisioneiros se apressavam para ir aos banheiros. Os responsáveis dos dormitórios gritavam na confusão:

– Dois voluntários para ir buscar o café!

Prisioneiros começaram a aparecer nos caminhos entre os blocos. As galochas martelavam o solo. De todas as direções do campo, prisioneiros se apressavam para a cozinha, em busca de café. O *Kapo* das cozinhas e seus ajudantes chamavam os blocos. Os caldeirões batiam uns nos outros. Vida, barulho, movimento: com disciplina, como durante anos, como todos os dias. Hoje, no entanto, a agitação matinal escondia uma excitação particular. Eles se falavam apenas em voz baixa; tal decano desapareceu durante a noite. Conforme seria de se esperar, o secretário do bloco ou um dos responsáveis pelos quartos o substituiu. Ninguém fez perguntas. Todos sabiam o que tinha acontecido na noite anterior e, como se estivessem de acordo desde antes, fingiam ignorar o extraordinário daqueles desaparecimentos. Os comentários eram raros: *Estou curioso para saber como vai ser hoje...* Entre os membros dos grupos de Resistência dos diferentes blocos – cada um contava apenas cinco homens, incluindo o líder – o silêncio era exemplar, mais ainda do que de costume. Alerta nível 2!

Além da instrução militar, a missão mais importante dos homens da organização clandestina era desenvolver um espírito de camaradagem e de solidariedade que atuasse incessantemente sobre os detentos. Nem sempre era fácil. Dentre o número heterogêneo de prisioneiros, alguns eram malvados, alguns covardes ou pérfidos, preocupados apenas com o próprio interesse. Alguns não queriam se envolver com "qualquer coisa que fosse", e então se isolavam, ou eram isolados pelos outros. Mas, naquela manhã, o trabalho de educação mostrava seus resultados e a natureza humana revelava toda a sua força, quando era levada a situações onde era imperioso manter a união. Todos se sentiam ligados uns aos outros. Especialmente no interior dos blocos onde um ou vários dos quarenta e seis condenados à morte tinham desaparecido, seus ocupantes eram dominados por um acordo tácito: "um por todos, todos por um!". Escondiam o ligeiro nervosismo que os abalava, e sentiam quase fisicamente que esse dia seria decisivo, e não só por causa dos quarenta e seis. O fim próximo tinha reunido todas as consciências em uma só. Apesar de suas diferenças de coragem pessoal, de esperanças, de confiança ou de medo, esse novo dia unia a todos com um só destino. E quando lá fora o dia começou a se manifestar e veio a hora da chamada, as colunas se formaram para subir a colina, bloco atrás de bloco, e sua marcha militar era diferente dos outros dias; mais sombria, mais fechada e mais resoluta, assim como a fisionomia de seus rostos.

A praça de chamada se encheu, o imenso quadrado tomou forma, homem após homem, silenciosos e cheios de esperança. Milhares de olhos estavam presos à torre onde Reineboth estava instalando o microfone diante de si, onde Weisangk, o segundo subchefe de campo, apareceu, e onde estavam os constrangedores chefes de blocos, aqueles seres brutais e cínicos.

Krämer entregou a Reineboth a lista dos efetivos do campo. A miríade de chefes de bloco se separou em direção a cada um dos blocos, para proceder à contagem. O que aconteceria? Quarenta e seis deportados faltaram na chamada! Isso nunca tinha acontecido no campo! Que tipo de tempestade esperar? Os prisioneiros prendiam a respiração e ouviam o próprio silêncio. A tensão era como a de um cabo de aço prestes a se romper. Por que nenhum dos chefes de bloco berrava?

Krämer, de costas para os blocos, estava em seu lugar de sempre; ele tinha a impressão de que um vazio monstruoso bocejava atrás de si, como se estivesse complemente sozinho ali. Ele examinou internamente seus nervos e músculos. E seu coração? Tranquilo. Os braços estavam pesados como chumbo? Ele sentia uma pressão ao redor do estômago? Nada disso. Respirava normalmente. Bom. Ele esperou. A vinte metros, Reineboth aguardava os relatórios dos chefes de bloco, assim como o bêbado do Weisangk. Por que não era Kluttig que fazia a chamada hoje? Atrás de si, Krämer ouviu a voz de um decano

— Bloco 16, continência! Descansar! Bloco 16 apresentando-se com 365 prisioneiros...

– Bloco 38, continência! Descansar! Bloco 38 apresentando-se com 802 prisioneiros. Um ausente.

Era a voz de Bochow! Krämer prendeu a respiração durante vários segundos. O que estava acontecendo ali atrás? Ele foi tomado por uma vontade irreprimível de se virar, pois só aguçar o ouvido não adiantava.

Bochow se mostrava totalmente sereno ao anunciar a ausência de Runki. "Seu" chefe de bloco, para quem ele tecia discursos, contentou-se em olhar seu registro e relatar o número dos efetivos. Ele perguntou sem a menor surpresa:

– Onde ele está?

– Não tenho a menor ideia.

Não se falou mais nisso, e Bochow entendeu: eles haviam recebido instruções!

O chefe de bloco desceu do tablado, olhou para as cabeças raspadas, e contou as fileiras de dez. Os prisioneiros o acompanhavam discretamente com os olhos. Por que não acontecia nada? Haveria, no silêncio com o qual os chefes de bloco acolhiam o relatório de efetivos, um perigo maior, desconhecido? Todos olhavam em direção à torre, tensos. Um por um, os chefes de bloco repassaram os números a Reineboth. Ele os anotou, como se tudo estivesse perfeitamente em ordem.

Krämer tinha o maior prazer em observar o inspetor-chefe. Ele estava contabilizando os relatórios, comparando com o registro dos efetivos totais, fazendo contas e mais contas, enquanto sua boca esboçava uma careta cínica. Então, terminou. Ao invés de aproximar-se do microfone, como sempre, ele foi até Weisangk. O que lhe disse, Krämer não conseguiu ouvir, mas segundo as expressões e os gestos dos dois SS, parecia-lhe que eles falavam dos quarenta e seis prisioneiros. Weisangk falava gesticulando, distraído, nervoso. Ele deu ordens a Reineboth, que deu de ombros e fez um movimento com as mãos, como que dizendo: *bem, como quiser*. Então, ele foi até o microfone:

– Terminou ! Seeentido! Descansar!

O barulho de sempre.

Os prisioneiros de guerra soviéticos eram contados à parte, e ficavam no bloco rodeado de arame farpado durante toda a chamada. Eles podiam, no entanto, ouvir o que era dito, graças ao alto-falante do barracão. Grande parte daqueles oitocentos homens pertencia aos grupos de Resistência. Bogorski era seu líder. Entre esses homens, a lei do silêncio era igualmente aplicada, e apenas os melhores e os mais confiáveis tinham sido aceitos dentro dos grupos. Os prisioneiros, sentados às mesas do barracão, esperavam que acabasse a chamada. Van Dalen, Köhn e os cuidadores, sendo alguns do pelotão sanitário, também ouviam na grande sala da enfermaria o que se passava. Eles trocaram olhares expressivos enquanto Reineboth proferiu suas ordens da mesma maneira que nos outros dias. O que estava acontecendo?

No campinho, igualmente contado à parte, tinha sido necessário fazer algumas mudanças, para camuflar o aumento no número de presentes. Fizeram desaparecer alguns mortos, daqueles que havia todos os dias, e fizeram os prisioneiros tomarem seus lugares. Eles se mesclaram perfeitamente no meio da massa de doentes.

Foram minutos desgraçados e perigosos, que eles precisavam enfrentar junto com o campo inteiro. Krämer, Bochow, Bogorski, Pribula, Kodiczek, Riomand e Van Dalen. O raio antes da tempestade. Afinal, não se sucedia uma confusão cada vez que um prisioneiro faltava na chamada, escondido em algum lugar na angústia dos dias seguintes? Hoje faltavam quarenta e seis! E eles, lá em cima, será que iam ficar calmos com essa situação?

Reineboth, como sempre, repassou seu relatório ao comandante e, como sempre, voltou ao microfone:

– Cobertuuuuuura ! Correçãããão! Separar!

Reineboth deu um passo para trás e Weisangk tomou seu lugar em frente ao microfone. Seu sotaque bávaro soou no alto-falante:

– Escutem-me! Hoje, tudo mundo fica no campo. Hoje, nenhum *Kommando* sai. Vocês ficam nos seus barracões, e que ninguém saia!

Ele hesitava, discursar não era seu forte; parecia querer acrescentar alguma coisa, mas deixou seu lugar a Reineboth, que se aproximou, com um sorriso perigoso no canto da boca.

– Os prisioneiros convocados, reunião debaixo do painel 2. Os outros, dispensados! – Desligou o microfone. Os prisioneiros convocados eram os quarenta e seis que faltavam na chamada!

Enquanto o conjunto dos prisioneiros se movimentava em direção ao campo, e os chefes de bloco desapareciam atrás da grade, Reineboth murmurou para Weisangk:

– Nem um único vai se apresentar, esconderam-se todos.

– São uns desgraçados.

Na barreira ao fim da rua que levava ao campo havia dois caminhões esperando. Uma unidade SS armada de carabinas, comandada por um subchefe de campo, estava ao lado dos veículos. A sentinela dava sua volta.

Em seu escritório, Reineboth tomou o receptor do telefone e logo desligou. *Não vou me enfiar lá dentro*, pensou. *Que Kluttig e o comandante se virem sozinhos.* A história era muito delicada e Reineboth não queria se arriscar. O desaparecimento daqueles quarenta e seis homens era uma declaração de guerra que ultrapassava as responsabilidades do inspetor-chefe. Ele sacudiu a cabeça. A situação começava a se complicar. Desde a conversa instrutiva com o comandante, o jovem tinha se tornado mais prudente. Os eventos do dia deixavam entrever grandes forças que ele nunca tinha levado a sério, cercado pela arrogância. Acostumado a considerar os prisioneiros do campo apenas como objetos sem vontade, o inspetor-chefe pressentia que uma metralhadora não seria suficiente para mantê-los em ordem. Além disso… Reineboth deu algumas lentas passadas e parou, pensativo, em frente ao mapa mural. As tachinhas com a cabeça colorida se aproximavam do campo, dia após dia. Ele fez uma careta. Os dados tinham sido lançados... Uma foto em um quadro prateado imperava sobre a mesa. Com ar de suficiência, Reineboth olhou o homem na foto, o ídolo, com seu pequeno bigode, a mecha de cabelo de lado sobre a testa. De repente, ele lhe enviou um estalar dos dedos. *Os dados foram lançados*, repetiu cinicamente.

Weisangk tinha informado ao comandante o desaparecimento dos quarenta e seis condenados. Schwahl quase engasgou de raiva. Ele pôs os punhos sobre a cintura.

— Esse desgraçado só causa bagunça no campo!

Schwahl não podia se permitir desencadear pesquisas de grande magnitude. Na estação de Weimar, um trem de mercadorias aguardava a primeira viagem.

Depois da explosão de raiva, o comandante tornou-se curiosamente silencioso. Ia e vinha em sua sala, absorto em pensamentos. De repente, ele parou na frente de Weisangk, que estava em uma poltrona da mesa de reunião, sem tirar os olhos do chefe.

— Depois de nós, virá o comunismo? — perguntou Schwahl, para a surpresa do subalterno, que piscou dos olhos e engoliu como se tivesse de responder a uma pergunta de um exame.

— O que nos importa?

Schwahl deu alguns passos, duvidoso, e com o dedo apontado avançou sobre o espantado Weisangk.

— Uma coisa é certa! Durante a conferência interaliada dos ministros de Relações Exteriores em Moscou, em 1943, decidiram julgar os criminosos de guerra — disse, batendo contra o peito.

— Aí está outra coisa... — resmungou Weisangk, surpreso.

Não é assim tão simples quanto Kluttig acha, meu caro. Atirar é rápido — suspirou, o ar ansioso. — Se eu tiver sorte, posso atravessar. Se eu deixar crescer uma barba... ou se eu me tornasse guarda florestal, algum lugar da Baviera...

— É uma boa ideia.

— Mas se me pegarem... Se me pegarem... aos olhos deles, eu vou ser simplesmente o comandante do campo de concentração de Buchenwald. E se encontrarem uma chacina aqui...? – Ele agitou o dedo. – Não, não, meu caro...

O subchefe de campo tentava seguir os sombrios pensamentos de seu superior, mas sem sucesso.

— Então, o que devemos fazer?

A mão de Schwahl tremia de nervosismo.

— Matemos os quarenta e seis! Assim cortamos a cabeça da Resistência do campo. Quanto aos outros... caminhando! Aqueles que morrerem no caminho, por mim, não importam. Como funcionário da penitenciária, eu sei que é um álibi. Mas, no campo, não deve haver um só cadáver.

— Estou de acordo.

Entregue aos seus pensamentos, o comandante pinçava o lábio com o polegar e o indicador.

— Devemos driblar Kluttig. Ele não pode derrubar tudo. Você vai agora até a entrada, com os decanos e a guarda do campo, e procura esses quarenta e seis homens.

— Você acha que a guarda nos dará esse prazer?

— Não importa! – gritou Schwahl fora de si. – É uma ordem! Eu não vou deixar Kluttig reduzir este campo às cinzas!

— Eh, eh, eh... – reagiu Weisangk. – Não se irrite.

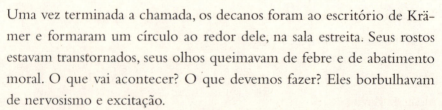

Uma vez terminada a chamada, os decanos foram ao escritório de Krämer e formaram um círculo ao redor dele, na sala estreita. Seus rostos estavam transtornados, seus olhos queimavam de febre e de abatimento moral. O que vai acontecer? O que devemos fazer? Eles borbulhavam de nervosismo e excitação.

— Camaradas – começou Bochow –, nós não devemos ceder ao

pânico. Nós precisamos manter as ideias claras. Eles querem nos evacuar. Kluttig quer eliminar os quarenta e seis. Ele está enganado, achando que assim vai aniquilar a Resistência.

Bochow tinha gritado forte, para encobrir o barulho dos decanos; ele estava surpreso de ouvir sua própria voz após tantos anos. Não um murmúrio discreto, mas um som forte e poderoso, como se ela tivesse retornado. O sentimento de viver, de volta depois de meses, retornou como objetivo, e deu à sua alma uma alçada tão prodigiosa que ele precisou abrir os braços. Camaradas! Companheiros! Irmãos! Amigos! Partidários!

E como se essa onda tivesse se apoderado de Krämer, ele tomou a palavra.

– Camaradas! Nós nos mantivemos unidos ao longo de todos esses anos. Precisamos provar que nossa disciplina tem um fundamento. Sem atos imprudentes, camaradas! Nós não devemos sofrer nenhuma provocação nas nossas fileiras, nem devemos cair nas mãos dos provocadores, lá em cima. Pensem! Isso custaria a vida de milhares de homens. Mostremos que nós não somos uma horda desordenada, mas sim uma comunidade de homens disciplinados! Camaradas, escutem o que eu tenho a lhes dizer! Nós vamos continuar a obedecer às ordens, mas de acordo com a nossa vontade!

Krämer examinou os rostos tensos. Os decanos tinham compreendido.

– *Nossa vontade!* – repetiu Krämer, batendo no peito. – Voltem aos blocos. Não cedam à inquietação. Dias difíceis estão chegando. Temos que defender as vidas de todos! Cinquenta mil homens, no total! Defenderemos nossas vidas com armas, coragem e uma disciplina de ferro!

As palavras de Krämer tinham dado confiança aos decanos. Um sentimento caloroso por ele percorreu Bochow. Ele ficou para trás enquanto os decanos saíam do escritório.

Os dois homens se olharam nos olhos e, Krämer, um pouco incomodado, superou a emoção que invadia agora seu coração.

– Eu precisava dizer isso para eles…

O outro não respondeu nada.

Subitamente, eles se abraçaram, vencidos pela emoção, deixando de lado a rudeza e a vergonha, e ficaram assim, governados apenas pelos batimentos quentes de seu coração. Raros e muito preciosos eram esses instantes na dura vida desses dois homens, nos quais os sentimentos, geralmente calados e escondidos, floresciam. Em um tom tosco, como a cada vez em que se abria, Krämer falou:

– Agora começou, Herbert. – Bochow estava igualmente feliz de poder voltar à sua função.

– É certo que, daqui a pouco, tudo isso vai virar de ponta-cabeça. Isso nos dá mais liberdade. Onde posso reunir o CIC no futuro? O que você sugere?

Krämer pensou.

– No 17, eu acho. O barracão de quarentena. Os SS vão lá tão pouco quanto ao 61. O 17 fica ao lado da secretaria. Nós poderemos estar sempre em contato. O decano do 17 é um bom companheiro e certamente poderá abrigar vocês.

– Bom – respondeu Bochow. – Fale com ele, eu informo os camaradas. – Eles apertaram as mãos de maneira firme e resoluta.

━━━━━◦◦◦◦━━━━━

Kluttig ainda estava esperando. Já fazia um bom tempo que a chamada tinha acabado. Impaciente, ele saiu do edifício.

– O que está acontecendo? Eles chegam quando? O subchefe de campo de serviço ali deu de ombros.

Nos barracões, os prisioneiros aguçavam seus ouvidos. Os alto-falantes crepitavam, ouvia-se a tossida que servia para testar a comunicação. Todos escutavam. Ouviu-se a voz despreocupada de Reineboth.

– O decano de campo e o *Kapo* da guarda, para a grade, imediatamente!

O pronunciamento, nada além de um anúncio habitual, criou furor; tudo, até o menor dos eventos, produzia um grande efeito sobre os prisioneiros. Era como se estivessem amarrados pela ordem de ficar nos barracões. Eles farejavam, em tudo que ocorria, infelicidade e ameaças. Nas janelas da primeira fileira de blocos, que davam para a praça de chamada, rostos curiosos vigiavam. Os dois homens chamados se apressavam a grandes passadas em direção à torre. Lá de cima, Weisangk entrou no campo pela grade de ferro forjado. Nos barracões que não tinham vista para a praça de chamada, as conversas eram mais animadas; os prisioneiros, amontoados sobre as mesas, esperavam novos anúncios. Mas os alto-falantes permaneciam mudos. O que estariam tramando?

— Onde é que estão? — vociferou Weisangk. — Por que os quarenta e seis não estão aqui?

Krämer respondeu de maneira completamente protocolar.

— Eu desconheço por que eles não se apresentaram.

— Eles devem se apressar — reforçou o segundo subchefe. — Não vai acontecer nada com eles. Em Buchenwald, não haverá mais nenhuma morte. Será que ainda estão no campo?

— Eu acho que ainda devem estar no campo.

Weisangk oscilava.

— Então procure-os! — ordenou ao *Kapo*. Toda e qualquer outra forma de discurso teria ultrapassado as capacidades do SS. Ele sabia que Kluttig, chamado por Schwahl, estava em seu escritório, e que ele seria responsabilizado pelo ocorrido. O segundo subchefe fez um sinal nervoso com a mão.

— Eles devem estar aqui antes do meio-dia, entendido?

— Afirmativo!

Krämer e o *Kapo* não precisavam falar muito descendo a praça de chamada.

— Entendido? Vocês os procurarão assiduamente até o meio-dia — sussurrou Krämer.

— Claro, Walter — respondeu o outro. — Mas... será que vamos encontrar pelo menos um? O que acha? — E piscou um olho para o decano.

Parecia que uma briga ia estourar novamente. Sufocado com os prisioneiros ousando desafiar sua autoridade, Kluttig latiu sobre Schwahl.

— Olha só o que você conseguiu com a sua diplomacia. E agora, esses desgraçados estão rindo da gente!

— Blá-blá-blá — desdenhou Schwahl, irritado. — A guarda do campo já está procurando por eles.

— A guarda do campo? Você é burro? Temos uma companhia SS aqui! Cada colchão deve ser revirado.

Envergonhado, o comandante ergueu os ombros.

— Isso não pode continuar assim, entre nós dois! Você destrói tudo! Um maldito elefante em uma loja de porcelana!

— Comandante! — exclamou Kluttig, ofendido.

Schwahl também quis berrar, mas contentou-se em suspirar e engolir sua raiva.

— Me chame de Schwahl, ou de "cão de guarda", como antes, quando éramos próximos.

Ele pegou sobre a escrivaninha uma garrafa de conhaque e dois copos, e os depositou sobre a mesa de reunião. Esvaziou seu copo duas vezes seguidas e, abatido, desabou sobre uma das imponentes poltronas em couro.

— Se ao menos você quisesse agir de maneira responsável — suspirou. — Nós temos que sumir, daqui a pouco será a nossa vez...

Seus pequenos olhos brilhavam, suas mãos tremiam.

— Sente-se — disse ele nervosamente e, como Kluttig não obedeceu de imediato, ele gritou: — Você entendeu, mocinha? Sente-se!

Amargamente furioso, Kluttig acreditou entrever a solução proposta pelo comandante. Mesmo estando também envergonhado de seu uniforme, ele silvou:

— O senhor comandante tem medo...

— Não fale mais de "comandante", não aguento mais! — Ele parou de repente e olhou para Kluttig sem se mexer, com uma expressão tão diferente que parecia um segundo rosto.

A catástrofe afetava Kluttig. Para respirar melhor, ele abaixou a gola, sentou sem dizer uma palavra e esvaziou seu copo. Schwahl, que não tinha parado de observá-lo, reparou que sua mão também tremia. Ele se agitou com um balido inaudível.

– Agora nós ficamos com cara de… com cara de…

Kluttig, desamparado, bateu com a mão sobre a mesa:

– Vamos parar!

– Sim, paremos – gemeu o comandante, cínico. – A partir de hoje, nós não existimos mais! E então, senhor subchefe do campo? Por quanto tempo você deseja continuar existindo?

O comandante levantou-se, ergueu os ombros, avançou a barriga e pôs as mãos na cintura.

– No fundo, nós dois estamos no mesmo barco, mas em cantos opostos. Isso tem de acabar. Você é um velho combatente corajoso, fiel e devotado. Respeito, Robert! Kluttig mordiscou os lábios sem dizer nada. A agitação do comandante, manifestando-se tão terrivelmente para ele, tinha revelado até que ponto Schwahl estava devastado por dentro. Sem admitir nem a si mesmo nem ao comandante, Kluttig sabia que seu desejo de acabar com tudo era apenas uma expressão da sua raiva contra o desfecho ameaçador, porque, no fundo, não havia mais nada a fazer além de enfiar as malas no carro e fugir dos americanos. De repente, Hortense e seus seios volumosos vieram à memória do subchefe do campo; ele queria levá-la consigo.

Schwahl deu-lhe um tapa no ombro.

– Você está ouvindo o que estou dizendo?

– O outro endireitou-se.

– Sim, naturalmente, sim, estou ouvindo você.

– Em uma semana, o campo deve estar vazio. Nós não temos mais tempo. Uma parte da tropa sai com esse comboio. Esta tarde, eu lanço as operações.

– E o que fazemos dos quarenta e seis?

A obstinação de Kluttig reviveu o nervosismo de Schwahl.

– Eu não posso revirar tudo por quarenta e seis homens.

– Mas eles são a cabeça...

– Ora, o rabo ou a cabeça! Não importa.

– E se houver Resistência?

No auge do desespero, o comandante pegou a cabeça entre as mãos.

– Aí soltaremos os cachorros!

– Haverá mortes! – gargalhou Kluttig. – E mortes, você não quer.

Schwahl perdeu toda a compostura.

– E daí? Que cada transporte se torne um comboio mortuário, contanto que não fique um único cadáver aqui!

– Se eles não nos liberarem os quarenta e seis faltantes – insistia Kluttig –, eu os faço serem procurados por patrulhas noturnas.

– Sim, sim – gemeu Schwahl fracamente. – Faça isso, então, eu mando enviarem a matilha ao campo. Mas, por favor, não estrague a minha evacuação.

Demolido, ele afundou na poltrona.

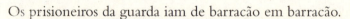

Os prisioneiros da guarda iam de barracão em barracão.

– Vocês esconderam algum dos quarenta e seis?

– Não, não escondemos ninguém.

– Certo. Vamos ao bloco seguinte.

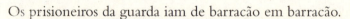

Enquanto isso, Schwahl organizava as primeiras medidas para a evacuação. Ele tinha reunido todo o comando em seu escritório: Wittig, seu subalterno, Kamloth, Kluttig, Weisangk e os oficiais da tropa. O comandante dava as ordens. Os oficiais se apressavam em executá-las. Em pouco tempo, a valsa dos batalhões SS e dos caminhões pôs-se a dançar nos terrenos ao redor do campo. As rondas da cerca externa foram reforçadas por Schwahl, o número de sentinelas sobre as torres de vigia foi dobrado, ao lado das metralhadoras leves foram montadas metralhadoras pesadas, granadas de mão, canhões antitanque.

O escritório do comandante se metamorfoseou em quartel-general. O telefone não parava de tocar. Traziam-se missivas sobre as ordens executadas, saía-se com missivas sobre o que precisava ser feito. Idas e vindas permanentes e, no meio daquela efervescência, Schwahl, que tinha de decidir sobre tudo, responder a cada um, informar sobre o menor detalhe. Foi nessa desordem que chegou um carro com oficiais do Exército alemão. Eles traziam a Schwahl uma ordem do comando da cidade de Weimar; era sobre transportar a munição do Exército armazenada em imensos *bunkers* do campo. Essa munição devia ser utilizada com urgência entre Halle e Hof, onde as tropas, batendo em retirada diante dos americanos, erigiam uma nova linha de defesa.

– Senhores, senhores! – protestou Schwahl, desesperado. – Vocês podem ver que estamos em plenos preparativos para a evacuação do campo.

Mas ele deveria obedecer a essa ordem, transmitida a Kamloth, que zarpou junto com os oficiais para as garagens da tropa, onde chamou Brauer e Meisgeier:

– Preparem vinte caminhões agora!

Pouco tempo depois, a coluna motorizada atravessava o terreno para chegar aos estoques de munição atrás das casernas SS. Transpirando e ofegando, soldados SS pegavam a munição.

Vociferavam-se ordens, havia agitação e gritos frenéticos como em uma fuga precipitada...

Schwahl estava sempre ocupado. Uma ligação telefônica informou a ele que na entrada do campo havia uma carga grande de prisioneiros, provenientes de um campo anexo exterior a Buchenwald, situado no

Harz. Schwahl, afogado pelos eventos, gritou seu nervosismo ao telefone, desligou, ligou para Reineboth, ordenou que ele se ocupasse com os recém-chegados, intimou Kluttig para recorrer a Krämer a fim de lhes dar um espaço no campo, e em seguida afundou em uma poltrona, com os braços magistralmente separados:

— Senhores, senhores…

Weisangk lhe serviu uma dose de aguardente, de uma garrafa imóvel sobre a mesa desde a manhã.

— Beba, isto vai te fazer bem.

Sobre sua moto, Reineboth acelerava na rua do campo, em direção à barreira, ultrapassando as companhias que caminhavam e os caminhões barulhentos. Ele quase perdeu sua desenvoltura natural vendo aqueles milhares de prisioneiros miseráveis, esfomeados e no fim das forças que, ao longo de mais de cem metros atrás da barreira, estavam deitados ou de pé sobre o canto do caminho montanhoso. Ele girou a chave no contato, desligando o motor, e enfiou o boné na cabeça, desesperado. Alguns oficiais menores e suboficiais SS, crassos, cobertos de poeira e com a barba por fazer, claramente de mau humor, vieram até ele.

— O que está acontecendo aqui? Por que não nos deixam entrar

— De onde vocês vêm? – perguntou Reineboth, desconcertado.

O oficial menor que falava deu uma risada malvada.

— E ele pergunta de onde viemos! Os americanos estão nos caçando e parece que o senhor vive no melhor dos mundos! Vamos! Abra a porta do paraíso!

Reineboth não tinha outra escolha a não ser deixar passar o comboio. A escolta SS encarregada daquele rebanho de indigentes fez com que se levantassem. O inspetor-chefe apressou-se rumo ao campo, completamente perdido; enquanto preparavam a evacuação, eis que chegavam mais milhares de deportados. Ele saltou da moto, praguejando. Mórbido, ele zombou de Kluttig, que estava no escritório do comandante:

— Meus parabéns pelo sucesso dos seus planos!

Kluttig não apreciava nem um pouco o humor do jovem elegante.

O inspetor-chefe atirou-se sobre a cadeira, deixando escapar um riso nervoso:

– Você está no lugar certo! Sua majestade, o decano do campo, faz todo o possível para que vocês tenham uma boa estadia. Ele pode fazer desaparecer quarenta e seis homens sem deixar rastros, por que não, então, três mil a mais...

– Cale a boca! – gritou Kluttig, irritado pelo deboche. – Se eu não tivesse ouvido você, eles já estariam mortos na pedreira há muito tempo... Blá-blá-blá – macaqueou o inspetor-chefe. – Executar ordens com sutileza e inteligência. Deus é minha testemunha! Foi o que fiz. – Ele foi à janela: – Os hunos estão chegando!

O comboio avançava sobre a rua de acesso. Os veículos precisavam parar sobre a calçada. Os chefes de blocos saíram da sala de guarda. Kluttig e Reineboth fizeram o mesmo. Mandaram abrir um dos grandes batentes da grade de ferro forjado da torre. Kluttig conduziu os chefes de bloco até a praça de chamada e os fez isolarem um espaço largo. Aos chutes e socos cruzados, a escolta fazia passar os prisioneiros debaixo do alpendre. Com empurrões e barulhos atrozes, a largura estreita da entrada impelia a massa a se esmagar ainda mais, antes de espalhar-se sobre a praça de chamada como um gigantesco enxame. O zumbido ensurdecedor era abafado por gritos e vociferações de chefes de blocos que, segurando-se pelas mãos, reuniam um primeiro grupo de prisioneiros com chutes e joelhadas. Vários deles não tinham mais forças para ficarem em pé, e desmoronavam, ofegando e tossindo. Fechou-se a grade atrás deles. A escolta SS saiu pelos cantos da caserna.

Os prisioneiros se apertavam nas janelas dos barracões que davam sobre a praça de chamada.

– O decano do campo, todos os decanos de bloco e a guarda do campo, para a torre! – atacou a voz de Reineboth nos alto-falantes.

Qual o sentido de tudo aquilo? O campo inteiro, na incerteza e à espreita, escutava. Para os prisioneiros da guarda, essa ordem significava o fim das buscas. Eles saíram correndo dos barracões onde estavam, reuniram-se e, levados pelo *Kapo*, apressaram-se a subir até a praça de chamada, reunidos ao longo da travessia, aos decanos de bloco.

Reineboth não deu a Krämer o tempo de respeitar o protocolo, nem dar seus recados costumeiros.

– Enfie tudo isso no campo, e divida entre os barracões!

Kluttig mandou trazer os chefes de bloco pela guarda do campo que, por sua vez, formou uma corrente ao redor daquele rebanho humano. Krämer percebeu na hora, com clareza, qual era o jogo deles, e sabia perfeitamente que aquela atitude autoritária era apenas desespero, frente ao fluxo de recém-chegados. Cabia a ele pôr em ação a tática que lhe permitiria tomar o controle sobre o campo. Os chefes de bloco já se misturavam aos sobreviventes, como cães de guarda amargurados. Krämer deu rapidamente as ordens.

– Decanos de bloco, atenção! – Imediatamente formaram-se duas fileiras. – Seeentido!

Sem prestar a menor atenção a Reineboth nem a Kluttig, Krämer se dirigiu ao seu rebanho.

– Camaradas – gritou –, vocês serão divididos em grupos de cem para cada barracão. Os camaradas da guarda formarão os grupos e os conduzirão aos blocos. Ordem e disciplina! E que seja rápido!

O *Kapo* da guarda assumiu o comando. A organização militar bem cuidada mostrava seu valor. Ele os dividiu rapidamente em grupos de dez, para formar trens de cem homens. Não fora fácil; aqueles homens não se deixavam ser comandados como um regime de infantaria. Mas o instinto de sobrevivência dos pobres coitados prevaleceu, a fim de impedir qualquer intervenção dos chefes de bloco. Eles foram obrigados a se contentar em deixar a situação aos prisioneiros, que se contentavam em erguer a cutucões de bota alguns infelizes particularmente enfraquecidos. Enquanto isso, Krämer chamou os decanos de bloco, e não foi preciso muito tempo antes que os primeiros grupos descessem à praça de chamada. Em algumas horas, tudo tinha acabado.

Os chefes de bloco se retiraram. Sobravam Kluttig e Reineboth. Eles não tinham se mexido, e haviam observado tudo. Um, com um ar venenoso e brincando com os dedos sobre a abotoadeira; o outro, contrito. Krämer apresentou-se e anunciou:

— Ordem executada. Recém-chegados distribuídos entre os barracões.

Kluttig crispou o maxilar.

— Você já está tomando gosto pelo papel de comandante, hein?

Como de costume, quando ele estava frente a Kluttig, Krämer teve de engolir sua raiva para não excitar ainda mais aquele maníaco. Ele não podia, no entanto, escapar à pergunta; significaria uma aprovação de sua parte.

— Negativo, senhor subchefe de campo, eu só executei suas ordens.

— Executou ordens! — bradou Kluttig. — Se os quarenta e seis desaparecidos não estiverem na minha frente antes do meio-dia, eu esmago você com uma só mão!

O fato de o subchefe de campo mencionar os quarenta e seis condenados reteve a atenção de Krämer. Internamente, ele tinha esperado que a busca não desse em nada, do mesmo jeito que a busca pelo garoto. Ele precisava reagir àquela ameaça. Mas como encontrar a resposta assim, tão de repente?

Foi Reineboth quem, contra sua vontade, respondeu em seu lugar.

— A guarda continua com as buscas, entendido?

— Afirmativo! — Krämer sentiu-se aliviado.

— Dispensado!

<hr>

À chegada dos grupos de cem novos prisioneiros, as grandes salas dos barracões se agitaram. Vários deles desmoronaram sobre os bancos deixados ao relento, ou, esgotados, até mesmo no chão, sem o menor interesse pelo que acontecia ao redor. Lia-se nos rostos torturados a felicidade de ter finalmente um teto sobre suas cabeças depois de todos os suplícios suportados. Bochow, na ausência de Runki, também tinha acolhido uma centena de homens no barracão. Ele os dividiu em quatro grupos e avisou os prisioneiros curiosos:

– Deixem que eles descansem. Deem-lhes o que beber. E quem puder se privar de uma ração de pão, que a dê a eles. – Ele mesmo tirou sua ração do armário e a distribuiu. Outros seguiram seu exemplo. Os responsáveis de dormitórios trouxeram café. Esticaram grandes cobertores, ajeitaram camas improvisadas. Vários ocupantes cederam suas camas aos recém-chegados. Não se importavam com a proibição formal de deitar-se durante o dia.

– O que ainda vão nos proibir! Vamos, ponham esses companheiros nos boxes!

Eles os livraram de seus trapos. Mais de um soluçava de alegria; poder finalmente deitar sobre uma cama! Dormir, dormir, nada além de dormir! Mesmo a fome cedia lugar a essa necessidade vital. Depois que a calma voltou aos barracões, é que os recém-chegados em melhores condições retomaram o controle de si, Bochow pôde conversar com eles. Rodeados por prisioneiros curiosos, eles começaram o relato de suas peripécias.

Várias semanas atrás, eles tinham evacuado os subterrâneos do campo de Nordhausen-Dora, onde construíram uma usina de armas-V. No caminho, suas fileiras tinham incorporado carregamentos similares, provindos de Hälberstadt, Mühlhausen e Langensalza. Eles tinham sido empurrados por todos os cantos pelos SS, sempre entre os *fronts*, e forçados a fugir com eles ante o avanço dos americanos. Os momentos mais duros da caminhada foram nas proximidades dos combates. A longa procissão oferecia um alvo privilegiado aos caças, que claramente não percebiam se tratar de um comboio de prisioneiros e que, impiedosamente, abriam fogo sobre a coluna. As perdas foram gigantescas, sem contar os doentes e os agonizantes que, no caminho e durante as passagens nas localidades, eram abatidos pelos SS e pela juventude hitlerista. Com frequência, a coluna precisava se bifurcar em atalhos, devido aos congestionamentos das ruas pelos tanques, barragens e colunas de soldados. Com seus motores explodindo e crepitando, motos e carros lotados de oficiais passavam. No meio dessa rudeza militar infernal, fugiam hordas inteiras de civis. Os vencidos safavam-se nos caminhos da Turíngia. Sobre os acostamentos da calçada amontoavam-se pilhas de munição de artilharia e de DCA que não tinha sido possível levar, já que a retirada era tão às pressas.

Com os rostos tensos, os ocupantes do barracão ouviam o relato. Eis então o que se passava além do arame farpado! O *front* devia estar realmente próximo, para que evacuassem os *Kommandos* exteriores da Turíngia! Prisioneiros dos outros barracões também ficaram sabendo dos boatos sobre os eventos. Uma onda de expectativa e de esperança subiu ao coração dos homens engaiolados. Será que podiam torcer para que os americanos entrassem no campo a qualquer momento?

Não eram nem onze horas quando a sirene berrou: alerta aéreo! Nunca tinha sido disparada tão cedo. Dessa vez, nenhuma agitação no interior do campo, nenhum *Kommando* teve de retornar. Apenas os dezesseis homens do pelotão sanitário subiram pela praça de chamada correndo. O campo ficou petrificado debaixo do sol matinal daquele quatro de abril. Nenhum pássaro de ferro com brilho prateado atravessou o céu. O alarme foi acionado por causa dos caças americanos que, despencando da abóbada celestial, mesclavam-se à coluna de caminhões que investiam pelo caminho da montanha em direção a Weimar. Na parte do campo reservada aos SS, o alarme tinha interrompido os preparativos. Na frente dos estoques de munição estava estacionado um bom número de caminhões abandonados, todos carregados pela metade. Os SS tinham desaparecido, escondidos nos abrigos. As sentinelas do triplo cordão de guarda se amontoavam no fundo das trincheiras. Ao longe, no vale, os latidos e as tosses roucas dos "protegidos" subiam até o campo.

Mas o alerta tinha durado menos de uma hora e, meia hora depois do fim, Krämer já tinha sido informado dos últimos eventos por Köhn, cujos dezesseis do pelotão sanitário tinham ficado do lado de fora. Eles puderam observar o comboio de munição. Na extremidade da zona de supervisão, foram parar no triplo cordão de sentinelas e, entre os postes, havia metralhadoras... viram também a guarda no topo das torres de vigia duplicar, além do armamento pesado posto em bateria. Todas essas observações testemunhavam uma agitação frenética além dos arames farpados, interrompida apenas pelo alarme. Bochow devia ser informado na hora. Krämer correu ao barracão dele, e este seguiu o decano pela escada de pedra externa que levava às duas asas superiores. Ali não seriam perturbados. Krämer lhe fez um rápido relatório, que o outro ouviu com atenção. Seu olhar deslizou sobre a parte do campo que se podia ver dali. Os barracões estavam calmos e silenciosos. Nenhum prisioneiro do lado de fora. As torres de vigia, verticais e mudas, passavam da cerca externa. Nuvens de fumaça indolentes escapavam da chaminé do crematório, negra de fuligem. Estavam incinerando novamente. O cheiro de carne queimada se misturava aos eflúvios da cozinha. Bochow apertou os olhos. Além dos barracões, ele divisava um pedaço da praça de chamada e da torre flanqueada pelas duas asas. Ele parecia distinguir, sobre o caminho da ronda da torre de vigia passando por cima do prédio, não duas, como de costume, mas quatro metralhadoras. Tudo estava calmo, nada se mexia em cima da torre, era inquietante, havia uma calmaria, nada se mexia no campo, como uma atmosfera pesada anunciando a tempestade.

– Ar pesado – observou o decano a meia-voz. Aquela não era a hora de se deixar perturbar por pensamentos. A qualquer instante essa imobilidade poderia se romper, e o furor se abater sobre os homens. Aquela era hora de falar com os camaradas do CIC. Mas como chegar ao bloco 17 sem ser notado? Krämer veio em sua ajuda. E foi, estranhamente, o fedor da sopa que lhe deu uma boa ideia de camuflagem.

– Escute bem – começou –, os camaradas do CIC vão à cozinha, onde se juntarão aos responsáveis de dormitório do bloco 17, e trarão a sopa. Com toda essa confusão, ninguém vai prestar atenção. Eu garanto. Mas como você pode avisar suas ovelhas sobre isso?

Bochow entendeu a pergunta. Krämer era o único que podia se locomover no campo apesar da proibição de Weisangk, e o único que podia avisar os camaradas do CIC. As severas precauções às quais Bochow estava acostumado caíram por si só. Ele comunicou a Krämer os nomes e os barracões dos membros do CIC, para que ele pudesse avisá-los sem tardar. Bochow pôs sua mão sobre o ombro do decano.

– Vai ser difícil para você, Walter. Tudo está em suas mãos.

Krämer não respondeu nada. Suas mãos agarraram o corrimão metálico enferrujado. Depois de um tempo, Bochow acrescentou:

– Sua vida será constantemente ameaçada. Não mintamos para nós mesmos. Se eles não encontrarem nenhum entre os quarenta e seis, então… então, é possível que eles… que eles o peguem, como o cabeça da organização.

– Eu sei.

– Talvez fosse melhor que você também desaparecesse. Se faltarem quarenta e seis ou quarenta e sete, não faz diferença.

Krämer olhou para Bochow. Seus pensamentos podiam ser lidos em seus rostos. O decano pensava na ameaça de Kluttig, que ele não tinha contado a Bochow.

– Talvez nós não tenhamos mais nem tempo nem a ocasião de nos falarmos de novo, Herbert – disse ele com os lábios semicerrados. – Por isso devo lhe dizer mais uma coisa, mas guarde-a só para você. Eu quero viver e não morrer, tão perto do fim. Entenda-me bem. E não importa como será esse fim. Talvez eu só tenha vontade de viver porque… o que eu quero dizer é: estamos curiosos para ver o que vai acontecer. – As piadas não eram o forte de Krämer. Ele olhou para o céu. – Na semana passada, foi meu décimo-primeiro aniversário de detenção. Onze anos! Santo Deus! Então queremos muito saber se valeu a pena.

Ele se calou e mordeu os lábios. Bochow respeitou o silêncio. Irritado com seu próprio sentimentalismo, Krämer xingou a si mesmo.

– Droga! Morrer? E aí! Eles pensarão ter feito cair a cabeça. E será uma coisa boa para o CIC, não é? – E sem dar tempo para o outro responder, soltou uma risada envergonhada. – E nós aqui, vagabundeando. E eu dizendo besteiras...

A ideia do decano revelou ser judiciosa. Uma curta instrução ao decano do bloco 17, que transmitiu na hora a instrução aos responsáveis de dormitórios:

– Ouçam-me. Ao irem buscar a sopa, vocês levarão alguns camaradas. Eles não querem ser perturbados, levem-nos, e sem barulho! – Sem fazer perguntas, dois dos responsáveis de dormitórios retornaram das cozinhas com dois companheiros, acompanhados com toda a discrição até o bloco. Eles se retiraram imediatamente do dormitório vazio. A massa internacional do barracão de quarentena, um punhado de moribundos infelizes e miseráveis, como aqueles do campinho, não prestou atenção. Precisavam abrir os debates rapidamente. Depois de distribuído o sustento, os camaradas levaram o caldeirão vazio até a cozinha, para sair do bloco tão discretamente quanto tinham entrado, e foram para seus respectivos barracões. Bochow trouxe as observações do pelotão sanitário, o cordão de sentinelas triplicado na cerca, as metralhadoras preparadas sobre as torres de vigia, as granadas de mão e os canhões antitanque instalados... Como uma ave de rapina, o perigo fazia círculos cada vez mais apertados ao redor do campo. O que fazer quando eles lançassem os procedimentos de evacuação? Como sempre, havia só um jeito de responder a essa pergunta feita tão frequentemente. Na hora certa, seria preciso livrar o máximo de prisioneiros das garras dessa rapina, tanto quanto permitissem a Resistência passiva e as estratégias de impedimento.

Armas, grupos de Resistência – teria sido tudo em vão, assim como os minuciosos preparativos nas últimas horas? Afinal, todos os membros do CIC se irritavam com Pribula, que não queria saber de nenhuma estratégia de impedimento e clamava pela Resistência armada. Ele parecia ter razão.

– Eu não entender – disse. – Nós não dever fazer revolta porque muitos, muitos, serão levados daqui a pouco para a morte? E dever fazer Resistência se eles encontrar um só dos quarenta e seis? Não conseguir entender.

– Mas é isso mesmo – replicou Bochow ao tempestuoso polonês. – Esperemos que esses atos de desespero sejam evitados. A morte é a última coisa da qual podemos nos esconder. Mas, enquanto houver em nós um sopro de vida, nós o defenderemos, mesmo que muitos precisem ficar. Eu sou a favor do levante quando a hora vier. Mas não é agora.

Bogorski concordou. O desequilíbrio das forças militares presentes impedia qualquer tentativa de revolta antes que o *front* estivesse suficientemente próximo para estabelecer uma ligação. Mas não estavam lá ainda. Por ora, tratava-se de transmitir aos prisioneiros nos blocos uma ordem de marcha, tratava-se de acabar com a incerteza e a dúvida.

Bochow propôs propagar a palavra de ordem por todo o campo, recorrendo aos camaradas dos grupos de Resistência, aos decanos de bloco e a qualquer companheiro de confiança: impedir a evacuação! Cada dia, cada hora, representava uma vitória!

– Talvez, amanhã – continuou –, a situação seja outra, e talvez possamos tomar novas resoluções. Talvez amanhã o *front* esteja tão próximo que nós poderemos impedir qualquer tentativa de evacuação com a Resistência armada. – Essas últimas palavras se endereçavam a Pribula.

Os perigos de momento eram tão grandes que as preocupações e os tormentos ligados ao desaparecimento do menino estavam postos de lado. Nessa hora, ninguém pensava na criança, ninguém pensava em Höfel nem em Kropinski. Mesmo os atos corajosos pelos quarenta e seis condenados pareciam esquecidos. Tudo isso estava em segundo plano, atrás do destino de todos.

Enquanto os camaradas do CIC debatiam, a reunião no escritório de Schwahl, interrompida pelo alarme e cujos membros estavam nervosos pelos ataques inesperados dos caças americanos, tinha retomado seu curso. A breve hora durante a qual a sirene tocou foi suficiente para fazer voar em pedaços a compostura apresentada até agora pelo Estado-Maior. Até Schwahl, que geralmente fazia muito esforço para passar a impressão de mestre de si mesmo, não aguentava mais; ele entregou-se ao estado geral de inquietação e nervosismo. Todos falavam e gesticulavam, em um autêntico pandemônio. Qualquer resquício de disciplina tinha desaparecido.

— Vamos, por favor, senhores — agitou-se o comandante. — Os americanos estão nos pegando pela garganta! Acabaram de me informar que uma vanguarda dos blindados deles já está nos arredores de Gotha. Kluttig, sufocando, gritou:

— E ainda estamos aqui fazendo discursos! Com qual objetivo vocês equiparam as torres de vigia com armamento pesado? — gritou para Schwahl, antes de continuar, para os outros: — Vamos acabar com essa raça suja e cair fora!

Era impossível saber se a agitação provocada por seus berros significava a aprovação ou desaprovação. Nos turbilhões da loucura, tudo estava sem pé nem cabeça. Schwahl pulou agilmente para trás da escrivaninha e pegou um revólver.

— Senhores! — Todos se viraram para o comandante, com os olhos presos à arma que ele segurava. Kluttig observava, transtornado.

— Eu estou pronto para, diante de seus olhos, disparar uma bala na minha cabeça. Assim, vocês poderão obedecer às ordens de Kluttig. Mas enquanto eu estiver vivo, *eu* é que darei as ordens!

Schwahl constatou o efeito de sua manifestação sobre todos os rostos. Ele devolveu a arma à gaveta e a fechou.

– Sem pânico, senhores! Nossas tropas ainda mantêm suas posições. Em alguns dias, o campo estará vazio e nós teremos o tempo necessário para fugir. Sou eu quem dá as ordens. As ordens do líder da SS!

Zweiling não tinha subido ainda ao armazém de vestuário. Nenhum preso do *Kommando* pensava em pôr-se ao trabalho. Todos eles se reuniam na secretaria e no vestiário. O destino do *Kommando* lhes pesava sobre os ombros. A morte de Pippig os tornava silenciosos.

Rose estava em seu posto de trabalho. Ninguém lhe dirigia a palavra, e ele não ousava olhar para nenhum dos companheiros, mesmo que estivesse ardendo para romper o isolamento. O desdém silencioso o oprimia tanto que ele vegetava com amargor e cumpria suas tarefas sem sentido com obstinação. Mas o silêncio ensurdecedor dos prisioneiros era equivalente ao que dirigiam ao delator Wurach, que sentia o que pensavam dele e fazia o maior esforço para parecer de bom humor. Era o único que não parava de papear. Toda e qualquer conversa girava ao redor da evacuação.

– Do meu ponto de vista, eu preferia que ela ocorresse hoje, ao invés de amanhã. Mais vale um fim no terror do que um terror sem fim.

Todos reagiram com total silêncio ao comentário de Wurach, até que um dos prisioneiros, junto a quem ele estava na secretaria, não pôde se conter mais e observou:

– Nesse caso, eu conheço alguns que vão parar no paredão...

– Exceto se os esfriarem antes...– lançou um outro.

A alusão não tinha erro. Wurach sentiu-se acuado e resmungou, envergonhado, em resposta à ameaça tácita. Os prisioneiros se calaram novamente. Eles estavam transtornados. Se pudessem pegar o dedo-duro, se pudessem acusá-lo frente a frente: "Desgraçado! Você é que nos entregou! Você tem a morte de Pippig na consciência!". Mas não se atreviam; era mais perigoso ainda do que pular na garganta dele.

Zweiling veio durante a tarde. Sua aparição foi após uma conversa que ele teve com Hortense. De fato, Zweiling havia prometido a si mesmo não mais aparecer no perímetro interno dos arames farpados. "Nunca se sabe…", tal era o fundamento filosófico dessa resolução. Mas Hortense o tinha colocado contra a parede.

— Todos os seus companheiros estão cumprindo suas missões, e você quer largar mão!?

— Cada um por si. Quem se importa com o próximo?

— Quem se importa com o próximo? – gritou sua esposa. – O próximo a ser morto pelos seus será *você*!

— Por que eu? – perguntou bestamente Zweiling.

— Ei! Ouçam todos o senhor primeiro oficial! Ele começa brincando com um menino judeu, agora com os comunistas...

Hortense pôs os punhos sobre a cintura de um jeito agressivo.

— Se eu fosse Kluttig, eu diria: "Eis a prova!". Mas ele lava as mãos agora, aquele cachorro frouxo!

Hortense continuou:

— É precisamente *agora* que você deve se mostrar sólido! E para terminar, terá que sumir com o resto. Ou você ainda está pensando em se esconder com os coitados? – Hortense deu uma risada odiosa. – E cadê o moleque? Eles fizeram o que quiseram de você, hein!

Zweiling esticou a língua e, pensativo, piscou os olhos. A situação um tanto quanto confusa sobre o fim tinha sido, desde então, completamente esclarecida; parecia que a evacuação poderia, de verdade, ser feita corretamente antes da chegada dos americanos. Caminhava-se rumo ao desconhecido. Mais uma vez, Hortense tivera razão. Zweiling deveria acompanhar os outros.

O *Kommando* reparou no jeito mudado de Zweiling. Ele não se importava mais com ninguém, não tinha mais nenhum interesse no trabalho, retirava-se em seu escritório e dali não saía mais.

Wurach tomou esse comportamento como um sinal. Não havia mais nada a esperar dele, e tudo a temer dos prisioneiros. Wurach estava em uma encruzilhada... Mas não deixou transparecer que buscava incessantemente uma escapatória.

Mesmo que esperassem por ela já fazia tempo, a ordem que soou no fim da tarde sobre a praça de chamada deserta, e depois estourou nos blocos, paralisou os prisioneiros.

– Todos os judeus, reunião na praça de chamada!

A voz do inspetor-chefe acabou com os zumbidos e ruídos dentro dos barracões por um breve instante, mas logo eles recomeçaram.

– Começou! Pronto! Primeiro os judeus!

Os dados estavam lançados.

A evacuação tinha início!

É verdade que os judeus eram os primeiros, mas cada um estava convencido de ser seu bloco o próximo da lista. Vários eram aqueles que já tinham se preparado para sair, enrolando uma coberta que envolvia suas magras posses.

Outros esquematizavam planos aventureiros para escapar da evacuação. Queriam cavar um túnel nos terrenos baldios, rastejar por debaixo dos barracões... Mas tudo não passava de elucubrações. A ordem implacável fascinava a todos e os mantinha unidos, na esperança e no fatalismo.

A ordem produziu nos seis mil prisioneiros judeus do campo um pânico em que o medo se misturava com o desespero. Primeiro, um grito de horror tomou conta de todos. Eles não queriam sair dos barracões protetores. Berravam e choravam, sem saber o que fazer. A terrível ordem atacou-os como um lobo raivoso, agarrou-os em uma mordida e eles não conseguiam se soltar. Desobedecendo à ordem de Weisangk de não sair dos barracões, vários saíram correndo, com a cabeça descoberta, no auge do desespero. Eles surgiam nos outros blocos, nos barracões de quarentena, na enfermaria.

— Ajudem-nos! Escondam-nos!

— Esconder vocês? Como assim? Logo em seguida será a nossa vez.

Mas mesmo assim eles os acolhiam. Arrancavam o triângulo amarelo de seus trapos e lhes davam outro, de outra cor. Köhn e o *Kapo* da enfermaria os deitavam entre os outros doentes e lhes davam outras marcas, outros números. Alguns se escondiam por conta própria, enfiando-se no necrotério da enfermaria. Outros também se dirigiam às cocheiras do campinho, misturando-se à massa. Mas isso era, no mínimo, insensato; precisamente ali é que estavam vários judeus estrangeiros. Mas quem podia se vangloriar de pensar mantendo a cabeça fria, com o lobo em seu encalço?

Aqueles que ficaram nos barracões foram aterrados por um tipo de paralisia causada por essa ordem mortal. Aterrorizados, eles olhavam para os responsáveis. Os decanos também eram judeus, não tinham coragem de dar a ordem de marcha para ir à torre. A morte os aguardava! Não poderiam esperar por ela ali mesmo?

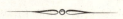

Bochow travava um combate interior. Deveria se atrever a atravessar o campo deserto? Quem além dele, entre os camaradas do CIC, poderia apoiar Krämer? Ele se decidiu e foi à secretaria.

— Então? E agora? — perguntou-lhe Krämer, sem perder tempo, recebendo-o como se estivesse esperando por ele.

— Impedir a saída pelo máximo de tempo possível!

— Quanto tempo conseguiremos?

— Não importa! Mesmo que sejam só algumas horas, Walter, serão algumas horas ganhas!

O alto-falante chiou. A voz de Reineboth ressoou, sem a desenvoltura e o cinismo anteriores.

– O decano do campo na sala do inspetor-chefe!

Cada novo anúncio produzia sempre um novo sobressalto. Krämer pisoteava, no auge de sua aflição, e fez um gesto com o braço em direção ao alto-falante.

– Droga!

Ele enfiou o boné e a jaqueta. Bochow olhava seus movimentos exaltados.

– Walter! – gritou.

– O que é?

Tudo o que queriam se dizer estava contido na brevidade da interjeição. Ambos o sentiram claramente. Krämer fez um gesto: não falemos mais.

– Volte para o seu barracão, eu cuido disso...

Reineboth recebeu Krämer com impaciência.

– Onde estão os judeus? Faça-os caminharem! A menos que você acredite estar dispensado de fazê-lo?

– Eu estava nos barracões para tentar fazer com que sua ordem fosse executada – mentiu o decano.

– Tentar! Tentar! – gritou o inspetor-chefe. – Essa gentalha tem que trabalhar! Em uma hora, devem estar reunidos, senão... que Deus tenha piedade deles!

O caminho que levava aos barracões dos prisioneiros judeus era bem íngreme. Krämer tinha as pernas pesadas como chumbo. Em seu peito, gritava: *Fiquem nos barracões, camaradas! Ninguém vai até lá em cima! Nós temos armas! Nós os protegeremos!* Mas a faísca apagou; Krämer entrou no primeiro barracão.

Com os rostos desfigurados pelo medo, soluços presos na garganta, os infelizes o rodearam como se ele fosse o salvador.

– Nós ficamos aqui! Não sairemos!

Krämer obrigou-se a efetuar seu trabalho de baixo calão:

– Vocês precisam sair, camaradas. Nós também devemos sair...

Ele se virou para o decano mais novo, que conhecia bem.

– Mande que eles se reúnam, Akim, não há escolha. Lentamente, entende? Lentamente. Aquele idiota lá em cima ainda pode berrar mais um pouco. Talvez nós consigamos atrasar a partida até a noite. Se isso acontecer, eles não poderão evacuar. Amanhã, as coisas podem mudar.

Krämer não fez nada enquanto os prisioneiros obedeciam às instruções do decano arrastando os pés. Ele foi aos outros barracões. As cenas eram as mesmas. Assim que eram reunidos, os prisioneiros corriam desesperados para abrigar-se no fundo do barracão. Era impossível formar colunas. Os ocupantes dos blocos próximo aos barracões dos judeus se aglutinavam atrás das janelas e não perdiam nada do que ocorria. Também se podia ver tudo do barracão dos poloneses. Em companhia de alguns dos camaradas do grupo de Resistência, Pribula estava colado à janela, com os punhos firmemente apoiados contra o vidro.

– Santo Deus! E nós somos obrigados a assistir sem poder fazer nada! Santo Deus! – Seus camaradas o entendiam. Silenciosos, concentrados e com um brilho sombrio nos olhos, eles olhavam o drama que se passava do outro lado. Mas constatavam também que Krämer não fazia nenhum esforço para impor ordem àquela bagunça. Quando uma parte dos judeus tinha sido reunida na frente do barracão, ele ia até o seguinte. E eles desapareciam lá dentro imediatamente. Foi assim por uma hora.

– Onde estão os judeus, decano? Ordem de marcha, agora!

O sinistro alto-falante semeava ainda mais a confusão no meio daquela multidão barulhenta. Na frente de um dos barracões, alguma coisa parecida com uma coluna parecia tomar forma, mas ao chegar ao barracão seguinte, ela se deslocava e os deportados entravam, ou voltavam ao anterior, chorando, gritando, soluçando, rezando, implorando. Eles caíam nos braços um dos outros e se abraçavam, desejando-se mutuamente boa sorte. O decano lhes ordenava que se reunissem imediatamente. Eles escapavam para dentro dos dormitórios, enfiavam-se debaixo da cama ou escondiam-se nas latrinas, e tudo aquilo não tinha o menor sentido, já que nenhum deles estava convenientemente escondido. O lobo tinha fechado a mandíbula sobre a carne, puxava e não soltava mais. De novo, o temível alto-falante esbravejou:

– Decano! Reunião imediatamente!

Krämer abriu caminho através da massa de prisioneiros que bloqueava a entrada como um enxame de abelhas e desabou sobre a mesa do jovem decano de bloco. Akim percebeu a que ponto ele se sentia torturado.

– Vamos – disse. – Não há mais nada a fazer...

Krämer levantou os braços e bateu sobre a mesa com os punhos, descarregando o excesso de tensão. Ele pulou e berrou para Akim, saindo de lá:

– Reúna-os apenas quando ele gritar lá de cima!

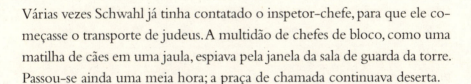

Várias vezes Schwahl já tinha contatado o inspetor-chefe, para que ele começasse o transporte de judeus. A multidão de chefes de bloco, como uma matilha de cães em uma jaula, espiava pela janela da sala de guarda da torre. Passou-se ainda uma meia hora; a praça de chamada continuava deserta.

O que Bochow não teria dado para não estar preso no barracão, conforme a ordem de Weisangk. Prisioneiro de uma impaciência tenaz e de uma incerteza monstruosa, ele esperava. O que Krämer poderia estar empreendendo? O que acontecia nos barracões dos judeus? O que estavam tramando, lá em cima, na torre? De repente, um novo aviso dilacerou a tensão.

– Reunião da guarda do campo na torre!

Pelo tom de Reineboth, Bochow entendeu que o inspetor-chefe tinha sido levado aos seus últimos recursos.

– Eles vão para o tudo ou nada – disse. Os prisioneiros esperando ao seu lado na grande sala levantaram os olhos, com ar ansioso, em direção ao alto-falante inquietante, que se tornava mais e mais perigoso e hostil a cada chamada.

— Agora chamaram a guarda... — comentou um deles em silêncio.

Outro bruscamente declamou:

— Consumido, devastado, o lugar que ele ocupava é o domínio dos áquilos,[5] o terror mora nas aberturas desertas das janelas e as nuvens do céu planam sobre os escombros.[6]

Alguns riram. Risos que eram apenas um ganido seco...

Normalmente, a guarda do campo trotava em um passo cadenciado até a torre. Dessa vez, atravessaram a praça de chamada em uma coluna fechada, lentamente. Levaram alguns minutos a mais, os homens precisavam lutar por cada um daqueles minutos preciosos. Com atenção constante, os prisioneiros das primeiras fileiras de barracões não perderam nada do evento, quando a centena de homens da guarda chegou à grade. Eles viram Reineboth entrar no campo, viram o *Kapo* da guarda bater continência para ele, viram o inspetor-chefe dar ordens, a guarda chegar ao lugar e Reineboth desaparecer de novo. Alguns minutos se passaram. E então a sentinela abriu um dos batentes da grade de ferro forjado e uma matilha de chefes de bloco brotou no campo, deslizando até a praça de chamada e brandindo cassetetes. Houve um movimento entre os prisioneiros nas janelas:

— Eles vão buscar os judeus!

A matilha acelerou como um tornado entre os prisioneiros judeus, que fugiram correndo para os blocos. Mas eles foram removidos pela valsa dos cassetetes. No meio desse tumulto frenético estava Krämer! Ele desviou da briga os mais frágeis, para protegê-los dos golpes, sem se preocupar em expor sua própria cabeça a esse desencadeamento violento. Alguns chefes de bloco barraram as entradas dos barracões, enquanto outros empurravam o rebanho aos gritos até a altura da praça

---

5 Deus dos ventos setentrionais, na mitologia romana. (N.T.)
6 Friedrich Schiller, *Das Lied von der Glocke*, 1799. (N.T.)

de chamada. Quem caía pelo caminho era pisoteado ou levantado com fortes chutes. Krämer não tinha se mexido nenhuma vez depois de os brutos irem embora. Em frente aos blocos vazios, uma paisagem desoladora: roupas, bonés, cobertas, copos, tigelas, aqui e ali, as mesas e os bancos dos barracões estavam revirados, os armários quebrados, os colchões foram rasgados e esvaziados. No púlpito do decano, o mapa despedaçado. Krämer, no meio dos escombros, respirava com dificuldade. Ele ficou um longo momento sem se mexer para apaziguar seu coração carregado. Parecia um animal selvagem ferido irremediavelmente, aguardando a morte. Ele demorava a acostumar-se ao silêncio do ambiente. Puxou o boné sobre a nuca e enxugou a testa com o antebraço, que deixou cair em seguida inerte, sem vida. Ele olhou ao redor de si e saiu do barracão. Não havia mais nada a fazer...

A guarda teve de formar uma corrente para conter os milhares de deportados na frente da torre. Os chefes de bloco tinham desaparecido. A torre estava deserta. A massa ficou ali por uma hora ou duas. Caiu a escuridão. O comboio não podia mais deixar o campo. Schwahl passou seu tempo no telefone com a estação de Weimar. Os trens de mercadoria prontos para sair já não poderiam mais fazê-lo, as vias estavam congestionadas. Mais uma hora se passou, e os prisioneiros não tinham se mexido. As sentinelas faziam as rondas do cume das torres de guarda; curiosos, olhavam de vez em quando na direção do rebanho. Os guardas do campo não se falavam mais, e tinham dado as mãos uns aos outros para conter a multidão. Os judeus esperavam, consumidos pela angústia. Nenhum deles ousava falar aos guardas, debaixo do olhar dos SS. Mas seus olhos imploravam: *vocês são como nós, por que vocês nos prendem?* Um dos guardas pensou justamente, cruzando um desses olhares penetrantes: se ele tentar fugir, não vou pará-lo... Haveria uma linguagem secreta dos pensamentos? Os dois prisioneiros trocaram um longo olhar. O judeu estava rígido, como se segurasse a respiração. Essa rigidez era o efeito da concentração em uma saída possível. De repente, ele se abaixou. O guarda sentiu o gesto que seu vizinho fez com o braço, mas o prisioneiro deslizou através da massa e fugiu correndo. Essa escapada temerária atraiu outros fugitivos: quatro, cinco, dez dentre eles passaram correndo e escaparam pela praça de chamada. O rebanho começou a se mexer e a se debater. Os guardas se apertaram para impedir mais fugas. Mas já era tarde; um processo misterioso estava começando. Se os guardas retinham os fugitivos, era apenas para impedir que fugissem todos de uma vez. Então eles ergueram os braços, e assim liberaram uma nova onda de prisioneiros. Justificativas singulares se formavam em seus cérebros: o que fazer? De qualquer forma, fugirão novamente! Nós trabalhamos como cachorros para retê-los, mas em vão... De forma ainda mais singular, nada se mexia em frente ao portão. As sentinelas das torres de vigia não tocaram o alarme, mesmo conseguindo distinguir o que acontecia, apesar da escuridão. Nem Reineboth nem qualquer SS apareceu. Nada! A agitação provocada pela debandada não permitia perguntar por que o impossível tinha ocorrido. Talvez fosse pelo fato de, naquele instante, o inspetor-chefe estar com o comandante. Ou porque as sentinelas das torres de vigia pensavam: *Corram, então! Nós não damos a mínima. Querendo ou não, daqui a pouco acaba.* Onda por onda, a guarda deixou os deportados aproveitarem a situação, até terminarem completamente sozinhos. O *Kapo* deu de ombros.

— Bom... só nos resta voltar. Vamos.

Silenciosamente, como que para não serem ouvidos, os guardas formaram uma fila. Começando temerosamente, cada vez com mais segurança, eles desceram a praça de chamada. Krämer saiu de trás da primeira fileira de barracões para encontrá-los; ele tinha observado tudo. O *Kapo* deu de ombros naquela hora, com ar resignado.

— Vão para os seus blocos — disse o decano. Não havia mais nada a dizer, de tão incongruente que era a situação.

— Podem ir — disse também aos prisioneiros da secretaria, para onde ele tinha retornado. E voltou ao próprio barracão, o número 3.

Wunderlich perguntou se ele tinha intenção de tocar o apito.

– Eles podem até... Não vou apitar mais nenhuma vez.

Era incompreensível que nada tivesse se produzido depois da escapada dos prisioneiros. Será que Reineboth, ao deixar o comandante, tinha pensado igual às sentinelas das torres? Teria pelo menos mantido o comandante informado? Kluttig não estava presente? O subchefe de campo teria, sem dúvida, apitado como um diabo e tocado o alerta na torre.

A noite caiu. Todos os blocos sabiam que a guarda tinha deixado fugir os judeus, todos esperavam pelos próximos eventos. Eles escrutinavam o silêncio, desconfiados, esperando que o alto-falante latisse. Mas o preocupante objeto no muro da grande sala ficou mudo. A espera se interrompeu. Um por um, eles voltaram aos dormitórios e se deitaram em suas camas.

<hr />

O secretário de bloco alemão e seus dois ajudantes poloneses ficaram um bom tempo despertos. Aquela era a segunda noite que Pröll passava em seu esconderijo.

A posição curvada que ele adotava havia horas tinha se transformado em uma terrível tortura. Os músculos retraídos da nuca queimavam. Suas pernas não paravam de fraquejar. Ele não podia nem se virar, nem se sentar, nem se agachar. Ele não podia pousar sua cabeça contra o muro do poço de ventilação. Era noite ou dia? Quantos dias já teriam se passado? Um, dois ou quatro? Pröll suspirou de cansaço e de fraqueza. De olhos fechados, ele não conseguia dormir. Enquanto não se mexesse, a dor lancinante adormecia, nos músculos das costas, mas, ao menor movimento, ela revivia como um incêndio.

De repente, teve um sobressalto. A tampa acima de sua cabeça se mexeu. *Eles me acharam*, pensou na hora. Mas então, ouviu uma voz familiar:

– Fritz, por Deus! Ainda está vivo? – Braços o pegaram e o tiraram da toca.

Ele tremia com todos os membros. Apesar da jaqueta, o frio úmido da noite o congelava.

– Rápido! Para o barracão!

Os poloneses o seguravam, enquanto Pröll mancava entre eles, com as pernas adormecidas. Ele se recuperou na pequena sala do secretário de bloco.

Trouxeram-lhe uma tigela de sopa quente. Com as mãos tremendo, ele a levou à boca; a bebida quente reanimou seu sangue gelado. Ele lembrou que tinha pão nos bolsos. Tirou uma ração, que já tinha endurecido, e arrancou um pedaço. Um dos poloneses surgiu na sala.

– Estão chegando!

Pröll pulou e desapareceu nas trevas. Seus salvadores junto com ele. Eles correram até chegar à canalização. Enquanto Pröll se enfiava no buraco, dois SS apareceram detrás de um dos barracões. Só se podia distinguir suas silhuetas. Um cão de guarda corria na frente deles com o focinho no chão. De vez em quando, eles iluminavam os passos com um facho tênue de luz.

Os quatro prisioneiros ficaram imóveis – não se atreviam nem mesmo a respirar. Os SS passavam ao longo dos barracões, a quinze metros deles. O cascalho estralava debaixo de suas botas. Com os olhos arregalados de medo, Pröll os via se aproximar. Eles atravessavam o terreno baldio entre os barracões, ao alcance da vista. E já que os quatro prisioneiros podiam distinguir tão nitidamente os SS, não havia razão para que eles também não os vissem...

Poucos metros os separavam. Desistiriam? Ficariam parados? O cachorro estaria levantando a cabeça? Ou teria sentido o cheiro deles? Petrificados pelo horror, eles ouviam as batidas de seus corações. Os SS tinham atravessado o terreno baldio e continuavam ao longo dos barracões... se distanciavam... As quatro cabeças se levantaram na direção deles, cujos olhares perscrutavam a escuridão... A morte e seu cortejo de atrocidades tinham passado por eles, e a abóbada sombria do céu não tinha fraquejado nem desabado. Sem um pio, Pröll desapareceu no poço. A tampa se fechou lentamente acima dele. Ele apertou a cabeça contra o muro, a alma devastada. Quantas emoções tinham lhe custado aqueles poucos minutos.

<hr />

No dia seguinte, Bochow foi um dos primeiros a ir ver Krämer, cujo escritório, cada vez mais, se tornava um local de reunião. O salvamento dos quarenta e seis condenados à morte, a dispersão dos prisioneiros judeus na véspera, tudo isso constituía uma declaração aberta de guerra, e todos eles – Krämer, Bochow, os decanos de bloco também presentes, ou os prisioneiros do fundo dos barracões – esperavam represálias. Até então, a administração tinha reprimido severamente a menor falta de disciplina.

Entre os barracões, a vida retornava. Grupos de prisioneiros se perguntavam o que ainda poderia acontecer naquele dia. Krämer esperava em vão a ordem de Reineboth de apresentar os prisioneiros à chamada diária. Na hora de sempre, o inspetor-chefe ordenou aos prisioneiros da cozinha da tropa e aos oficiais que voltassem a seus postos. Além desses, não chamaram mais nenhum *Kommando*. A ausência de chamada era tão fora de costume quanto a ausência de represálias. Krämer olhava o relógio da torre, preocupado. A chamada deveria ter ocorrido havia duas horas.

– Hoje não tem chamada – disse. – Aliás, simplesmente não haverá mais chamada.

– Eu ouvi dizer – profetizou um dos decanos – que o comandante telefonou para o aeródromo vizinho, para que bombardeassem o campo.

Krämer irritou-se.

– Ouvi dizer! Ouvi dizer! – grunhiu ele para o decano. – Você tem merda nas orelhas, isso sim! Faltava só isso! Como vocês nos torram a paciência com fofocas de velhas!

– Não se deixem distrair com rumores vindos de lugar algum

– advertiu Bochow. – Esperemos primeiro para ver como eles reagem à debandada dos judeus.

– Essa calma não me diz nada que preste – resmungou Krämer.

O alto-falante crepitou. Todos olharam para a máquina com angústia. A corrente zumbiu, ouviu-se a tosse de teste no microfone e, finalmente, a voz de Reineboth:

– Aos decanos. Reunião do campo todo na praça de chamada!

O inspetor-chefe repetiu sua mensagem, houve um último crepitar e o aparelhou emudeceu. Na sala reinava uma calma singular. Ninguém dizia nada, cada um lia o rosto do outro. O anúncio tinha provocado uma bela bagunça entre os prisioneiros. Aqueles que estavam do lado de fora volta-vam correndo para os próprios barracões, cheios de gritos e estalidos de voz.

– Não iremos! Não permitiremos a evacuação! – Em alguns minutos, o campo estava deserto, já não havia mais nenhum prisioneiro do lado de fora.

– Não iremos! Não iremos!

Os decanos saíram do escritório de Krämer.

– Temos que ir – disseram. Mais uma hora se passou. Enquanto isso, Kluttig e Reineboth estavam no escritório de Schwahl. O inspetor-chefe fazia seu relatório com ironia e elegância.

– Caro comandante, eles não se reúnem.

E Schwahl respondeu, arregalando os olhos de incompreensão.

– Como? Não se reúnem?

Reineboth limitou-se a responder com um levantar de ombros. Kluttig berrou:

– Faz tempo que esses porcos entenderam que não tocaríamos nem em um fio de cabelo deles!

Para não ter de concordar com aquela óbvia insurreição, Schwahl escondeu-se atrás de um "blá-blá-blá" pomposo e, como no mesmo ins-tante um telefonema o informou de que os trens de mercadoria estavam novamente prontos para partir, ele se pavoneou todo, em frente a Kluttig:

– E então! O que mais você quer?! Os trens podem partir. Antes das duas horas, o comboio dos judeus sairá. – E esbravejou para Reineboth: – Faça-os se juntarem agora mesmo. Se não tiver nada em meia hora, eu mando uma companhia SS no campo e eles os farão se reunir a pauladas! Ei! – disse ele, retendo o inspetor-chefe, que estava indo embora. – Transmita minha ordem com autoridade, mas sem ameaça, e não dê a impressão de que sabemos que estamos ferrados.

Um sorriso imperceptível esboçou-se na fenda dos lábios de Reineboth. Seu segundo anúncio acentuou ainda mais a confusão entre os prisioneiros. O campinho se agitava como nunca. Os decanos e os responsáveis de dormitórios gritavam perdidamente:

– Reunião! Reunião!

Os prisioneiros se reuniram na frente dos blocos como bezerros que eram levados ao abatedouro, empurrando-se uns aos outros. Ouviam-se gritos e berros em todas as línguas, mas ninguém dava o primeiro passo. E nenhum dos decanos, que batalhavam furiosamente nesse turbilhão humano, que puxavam, empurravam, berravam, nenhum deles ajudou a iniciar a marcha das colunas. Eles marchavam sem avançar, marchavam desesperadamente sem avançar. E o campo inteiro sucumbia ao pânico. Obviamente os prisioneiros se amontoavam nos barracões, mas não havia qualquer ordem. Aquilo durou mais uma hora. Krämer tinha aparecido no campinho. Ele ficou espantado pelo novo aviso de Reineboth:

– Decano! Marche! Marche!

O anúncio se enfiou de um jeito tão ameaçador no coração do caos, que só o que Krämer podia fazer era ficar junto a eles, para, enfim, desestabilizar as hordas de prisioneiros. Bloco atrás de bloco, os decanos conduziam a procissão que subia lentamente a montanha até a praça da chamada. Todos os blocos do campo se juntaram. Apenas os cuidadores da enfermaria e os doentes contagiosos do bloco 61 ficaram para trás e, não era preciso dizer, os prisioneiros de guerra soviéticos, eternos isolados.

A manhã já estava bem avançada quando finalmente todos os

prisioneiros foram reunidos. Era impossível distinguir os blocos de prisioneiros judeus; haviam desaparecido na massa. Na hora em que o quadrado ficou pronto, os chefes de *Kommando* e de bloco foram para cima, e arrancaram violentamente das fileiras todos aqueles que tinham uma aparência semita. Os blocos não se mexiam, mas curvavam-se como trigo no campo. Os judeus se esgueiravam entre as fileiras, escondendo-se às costas dos que estavam à sua frente, e eram impiedosamente surrados, se um SS os encontrasse. Os chefes de bloco fizeram uma verdadeira recoleta entre os blocos do campinho. Em pouco tempo, milhares de prisioneiros judeus tinham sido retirados das fileiras a golpes de cassetete e empurrados para a torre. Eles se apertavam uns contra os outros, consumidos por uma angústia febril. Do lado de fora, na frente da cerca, cachorros latiam ferozmente. Depois de um tempo, os chefes de bloco pareciam ter recebido uma ordem; eles deixaram o quadrado e foram até a grade. A agitação nas fileiras se dissipou, e os prisioneiros ficaram estáticos como se seu sangue tivesse sido drenado. Enquanto os chefes de bloco continuavam a bater nos judeus na grade, para transformar aquele rebanho disforme em um belo trem de marcha, e enquanto se aproximava uma companhia SS, armada de carabinas e escoltada por cães, a voz de Reineboth ribombou no alto-falante principal da torre:

— Todos os outros, aos seus blocos!

Tudo ocorreu em um frenesi desenfreado. Como um riacho espumante, o fluxo de prisioneiros escorreu até o campo, sem ordem nem regra. Nas entradas dos barracões, a corrente se quebrava, encolhia em passagens estreitas e mergulhava todos no campo. Rápido, para dentro dos barracões protetores! Esgotados, os prisioneiros desabaram sobre os bancos, sem fôlego, os pulmões queimando. Então é com isso que o fim se parecia! Cada um sabia agora o que o aguardava. Aproveitando-se da bagunça, Bogorski tinha saído do barracão e reencontrado Bochow; eles se puseram de acordo na mesma hora. Bogorski correu para ir encontrar Krämer, e Bochow correu para o barracão de Pribula que, por sua vez, tinha de avisar Kodiczek. Os membros do CIC tão apressadamente convocados se encontraram no bloco 17 para uma reunião de alguns minutos. Seus rostos ainda queimavam. As mãos de Krämer tremiam quando ele tirou o boné. Ele tinha sido forçado, impotente, a assistir a todo o espetáculo.

Pribula sentou-se em uma cama. Ele respirava ruidosamente entredentes; bateu os punhos um contra o outro. Bogorski sabia da confusão em que se encontrava o jovem.

– *Niet* – disse, sacudindo a cabeça. – Pribula olhou para ele. O russo reparou na chama incandescente de seu olhar e prosseguiu em polonês:

– Nós precisamos esperar combatendo, combater esperando... – A impaciência de Pribula explodiu frente à aparente covardia de Bogorski.

– Esperar! Sempre esperar! – resmungou ele, corroído pela inércia. Eles tinham sido empurrados pelos eventos da manhã e sentiam traços de inquietação nas palavras de Bochow:

– Camaradas, nós conseguimos retardar o primeiro comboio por mais de um dia. – Ele teve de retomar sua respiração. Pribula, no suplício, bateu nos joelhos com os punhos.

– Retardar! Sempre retardar! – bradou. Fazendo papel de quem não ouviu, Bochow virou-se para Krämer, mas o que ele disse valia para Pribula.

– Está em suas mãos, Walter. Retardar, retardar! – E em seguida, gritou para Pribula, com voz rouca:

– Não há alternativa! – Cansado, o polonês se levantou:

– *Dobrze...*

– *Uwaga*! – disse Bogorski ao polonês. – Nós fracos porque não poder evitar evacuação. Bem. Mas fascistas fracos também. – Ele se virou para os outros. – Mas como *front* se aproximar cada dia, nós tornar mais fortes e fascistas mais fracos, e nós dever sempre e todo lugar escutar com orelha levantada, e saber muito precisamente onde estar *front*. – Ele pegou Krämer pelo ombro. – Se Kluttig dizer a você fazer transporte, então você só responder, afirmativo!, eu fazer transporte.

SOBREVIVENDO ENTRE LOBOS

O russo falava a Krämer com animação, mas voltado para os outros. Para ele, os comboios deviam ser constituídos de forma a dar aos fascistas apenas os elementos do campo menos confiáveis, política e moralmente. O campo precisava ser limpo.

– Você estar como um general na guerra e Estado-Maior ser secretário e decanos de bloco. Suas disposições ser ordens; irrevogáveis! Você entender?

Krämer concordou silenciosamente. De repente, a sirene pôs-se a berrar. Como o rosnado de um bicho aterrorizado, rompia em um grito horrível sobre o campo.

– Caramba! – triunfou Bogorski. – Alarme! Todos os dias! Uma vez, duas vezes! Eles não poder mais evacuar!

– Vamos sair daqui – intimou Bochow. Bogorski reteve Krämer, que partia com os outros.

– Camarada – disse calorosamente o russo. O decano estendeu-lhe a mão; ele a pegou e a beijou.

<hr />

Na cela número 5, uma tragédia muda se encenava. Os dois ainda eram obrigados a ficar em pé. Curiosamente, no entanto, Mandrill os tinha deixado em paz desde que pusera uma corda em seus pescoços. Estavam ambos esqueléticos e suas cabeças não passavam de crânios descarnados em que queimavam olhos febris. A barba crescia, conferindo aos perfis um aspecto ainda mais pavoroso. Já fazia dias que o carrasco não lhes dava de beber nem de comer, e nem sempre Förste conseguia trazer uma cota de pão quando entrava na cela. O canto onde se encontrava o pote de geleia regurgitava imundícies e empesteava o ar, tornando-o irrespirável. Quando, na véspera, Reineboth tinha gritado para reunir os judeus, Höfel tinha estendido o pescoço para olhar para fora.

– Marian?

– Sim?

– Ouviu? Os judeus... são liberados... eles voltam para casa... Nós todos vamos voltar para casa...

Hoje, desde o amanhecer, Höfel estava tomado por uma agitação estranha. No corredor do *bunker* reinava um silêncio pesado. Nenhuma cela havia sido aberta, nem um único barulho daqueles que Mandrill geralmente causava. A hora matinal do despertar passou. Fazia tempo que os dois se seguravam com o rosto virado para a porta. A hora da chamada chegou. Höfel demonstrava mais e mais impaciência. Nada aconteceu. A hora odiosa passou. Höfel ficava mais e mais excitado.

– Há alguma coisa que não faz sentido... – sussurrou, ansioso. De repente, ele se esqueceu de que tinha de se manter parado em pé; titubeou na direção da claraboia, pela qual olhava para fora, com ar concentrado. Kropinski ficou com medo.

– Volte, André. Se Mandrill ver nós no janela, matar nós – murmurou, implorando. Höfel meneou a cabeça.

– Não mata, não! Nós já estamos com a corda no pescoço, mesmo...

Ainda assim, ele voltou mecanicamente ao seu lugar de sempre. Por um longo tempo, ficou à espreita. Engoliu em seco algumas vezes, seu pomo de adão subia e descia, a artéria do pescoço palpitava. Höfel parecia estar pensando intensamente em alguma coisa. De repente, ele foi até a porta da solitária, pôs o ouvido e espiou.

– Irmão – murmurou Kropinski –, você dever voltar!

Consumido pelo medo, Höfel olhou para o polonês.

– Acabou – disse. – Acabou tudo! – Ele encostou na porta, abriu os braços, e antes mesmo que pudesse bater contra ela, Kropinski o pegou e o puxou para trás. Ele desabou nos braços do polonês e se pôs a gemer:

– Nos esqueceram! Nós estamos sozinhos!... Só falta nos enforcarmos!

Kropinski apertou Höfel fraternalmente contra si e tentou acalmá-lo. Mas em vão. Ele se libertou do abraço, puxou a corda para apertar o nó e gritou:

— Vamos nos enforcar! Nos enforcar! — Tomado pelo pânico, Kropinski o abafou, sufocando-o, seu grito se perdeu no fundo da garganta. Höfel se debateu e os dois se enroscaram numa briga. Höfel conseguiu se libertar, e então o grito saiu, alto e claro. O outro tentava impedir que ele mergulhasse nos horrores do pavor, tentava silenciá-lo. Esgoelando-se, estrangulando-se e gritando muito alto, Höfel se agarrou aos braços do polonês; mas já era tarde demais. Alguém abriu a porta abruptamente e Mandrill entrou na cela, seguido de Förste, mudo e pálido. Aterrorizado, Kropinski deixou seu camarada se soltar e ergueu o olhar para o carrasco. Nenhuma palavra. Ele semicerrou os olhos e encarou com desdém Höfel, que ainda berrava, durante um punhado de segundos. E então ele bateu. Um golpe terrível. Com os braços à procura de algo a que pudesse se agarrar, Höfel voou contra um canto e bateu contra o muro, entornando o recipiente de excrementos, cujo conteúdo repugnante espalhou-se sobre ele. Com ar solto, Mandrill observou o efeito produzido por seu golpe e então saiu do lugar. Ele ainda ficou por um momento atrás da porta.

— Se ele apagar entre meus dedos... — rosnou, ameaçador.

— Precisamos limpá-lo — arriscou-se o faxineiro.

— Dar uma de bom samaritano? — retorquiu Mandrill, lançando-lhe um olhar gelado. Ele voltou para seu escritório sem se preocupar com Förste.

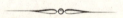

O alarme atrasou o comboio dos prisioneiros judeus. Durante o urro da sirene, Kluttig ordenou à companhia SS e aos cachorros que levassem toda aquela ralé até o outro lado do arame farpado, à oficina abandonada que tinha sido poupada pelo bombardeio de agosto de 1944. No céu desfilavam esquadrilhas impressionantes.

Na rota que levava de Weimar ao campo, o alerta tinha surpreendido uma fila de vários milhares de prisioneiros que, empurrados pelo avanço americano, fugiam de campos anexos do Harz e da Turíngia para Buchenwald. Agredidos pelo mugido das sirenes de Weimar e dos locais ao redor, aquele cortejo de miseráveis subia pelo caminho interiorano. Não havia onde se esconder. Mesmo que bombardeios de alta altitude não fossem de maneira alguma uma ameaça direta, o alerta tornava a escolta SS selvagem. Como vaqueiros que conduzem o gado, os suboficiais cobertos de poeira atacavam a fila, escoltada por sentinelas armadas de carabinas. Atacavam com cassetetes rapidamente improvisados, feitos de galhos de árvores, os homens esgotados, sujos e aos pedaços, forçando-os a caminhar em passo de marcha. Era um gado em pânico, apertando as fileiras, ombro contra ombro, costas contra peito, vulneráveis à saraivada de golpes que se abatia sobre eles. Mas a procissão não conseguia avançar mais rápido.

– Corram! Corram! Vocês vão começar a correr!

Não havia lugar para os pés, não havia mais força naqueles corpos, apenas o ritmo de cabeças raspadas mostrava que as pernas afligidas tentavam forçar as aparências. As esquadrilhas zumbiam, os cassetetes dançavam por cima das cabeças vacilantes. Trapos de pano envolviam os pés nus e ensanguentados. Os sapatos mal ajustados tinham sido perdidos ou abandonados ao longo daquela caminhada sem fim. O grunhido das esquadrilhas e as vociferações dos suboficiais misturavam-se em um dueto ensurdecedor.

– Corram! Corram!

Cegos de raiva, os suboficiais aumentavam o passo, desnorteados.

Tiros disparavam, corpos fuzilados ou feridos rolavam pelo caminho, desobstruídos e empurrados, e então eram abandonados pelas sentinelas nos acostamentos.

– Corram! Corram!

Golpes, estouros, gritos, gemidos, sangue, poeira, pés machucados, cabeças oscilantes... Rastejando, aqueles que estavam quase desabando; pisoteados, aqueles que caíam debaixo desses milhares de passos.

Eram nove quilômetros de Weimar ao campo. Camponeses afastavam-se prudentemente, vendo chegar a coluna. Dois policiais de bicicleta dirigiram-se grosseiramente aos suboficiais.

– Matem essa cambada e os deixem aqui. Se os ianques chegarem, eles nos responsabilizarão.

– Cale essa boca! O problema é nosso! Suma daqui.

Faltavam oito quilômetros até o campo. O caminho começava a subir, eles atingiam o contraforte da montanha.

– Corram! Corram!

– Não aguento mais! Não aguento mais...

– Segure-se, camarada, aguente firme, estamos quase lá...

Depois de uma hora, a floresta. A inclinação se acentuou. Os gemidos de esgotamento tornavam-se mais barulhentos. Os SS, mais selvagens ainda, batiam com toda a força.

Explosões.

Mais uma. E uma segunda. E uma terceira...

Há tempo, não se exigia mais o ritmo de marcha. A coluna tinha se esticado, os pés tinham mais espaço. Com a cabeça baixa, mudos e inexpressivos, os deportados cambaleavam e titubeavam na subida... Um deles deu uma cambalhota, desabou, com as mãos para a frente...

– Corra, maldito!

Morte àquele que demorasse...

Deus Todo-Poderoso, não me deixe cair!

O agonizante recorre às suas últimas forças para se levantar, mas, na mesma hora, é puxado do longo cortejo por uma sentinela, e tenta escapar escalando, um suboficial saca sua pistola, aponta para o coitado:

– Cachorro! Desgraçado!

Um tiro. E um segundo.

Subiam mais e mais, rumo ao alto.

Weimar já ficara para trás havia um bom tempo. Todos já sentiam o cheiro e a presença do campo de Buchenwald. Passaram em frente a placas brancas, escritas com letras negras: "Atenção! Terreno sob comando...", e uma caveira com dois ossos cruzados como advertência.

A fila era precedida de alguns SS de alta patente. Eles diminuíram o passo e em seguida pararam. A coluna foi agitada por sobressaltos.

Havia em frente a eles quatro prisioneiros de boné, munidos de máscaras de gás e de estojos de primeiros-socorros.

– O que é isso?

Sentido, relatório.

– Pelotão sanitário. Ordem do comandante, de patrulhar além do cordão de guarda durante os alertas aéreos.

Os oficiais se entreolharam.

– Já vimos de tudo... Ei! Vocês, bando de vermes, quanto tempo falta ainda para o campo?

– Dez minutos, suboficial.

Com um sinal, a coluna voltou a subir através das trincheiras e dos abrigos no fundo dos quais as sentinelas do triplo cordão de guarda se escondiam. A sirene berrava de novo, e seu longo sopro morreu roncando: fim do alerta. Houve agitação na barreira. As sentinelas saíram dos buracos. Os oficiais SS chegavam.

– Quantas dessas baratas estamos levando? Não temos a mínima ideia. Talvez três mil e quinhentos? Talvez só uns três mil, pelo que sabemos... Quantos morreram no caminho? Faz uma semana que estamos andando. Viemos de Ohrdruf, de Mulhausen, de Berlstedt e de Abderode.

Uma sentinela ligou para Reineboth. Os quatro homens do pelotão sanitário retornaram ao campo e subiram correndo pela rota de acesso, onde foram alcançados pelos outros, e todo o pelotão apresentou-se na torre. Reineboth cruzou com eles de moto, em direção à barreira.

Desde o final do alerta, o campo tinha retornado à vida. Por todo lugar, pencas de prisioneiros saíam dos blocos. O destino tinha, com golpes de cassetete, batido no formigueiro, semeando a agitação. Eles discutiam em grupo. As suposições e inquietações iam de vento em popa.

– Para onde vão nos levar?

– Não sairemos do campo?

– Se nos revoltarmos, vamos todos morrer.

– Parecia que Schwahl tinha mandado vir bombardeiros de Nohra.

– Parem com idiotices, eles precisam deles para o *front*.

– E se eles soltarem bombas de gás?

–Você está maluco? Iria em cheio na cara deles!

Durante esse tempo, os homens de ligação enviados pelo CIC iam de bloco em bloco para dar instruções aos membros dos grupos de Resistência. Elas alimentaram e orientaram as conversas.

– Devemos atrasar a evacuação. A cada dia, os americanos podem aparecer. Eles estão na entrada de Eisenach e de Meiningen. – Reineboth correu novamente pelo campo. Novamente, estavam puxando pela grade um fluxo de homens extenuados. Novamente, Reineboth gritava em seu microfone:

–Todos os decanos e a guarda à torre!

Novamente, sua chamada provocou confusão. O que estava acontecendo? Os decanos de bloco se encaminharam à secretaria, onde se reuniram, enquanto as altas grades vomitavam prisioneiros na área delimitada pelo arame farpado.

Frente à chegada daquela multidão, Kluttig berrou grosseiramente:

–Vão à merda! Eu estou complemente sem paciência!

E Reineboth, a seu turno:

– E eu é que preciso tomar conta disso?! Sou apenas o inspetor-chefe. É seu dever, apesar de tudo...

– Meu dever? Eu sou apenas o número 2. É o Weisangk quem deve tomar conta. Ele deve estar de novo enchendo a cara como um bêbado com o Schwahl. – Kluttig acabava de deixar o jovem elegante se virar sozinho naquela maré humana, zarpando para a cantina dos oficiais.

Alguns caminhões convocados rapidamente pararam em frente à torre. Soldados saíram dele. Reineboth não se deu ao trabalho de mandar os chefes de bloco cercarem a praça; ele deixou a massa entrar, e em seguida interpelou Krämer e seus decanos:

– Enfiem tudo isso dentro dos blocos, rápido!

– Os blocos estão superlotados, inspetor-chefe.

Reineboth esbravejou:

– Isso não me importa! Arrumem a praça de chamada! – Depois, ele se dirigiu à guarda: – Vinte e cinco homens nos caminhões. Vamos! Santo Deus! Recuperem os cadáveres no trajeto. – Ele estava enfurecido.

Os veículos saíram cantando pneus. Krämer tinha que agir rapidamente. Com a ajuda dos decanos e do restante dos membros da guarda, ele acompanhou grupos de prisioneiros às duchas. Os antigos apareceram, misturando-se aos novos.

– De onde vocês vieram? Como estão as coisas lá fora?

Decanos e guardas empurraram os curiosos de volta. Não havia o menor vestígio de disciplina; todos formigavam e saltitavam desnorteados. Houve um engarrafamento em frente às duchas. Krämer tinha de manter a cabeça fria. Precisavam de espaço nos barracões. A urgência da situação não admitia a menor discussão, ele precisava dar ordens. Um dos decanos gritou, no auge do desespero:

– E onde eu os enfio, hein? Eu não posso empurrar as paredes!

– O campo inteiro está cheio até o limite – gritou Krämer de volta. – Não só o seu bloco! Pegue cinquenta e desapareça com eles.

O campinho também deveria acolher o tanto que pudesse. Do mesmo jeito, Krämer mandou encher os lugares vagos que sobravam nos barracões dos judeus. Os blocos, antes meticulosamente ordenados por nacionalidade, transformavam-se em torres de Babel. Tanto fazia! Quem poderia saber quanto tempo ainda ficariam ali? O campo inteiro zumbia, a calma havia sido definitivamente rompida. A tarde tinha se estendido sem que represassem aquele fluxo contínuo. Enquanto isso, os veículos carregados de corpos recuperados ao longo do itinerário da marcha forçada tinham voltado ao campo. Os vinte e cinco homens da guarda voltaram a seu barracão. Os caminhões desapareceram atrás da paliçada do crematório. Os carregadores de corpos poloneses escalaram as plataformas dos veículos e se equilibraram sobre os montes de cadáveres que balançavam. Corpos voavam, primeiro a cabeça, depois os pés. Produziam um som seco. Os seguintes caíam do monte que crescia, terminando em posição sentada, como bêbados jogados para fora do bar. Outros rolavam e ficavam espetados sobre a cabeça, os membros deslocados. Acontecia de vez em quando de um deles rolar junto com o vizinho, em um último abraço. Também havia aqueles que se contorciam bizarramente, provocando riso. Com os olhos esbugalhados e a boca torta, eles voavam... e o monte aumentava.

Reineboth convocou Krämer. O elegante jovem tinha perdido completamente sua desenvoltura. Se ela ainda transparecia no tom de voz, não sobrava nenhum rastro em seu comportamento.

– Deu um jeito naqueles porcos? – perguntou a Krämer, que entrava.

– Afirmativo!

– Bem. Então escute. Até amanhã, você me prepara um comboio de dez mil prisioneiros. Apenas sujeitos capazes de marchar. Entendido?

– Afirmativo!

O inspetor-chefe aproximou-se do decano e disse, com ar malvado:

– Se você me enrolar como fez com os judeus, eu o enforco pessoalmente na grade, entendeu?

– Afirmativo!

– Amanhã de manhã, às oito horas, o comboio estará pronto. Dispensado! – Kluttig, sentado à mesa de Reineboth, barrou o caminho do decano:

– Onde estão os quarenta e seis?

Krämer, a ponto de responder que não sabia de nada, se conteve:

– Está um verdadeiro caos aqui no campo. A guarda procurou, mas não achou nada.

Kluttig pegou o decano pela costura da roupa.

— Você – disse ele com uma voz rangente –, eu guardo para o final. Não pense que vai se safar assim! Você, Höfel e o polaco... É para vocês que vou guardar minhas três últimas balas. – Ele agitou seu braço debaixo do nariz de Krämer. O hamburguês ficou duro como pedra. Ele só pensava em uma coisa: aquilo significava que Höfel e Kropinski ainda estavam vivos...

— E quanto ao seu moleque, ele não vai escapar! Vamos acabar com todos vocês, até o último!

— Eles sabem – interrompeu Reineboth. Ele reenviou Krämer e prosseguiu, uma vez só com o subchefe do campo. – Seu imbecil! Eu me mato dizendo para eles que o polaco e Höfel estão acabados faz tempo, e você...

— Ei! Veja como fala com seu superior!

— Então comporte-se como um, meu caro. Nós devemos voltar o mais rápido possível a ser homens comportados e modestos.

Para ser informado rapidamente sobre todos os eventos, Bochow esperava o retorno de Krämer à secretaria e, vendo-o atravessar a praça de chamada, ele foi até lá. Pela maneira como Krämer jogou violentamente seu boné sobre a mesa, ele percebeu que alguma coisa tinha acontecido:

— O que houve?

O decano soltou um riso nervoso.

— Se você tivesse visto ele apontar o revólver na minha cara...

— Quem?

— Kluttig. – Krämer sentou-se e gargalhou amargamente.

— E esse Reineboth quis muito que eu sumisse na hora, quando aquele imbecil do subchefe de campo não segurou a língua.

— O que quer dizer? – insistiu Bochow.

Krämer levantou o braço, com uma expressão triunfante no rosto; ele queria gritar, se contorcer de rir, mas, de uma vez, engoliu sua alegria.

O sangue voltou a correr em seus músculos tensos, ele deixou cair os braços e se levantou.

– Um segundo, Herbert, um segundo. Primeiro preciso me acalmar por dentro – disse ele calorosamente, esfregando o peito. Então, virou a mesa e pôs as mãos sobre os ombros do camarada. – Nossos dois corajosos no *bunker*... ainda estão vivos. Eu sei. Eu tenho ainda mais certeza agora. Nós podemos tirar os quarenta e seis dos esconderijos, eles já não estão procurando mais.

– Você tem certeza?

– Certeza!

Krämer inspirou profundamente, a ruga acima de seu nariz se acentuou.

– Agora é sério. Até amanhã, eu tenho que preparar um comboio de dez mil homens. Com um pouco de sorte, eu posso atrasar a saída até os ataques aéreos do meio-dia. Aí nós ganhamos algumas horas.

– Faça o que você puder, Walter.

– Onde está o garoto? Onde está, Herbert? – perguntou o decano de chofre.

– Não sei de nada.

– Procure-o! – ordenou gravemente.

– Por quê, hein?

– Por que, você me pergunta? – repetiu Krämer com indignação. Ele se sentou, pôs as mãos juntas e disse em voz baixa: – O menino já nos custou bem caro. Ele precisa estar conosco, como os outros, Höfel e Kropinski, os quarenta e seis, você, eu... Ele tem de nos seguir ou morrer conosco. Mas ele precisa estar conosco! – Ele bateu brutalmente a mão na mesa. – Ele tem de estar por aí! Procure-o! – Bochow calou-se. Ele entendia o amigo, cuja voz produziu um eco em seu coração.

Em tom seco e indignado, o decano quebrou o silêncio.

– Um de vocês o pegou. Alguém do CIC! Quem?

Bochow deu de ombros.

– Procure! Traga-me o menino. Já que estamos tirando nossos companheiros dos buracos de rato, então o moleque também deve... Quem sabe onde ele está?

– Você tem razão, Walter – aquiesceu Bochow, suspirando. – Por que ele não deveria nos seguir? Ou... você tem razão. Vou procurar saber onde ele está enfiado.

O decano levantou-se lentamente, calmo e apaziguado.

<hr />

A ordem de evacuação abateu-se violentamente sobre os blocos. Os decanos os levaram para os barracões, voltando da secretaria em que Krämer os tinha convocado.

– Nós devemos nos preparar para amanhã, camaradas... dez mil homens! Isso quer dizer que esvaziaremos blocos inteiros!

O cerco se fechava ainda mais, os últimos pedaços do caminho eram cada vez mais rígidos, cada vez mais fatais.

A paralisia provocada pelo anúncio transformou-se em uma agitação selvagem e febril.

– Não vamos embora! Se for para morrer, que seja no campo!

Alguns decanos tiveram de dizer palavras cuja amargura tocou seus corações.

– Pensem, camaradas! Se a SS aparecer nos barracões, não será para falar com vocês, como eu estou fazendo. Eu não posso incitar vocês a ficar, porque não posso carregar a responsabilidade da morte de vocês.

Em todo o campo aconteciam reuniões secretas. Os homens de conexão da organização levavam as instruções aos líderes dos grupos de Resistência.

– Uma parte dos membros de cada grupo sai com o comboio: voluntários! Falem com seus homens. Levem armas com vocês, armas que tenham fabricado. No caminho, vocês devem tentar aniquilar os guardas, para libertar o comboio.

Será que aquilo ia funcionar? Deram de ombros.

Bochow e Bogorski tinham transmitido as instruções; não havia mais tempo para reunir o CIC. Os líderes dos grupos foram procurar seus homens um por um para conduzi-los a uma passagem estreita entre os barracões ou a um canto recuado dos dormitórios.

– Você quer ir?

Silêncio, lábios apertados, pensamentos difusos que vagavam para longe, para uma mulher, crianças, uma mãe, uma boa amiga... Sim ou não. Alguns deram uma resposta rápida, porque não tinham nenhuma memória distante para recordar:

– É claro que eu vou.

Os voluntários eram voluntários para morrer.

Na hora de se separarem após essa rápida entrevista, Bochow reteve seu amigo.

– Diga-me a verdade, Leonid. Foi você que escondeu o garoto? Me diga a verdade.

– Por que você estar me perguntando? Eu dizer a verdade, e repetir, eu não esconder o garoto.

– Tem de ser um de nós.

Ele concordou, com um sinal rápido de cabeça.

– Você sabe onde ele está?

– Como saber, já que eu não esconder criança?

Bochow suspirou. Ele não acreditava em uma única palavra.

– Só pode ter sido você, e mais ninguém, a esconder o garoto. Por que você não me diz a verdade?

Bogorski, querendo negar, frente às suspeitas, contentou-se em dar de ombros.

– Se você não acreditar em mim, bem. Impossível fazer a verdade entrar com socos.

E o assunto deu-se por encerrado.

Surpreendentemente, foi divulgado nessa noite um boletim de informações do Exército alemão, o que não acontecia fazia tempo.

À tarde, Schwahl já tinha emitido ordens a respeito, enquanto conversava com Kamloth sobre o comboio.

– O senhor ainda quer evacuar o campo, comandante?

O comandante, com as mãos juntas atrás das costas, deu a volta no escritório sem responder.

– Olhem o *front*, maldição! Com essa infeliz mania de respeitar as ordens, vocês nos mandam todos para o inferno. Estamos apenas perdendo tempo!

– Ainda *temos* tempo! – devolveu o comandante, descontrolado. – Nossas tropas estão em suas posições!

Kamloth foi assaltado por uma risada amarga.

– Por quanto tempo ainda?

A expressão pomposa de Schwahl desapareceu de seu rosto.

– Não me complique a vida! Amanhã, eles vão mandar dez mil homens para Dachau. Basta!

O segundo subchefe deu mais um riso amargo.

– Os de Dachau vão nos acolher com os braços bem abertos! É provável que eles estejam esvaziando o campo e, quem sabe, vindo a Buchenwald? Três voltinhas e já saem. Fuzilem então todos esses mendigos e você ficará tranquilo de uma vez por todas!

Schwahl quase pulou, suas mãos já se agitavam, mas ele as pôs sobre a escrivaninha.

– Apesar disso, você é um homem sensato, Kamloth. Você acredita de verdade poder confiar em suas tropas? Não é mais a boa e velha guarda, ela está agora infestada de covardes.

– Uma ordem e tudo está certo! – gabou-se Kamloth.

O comandante apresentou um rosto radiante.

– É o que você acha? Não tenha tanta certeza. Com minha autorização, Kluttig deu a ordem de procurarem os quarenta e seis. Eles voltaram de mãos vazias.

– Porque não sabem procurar.

– Ou porque não querem... Parece-me que eu conheço melhor as suas tropas do que você. Perdemos a guerra. Ou não? Hein? – O comandante parou diante do segundo subchefe. – Nós estamos no fundo do poço. Ou não estamos? Quem perde se mostra prudente, seja general ou soldado. Ou será que eu não estou sendo claro?

Kamloth recusava-se a encarar a realidade.

– Deixe-nos tomar um pouco de avanço, e meus homens vão atirar no monte, como se estivessem caçando coelhos.

O comandante descartou essa garantia com um gesto de mão.

– Isso é algo completamente diferente! Mas lá, na nossa ratoeira, meu caro...

–Veja no que você está pensando.

Ele retorquiu, imperioso:

– Oh! Mas sim! Eu penso em muitas coisas. Por exemplo... – Ele foi até o telefone e intimou Reineboth a divulgar por todo o campo o boletim de informações militares do dia. – Quem perde – acrescentou – mostra-se prudente. Isso vale para eles, lá dentro. Se ouvirem que estamos segurando os ianques, sua moral vai desabar e eles caminharão amanhã cedo através da porta, como carneirinhos!

Nos barracões os prisioneiros escutavam o boletim com uma grande empolgação. Ele produziu o efeito esperado por Schwahl.

Nos arredores de Eisenach, Meiningen e Gotha, o avanço dos americanos havia estancado. Os prisioneiros trocaram olhares assustados. O que seria deles? O alerta nível 2 continuava válido para os grupos de Resistência. Eles não tinham o direito de sair dos barracões e deveriam estar prontos para qualquer eventualidade. Além das instruções sobre a saída dos voluntários, não tinham transmitido nenhuma outra ordem. Será que os planos esboçados havia meses tinham caído no esquecimento? A situação estava confusa; e mais confusa ainda se tornou com a chegada da noite, quando circularam pelo campo boatos sobre a o pouso de paraquedistas americanos em vários cantos de Erfurt. Mesmo que tivessem pouco fundamento, nesse caso o comboio não teria como sair do campo. Uma gota de esperança em um mar de desânimo. Mas como paraquedistas puderam aterrissar em Erfurt se a linha do *front* ficou presa? Seria possível? Naturalmente, a guerra tornava tudo possível. Se o boletim alemão correspondia à realidade, então havia pouco tempo para evacuar o campo – não era isso que o comboio do dia seguinte provava? Onde residia a verdade? Quem poderia saber? Quem poderia iluminar as trevas?

<hr />

A noite caiu sobre o campo. No porão de carvão das duchas, no porão de batatas da cozinha, prisioneiros procuravam freneticamente os que estavam escondidos. O secretário do bloco do campinho, sob as ordens de Krämer, tirou Pröll de seu poço. Uma vez liberados, eles correram para os barracões, onde Krämer tinha avisado aos decanos para se misturarem à massa. Outros, no entanto, ficaram em seus esconderijos, como Runki, que estava em perfeita segurança nas fundações. Krämer tinha muito a fazer, precisava correr a toda parte até que tudo tivesse acabado. No caminho de volta para seu barracão, ele reencontrou Bochow, que acabara de deixar Riomand, que ele fora ver para confirmar as notícias promissoras relativas aos paraquedistas de Erfurt. O francês, infelizmente, só pôde contar a ele que os SS discutiram no refeitório, e que a informação tinha sido difundida, muito provavelmente, em ondas estrangeiras. Nada conclusivo, então, e não havia nenhuma possibilidade de se obter uma imagem exata da situação militar do momento.

– Não podemos empreender nada – fez Bochow. – Temos de deixar o comboio sair.

– E o menino?

Sem coragem de desapontar o decano, mentiu:

– Eu saberei daqui a pouco onde ele está. Aí vou buscá-lo.

Krämer concordou.

– Bom, Herbert, bom. O garoto precisa estar conosco. Nós devemos isso aos dois que estão no *bunker* e a... Pippig.

Bochow ficou quieto.

Depois de uma noite agitada, ao amanhecer Krämer estava de pé. Nos barracões, os prisioneiros retidos para o comboio se preparavam. Os voluntários dos grupos de Resistência davam adeuses silenciosos aos camaradas; tinham camuflado armas fabricadas com os meios disponíveis. Será que conseguiriam libertar o comboio e juntar-se aos americanos? Quantos SS fariam a escolta? Para onde iriam?

Krämer passou de bloco em bloco.

– Se Reineboth chamar, vocês vão. Provoquem desordem; talvez haja um alerta daqui a pouco e possamos adiar o momento da partida.

Mas tudo aconteceu de outro jeito, que não o previsto, para surpresa geral. Todos os planos para retardar o comboio não deram em nada. Cerca de meia hora mais cedo do que o combinado, algumas companhias SS se posicionaram na torre. Os soldados formaram uma sebe, com carabina na mão e granadas na cintura. Abriram a grade de ferro forjado e ela ficou escancarada. Chefes de bloco corriam sobre a praça de chamada deserta, com suas pistolas e cassetetes prontos para o uso. Eles entraram nos barracões ao acaso e a golpes violentos mandaram os ocupantes sair, como se quisessem levar todo o campo lá para cima. Era uma onda geral de violência: os chefes de bloco berravam, os prisioneiros gritavam e tentavam salvar a pele. Nada mais restava da divisão preparada para o comboio, só pânico, gritaria, um autêntico salve-se quem puder. Os prisioneiros eram arrastados pelas vielas perpendiculares, e em seguida pela rua principal, em direção à praça de chamada e através da grade aberta! Depois, os SS voltavam ao campo e pegavam novas presas, que levavam até o portão.

Assim, o rebanho caçado tinha perdido toda perspicácia e toda consciência. Era apenas um longo arrepio de medo, angústia e instinto de querer fugir da chuva de golpes, passando pela porta, como se o que estava além dali oferecesse uma chance de salvação. Era como um tornado que devastava o campo. O destacamento de SS esticava-se sobre os flancos da imensa fila de prisioneiros e, uma vez saciados da caça, eles fecharam a grade; na cadência dos berros e coronhadas, a massa agitada tomou a rota de acesso. Os SS só conseguiram impor uma ordem aparente depois de atingida a barreira.

A onda não durou uma hora. Aqueles que ficaram nos barracões não conseguiam pensar nem falar, com o cérebro e o coração destruídos. Os prisioneiros desabaram sobre as mesas e bancos, e sobre os colchões do dormitório, cobrindo os olhos com as mãos, para retomar o fôlego.

Uma hora depois, a sirene emitiu seus gritos estridentes de mulher sendo puxada pelos cabelos. Novo alerta!

Já fazia dias que os prisioneiros do armazém de vestuário não trabalhavam mais. Eles estavam se escondendo. Ali, não eram ameaçados pelo comboio. Quando a tempestade se abateu sobre o campo, eles foram tomados pela excitação, como os outros. Só durante o alerta é que puderam se recompor e, de repente, perceberam que Wurach tinha sumido. Será que ele tinha se escondido, aquele maldito? Ou ainda estaria no armazém? Naquela mesma manhã ele estivera por lá.

Eles o procuraram, perguntaram aos prisioneiros do primeiro andar e aos do armazém de vestuário, no térreo.

– O dedo-duro desapareceu. Vocês o viram?

Ninguém era capaz de dar nenhuma informação. Talvez o ovelha negra estivesse do lado de fora na hora do tumulto e tivesse sido levado. Será que ele havia se unido voluntariamente ao comboio, para fugir do acerto de contas que o aguardava? Os prisioneiros voltavam lá para cima. Deveriam avisar Zweiling? Não quiseram. *Não se preocupe com isso, vai explodir na nossa cara.* Talvez o próprio Zweiling tivesse, pessoalmente, feito desaparecer o falso irmão. Eles resolveram continuar o silêncio.

Os grupos de Resistência estavam em ebulição. Eles queriam pegar em armas. Desordem e impaciência ameaçavam a disciplina. Recorrer apenas aos homens de ligação para fazer circular as informações não era suficiente. Na urgência da situação, os camaradas do CIC deviam avançar mais e mais sem cobertura. Eles organizaram apressadamente uma reunião com os líderes.

Quando caiu a noite, mais de uma centena de homens se reuniu em um barracão que ficara vazio após a partida do comboio. Krämer estava entre eles.

Na abertura da sessão por Bochow, os combatentes exigiram resistir pelas armas, para prevenir qualquer nova evacuação. O mais impetuoso era Pribula, apoiado pelos amigos dos grupos poloneses. Mas outros líderes de grupos também exigiam parar com a defesa passiva.

— Preferimos morrer com armas na mão do que ver por mais tempo nossos camaradas serem conduzidos à morte. Hoje dez mil, amanhã talvez trinta mil. — O ambiente estava agitado. — Às armas! A partir de amanhã!

Krämer, mantido um pouco ao lado, não podia mais se conter. Ele gritou no meio do barulho:

— Primeiramente, acabou a confusão! Não estamos em uma passeata, mas em um campo de concentração! Vocês querem levantar um motim contra a SS? — O silêncio recaiu. — Então, vocês querem pegar em armas? A partir de amanhã? — A reclamação do decano provocou vivos protestos. – Deixem-me falar, diabo! Finalmente, sendo decano, sou eu quem terá de fazer a maior parte do trabalho, então também tenho algo a dizer. Quantas armas temos, não faço a mínima ideia. Vocês sabem melhor do que eu. Mas tem uma coisa que sei! Não há o bastante, e elas não são boas o bastante para dar uma surra em seis mil SS. Eu também sei que o comandante não tem a intenção de deixar um campo de cadáveres atrás dele... exceto se nós o forçarmos cometendo atos insensatos!

– Atos insensatos?

– Que tipo de decano você é?

– Ouçam isso! Ele está protegendo o comandante!

Bochow interveio:

– Deixem-no terminar.

Krämer retomou o fôlego.

– Não sei se todos aqui são comunistas. Mas eu sou. Ouçam bem para entender direito o que tenho a dizer. – Ele fez uma breve pausa. – Aqui, no campo, nós escondemos o menino. Vocês devem estar sabendo. Por causa desse menino, passamos por algumas histórias. Por causa dele, dois dos nossos apodrecem em uma prisão do *bunker*. Por causa dele, nosso bom Pippig foi espancado até a morte. Por causa dele, vários camaradas quase se deram mal. Vocês todos, reunidos aqui, correm grande perigo, por causa dele. Alguns dias, o destino estava por um fio. Que besteira, esconder esse moleque! Se, ao encontrá-lo, tivéssemos nos livrado dele, Pippig ainda estaria entre nós, e Höfel e Kropinski não estariam trancados esperando por uma morte certa! E não teria havido perigos tão grandes sobre suas próprias cabeças e as do campo inteiro. Para dizer a verdade, se tivéssemos dado cabo do garoto, tudo estaria melhor, não?

Ele fez uma greve pausa.

Toda a sala ouvia com atenção.

– *Você*, você teria vendido a criança aos SS? – perguntou ele de chofre a Pribula.

O jovem polonês não respondeu. Krämer entreviu um brilho sombrio em suas pupilas.

– Está vendo como é duro decidir entre a vida e a morte? Você acha que eu gosto de enviar carregamentos de transporte para a morte?

Ele virou-se para a assembleia.

– O que devo fazer? Ir ver Kluttig e dizer que não aceito suas ordens, que ele abra fogo contra mim aqui mesmo? Seria astucioso da minha parte, hein? Sem dúvida, vocês construiriam um monumento em minha memória... Mas eu peço perdão por renunciar a essa honra e enviar homens à morte para... salvar outros. Claro, para que Schwahl não saia atirando a esmo.

Krämer olhou para os rostos virados para ele.

– Entendem? Não é assim tão fácil. Não mesmo. Nada do que fazemos se reduz a uma *mera* decisão! Não decidimos de forma assim tão *simples* entre a vida e a morte. Se fosse o caso, aí eu diria: bem, peguem as armas, atiremos! Mas me digam: nós deixamos Pippig ser morto para salvar o garoto? Digam-me: deveríamos ter matado o garoto para salvar Pippig? Vamos! Digam-me! Quem tem uma boa resposta? Krämer estava comovido. Ele ainda tinha um monte de coisas a dizer. Mas seus pensamentos se embaralhavam, ele tentava fazer um esboço com as mãos, sem encontrar as palavras, e desistiu, em face da dificuldade.

Os homens ficaram quietos. Voltaram à razão. A reunião terminou mais calmamente do que tinha começado.

Em concentração com os líderes do grupo, os camaradas do CIC puderam elaborar a tática dos dias seguintes. Decidiram que seria prematuro recorrer às armas. Os homens se convenceram de que o impasse no *front* só podia ser temporário, e que os dias dos fascistas nos campos estavam contados. Decidiram continuar as manobras prudentes e a Resistência passiva, apesar de todo o amargor que havia em enviar milhares de homens à morte.

Brendel, da guarda, fez sua aparição. Ele falou em voz baixa com Bochow. Seu rosto traía um interesse vivaz.

– Camaradas – gritou –, há novamente movimentos no *front*, as coisas estão acontecendo! Ficamos sabendo agora! No leste de Mulhausen há combates violentos! Langensalza e Eisenach caíram!

– Silêncio! Não grite tanto! Você ficou louco? – esbravejou Krämer entre os prisioneiros que tinham pulado dos bancos.

❦

Na manhã seguinte, Krämer recebeu novas instruções. Em algumas horas, dez mil homens suplementares tinham de partir, seguidos de mais dez mil. Os oitocentos prisioneiros de guerra soviéticos também precisavam pegar a estrada.

Nas casernas urrava-se, vociferavam-se ordens. A escolta dos comboios foi preparada. A queda de Eisenach transformava a pressa da partida em debandada geral. Milhares de prisioneiros estavam preparados para a marcha fazia dias. O campo formigava. Enquanto Krämer preparava o primeiro comboio, assistido por decanos e pela guarda, quando longas colunas SS saíram das casernas para o campo, o CIC se encontrava reunido no bloco 17.

A evacuação dos prisioneiros de guerra significava a perda de fortes grupos de Resistência. Ficou decidido que deveriam partir mesmo assim. Afinal, tinham certeza de que a investida americana progredia de hora em hora, e os prisioneiros de guerra precisavam, onde estivessem e quando suspeitassem da presença de uma vanguarda aliada, derrotar a escolta e juntar-se aos ianques. Os grupos puderam ser equipados com armas fabricadas manualmente dentro do campo, além de algumas pistolas. Bochow recebeu a missão de tirar as armas dos esconderijos. Era uma questão de vida ou morte. Bogorski estava firmemente convencido a arriscar o tudo ou nada. Os camaradas do CIC se separaram tão rapidamente quanto se reuniram.

❦

Franceses, poloneses, soviéticos, alemães, holandeses, tchecos, austríacos, iugoslavos, romenos, búlgaros, húngaros e indivíduos de várias outras nacionalidades deviam fornecer homens. Zumbiam, agitavam-se, sussurravam e gritavam em todas as línguas dentro dos diferentes barracões onde amontoavam-se os prisioneiros.

Bem no meio desses preparativos febris berrou de repente a sirene: alerta aéreo! Todos voltaram aos blocos com júbilo. Os SS retornaram às casernas. Os dezesseis homens do pelotão sanitário corriam pela praça de chamada, e Reineboth berrou para eles pela grade fechada:

– Sumam!

Eles hesitaram por um instante, deram meia-volta e tornaram a descer a praça correndo. Os prisioneiros nas janelas dos barracões mais próximas gritaram:

– Nem deixam mais o pelotão sair!

Köhn os mandou voltar à enfermaria, bifurcou no caminho para ir à secretaria, fez voar a porta do escritório de Krämer e gritou de alegria:

– Pega! Pega! A temporada de caça está aberta! – Ele fechou a porta e correu para se juntar aos homens.

Em pouco tempo, tudo o que estava por perto do arame farpado tinha desaparecido, como se tivesse sido varrido por um furacão. Escutavam-se ao longe os barulhos ensurdecedores dos bombardeios. As divisórias das casernas vibravam, os prisioneiros estavam ali encurralados, alguns de pé, outros sentados, como passeadores surpresos pela tempestade tendo achado refúgio debaixo de um teto. Os prisioneiros que comporiam o próximo comboio, com o cobertor enrolado ao redor do tronco, uma caneca, uma tigela presa com um barbante ao redor da cintura, uma bolsinha e um pedaço de papelão debaixo do braço, espiavam o inacreditável. Os americanos estariam ainda mais perto do que eles achavam e torciam? De onde vinham essas explosões, esses estrondos? De Erfurt, ou mesmo de Weimar?

Nos *bunkers* em frente ao campo estavam juntos Schwahl, Kluttig, Weisangk, Reineboth, Kamloth e os oficiais da tropa. As trincheiras e os fossos estavam lotados de SS que curvavam a espinha debaixo do trovão, esmagados pela mão de ferro de uma potência superior.

O silêncio e os temores duraram uma hora e depois mais uma. Quando finalmente a sirene anunciou o fim do alerta, eles saíram das entranhas da terra como animais sendo caçados, correndo em todos os sentidos. Silvos estridentes, ordens sendo berradas. As filas voltaram a se formar. Schwahl e seu grupo retornaram aos escritórios. Reineboth correu, em seu escritório, e ouviu-se sua voz nos alto-falantes:

— Decano, caminhando imediatamente! Caminhando, imediatamente! Durante o alerta, milhares de prisioneiros tinham prometido não partir. Mas sob ameaça, atravessaram a grade com milhares de outros. Não foram contados, a retirada estava bem encaminhada. Krämer, junto com a guarda, entre os barracões, mandava partir aqueles que queriam.

— Vão! Talvez vocês tenham sorte!

Nenhum chefe de bloco desceu ao campo, ocupados na praça de chamada, empurrando os prisioneiros pela grade que se fechou atrás do último grupo.

Alguns decanos de bloco, seguindo seus homens, tinham se juntado ao comboio por vontade própria. Krämer convocou os outros, assim que a tempestade terminou, em um dos barracões desertos.

— Dez mil homens devem partir ainda hoje — anunciou, e via-se em seu rosto, como no dos decanos, a marca de um profundo esgotamento e os estigmas da angústia moral.

— Devemos aceitar? Não vamos conseguir intervir em nada? Quem sabe onde estão os americanos?

— Quem pode saber? — disse Krämer, exausto. — Ouçam-me, eu *não* vou preparar esse comboio, vocês devem saber. O alerta nos fez ganhar horas preciosas. Talvez haja mais um até esta noite, e eles não possam mais evacuar. Mas talvez façam uma caçada como a de ontem. Enquanto estivermos sob o controle dos SS, minhas malditas funções de decano me condenam a executar ordens. Eu vou dar a vocês as instruções relativas a esse segundo comboio, mas eu não vou organizá-lo, mesmo que haja um risco real. Vocês estão entendendo?

Krämer não esperou pela resposta, que pôde ler nos rostos.

– Aguentar, não ceder em nada! Digam isso a seus camaradas.

Voltando aos barracões, os decanos foram interpelados por prisioneiros agitados. Rumores persistentes haviam perturbado todos eles, roubando-lhes a calma. Dizia-se que tropas teriam sido enviadas de paraquedas a Buttstädt, e vanguardas estariam marchando sobre Erfurt. "Vocês têm informações mais precisas? Vocês sabem de alguma coisa? É verdade que um comboio deve sair ainda hoje?"

Perguntas, esperanças, dúvidas...

A disciplina de ferro que, durante anos, tinha mantido os homens debaixo do seu jugo, tinha sido aniquilada ao longo dos últimos dias. Ninguém mais se importava com as ordens e proibições. Os fascistas tinham perdido a autoridade; para os prisioneiros, só se mantinham os perigos ligados à evacuação e a um potencial extermínio de última hora. Acompanhado de Krämer, Bochow entrou no barracão dos prisioneiros de guerra soviéticos. Bogorski, assim como alguns líderes dos grupos de Resistência, foram com camaradas alemães até as latrinas do bloco. Bochow tinha trazido cinco das pistolas, que desapareceram rapidamente debaixo de camadas de roupas dos soldados.

Bogorski tinha esboçado um plano simples. Os grupos de Resistência soviéticos deveriam marchar ao lado da fila, para proteger os flancos. Bogorski e alguns de seus homens fechariam a marcha. Ele contava com uma escolta de duzentos SS. Quatro prisioneiros para cada SS. O objetivo era promover um ataque-relâmpago para tornar os SS inofensivos e então desarmá-los. Essa era a missão dos homens dos flancos. Os demais prisioneiros de guerra se juntariam imediatamente ao combate. Se o plano funcionasse, a coluna deveria procurar cobertura na floresta fechada da Turíngia, de onde entraria em contato com os americanos mais próximos. Se o plano falhasse...

– Então – observou o russo –, nós teremos cumprido o nosso dever.

Ele enviou líderes para distribuir as armas. Ficou sozinho com os camaradas alemães, era a hora da despedida.

Eles não trocaram uma palavra. Bogorski estendeu a mão a Krämer.

– Camarada... – disse de um jeito simples, como já tinha feito um dia. Em seguida, abraçaram-se sem palavras. Bochow sentiu um calor no peito quando o russo pôs silenciosamente a mão sobre seus ombros. Apesar das lágrimas nos olhos, eles trocaram um olhar caloroso, cheio de amor fraternal que tinham sempre sentido um pelo outro, e um sorriso.

Quando finalmente conseguiram lidar com a emoção que os perturbava, os dois trocaram algumas palavras cheias de alegria e dor.

– Eu ainda ter que lhe entregar uma coisa. Um menino.

– Ele está com você? – perguntou Krämer, surpreso.

Bogorski negou.

– Então foi você que o pegou – disse Bochow. – E você mentiu para mim...

– Eu sempre dizer verdade, e dizer de novo agora uma última vez: *eu* não pegar criança.

Ele saiu apressadamente e voltou com um jovem soldado.

– Ele – disse, apontando para o outro.

O rapaz exibia um sorriso radiante. Anteriormente trabalhando para o *Kommando* e encarregado da pocilga dos SS, atrás da enfermaria, o jovem soldado tinha "afanado" o menino de Zidkowski, que dormia, para escondê-lo em uma construção onde havia uma porca. O garoto ainda estava lá. Nenhum prisioneiro do *Kommando* sabia disso.

<hr />

Pouco tempo depois, Krämer foi até lá. Eles tinham combinado com Bochow de esconder a criança no seu bloco, o 38.

O *Kommando* da pocilga tinha sido fortemente esvaziado pela evacuação, e só sobravam alguns prisioneiros no barracão sumariamente edificado no qual Krämer entrou. Ele foi direto ao alvo. Foi com surpresa sincera que eles ficaram sabendo que o garoto estava entre eles. O decano não os deixou entregues ao espanto por muito tempo.

– Venha comigo – disse ele ao polonês. Os dois foram ao curral.

Ele parou em frente à pocilga descrita pelo jovem valente:

– É aqui.

O polonês entrou na cabana, perturbando a porca, que se pôs a grunhir. No fundo, atrás de um monte de palha, ele achou o garoto. Krämer o embrulhou com um cobertor que tinha trazido.

Os ocupantes do bloco 38, avisados por Bochow, esperavam impacientemente a chegada da criança. Eles seguiram Krämer até a grande sala. Bochow tomou dele o fardo e o pôs sobre uma mesa. Ele tirou delicadamente o cobertor.

O menino, encolhido e com o corpo todo tremendo, estava ali na frente deles, imundo e asqueroso. Eles o olhavam com uma expressão transtornada no rosto. A criança não tinha ar de esfomeada, pois o jovem soldado lhe dava comida, mas ela fedia, toda suja pelos próprios excrementos. Krämer levantou-se, ofegante.

– Cuidem dele para que volte a ser humano...

Alguns prisioneiros puseram a mão na massa. Eles arrancaram do garoto seus trapos fétidos. Lavaram-no na pia. Um polonês ficou ali, ao lado. Ele o tranquilizava com palavras calorosas em sua língua materna, ao mesmo tempo em que esfregava com força aquele pequeno corpo que tiritava, com a ajuda de um pedaço de pano. Em seguida, eles o levaram ao dormitório e o puseram em uma cama quente. Em um profundo recolhimento, os prisioneiros formaram um círculo ao redor de sua cama. Bochow meneou a cabeça, sonhador.

– Ele nos fez passar por momentos deveras sombrios. Kluttig e Reineboth não pararam de procurá-lo. Ele passou de mão em mão como um pacote. Agora está aqui entre nós, e conosco ele ficará até o final.

Alguns, talvez, não tivessem compreendido as palavras de Bochow. Havia vários recém-chegados entre os ocupantes do bloco: franceses, poloneses, tchecos, holandeses, belgas, judeus, ucranianos – uma multidão de todos os matizes. Bochow ergueu o olhar e sorriu para o grupo, todos os rostos lhe devolveram o sorriso.

Um segundo sinal de alerta mergulhou o campo no silêncio. Horas inteiras ao longo das quais não se ouvia nada. Nem explosões ao longe, nem roncos nos céus. Os alto-falantes dos blocos ficaram mudos. A praça de chamada, antes tão tumultuada, estava imóvel e paralisada. Até as sentinelas empoleiradas em suas torres de vigia não se mexiam. O campo inteiro era esmagado por uma morte inerte, como um canto de natureza abandonado. Onde então estava a guerra nesse silêncio?

Isso durou até as últimas horas do dia. Quando finalmente a sirene pôs-se a urrar em tons agudos, anunciando o fim do alerta, a vida voltou à superfície penosamente.

Krämer, que ficara na secretaria durante todo o alerta, olhava inquieto pela janela. Lá no alto, na torre, tudo ficou calmo, perigosamente calmo. Ainda era preciso organizar a partida de dez mil. Krämer esperava o alerta a qualquer momento. E então, uma nova caça teria início, pois ele não tinha feito nada para organizar o comboio. Mas nada aconteceu.

Para apaziguar sua inquietude, ele pensou: *Graças ao alerta, nós ganhamos um dia de trégua. Eles não podem mais evacuar.*

Mas houve uma movimentação lá em cima. Os prisioneiros da secretaria correram para as janelas. Uma coluna SS, vindo das casernas, caminhava junto à cerca em direção à torre.

– O que está acontecendo?

Eles ouviram a voz de Reineboth:

– Decano! Reunião dos prisioneiros de guerra.

Krämer levantou os olhos para o alto-falante. Esse chamado, ele o tinha pressentido. Com o passo pesado, ele foi ao escritório e enfiou-se no casaco.

O anúncio devolvera vida ao campo. Em todos os blocos, detentos corriam, e quando Krämer chegou, havia uma multidão na frente dos prisioneiros de guerra. Bochow, Kodiczek, Pribula e Van Dalen abriam caminho entre eles. Os homens estavam lado a lado, serenos e silenciosos, até quando a multidão se agitou ao ver Krämer sair do bloco com os primeiros prisioneiros. Bogorski foi o último. Ele já não vestia mais os trapos de condenado, mas, como seus camaradas, o uniforme de guerra gasto do Exército Vermelho.

Os prisioneiros formaram fileiras de dez.

Como era Krämer que devia dar o sinal de partida, ele saiu encabeçando a coluna. Bogorski os deixou passarem à sua frente, examinando a divisão secreta dos membros dos grupos. Em seguida, virou-se para a massa de prisioneiros.

– Adeus, camaradas – disse em alemão. Os prisioneiros fizeram um sinal com as mãos. O russo saudou os camaradas do CIC com um último olhar.

Os oitocentos prisioneiros de guerra subiram a praça de chamada em formação totalmente militar, com o passo característico, mas um pouco vacilante. Os outros os seguiam com os olhos desde as vielas entre os blocos. Abriram-se os batentes da grade de ferro forjado. A coluna teve de marcar uma parada, continuando a marchar sem sair do lugar, e em seguida se deslocou para fora. A grade se fechou atrás do último homem.

Krämer pôs o chapéu e voltou ao campo atravessando a praça de chamada, que ficou deserta.

Não lhe pediram para organizar o segundo comboio e o dia esticou-se molemente, sem grandes acontecimentos.

Nos dias seguintes, os planos da SS para a evacuação foram cada vez mais contrariados. Já não havia como esvaziar completamente o campo. Frequentemente, os rugidos da sirene, mais e mais próximos, impediam por algumas horas a evacuação dos comboios preparados. Às vezes não havia sequer preparação. Ao longo dos momentos de trégua entre dois alertas, os prisioneiros eram puxados dos blocos ao acaso pelos SS, empurrados até a praça de chamada e, quando já havia o suficiente, eram empurrados através das grades largas. Apesar das manobras cuidadosas, apesar dos frequentes alertas aéreos que retardavam a evacuação, foi possível deportar dez mil prisioneiros ao longo dos últimos dias. Dos cinquenta mil homens que havia no campo, só sobravam vinte e um mil. Não havia mais qualquer ordem ou controle. A confusão antes da queda do campo aumentava dia após dia. Os prisioneiros que sobravam se opunham cada vez mais veementemente à evacuação. As notícias do *front*, impossíveis de serem verificadas, os mergulhavam em um estado de empolgação cada vez mais frenético. Dizia-se que os americanos tinham atingido Kahla, no sudeste de Weimar; dizia-se ainda que vanguardas blindadas se encontravam a leste de Erfurt. Outros comentavam que os Aliados já estavam em Buttstädt. Entre o fluxo de informações aleatórias e notícias escabrosas, um boato afirmava que a evacuação seria interrompida e que o comandante pretendia entregar o campo aos americanos.

Uma bela manhã, antes que a sirene tocasse, dois caças americanos sobrevoaram o campo. Os prisioneiros saíram dos barracões gritando:

– Eles estão aqui! Eles estão aqui!

Mas os aviões, depois de desenharem alguns círculos ao redor do local, desapareceram novamente.

Às vezes, reinava um silêncio de morte durante o alerta; outras vezes, assim que a sirene se calava, as barreiras finas dos barracões vacilavam, devido aos combates que eclodiam, como se os bombardeios e os tiros de artilharia acontecessem bem ao lado. Os prisioneiros esperavam ansiosamente pela libertação. A guerra assoprava sobre o campo e o fazia vibrar. Os dias se seguiam. As massas de prisioneiros que iam e vinham pareciam um corpo gigante que, sangrando por centenas de feridas, debatia-se contra as garras assassinas de um predador. No meio desse combate desesperado estavam Krämer, os decanos de bloco e a guarda do campo.

Tirando proveito do tumulto causado por um dos comboios, Bochow, Pribula e alguns membros dos grupos de Resistência poloneses se esconderam na sala de operação de enfermaria. Anteriormente, quando o comandante, sob a pressão de Kluttig, ordenara que procurassem o rádio transmissor clandestino – que realmente existia! – eles foram obrigados a destruí-lo. Agora, alguns prisioneiros poloneses tinham consertado o aparelho com peças que haviam cuidadosamente conservado. Na sala de operação encontrava-se ainda a antena emissora, astuciosamente camuflada debaixo do para-raios.

Enquanto o furor da evacuação se desencadeava no campo, aquele punhado de homens corajosos lançou um apelo de ajuda daquele aparelho improvisado.

– SOS! SOS! Aqui é do campo de concentração de Buchenwald! Aqui é do campo de concentração de Buchenwald! Pedimos ajuda e assistência urgentes! SOS! Aqui é do campo de concentração de Buchenwald! – Teriam seus apelos sido ouvidos?

Ao longo daquela mesma noite, os camaradas do CIC convocaram novamente os líderes dos grupos de Resistência em um dos barracões desertos. Em virtude da saída dos grupos soviéticos, era preciso rever os planos iniciais. Os grupos dos alemães, franceses, tchecos e holandeses, designados para tomar os prédios do *Kommando*, deveriam igualmente assumir a missão dos grupos soviéticos obrigados a tomar as casernas SS.

Faltavam informações confiáveis e fiéis sobre o avanço do *front*, mas havia no ar o sentimento de que os dias e as horas do campo estavam contados, de que o recuo dos fascistas aconteceria em pouco tempo. O *front* estava perto, muito perto! Quanto a isso não havia nenhuma dúvida. A evacuação às pressas, o nervosismo e o mau humor dos SS encurralados contra a parede, os vários boatos, os alertas cada vez mais frequentes, as aparições próximas de aviões por cima do campo e, além disso, o barulho dos combates cada vez mais perceptíveis, tudo isso formava um quadro a partir do qual se podia entender claramente o estado geral da situação. Chegara a hora da decisão final.

Bochow tomou a palavra. Seu olhar pesou sobre Pribula, a quem dirigiu-se sem a menor delicadeza:

—Você nos complicou várias vezes a vida com sua eterna impaciência. No entanto, você soube respeitar a disciplina. Eu lhe agradeço, companheiro e camarada.

Bochow tomou lugar no meio da assembleia e sentou-se sobre uma mesa, para poder ser ouvido por todos.

— Levante armado — disse secamente. — Há duas possibilidades. Ou a fuga dos fascistas será tão apressada que eles nem pensarão em liquidar o campo, e nesse caso, não haverá nenhuma necessidade de lutar. Ou então eles tentarão nos exterminar no último minuto, e nós *teremos* que lutar! Seja como for, o *front* está próximo o bastante para arriscar um levante sob sua proteção. Entendido?

Ninguém respondeu, alguns aprovaram, todos se aproximaram dele. Ele continuou falando baixo:

— Os fascistas estão por conta própria. Nem a infantaria nem as tropas aéreas vão ajudá-los. Nós não temos como saber o porquê de Schwahl não ter ainda liquidado o campo. Isso não significa que ele não o fará no último minuto. Talvez amanhã. Nós devemos estar preparados.

Os homens prestaram atenção.

— Amanhã camaradas, nosso estado de alerta nível 2 pode passar a qualquer momento para um estado de alerta nível 3. Isso quer dizer que todos os grupos deverão estar em seus postos e as armas serão distribuídas. Além das armas brancas e dos bastões, temos noventa carabinas, duzentas cargas de explosivo, dezesseis granadas, quinze pistolas e revólveres, além de uma metralhadora de calibre leve. É pouco.

Bochow olhava para os rostos mudos.

– Dois elementos nos ajudarão a trazer a vitória: a proximidade do *front* e o pânico dos fascistas. De qualquer jeito, o recuo será feito às pressas, mesmo que eles saiam mais cedo. Entendido?

Bochow apoiou a cabeça sobre as mãos.

– Nós não sabemos como isso vai acontecer. Talvez eles se limitem a atirar das torres de vigia. Talvez eles desçam ao campo e varram os barracões com um lança-chamas...

– Talvez nem nos incomodem, esses desgraçados! – esbravejou o líder de um grupo de Resistência alemão.

A intervenção sarcástica interrompeu os pensamentos de Bochow. Ele deixou as mãos caírem.

– O que importa é o modo como tentarão nos exterminar. Nosso combate deve ser ofensivo. No perímetro interno do arame farpado, estamos à mercê deles. Nossa salvação só pode vir de uma investida rápida.

– E se ainda houver o triplo cordão da guarda? – lançou um deles.

Bochow sacudiu a cabeça. Pribula respondeu em seu lugar.

– Fascistas em fuga! Tudo dever ser muito depressa. Atirar e sumir. O que eles fazer com cordão de guarda?

– Isso – confirmou Bochow. – Eles atiram e caem fora ao mesmo tempo. Não haverá mais sentinelas.

Todos concordaram.

– Nós devemos sair rapidamente do campo. Os grupos poloneses e iugoslavos precisarão criar uma brecha. Os líderes dos grupos concordaram. Eles sabiam o que tinham de fazer.

De repente, o vigia lá fora lançou um aviso pela janela. Eles apagaram a luz na mesma hora.

– O que é?

– Um caminhão está passando pela porta.

– Em nossa direção?

Ele parou.

– Luz! – gritou Bochow. A luz cintilou de novo.

– Aos dormitórios, rápido! Para as camas!

Eles foram se esquivando de mesas e bancos, tiraram a roupa, escalaram os beliches, puxaram as cobertas.

– Mais um carro que está chegando. Viraram à esquerda.

A luz se apagou de novo. Bochow ficou com o vigia.

Os veículos iam em direção ao crematório. O suboficial do crematório abria o acesso por trás. Os veículos entraram. Schwahl, acompanhado pelo seu grupo, foi às salas dos fornos.

– Os três fornos estão acesos corretamente? – perguntou o comandante, querendo se certificar.

– De acordo com as regras – respondeu o suboficial.

– Então vamos.

Os SS descarregaram o caminhão. Eles transportaram pilhas de dossiês para a sala e as jogaram dentro dos fornos.

– Eles estão queimando coisas – murmurou o vigia.

Bochow olhou para fora. A chaminé negra do crematório cuspia feixes de faíscas no céu. Incontáveis pedaços de papel pretos flutuavam e dançavam na luz vermelha. Os SS traziam mais e mais documentos. Schwahl, rodeado pelos outros, observava a cremação em silêncio. Ele sugava nervosamente seu cigarro. Quando se abriam as portas pesadas dos fornos, uma luz macabra brilhava sobre os homens. O suboficial revirava as brasas com a pá. Schwahl resmungou uma única vez. Ele olhou para Wittig.

– Minha ideia foi inteligente, não é?

O comandado aprovou.

— Agora, ninguém mais pode provar nada — rosnou Weisangk, satisfeito.

Bochow ficou quase duas horas à janela. Por fim, viu os veículos voltarem à torre, as grades de ferro forjado se abrirem e em seguida se fecharem.

Os feixes de faíscas por cima da chaminé tinham diminuído; de vez em quando, em um último sopro, ela cuspia uma chama.

— O que será que eles queimaram?

Bochow deu de ombros.

— Não eram corpos...

<hr />

O dia começou sob uma atmosfera pesada. Os prisioneiros encarregados de servir a SS já não eram mais autorizados a sair do campo, então voltaram a seu bloco 3. As informações que eles tinham trazido para o campo na véspera se espalharam como poeira ao vento e provocaram uma grande agitação. Erfurt devia ter caído e os americanos estavam apenas a doze quilômetros de Weimar. A qualquer hora, a situação poderia mudar. Nenhum prisioneiro ousava mais acreditar que os fascistas, se precisassem bater em retirada, não atacariam o campo. E cada um deles achava que qualquer nova evacuação era impossível. Os americanos estavam perto demais, mas não o bastante para evitar um massacre em massa no campo. A incerteza tinha contaminado a zona do arame farpado; cada hora que passava fazia recuar ainda mais a ameaça.

Bochow achou que era a hora de ir tirar Runki de seu esconderijo. Por que ficar mais tempo naquele buraco, quando a qualquer instante uma decisão poderia ser tomada, decisão sobre suas vidas ou mortes? Sob os apelos dos camaradas, Runki, barbudo e mais magro, escapou de onde estava. Sobre a mesa do decano de bloco sentaram o menino, vestido com os andrajos dos prisioneiros, ajustados e ajeitados às pressas. Eles passaram o pequeno ser a Runki:

– Nosso mais jovem camarada!

<hr/>

As tropas especiais da guarda do campo tiraram dos esconderijos ferramentas, pés de cabra e pinças para a cerca elétrica do campo. Outros destacamentos da guarda foram ao terreno baldio no lado norte. Eles examinaram os dispositivos preparados semanas atrás para o levante. Em várias ondulações naturais do terreno, entre os arvoredos e os tocos, havia pranchas, esquadrias, algumas portas velhas descartadas, madeira de carpintaria e toda uma bagunça. Ninguém se preocupava, ninguém sabia qual era o destino secreto daquele lixo que estava espalhado pelo chão como que por acaso: futuras passarelas para os cavaleiros da zona neutra...

Nos barracões, os grupos de Resistência estavam prontos. De repente, roncos de motor levaram o fluxo de prisioneiros para fora dos blocos. Eram milhares escrutinando o céu. Lá estavam eles de novo, os bombardeiros americanos. Dois, três, quatro... Sobrevoaram em círculos o campo e foram para o lado oeste, em direção de Weimar. De novo, nenhum alerta. Mais tarde, ouviram-se explosões ao longe. Bombas caindo sobre Weimar? Os ruídos de tiros se intensificaram, clamores ensurdecedores e selvagens.

Krämer, Bochow e alguns líderes de grupos de Resistência se encontravam no escritório do decano. Eles vigiavam o tumulto da guerra, com todos os sentidos em alerta, tensos. Os sons estavam tão perto assim? O silêncio de morte ao redor do campo era inquietante e insuportável. Eles olhavam para a praça de chamada deserta. No alto das torres, as sentinelas, em silêncio, empertigadas. Sobre a torre de vigia principal, mais além, distinguiam-se os morteiros antitanque. Os canhões das metralhadoras em cima das outras torres de vigia estavam preparados, esticando o focinho por cima dos parapeitos. Tudo estava imóvel, congelado, carregado...

Bochow estava pálido. Ele não aguentava mais. Foi bruscamente até a janela e ficou dando voltas. Um líder de grupo alemão perdeu o controle, bateu o punho contra a lateral da janela.

– Merda! Alguma coisa precisa acontecer!

Krämer resmungou.

Bochow não se mexia mais, apenas observava, apreensivo. Ouviam-se claramente as detonações. Perto, perto, bom Deus, tão perto...

Quando soaram as dez horas da manhã, a voz de Reineboth rasgou o silêncio.

– Decano do campo e decanos de bloco, reunião na torre!

Os prisioneiros agitaram-se freneticamente, berraram, gritaram! Os decanos que ficaram reuniram-se na frente da secretaria, com os rostos transfigurados pela ansiedade. Krämer saiu de seu escritório.

– Vamos...

Eles esperaram por um momento perto da torre. Os prisioneiros olhavam para eles. O chefe de bloco da guarda abriu a porta para deixar passar o inspetor-chefe. Só ele. Ninguém mais. Um sorriso particularmente crispado no canto dos lábios.

Krämer foi em sua direção para apresentar-lhe o seu relatório. O SS tomou seu tempo. Ele enfiou minuciosamente as mãos nas luvas de couro de porco e ajustou-as nos dedos. Aguçou o ouvido, com interesse, em direção ao trovão de explosões. Olhou as colunas fixas de decanos, e disse, finalmente:

– Senhores – ele arvorou um sorriso cínico. – Senhores, devemos partir. Até o meio-dia, o campo deve estar vazio.

Ele roçou em um botão da veste de Krämer.

– Até o meio-dia! Vocês me entenderam, general? O campo inteiro reunido ao meio-dia em ponto. Ordem de marcha, senão...

O inspetor-chefe girou o botão com um estalido e saiu.

Voltando para o campo junto com os decanos, Krämer revisou as diferentes possibilidades. O *front* estava lá! Algumas horas para pensar e teriam a vida salva! No entanto, o estalido de Reineboth indicava que havia algum perigo. Um perigo bem maior do que os outros... Era preciso escolher entre esse risco e a esperança contida naquelas explosões ensurdecedoras, tão próximas.

Na frente da secretaria, os prisioneiros rodearam os decanos. Não foi preciso muito tempo para a notícia se propagar por todo o campo.

– Ao meio-dia, o campo inteiro será evacuado! Todos gritaram bem alto:

– Não vamos! Não vamos! Não vamos!

Bochow permaneceu com Krämer.

– E agora? E agora? Alerta nível 3?

Bochow tirou o boné e coçou a cabeça. A decisão era difícil, muito difícil...

Alerta nível 3? Ainda não. Não, ainda não! Esperar.

<hr />

O sol estava em seu zênite. O céu azul estava cheio de ar fresco e a luz primaveril embelezava a paisagem, tanto ali quanto ao longe.

O campo estava vazio como a morte. Com passos aveludados, o silêncio tomou os barracões. Dentro deles, os prisioneiros mudos e imóveis.

Muitos estavam prontos para partir. Nas latrinas, grupos de prisioneiros; um cigarro passava de mão em mão.

No bloco 17 estavam reunidos os líderes dos grupos de Resistência, enquanto os camaradas do CIC estavam com Krämer. Os membros dos grupos ficaram nos barracões entre os prisioneiros, calados, esperando com eles...

Nos cantos mais secretos do campo, membros da guarda estavam prontos a tirar suas armas dos coldres...

Em meia hora seria meio-dia.

Riomand distribuía cigarros. Com um sinal de cabeça, Krämer recusou a oferta. Ele não fumava.

– Eles ainda devem ter uma possibilidade de recuo – observou

Bochow. – Senão, não evacuariam.

De repente, ele foi assaltado por dúvidas. Seria pertinente concentrar todos os líderes no bloco 17? O que aconteceria se, diante de uma recusa dos prisioneiros, eles organizassem uma investida? Não haveria perigo de os líderes caírem nas mãos dos SS? Bochow estudou a questão com os membros do CIC. Ainda havia tempo para separá-los. Bochow mudou os planos. Ele enviou um camarada ao bloco 17. Os líderes se espalharam em seus blocos de origem. Se os SS respondessem com armas à recusa dos prisioneiros de evacuar, eles seriam obrigados a provocar um levante; eis as novas instruções. A primeira detonação daria o sinal. Eles teriam de distribuir as armas bem rápido e, de forma igualmente rápida, cada um dos grupos deveria estar em suas posições. A discussão estava encerrada, os membros do CIC se separaram.

Bochow também se juntou ao seu bloco. Krämer ficou sozinho.

Meio-dia.

A tensão tornava-se insuportável.

Meio-dia e cinco minutos!

Nada. Lá em cima, na torre, tudo estava calmo.

Krämer, com as mãos enfiadas bem fundo nos bolsos, andava de um lado para outro em seu escritório. Todos os blocos estavam paralisados em um silêncio opressor.

Meio-dia e dez minutos!

De repente, evento previsível, e mesmo assim surpreendente e mordaz, a voz de Reineboth estrondou no alto-falante:

– Decanos! Ordem de marcha!

Krämer ficou paralisado, com a espinha curvada, como se esperasse por um golpe na nuca. Repetiram a chamada. Mais seca, mais mordaz:

– Ordem de marcha!

Os homens se agitavam nos barracões.

– Calma, camaradas, calma!

Meio-dia e quinze minutos!

O sol brilhava. Pequenos cirros formavam um rebanho no azul do céu.

Meio-dia e vinte minutos!

Os alto-falantes vociferaram:

– Onde estão vocês? Ordem de marcha! – Krämer não se mexeu. Ele girou nos calcanhares e sentou-se sobre a escrivaninha. Com os cotovelos separados, apertou a testa com os punhos.

A agitação nos barracões tinha diminuído. Os prisioneiros amontoaram-se nas janelas, sem enxergar nada do lado de fora além da calmaria...

Bruscamente, os detentos dos barracões ao lado da praça de chamada se agitaram. Uns por cima dos outros, eles olharam para a torre, com os olhos arregalados.

Krämer deu um pulo e foi até a janela.

Dois carros rodavam na praça de chamada, onde pararam. Duas pessoas saltaram do primeiro deles. Krämer reconheceu Kluttig e Kamloth. Schwahl, Weisangk e Wittig desceram do segundo.

O momento havia chegado! Uma centena de SS passou pela grade da torre. Kamloth deu as ordens. Eles equiparam as metralhadoras leves, cartuchos nos pentes. Atrás das metralhadoras leves um cordão de SS se posicionou, com canhões antitanques e metralhadoras pesadas.

Krämer sentia o sangue latejar nas têmporas.

Se atirassem, os barracões do lado da praça de chamada seriam os primeiros a sofrer as consequências. Tomados pelo pânico, os prisioneiros saíram das janelas.

– Eles vão atirar! Vão atirar!

Eles queriam fugir; escondiam-se debaixo das mesas e dos bancos!

Alguns ficaram pelas janelas e gritaram:

– O comandante está descendo até o campo!

Com uma olhada rápida, Krämer percebeu o que acontecia. Na torre de vigia central, agitavam-se, como nas outras. As sentinelas empunhavam as metralhadoras e orientavam os canos na direção dos barracões.

Krämer saiu.

Os carros tinham rodado até as últimas fileiras de barracões. Eles pararam. Krämer correu em sua direção. Kluttig desceu do primeiro veículo e caminhou a passos largos na direção do barracão mais próximo; o bloco 38!

Schwahl também desceu do carro.

– Por que os prisioneiros não se reúnem? – gritou ele para o decano.

Kluttig abriu violentamente a porta e se enfiou no barracão. Atrás da lente espessa dos óculos, seus olhos percorreram o grande salão. Todos os prisioneiros tinham se levantado, graças à sua irrupção estrondosa. Runki se escondeu rapidamente no fundo. Kluttig crispou o maxilar e, um por um, encarou os homens mudos. De repente suas pupilas se dilataram. Ele empurrou dois internos diante de si e deu um passo à frente. Ele tinha visto o garoto em cima da escrivaninha do decano! Petrificado de medo, ele se agarrou a Bochow, que protegia com os braços o pequeno ser aterrorizado. Kluttig abriu a boca, seu pomo de adão se mexeu. Bochow estava imóvel. O silêncio dos prisioneiros era impenetrável. O subchefe de campo bradou:

– Ah! Ah! Vejam quem está aqui!

Com um gesto selvagem, ele sacou sua pistola.

E então aconteceu algo inesperado. Em um segundo, o salão se esvaziou. Todos os prisioneiros formaram uma barreira em frente ao garoto. Nenhuma palavra, nenhum sinal. Todos mudos, com os olhos fixos em Kluttig.

Ele se virou como se sentisse uma ameaça atrás dele, nas costas. Porque também havia homens ali, alguns tinham se plantado atrás dele; uma parede intransponível. A porta estava bloqueada.

Kluttig estava isolado.

Ao redor dele, rostos imperscrutáveis, braços pendentes e, na extremidade, punhos. Olhos seguiam atentamente o menor dos gestos... Ele sentia aqueles homens ao seu redor, prestes a pular sobre ele, e farejava o perigo. Atirar? Com um gesto rápido, engatilhou a pistola. E então se produziu novamente algo inesperado. Os prisioneiros à porta, membros dos grupos de Resistência, desviaram e abriram um vão. A passagem estava livre... Era uma intimação perigosa. Suas faces queimavam. Ele perdeu a fala, o palato estava seco.

– Ah... ah... aqui... – rosnou. Em um salto, ele estava do lado de fora.

Percebendo Krämer perto do comandante, alguns decanos de bloco tinham se juntado a ele.

– Por que não se reúnem? – gritou Schwahl mais uma vez.

Krämer avançou.

– Eles temem os caças que atiram nos trens e nas colunas.

O comandante deu de ombros e levantou as mãos:

– Vocês estão sob nossa proteção. Eu lhes dou mais meia hora. Se até lá vocês não se reunirem, eu vou limpar a área usando armas.

No mesmo momento em que Kluttig corria para fora do barracão, a sirene começou a soar de maneira tão imprevista que Schwahl pulou para dentro do carro. O berro lúgubre da sirene continuava.

– Subchefe de campo! – gritou Kamloth do carro.

Louco de raiva, Kluttig atirou-se sobre Krämer e desferiu-lhe um soco na cara:

– Cachorro maldito! Desgraçado!

Krämer cambaleou para trás.

Kluttig pulou para dentro do carro, sacou sua pistola, um decano de bloco gritou, Kluttig apertou o gatilho uma vez, duas vezes, três vezes. As detonações estouraram uma após a outra. O decano do campo jogou os dois braços para a frente, como que para apoiar-se no carro, caiu e rolou no chão. A sirene continuava berrando.

Prisioneiros se apressaram, nos barracões ao redor. Bochow abriu uma passagem e curvou-se por cima de Krämer.

– Rápido, para a enfermaria! – Usando um banco revirado para servir de maca, eles transportaram o decano até Köhn.

Não se ouviam os tiros dos barracões mais afastados. Os prisioneiros, apertados contra a janela, viram os carros partirem. No caminho, Kamloth vociferou ordens aos SS impacientes.

O rugido da sirene silenciou.

Os prisioneiros deixaram explodir sua alegria quando viram os SS guardarem as armas e voltarem correndo à grade.

– Eles estão indo embora! Eles estão indo embora!

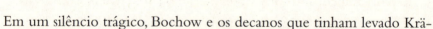

Em um silêncio trágico, Bochow e os decanos que tinham levado Krämer cercavam a mesa sobre a qual tinham deitado o ferido.

Köhn fazia seu trabalho, a mão segura e alerta. Ele tirou as balas que tinham perfurado o peito, limpou as feridas, e dois cuidadores fizeram um curativo.

– Ele vai sobreviver?

Köhn, sem uma palavra, foi até a pia, lavou as mãos, virou-se para Bochow, que tinha feito a pergunta, e meneou a cabeça.

– Não é um Kluttig que vai nos tomar nosso decano...

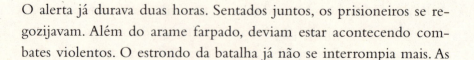

O alerta já durava duas horas. Sentados juntos, os prisioneiros se regozijavam. Além do arame farpado, deviam estar acontecendo combates violentos. O estrondo da batalha já não se interrompia mais. As explosões se sucediam, cada vez mais próximas...

Tinham deitado Krämer sobre uma cama na sala de descanso dos cuidadores. Köhn, ao seu lado, esperava que ele acordasse. Finalmente, o ferido se agitou e abriu os olhos.

– E aí? O que está acontecendo? – perguntou fracamente, espantado por ver o rosto do ex-ator.

– Alarme – respondeu o outro amigavelmente.

– Quero saber o que está acontecendo comigo.

– Nada de especial. Uma briguinha no recreio do meio-dia. Vamos, meu caro! Beba alguma coisa.

Ele levou o copo à boca de Krämer.

– Cuidado, está quente.

Krämer bebeu um gole, saboreou, olhou para Köhn com espanto. O outro respondeu com uma piscadela marota de olhos:

– Beba!

O decano bebeu com gosto e então se deitou, suspirando de satisfação.

– Ei! Onde você conseguiu isso?

– Não faça perguntas – retorquiu Köhn, com ar misterioso.

Claramente, o café revigorante fazia seu efeito.

– Me explique o que aconteceu comigo! – insistiu Krämer.

– Kluttig fez uns furos no seu peito. Mas em uns três dias voltaremos a ouvir você bradando de novo, como o conhecemos.

As palavras de Köhn terminaram de trazer Krämer de volta a si.

– O que está acontecendo lá fora?

– Alerta. Como eu já disse. Você é surdo? – Os dois aguçaram os ouvidos; ouviam-se explosões ao longe, ouviam-se explosões ali perto.

– Aconteceu mais alguma coisa?

– Sim.

— O que foi?

— Os SS pegaram suas coisas e caíram fora.

O decano piscou, olhando para o rosto do velho ator, com uma expressão satisfeita, e em seguida seu rosto se fechou.

— O que você disse? Três dias? Não tem como! Eu preciso me levantar. Vamos! — Sua tentativa de erguer-se foi em vão, ele caiu de volta gemendo. Köhn gargalhou bondosamente:

— Ei, ei! Eu avisei, meu caro, eu avisei!

O fim do alerta não chegava. As horas passavam, a sirene paralisava o campo. Quando a noite caiu, a sirene soou novamente. Um segundo alerta, sem que o primeiro tivesse terminado. O sol se pôs e, com as trevas, a inquietação tomou conta do campo. Nenhum prisioneiro pensava em dormir. Eles ficavam nos salões ou nos dormitórios dos barracões, sem se atrever a acender a luz. Aqui e ali, em um bloco, brilhava uma lâmpada azul de gás. Acontecia de pularem e procurarem na escuridão com o olhar. Do lado de fora, continuava uma confusão ensurdecedora. Zumbidos no ar, percebidos de repente, acima e perto do campo. As cabeças à espreita se erguiam na direção das vigas do teto, eretas. Os zumbidos se tornavam roncos, mugiam e berravam por cima dos blocos, aviões eram engolidos pelas trevas e pelo céu longínquo na mesma hora em que apareciam.

E, de novo, aquele silêncio angustiante. Seriam os aviões voltando? Seriam alemães? Estariam procurando os alvos no escuro? Será que pretendiam reduzir tudo a cinzas? Cada minuto era explosivo. Mais algum alerta? Nada mais de alertas?

E então a noite deu lugar à madrugada.

Os carros estavam estacionados em frente aos prédios sombrios do comando. O de Kluttig também. Ele estava no escritório de Schwahl, junto com Weisangk, Kamloth e Wittig. Atrás da mesa de reunião, no canto, estava Reineboth, pálido de angústia; o que acontecia naquele momento era a última fase antes do desenlace. O toque estridente do telefone interrompeu a briga na qual eles tinham se envolvido. Schwahl pegou o fone com a mão trêmula, identificou-se e gritou:

– Não estou entendendo! Repita! – Todo o seu rosto demonstrava o esforço que ele fazia para entender seu interlocutor.

Kluttig, furioso, apontava para Reineboth:

– Saco de lixo! Meu Deus, que covarde! – Kamloth pegou Kluttig pela manga, para separá-lo de Reineboth.

– E então! – bradou o subchefe de campo quando viu seu comandante desligar. – Bando de medrosos! O que vocês ainda vão me anunciar?

Kamloth, mais forte do que Kluttig, puxou-o em sua direção e lançou-lhe um olhar perigoso.

– Não somos medrosos, entendeu? Schwahl tinha razão. – O subchefe de campo desvencilhou-se do abraço, arrumou o uniforme e, tremendo como uma folha, ofegou:

– Ele tem razão, o diplomata, o funcionário, o cão de guarda... – Ele os olhava um após o outro; estavam todos contra ele. Ele explodiu: – Desgraçados! Isso é o que vocês são: covardes e desgraçados!

– Por que sua obstinação? Isso por acaso é coragem? – O comandante, amparado pelo apoio dos outros atrás dele, deu um passo na direção de Kluttig. – Estou bem contente que o alerta tenha tocado a tempo... Senhores, acabei de receber as últimas notícias. Na floresta da Turíngia, as tropas estão conseguindo manter sua posição ao longo de um combate contra um inimigo muito superior. Caças destruíram as locomotivas do trem de comboio na estação de Weimar. E então, hein? O que faremos?

– O que faremos? – repetiu Kluttig. – Esses sanguessugas do campo já estão prontos para chupar nosso sangue!

Schwahl sacudiu a cabeça, com um ar infantil.

– Esses sanguessugas são nosso melhor álibi. – Com os braços bem abertos, ele se virou para os outros: – Nós somos humanos, senhores, não é?

– Um cão petrificado pelo medo! Eis o que você é! Devíamos apagar você!

Kluttig sacou sua pistola. Kamloth se interpôs e, com um golpe, desviou o gesto. O subchefe de campo ofegou, seus olhos tremiam atrás dos óculos de lentes grossas. Ele guardou sua arma e, antes que os outros pudessem se recompor, sumiu pela porta.

– Só faltava essa – observou Weisangk.

Schwahl, novamente comandante, retomou como se nada fosse:

– Senhores, é nossa última noite. Preparemo-nos para amanhã.

Com a luz dos faróis no máximo, Kluttig correu de carro até as habitações dos SS. Ele parou em frente à casa de Zweiling. Hortense saiu; ela tinha jogado um casaco por cima do pijama.

– Suas malas – sussurrou Kluttig. Em seguida, passou na frente dela e se enfiou dentro da casa.

Zweiling enchia uma mala em cima da mesa.

– Rápido, anda! – intimou Kluttig ao surpreso primeiro oficial. – Onde estão as malas?

Hortense, que também entrou, captou mais depressa do que Zweiling.

– Aqui. Vou me vestir já.

Ela desapareceu no quarto.

– Vamos! Rápido!

Zweiling, completamente espantado, tinha os olhos arregalados, mas Kluttig já empunhava a caixa com louça.

– Ande, vamos! Pegue isso!

Eles puseram a caixa no carro. Hortense levou outra mala, e o subchefe de campo disse a Zweiling:

— Eu volto para buscar você em dez minutos. — Ele puxou Hortense para dentro do carro.

Cantando pneu, ele parou na frente da própria casa, enfiou-se lá dentro, trouxe duas malas, que também colocou no carro.

— Temos que sumir! Entre no carro!

— E Zweiling?

Kluttig pulou no carro.

— Se você quer esperar por esse peão, então suma. — Ele pôs a chave no contato.

Hortense subiu, sentou-se ao seu lado e fechou a porta.

Kluttig quis rir, mas limitou-se a emitir um som rouco. Ele empurrou a mulher contra o volante e a tomou avidamente. Ele ofegava:

— Bem, por que não?

Foi com boa vontade que Hortense deixou que ele fizesse o que estava fazendo.

Kluttig voltou a si, empurrou-a de volta ao seu lugar no banco e acelerou.

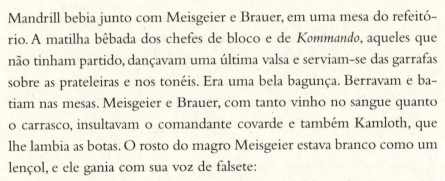

Mandrill bebia junto com Meisgeier e Brauer, em uma mesa do refeitório. A matilha bêbada dos chefes de bloco e de *Kommando*, aqueles que não tinham partido, dançavam uma última valsa e serviam-se das garrafas sobre as prateleiras e nos tonéis. Era uma bela bagunça. Berravam e batiam nas mesas. Meisgeier e Brauer, com tanto vinho no sangue quanto o carrasco, insultavam o comandante covarde e também Kamloth, que lhe lambia as botas. O rosto do magro Meisgeier estava branco como um lençol, e ele gania com sua voz de falsete:

— Malditos! Malditos! Se dependesse de mim, não sobraria um vivo desses insetos. Amanhã resolveremos isso, esta noite talvez...

Berrando, o robusto Brauer batia na mesa com a garrafa.

— Eu estou lhe dizendo, amanhã você vai receber ordens desse cão de guarda para esvaziar seu *bunker*. Voe, passarinho, voe...

Apesar de seus olhos vidrados, Mandrill mantinha-se ereto.

— O que tem no meu *bunker* pertence a mim!

— Parabéns! – gritou Meisgeier. – Mandrill, isso é um homem! Você é um homem, não? Todos nós temos medo de você. Você é um homem! – As mãos de Mandrill estavam apoiadas frouxamente sobre a mesa como duas pranchas.

— O que tem no meu *bunker* não deixarei ninguém pegar. Nem Schwahl nem ninguém!

Meisgeier deu um empurrão em Mandrill e fez o gesto de torcer um pescoço:

— Você é esse tipo de homem, hein?

Com um ar de cumplicidade, Bauer se inclinou:

— Amanhã?

Mandrill o olhava de lado:

— Agora! – Ele puxou Brauer para si com a força de sua empunhadura:

— Temos de estar sóbrios para esse tipo de coisa.

— Eu estou completamente sóbrio! – respondeu Brauer. Meisgeier descobriu a cabeça. Mandrill levantou-se.

Förste os ouviu se aproximar. Ele saiu da cama, completamente vestido, e pressionou a orelha contra a porta da cela, à espreita.

Meisgeier tinha tirado sua arma. Mandrill ordenou que ele a devolvesse ao coldre:

— No *bunker*, não se atira.

Ele levou os dois SS à sala que lhe era reservada. Ele tirou de uma caixa uma chave inglesa pesada e uma barra sólida de ferro, e as entregou aos dois.

— Não aguento ver sangue – disse, um pouco pálido. Eles foram ao corredor do *bunker* e abriram uma das celas.

Förste, com os braços levantados contra a porta, como um crucificado, espiava, respiração curta.

Os quatros prisioneiros da cela levantaram-se quando a porta foi aberta; eles viram, à luz pálida da tocha, Mandrill e os dois suboficiais.

Brauer e Meisgeier derrubaram dois dos prisioneiros e, antes mesmo que os outros tivessem entendido o que estava acontecendo, sucumbiram a uma rodada de golpes. Os suboficiais terminaram sua obra; bateram neles até seu último suspiro. Os ocupantes das outras celas ouviram as pisoteadas, os gemidos derradeiros e depois a agonia. De repente, um dos prisioneiros de uma cela próxima da número 5 pôs-se a gritar. Um grito sobrenatural, perfurante e estridente. Outro gritou também.

Höfel e Kropinski, as cabeças estendidas, olhavam no escuro. Os berros ressoavam em sua cela.

Praguejando, Mandrill abriu a porta da cela e tirou um dos prisioneiros. Os dois suboficiais partiram para cima do segundo e, tomados de uma raiva mórbida, encheram-no de golpes.

Mandrill tinha pego aquele que gritava com uma brutalidade bestial e o puxou até a grade que fechava o corredor do *bunker*. Ele pôs a cabeça do sujeito no vão da grade e esmagou sua nuca fechando a porta. Com um gargarejo estrangulado, o corpo desabou. Ele o levou de volta à cela e o jogou em cima do outro, espancado até a morte.

— Não gosto que berrem nas minhas orelhas — disse ele, fechando a porta.

Os lábios de Meisgeier vibravam de exaltação com o sabor de morte. Brauer quis abrir a cela 5, mas Mandrill o impediu.

— Esses eu guardo para mim.

Com um passo, ele já estava na frente de outra cela.

— Cuidado! São seis lá dentro. — Ele aguçou os ouvidos. Silêncio.

Meisgeier e Brauer postaram-se, preparados para bater. Mandrill hesitou por um momento e em seguida desbloqueou a porta. Uma silhueta saiu com tudo da cela. Quatro, não, cinco seguiram-se. Brauer berrou. Mandrill tinha sido jogado no chão, derrubado pelos pobres diabos. Gritando, os suboficiais batiam no monte. Apesar de toda a raiva oriunda do desespero que tinham, os prisioneiros não conseguiram se proteger.

Forte como um boi, o torturador tinha se libertado de seu último atacante e se ajoelhado sobre ele. Em seguida, pegou-o pela garganta e bateu a cabeça do homem contra o chão de cimento.

O combate durou apenas alguns minutos; os cadáveres dos prisioneiros cobriam o solo.

Essa Resistência inesperada tinha tornado Brauer mais selvagem. Ébrio de álcool e de assassinato, ele cambaleou pelo corredor berrando:

– Onde estão os outros porcos?

Höfel e Kropinski tinham se refugiado no fundo da cela. Estavam prestes a pular, suas faces torcidas pelo horror.

Prestes a pular também estava Förste. *Se eles vierem para cima de mim*, pensava, *se eles vierem para cima de mim...* Seus pensamentos lutavam contra uma decisão impulsionada pelo medo de morrer. *O primeiro que entrar,* pensava ele, *eu pulo na garganta*. Mas sua cela se manteve fechada.

As trevas deram à luz uma manhã sombria e inquietante. O céu passou preguiçosamente de um negro escuro a um cinza sujo. Förste estava sentado sobre o colchão. Ele tinha esperado pela morte a noite inteira; sabia que Mandrill não deixaria testemunhas vivas para trás.

Aquela manhã cinzenta o envolveu. A luz pálida desenhou olhos sobre os muros da cela. Aborrecidos e silenciosos, eles os fitavam. O faxineiro estava nu e desamparado. Ele morreria como tinha vivido no *bunker*, ou seja, como uma sombra. Os últimos vestígios de Resistência humana que tinha em si haviam sido aniquilados ao longo daquela noite terrível. No entanto, brilhava ainda, debaixo das cinzas de seu ser, um cantinho secreto. A esperança atiçou Förste, e ele se perguntava agora, desesperadamente, como poderia salvar a própria pele. Não havia muito mais tempo. Quanto mais a manhã escalava os muros, mais sua margem de manobra diminuía. Conseguiria se proteger em sua cela? Será que deveria pular na garganta de Mandrill? Onde haveria um lugar para se esconder, no *bunker*? Seus pensamentos se sucediam, aterrorizantes.

Höfel e Kropinski pensavam na mesma coisa. Aquela noite de angústia os tinha aterrorizado. Eles sabiam que eram os únicos sobreviventes do *bunker*, pois deveriam ser os últimos a morrer. Apertados um contra o outro, procuravam se tranquilizar. À luz da manhã que passava pela janela, repararam no rosto um do outro, e cada um enxergou os próprios tormentos: os olhos terrivelmente injetados, o pânico impresso em cada um de seus traços. Kropinski sussurrou:

– Talvez Mandrill não estar mais aqui? Talvez ele matou tudo mundo e sair?

Höfel negou enfaticamente.

– Ele ainda está aqui. Eu sei, eu sinto. Se todos tivessem ido embora, ele teria nos matado com os outros. Ele vai voltar. Hoje...

O olhar espantado de Höfel vagava pela cela nua e ficava fixado na porta. Ela tinha quase a largura da cela.

– Ouça, Marian. Veja o que vamos fazer.

Höfel plantou-se no canto da porta.

– Eu vou ficar aqui, e você ali. – Ele designou o canto oposto e Kropinski foi para lá. – Quando ele entrar, você pula na garganta dele e aperta. Você acha que consegue?

O manso Kropinski se metamorfoseou. Franziu as sobrancelhas, apertou o maxilar, as mãos se fecharam e se abriram lentamente.

– Eu vou me abaixar e me atirar nas pernas dele... Não! – cuspiu Höfel. – Vamos fazer o seguinte: quando ele entrar, sou eu que vou lhe dar um soco violento no estômago, para cortar a respiração, e você, você o enforca.

Eles se olharam, com ar febril, avaliaram no rosto do outro, sua vontade e força, e apoiaram-se contra a parede, esperando que a qualquer momento a porta se abrisse. Aguardando, aguardando...

O dia amanheceu. Nunca antes uma noite tinha sido tão perturbada pelos estrondos dos combates; Erfurt tinha caído, abrindo caminho para Weimar, onde a progressão dos americanos traria seu golpe definitivo.

Os estrondos contínuos se intensificavam de hora em hora. A campanha decisiva. O espaço ao redor do campo de concentração era apenas um imenso campo de batalha.

No entanto, os vinte e um mil prisioneiros desconheciam as mortes atrozes que tinham ocorrido no *bunker*, e nenhum deles sabia que Kluttig fora o primeiro a partir, que os outros oficiais SS preparavam-se freneticamente para fugir também, que os motores de seus carros já roncavam. Os fascistas precisavam bater em retirada hoje, se não quisessem correr o risco de serem capturados pelos americanos, ou nunca mais.

Mas, por enquanto, ainda estavam ali. A guarda tinha sido redobrada nas torres de vigia. Na luz cada vez mais viva da manhã, distinguiam-se melhor suas silhuetas negras, com as golas largas das jaquetas levantadas para proteger da mordida do frio.

Uma ordem, um gesto às metralhadoras, canhões antitanques e lança-chamas, e seriam suficientes dez minutos de fogo concentrado para exterminar toda forma de vida por dentro do perímetro do arame farpado.

Prevenir essa catástrofe enquanto havia tempo, com a Resistência armada, foi o que o CIC decidiu ao amanhecer. Contando a partir daquele momento, só o que valia eram as ordens de Bochow, com suas capacidades de responsável militar.

Os grupos de Resistência estavam preparados para o levante, em seus blocos. A guarda do campo estava próxima dos estoques de armas. Para se proteger das sentinelas em cima das torres de vigia ao redor do campo, membros da guarda observavam constantemente o vale que se estendia sobre o lado norte. Eles tinham até binóculos.

Ao longe, o trovão retumbava sem parar. Às vezes, as detonações eram tão próximas que se tinha a impressão de que as granadas explodiam a apenas algumas centenas de metros do arame farpado. A agitação tinha tirado os prisioneiros dos blocos bem cedo. Eles estavam nas vielas entre os barracões, com os olhos presos às torres de vigia e à torre principal. De repente, um calafrio percorreu o campo. No céu descoberto, uma esquadrilha de caças sobrevoou. Os prisioneiros não podiam sentir alegria maior:

– Eles estão chegando! Estão chegando!

Mas os aviões desapareceram no horizonte. Bochow ficou junto de alguns camaradas e viu as aeronaves se distanciarem. Ao seu lado, Pribula, mordendo os lábios, mãos nos bolsos.

– Por que você esperar sempre último minuto? – disse ele, indignado.

O outro não respondeu, dominado pela tensão nervosa. Os bombardeios ocorriam em intervalos cada vez mais curtos. Os estalidos das metralhadoras estavam próximos e longínquos.

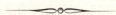

Às nove horas, Zweiling entrou no campo. Müller e Brendel, de guarda, não muito longe do armazém de vestuário, tinham como missão distribuir as armas escondidas por Pippig na hora em que começassem as hostilidades. Eles observavam Zweiling. O que ele queria?

Às nove e meia, sem fôlego, uma sentinela da guarda comunicou a Bochow que, do lado norte, viam-se movimentos de blindados sobre um cume distante. Que tipo de blindados? Fascistas? Americanos? Uma retirada ou uma investida? Impossível saber. Era preciso continuar esperando.

Zweiling esperou em vão pela volta de Kluttig. Quando amanheceu, ele não tinha mais nenhuma dúvida dos chifres que sua esposa tinha lhe posto com o subchefe de campo. Ao lado das residências dos SS, tudo era uma desordem. Entre os carros completamente lotados, oficiais se apressavam, mulheres e crianças xingavam e gritavam. Abandonado à própria sorte, Zweiling estava no escritório. Agora, precisava pensar na própria fuga e sobrevivência. Desamparado, seu olhar percorreu a sala, e ele soltou todo o seu amargor:

– Cadela desgraçada!

Com um gesto brusco de mão, expulsou sua raiva. Eles não o encontrariam. Teve uma ideia que o levaria pela última vez ao armazém de vestuário. Ele vasculhava os papéis de identidade dos prisioneiros. Fazia meia hora que, com os dedos trêmulos, procurava no monte de documentos que tinha juntado sobre a mesa.

<hr />

Em sua cela, Förste não tinha saído do lugar. Ele não se atrevia a fazer o menor movimento. Para ele, não havia escapatória possível, nenhuma salvação. Mergulhado em profunda melancolia, o faxineiro era obrigado a reconhecer que todos aqueles anos de servidão no *bunker* não o tinham endurecido, e que ele era o extremo oposto de um guerreiro. Ainda tinha, no entanto, uma satisfação: mantivera-se um homem bom e, em uma alegria modesta, relembrava todo o bem que tinha feito a Höfel e Kropinski, que agora morreriam com ele. Após sua morte, ele se tornaria parte do enorme exército dos sem nome, sem cadastro, do húmus sobre o qual, dentro em pouco, poderia florescer um mundo melhor. Talvez fosse esse o sentido que ele buscava para sua vida. Quando a grade do campo explodisse, ele já estaria longe...

<hr />

Menos de uma hora depois da passagem dos caças por cima do campo, surgiu uma aeronave que os prisioneiros nunca tinham visto antes. Ela sobrevoava em círculos lentamente no céu, em baixa altitude. As sentinelas sobre as torres de vigia olhavam para ela com inquietação e trocavam comentários. Os prisioneiros entre os barracões também olhavam para a estranha aparição. Era um aparelho americano de reconhecimento, encarregado de sondar os postos de defesa inimiga. Ele provocou grande agitação, tanto entre os prisioneiros quanto entre os SS. Os motoqueiros SS aceleravam ao longo da cerca, gritando as últimas ordens de Kamloth para as sentinelas das torres de vigia.

<hr />

Zweiling encontrou o que procurava. Ele não queria se camuflar unicamente com papéis falsos. Apanhou um traje em um monte de roupas velhas que tinham pertencido aos prisioneiros e trocou o uniforme por ele.

De repente, tomou um susto enorme. Atrás dele tinha alguém. Wurach! Seus cabelos se eriçaram como se ele olhasse para um espectro.

– O que você está fazendo aqui?

Wurach, que tinha acabado de sair do esconderijo e estava de frente para o primeiro oficial disfarçado de prisioneiro, exclamou:

– Então é assim... Seu cachorro!

– Zweiling recuou.

– Suma daqui!

Ameaçador, Wurach levantou o queixo. Zweiling sacou a arma.

Müller e Brendel ouviram tiros. O que era aquilo? Eles se entreolharam.

– Anda! Vamos!

Os dois invadiram o prédio, subiram as escadas. O armazém estava fechado. Arrombaram a porta com chutes enérgicos.

– Mãos para cima!

Zweiling, surpreso, com a pistola na mão, levantou os braços. Os guardas pularam em cima dele. Wurach jazia no chão, morto.

❧

Em seu escritório, Schwahl, com o rosto pálido, berrava com Kamloth:

— Mas você está completamente louco!

Kamloth tinha dado ordem de abrir fogo contra os barracões quinze minutos antes da retirada das tropas.

— Anule sua ordem! Você vai condenar a todos nós!

— Não me encha o saco — gritou o segundo subchefe. — De qualquer jeito, estamos acabados...

— Maldito moleque filho da mãe — grunhiu Weisangk.

Kamloth deu-lhe um soco violento na barriga que o fez cambalear.

— Veja o que você é! — Enfiou o boné na cabeça e disse: — Estou saindo.

Schwahl, aniquilado, desabou sobre uma poltrona. Lá fora, o motor do carro de Kamloth roncava. Três ou quatro explosões trovejaram nos arredores. Ele olhou abatido para Weisangk.

— E agora? O que vamos fazer?

Weisangk sacudiu a cabeça, desanimado. O comandante voltou ao escritório, abriu as gavetas, enfiou no bolso papéis e documentos, jogou sua jaqueta sobre os ombros, pôs o boné.

— Vamos! Saindo!

Da janela, Reineboth viu o comandante sair de carro.

— Schwahl está partindo! — gritou para Mandrill, que estava no escritório.

Na cela, Förste tremia todo, ouvindo os passos pesados de Mandrill no corredor. A porta foi aberta.

— Fora daqui!

Förste detectou uma excitação fria no rosto cinza do carrasco. Dócil, ele saiu da cela. No corredor, os mortos da noite anterior. Com socos, Mandrill empurrou Förste ao seu escritório e apontou uma caixa:

— Empacote tudo!

O coração do faxineiro bateu mais forte. Obediente, ele organizou as gavetas e os armários.

<hr/>

Müller e Brendel tinham jogado Zweiling em um canto. Eles empurraram a escrivaninha e levantaram o tapete. Enquanto Brendel apontava para Zweiling a pistola que tinha tomado dele, Müller levantava as pranchas do chão com a ajuda de um formão. Vendo as armas, Zweiling ficou apavorado.

— Impressionante, não é? — riu Brendel com ar de menosprezo, orgulhoso.

O maxilar do oficial tremeu.

— Isso, eu não sabia...

— Temos de admitir que nunca contamos a você — zombou Brendel, enquanto Müller agitava a pistola debaixo do nariz do SS:

— É que o rabo de um suboficial é sempre o melhor esconderijo que existe... — Ele enfiou as pistolas no bolso. — Nós as tiramos cedo demais, ainda não recebemos ordens. O que fazemos?

— Esperamos pelas ordens — respondeu Brendel, dando de ombros.

— E o que fazemos com ele?

— Ele espera com a gente. É nosso primeiro prisioneiro.

Zweiling caiu de joelhos. Brendel o segurou e o levantou contra a parede:

— Fique em pé, seu merda!

<hr/>

Das janelas da primeira fileira de barracões, os prisioneiros observaram a torre. Eles repararam que havia uma agitação incessante; alguns suboficiais carregavam caixas e as depositavam em um caminhão. Eles viram

Reineboth, que corria em todos os sentidos, encaminhando aquele alvoroço. Mandrill saiu do *bunker* e deixou alguns pacotes no caminhão.

– Estão empacotando – murmuravam os prisioneiros, agitados.

Förste se sentia dilacerado por um combate interior. Ele estava cumprindo sua última tarefa. Mandrill preparava a fuga. Todos os sentidos do serviçal analisavam suas oportunidades de poder fugir. Para onde? Como? Assim que o carrasco saiu, Förste procurou avidamente uma escapatória. Ele podia se enfiar em uma cela, esconder-se um algum lugar do *bunker*, ou sair dele. Conseguiria? A chave da sala estava na fechadura externa da porta. Um calafrio, como um grito surdo, atravessou Förste. Seria essa sua chance de salvação?

Mandrill chegava com passadas largas, acompanhado de dois suboficiais.

Esses poucos segundos decidiriam o destino de Förste. Em um salto, ele chegou à porta, arrancou a chave, entrou na sala e trancou-se do lado de dentro. Tremendo por inteiro, ele se comprimiu contra a parede, ao lado da porta, com o sangue borbulhando. Dali a pouco Mandrill chegaria... Ao longo daqueles minutos atrozes, produziu-se um acontecimento feliz. Um som surdo encheu o lugar de repente. Ameaçador e penetrante como as trombetas do juízo final. Era o alarme anunciando que o inimigo se aproximava. O som terrível engolia o campo. Nos barracões, os prisioneiros tinham a respiração entrecortada. Bochow e seus camaradas surgiram do bloco, envolvidos pela melodia inquietante. E quanto aos SS, foi um grande alvoroço; as companhias escapavam das casernas, correndo, em colunas, precedidas de suboficiais perdidos. O caminhão lotado da torre fez uma manobra rápida para chegar ao meio da confusão da rua. Reineboth berrava com tudo! Mandrill voltou para o *bunker*, bradou e martelou a porta fechada a chutes de botas. Reineboth juntou-se a ele:

– Estamos caindo fora! – gritou, sem esperar pelo torturador. Ele saiu, ligou o motor e chamou uma última vez: – Mandrill! – Montou na moto e, quando o motor roncou, Mandrill correu para pular no assento do passageiro. A máquina partiu acelerando.

No canto da sala, Förste caiu de joelhos. Suas últimas forças se transformaram em choro inesgotável; aquele homem liberto não fazia ideia de que estava saboreando ali o instante mais precioso de sua vida.

À espreita, Höfel e Kropinski ainda estavam atrás da porta da cela, prestes a pular, obedecendo a seu plano desesperado. Eles ouviram o barulho, a fuga e o som atroz das trombetas. Eles ouviram os gritos de Reineboth e os berros de Mandrill, ouviram os golpes forçados contra a porta e, de repente, a confusão e os gritos do lado de fora se evaporaram. Kropinski, no canto da porta, avançava as mãos para sentir melhor aquele silêncio impreciso. Os dois condenados à morte não ousavam respirar, e ousavam ainda menos deixar-se levar por aquela minúscula esperança no fundo de seus corações, florescendo com a volta do silêncio.

<hr />

Enquanto a sirene ainda bradava, em meio às explosões e crepitações dos combates ao redor do campo, os líderes dos grupos de Resistência tinham se juntado no bloco 17. Nas ruas do campo formigavam prisioneiros assustados. Para todos, para Bochow e os homens do CIC, que também tinham corrido para o bloco 17, era a hora da decisão.

Aquela era a hora! O toque do meio-dia fez balançar o sino.

– Alerta nível 3! Distribuição de armas! Grupos em seus postos. O ataque é iminente!

Pribula levantou os punhos por cima da cabeça. Não emitiu nenhum som, mesmo que internamente ele ardesse de vontade de deixar sua excitação explodir. Ele partiu correndo com os líderes dos grupos.

De repente, os barracões ressoaram ordens lançadas a plenos pulmões.

– Todos os grupos, reunião!

Antes que os prisioneiros pudessem entender o que estava acontecendo, os grupos se formaram, na frente dos barracões. Sem prestar atenção à surpresa que provocavam, os grupos foram correndo a alguns dos blocos, à enfermaria e a todo lugar onde houvesse canalização para aquecimento e água. Membros da guarda já os esperavam em todos esses lugares. Arrancaram o assoalho, destruíram paredes, cavaram buracos com picaretas e pás e, em todo lugar foram aparecendo armas e mais armas!

Pribula e seus homens dos grupos poloneses reviraram as jardineiras na beira das janelas dos barracões da enfermaria e retiraram os panos embebidos em óleo que escondiam as carabinas.

Um grupo com uma metralhadora correu até a secretaria. Montaram-na no escritório de Krämer, perfeitamente alinhada com a torre. Bochow assumiu o comando.

O campo inteiro estava em ebulição.

Em alguns minutos, a distribuição de armas tinha sido efetuada e os grupos assumiram seus postos de combate. Não perderam nem um minuto; quando as primeiras detonações estouraram, no lado norte, as balas assobiaram nas orelhas das sentinelas estupefatas.

Começava o ataque!

Os grupos do lado norte correram no terreno baldio em direção à zona neutra. Os destacamentos alemães e iugoslavos asseguravam os flancos com um fogo alimentado e ajustado sobre as torres de vigia vizinhas. Os membros dos grupos poloneses, liderados por Pribula, tinham jogado as pranchas e as portas abandonadas por cima dos cavalos de frisa. Cortaram o arame farpado em cinco, seis lugares de uma só vez; berrando de maneira selvagem gritos de vitória, Pribula e os seus se enfiaram pelas aberturas. Eles foram alvejados pelas metralhadoras das torres de vigia mais distantes, mas os grupos alemães e iugoslavos os cobriam, controlando as sentinelas que atiravam e lançavam granadas de mão sobre os rebelados. Lançaram coquetéis Molotov sobre as torres de vigia, que explodiram com grande estrondo. As chamas que surgiam levavam as sentinelas a sobressaltos. Pribula, acompanhado de um grupo inteiro, tinha entrado em uma das torres de vigia, cujos ocupantes fugiram, amedrontados, para a floresta próxima; ele virou a metralhadora e atirou saraivadas alegres contra as torres vizinhas.

O ataque à torre começou ao mesmo tempo que o assalto ao lado norte. Riomand, atrás da janela, tinha ajustado cuidadosamente a mira, e regava com saraivadas breves o caminho de ronda da torre de vigia principal. Os vidros se despedaçaram. Uma das sentinelas foi atingida e levantou os braços ao céu antes de desabar. Outros abaixaram-se, surpresos pelo ataque.

Alguns segundos mais tarde, os grupos de apoio das primeiras fileiras de blocos vieram cumprir sua missão. Encorajados pelos gritos de guerra soltos em todas as línguas, os prisioneiros armados surgiram na praça de chamada: alemães, franceses, tchecos, holandeses.

A metralhadora de Riomand cuspia toda a raiva e o furor sobre as duas pequenas torres nas laterais da torre de vigia central, de um lado ao outro do alpendre de entrada e, sob a cobertura desse fogo, as tropas especiais da guarda atingiram a torre, em cima da praça de chamada. Elas forçaram a grade com um alicate.

– Cessar fogo! – berrou Bochow para Riomand, e a metralhadora engoliu na hora sua raiva. Lá em cima, enquanto os homens das tropas especiais subiam as escadas da torre, centenas de prisioneiros compondo os outros grupos enfiavam-se pela brecha da grade arrombada, e em seguida se separavam à direita e à esquerda, ao longo do arame farpado. Atacaram com granadas de mão e rajadas de metralhadora, mas, como um enxame de zangões, as sentinelas se enfiaram nas torres de vigia. Seus gritos de combate, as explosões e detonações nos arredores da cerca misturavam-se com os estrondos da guerra, que mais ao longe agitava os campos. Além da montanha, grandes colunas de fumaça amarelada subiam aos céus. O avião de observação tinha novamente aparecido, e desenhava grandes círculos quase imediatamente acima do campo. Caças bombardeavam, mergulhando sobre os alvos. Ouvia-se muito nitidamente o crepitar das metralhadoras, que atiravam nos tanques alemães em debandada.

Os homens abandonados em seus lugares pelos chefes haviam sido surpreendidos por aquele ataque repentino e não conseguiam lidar com o fato de estarem sendo tomados de assalto. A raiva reprimida pelos prisioneiros durante anos equivalia a uma explosão. Encurralados entre o *front*, que era visível, e aqueles milhares de prisioneiros, cujas carabinas e metralhadoras tomadas do inimigo aumentavam a força, as sentinelas não tinham mais a força moral de lutar contra todo aquele furor.

Aqueles que não fugiram, foram tomados como prisioneiros; aqueles que se recusavam a se render foram mortos. Os rebelados tomaram todas as torres e as ocuparam.

De repente, Krämer desapareceu. Köhn, ocupado com os feridos que tinham lhe trazido, gritou para os cuidadores:

— Bando de idiotas! Vocês poderiam tomar cuidado. Duas balas nos pulmões! Vocês querem que ele morra de uma hemorragia? Vamos! Procurem-no! Tragam-no para cá!

Como o decano tinha conseguido desaparecer sem ajuda?

Vestido apenas com uma calça e uma camisa, e a jaqueta por cima dos ombros, ele tinha se aproveitado de um momento de desatenção para sumir. Mas não foi longe. Entrou no bloco 38, cambaleando e tossindo. Ofegante, desabou sobre um banco. Aqueles que haviam ficado nos blocos e que não faziam parte dos grupos de Resistência o cercaram.

— De onde você está vindo?

Krämer penava para respirar, a febre quente embaçava seu olhar.

— Meu Deus, Walter, você precisa voltar imediatamente para a enfermaria.

Sem querer ajuda, o decano empurrou Runki, que tentava ampará-lo.

— Pode tirar a mão! — Mas Runki não aceitou. — Você quer morrer?

Outros também vieram ajudá-lo.

— Saiam! — resmungou Krämer. — Eu fico aqui.

Ele olhou para os prisioneiros sem reparar até que ponto as fisionomias mostravam preocupação com ele. Ouviu com atenção os ruídos e impactos surdos dos combates lá fora.

— Que merda! Me deixar levar no último momento...

— Walter, você vai se curar se descansar.

Runki pôs prudentemente a mão em seu ombro.

— Cadê o menino? O garoto? Eu o trouxe! Onde você o colocou?

— Ele está aqui, Walter, aqui.

Alguns prisioneiros tinham corrido até o dormitório. Eles trouxeram o menino e o puseram sobre seus joelhos.

A expressão de Krämer se suavizou. Ele sorriu calorosa e sinceramente, e aquilo vinha do que havia nele de mais profundo. Acariciou a cabecinha da criança.

— Que inseto engraçado...

O decano assumiu uma voz doce e de súplica.

— Deixem-me aqui, camaradas. Deixem-me aqui entre vocês. Eu já estou bem melhor.

Eles trouxeram um colchão, que ajeitaram entre a mesa e o banco. Grato, Krämer deitou-se sobre ele e levantou os olhos risonhos para Runki, que cuidava dele maternalmente:

— Vamos, Otto, está tudo bem...

O decano do bloco sorria, manso. Como sempre, quando os dois homens tinham muitas coisas a dizer, as palavras se tornavam inúteis. Mas as palavras bruscas de um e a ternura desajeitada do outro continham o inefável, do qual o evento lá fora, o barulho e os tiros ao redor do campo, eram a epifania.

Krämer fechou os olhos.

No momento em que Riomand atirou sua primeira saraivada, em que milhares de gritos estouravam e a multidão corria sobre a praça, Förste, que havia ficado um bom tempo no chão, sob o peso do esgotamento, se levantou. Pela janela da sala onde ele estava, não tinha perdido nada do que acontecia do lado de fora e o grito que ele guardava só faltava rasgar-lhe o peito. Enquanto a grade externa cedia sob o assalto, ele tinha se apresssado para fora da cela e, tropeçando nos cadáveres, correu até a número 5.

Höfel e Kropinski gritavam e batiam violentamente contra a porta. Förste tirou a tranca, mas a cela estava fechada com a chave. Bochow, Riomand, Kodiczek, Van Dalen apareceram subitamente. Eles pararam ao ver os cadáveres. Bochow gritava na penumbra:

– Höfel e Kropinski, onde vocês estão?

– Aqui, aqui!

Förste foi até eles:

– A porta está trancada... Eu não tenho as chaves!

Bochow correu para a cela.

– Sou eu, Bochow! Vocês estão me ouvindo?

– Sim, sim, sim! Oh! Meu Deus, Herbert! Sim, estamos ouvindo você!

– Saiam da frente, vou explodir a tranca! – Ele sacou o revólver. – Cuidado! Vou atirar!

Os tiros estalaram. Bochow tirou o pente vazio. Eles juntaram suas forças para derrubar a porta. A fechadura danificada tremulou e estourou. Höfel e Kropinski também se jogaram contra a porta; ela voou e os prisioneiros, cambaleando, caíram junto com ela. Os homens se levantaram. Ofegante, Höfel tomou os braços de Bochow.

<hr />

Centenas de prisioneiros tinham subido nos tetos dos barracões; as ruas do campo formigavam e zumbiam. No auge da excitação, eles viam seus camaradas tomarem de assalto as torres de vigia e continuarem o combate no topo delas.

— Eles estão ocupando as torres de vigia!

Centenas de internos tinham atingido o terreno baldio do lado norte. No vale, ao lado de Hottelstedt, um moinho queimava. As explosões do lado de fora se seguiam em intervalos cada vez mais curtos. Rolos de fumaça subiam ao céu. Armados de bastões, pedras e galhos, e de tudo que o terreno fornecia, os prisioneiros chegaram à zona neutra, passaram por cima dos cavalos de frisa e deslizaram pelos buracos da cerca aos gritos. Eles arrancaram das mãos dos combatentes os SS que tinham sido feitos prisioneiros, os levaram pelo mesmo caminho no campo e os forçaram, sob gritos violentos, a entrar no bloco 17, cercado de arame farpado. Vigias armados das carabinas daqueles que até então tinham sido seus carrascos montavam a guarda. Müller e Brendel já tinham levado o folgado Zweiling, tornando-o um dos primeiros prisioneiros desse bloco.

Pribula e seu grupo haviam se enfiado na floresta, na rota que levava a Hottelstedt.

Enquanto isso, Bochow e os camaradas tinham levado os dois libertos para o escritório de Mandrill. O *bunker* enchia-se de combatentes. Alguns levaram os assassinados para o lavatório.

Höfel e Kropinski sentaram-se sobre uma cama. Förste lhes trouxe uma tigela cheia de água. Eles beberam com o maior prazer o líquido revigorante. Um mensageiro apareceu para anunciar a Bochow que todas as torres de vigia tinham sido ocupadas.

Transbordando de alegria, ele apertou Höfel e Kropinski contra seu peito.

— Livres! Livres! — gritou, rindo, porque naquele instante era a única coisa que conseguia fazer.

Acompanhados dos camaradas do CIC, ele foi à outra asa da torre, em direção ao escritório de Reineboth.

No alto da torre, um dos combatentes arrancou o estandarte com a suástica e a substituiu por um tecido branco, encontrado em um canto qualquer, que ele içou ao mastro.

Rapidamente, Bochow foi ao microfone e o ligou. No campo inteiro, em cada bloco, ouviu-se então seu libelo:

– Camaradas! É um dia de vitória! Os fascistas bateram em retirada! Somos livres! Vocês estão me ouvindo? Nós estamos livres!

Seu grito estridente prendeu-se na garganta. Ele berrou, apoiou a testa contra o microfone, e aquela felicidade incomensurável transbordou em um fluxo de lágrimas que ele já não queria mais segurar.

Nos barracões, seu grito tinha devolvido a vida àqueles homens imóveis. A brasa ardente de suas palavras fez nascer uma chama de felicidade, propagada por milhares de vozes! Ela parecia eterna, e ressoava, atiçada por cada novo grito:

Livres! Livres!

Os homens riam, choravam, dançavam! Eles pulavam em cima das mesas, levantavam os braços para o céu, estampavam a liberdade no rosto, gritavam, gritavam, como que tomados por loucura. Não havia mais repressão. Todos os barracões se esvaziaram! Todos corriam do lado de fora e, como um fluxo ébrio, invadiram a praça de chamada, uma onda arrasadora.

Um grito e uma maré humana: para o portão!

Não para chegar a algum lugar, qualquer que fosse. Apenas para saborear a embriaguez de poder finalmente deslizar através daquela grade odiosa, exultando júbilo e tropeçando nos braços abertos da liberdade.

O triunfo fenomenal tinha atraído todos que estavam junto com Krämer. Ele tinha ouvido pelo alto-falante o grito de júbilo de Bochow.

Livres! A felicidade era tão grande que todos se esqueceram dele, ao irem para fora. Ele sentia essa felicidade, também, e corria e praguejava ao mesmo tempo:

– Eles nos esqueceram, aqueles sujeitos, esqueceram de nos levar com eles! Que tristeza!

Ele gritava com tanta impetuosidade que o garotinho pôs-se a chorar de medo.

– Berre! Vamos berre! Berre com os outros! Todos berram! Não está ouvindo?

Esquecendo suas dores, ele pegou o menino debaixo do braço bom e mancou até a saída.

No caminho, prisioneiros juntaram-se a ele e berravam de alegria. Eles queriam apoiá-lo e descarregá-lo do pequeno fardo que gritava.

– Tirem as patas! – bradava para todos, ciumento; ele queria, como os outros, subir o caminho que levava à praça de chamada.

Ele queria vê-los todos reunidos, lá em cima, Bochow entre eles, pequeno, diante daquele fluxo que tinha desencadeado.

E Krämer viu... Só faltou seu coração explodir de alegria:

– André! – gritou. – André! André! Marian!

Seu grito não conseguira encobrir o tumulto geral, mas eles o tinham visto.

– Walter! – regozijava-se Höfel, que se uniu a ele como pôde, com a corda pendurada no pescoço.

– Tome o garoto, ele é muito pesado para mim.

Todos os outros tinham se reunido ao redor do decano. Riomand e Van Dalen o amparavam. Höfel tomou dele o garoto. Seu choro redobrou quando o barbudo o apertou contra si. Höfel cambaleou para a frente, parecia que ia cair de joelhos. Kropinski pegou o menino. Ele ria, gritava, exultava em uma mistura estranha de alemão e polonês, e mostrava o pequenino à roda. Ninguém entendia seu vocabulário – e, no entanto, não era possível ser mais claro.

De repente, Kropinski correu para a torre, com o garoto contra seu peito, no meio dos fluxos descontrolados.

– Marian – chamou Höfel. – Você está correndo para onde?

Mas o turbilhão já tinha capturado o outro, bem-aventurado. Kropinski segurava o garoto por cima da cabeça, para que ele não se afogasse no fluxo borbulhante. Como uma casca de noz, o menino balançava, seguindo as ondas daquelas cabeças raspadas. As lâminas quebravam-se contra as grades estreitas, os redemoinhos da correnteza conduziam-no irresistivelmente a um mundo livre.

LEIA TAMBÉM

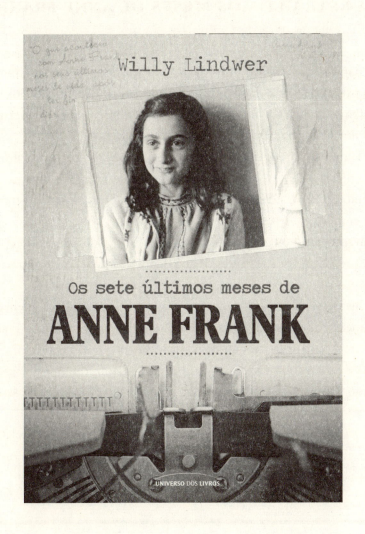

OS SETE ÚLTIMOS MESES DE ANNE FRANK

O "não escrito" capítulo final do *Diário de Anne Frank* relata o tempo entre a prisão de Anne Frank e sua morte. A história é contada por meio dos testemunhos de seis mulheres judias que sobreviveram ao inferno do campo de concentração do qual Anne nunca mais voltou.

Inicialmente, o renomado cineasta holandês Willy Lindwer filmou o documentário «Os sete últimos meses de Anne Frank» e, depois disso, resolveu transformá-lo em livro. Para tanto, ele entrevistou mulheres que conheceram Anne Frank.

O livro é composto pelos depoimentos de seis dessas mulheres - algumas que a conheceram antes de sua deportação para o campo nazista, e todas elas durante os últimos momentos em Bergen-Belsen.

As histórias que essas mulheres têm para contar são semelhantes: o tratamento no campo, a forma como conheceram as irmãs Frank e a maneira como todas foram inexplicavelmente tocadas por sua vida. O fato de terem sobrevivido ao campo de extermínio é um milagre em si mesmo. Uma das sobreviventes, inclusive, teve a difícil missão de confirmar a Otto Frank as mortes de suas filhas, Anne e Margot.

Os sete últimos meses de Anne Frank é o triste e verdadeiro relato de uma crueldade inimaginável e do milagre ocorrido para os que sobreviveram poderem contá-lo com suas próprias palavras.

LEIA TAMBÉM

IRMÃS EM AUSCHWITZ

"*Irmãs em Auschwitz* é escrito com simplicidade e graça...
E o sentimento avassalador que nos toma ao finalizar a leitura é
um triunfo: ainda é possível encontrar altruísmo e união entre
pessoas que vivem em um lugar de horror implacável."
– Los Angeles Times Book Review

Uma das poucas pessoas a se entregar voluntariamente para o Exército alemão e ir a um campo de concentração – quando ainda se acreditava que eram apenas campos de trabalho – Rena Kornreich fez parte do primeiro transporte em massa de judeus para Auschwitz e sobreviveu ao campo nazista por mais de três anos, junto a sua irmã mais nova – Danka. Juntas, ambas tiveram de ser resilientes a cada perversidade vivenciada durante o período de aprisionamento. E, a despeito da iminência da morte, das doenças, das surras e do trabalho forçado, os relatos de Rena a respeito da convivência entre as prisioneiras nos garantem que a empatia emergida dentro de cada dormitório e de cada grupo de trabalho encorajou essas mulheres a permanecerem unidas até que Auschwitz fosse libertado e suas vidas fossem resgatadas para sempre.